MÉTHODE

DE

MUSIQUE VOCALE

BASÉE

UR DE NOUVEAUX PROCÉDÉS

D'INTONATION — DE MESURE

ET D'ÉCRITURE SOUS LA DICTÉE

PAR

HIPP. DESSIRIER

Prix net : 6 fr.

1867

A PARIS

CHEZ L'AUTEUR, 9, RUE DE PROVENCE

CONGRÈS INTERNATIONAL

D'ARCHÉOLOGIE PRÉHISTORIQUE

et

D'ANTHROPOLOGIE.

11-ème Session, à Moscou,

du $^1/_{13}$—$^8/_{20}$ août, 1892.

T. I.

MOSCOU.

Imprimerie de l'Université Impériale

1892.

COMMISSION DE RÉDACTION DES PUBLICATIONS DES
CONGRÈS.

—————

Président de la Commission: *Dumouchel,* Jean, inspect. des classes
de l'Inst. S-te Catherine, à Moscou.

Membres de la section scientifique de la Commission:

Anoutchine, Dmitri, professeur, Président de la Com. organis. du
Congrès d'Anthropologie et d'Archéologie préhistorique.

Ouvarova, Comtesse Pauline, Présid. de la Com. organis. de l'exposition anthropologique et préhistorique.

Troutovsky, Vladimir, secrétaire de la Societé Imp. d'Archéologie.

Sloutsky, Serges, secrét.-adjoint de la Société. Imp. d'Archéologie.

Tikhomirov, Alexandre, professeur, organisateur de la I ère. section.

Membres de la rédaction et traducteurs:

M. Tastevin, Félix.
T-lle. Tzvétaéva, Marie.

—————

TABLE DES MATIÈRES.

I. Section. — Géologie et paléontologie dans leurs rapports à l'homme primitif.

II. Section.—Archéologie préhistorique (les kourganes et les goroditchtschés exceptés).

III. Section.—Kourganes et goroditchtschés.

IV. Section.—Anthropologie.

V. Section.—Ethnographie préhistorique.

L'Errata sera joint au T. II.

Sur la constitution des dépôts quaternaires en Russie et leurs relations aux trouvailles résultant de l'activité de l'homme préhistorique,

par

Mr. S. Nikitin.

La question sur le temps de la première apparition et sur l'âge des traces les plus anciennes de l'activité de l'homme en Russie est étroitement rattachée à l'étude de la constitution de l'origine et des subdivisions des dépôts quaternaires.

Monsieur le président du Comité d'Organisation des Congrès m'a fait honneur, en me proposant de Vous exposer, Mrs., mon point de vue sur cette question si intéressante. En acceptant cette proposition, je me crois obligé de Vous prévenir que je ne suis aucunement spécialiste en archéologie préhistorique; mes connaissances et mes occupations dans le domaine de Vos travaux spéciaux ne sont que très superficielles; ainsi, je m'excuse d'avance, si je commets quelque méprise sous ce rapport. Ce que je compte communiquer ici n'est pas nouveau dans le domaine de l'archéologie préhistorique russe, et je me bornerai uniquement aux découvertes déjà connues pour la plupart par les travaux d'autres investigateurs. Ayant étudié, comme géologue, les dépôts quaternaires russes, je n'ai qu'à vous exposer tout ce qui a été fait auparavant concernant la question de la constitution et des subdivisions de ces dépôts en Russie et de Vous présenter un aperçu de la répartition, dans ces dépôts, des vestiges reconnus de l'activité de l'homme préhistorique; — thème, qui se rattache aux connaissances géologiques.

On sait que les termes de *période quaternaire* ou *posttertiaire*, ses subdivisions et sa valeur géologique dans la série des autres dépôts, sont loin d'être définitivement établis dans la science. Aux dernières sessions du Congrès international géologique, à Londres et à Washington, on a beaucoup débattu ces questions, sans parvenir à un résultat définitif. Je ne prétends pas résoudre ce thème compliqué, et je me bornerai à donner une courte analyse de la signification et de l'étendue que je donne à cette terminologie. Sous le nom de *période quaternaire* ou *posttertiaire*, je comprends tout le

1

temps depuis la fin du pliocène jusqu'à nos jours; je divise cette période en deux époques: celle *du pleistocène* (époque ancienne) et l'époque *moderne*. La fin du pleistocène est caractérisée, selon moi, par la disparition du mammouth, du rhinocéros et d'autres grands mammifères, à présent disparus des limites de la Russie.

Cette subdivision coïncide avec celle de plusieurs archéologues, c'est-à-dire, avec la subdivision en époques *paléolithique* et *néolithique*. En admettant cette classification, je ne veux pas dire que la limite entre les époques pleistocène et moderne soit nettement tranchée et que le mammouth et le rhinocéros aient disparu subitement sur toute l'étendue de la Russie. Je crois que, parmi les dépôts posttertiaires russes, il y en a dont l'âge ne saurait être précisé d'une manière certaine, et je pense aussi que les archéologues ont parfaitement raison d'entendre par l'époque *paléolithique*—l'époque du mammouth, vu que les restes de l'industrie humaine qu'on trouve avec les ossements du mammouth, consistent toujours en outils de silex taillé,—tandis qu'à l'époque *néolithique*, on voit apparaître, à coté des silex taillés, des outils en pierre polie. Je pense que cette subdivision serait fondée, quand même parmi les restes de mammouth, on découvrirait quelques pierres polies, comme premiers indices d'une industrie plus parfaite.

Ce qui caractérise surtout l'époque pleistocène, c'est le grand développement des glaciers en Europe et (probablement en même temps) dans l'Amérique du Nord, ainsi que tous les phénomènes qui se rattachent à la glaciation. Cependant, il ne faut pas oublier que la *période glaciaire* et *l'époque pleistocène* ne sont pas des termes de signification identique. L'étude de la flore et de la faune de quelques dépôts sous—jacents aux formations glaciaires nous obligent de reconnaître à la base du pleistocène, mais en faisant partie, les dépôts dits *préglaciaires*. La glaciation elle-même de ces vastes régions de l'Europe et de l'Amérique du Nord, qui sont à présent couvertes par de vrais dépôts glaciaires (morainiques), ne pouvait commencer en même temps sur toute l'étendue de ces contrées; la progression des glaciers devait être graduelle, ce qui explique l'existence, sous les dépôts morainiques, de dépôts pleistocènes privés de toute trace de l'activité glaciaire. D'autre part, à l'époque de la retraite finale du glacier, des régions d'une étendue considérable pouvaient être recouvertes, au dessus des dépôts morainiques, par des formations qui n'avaient rien de commun avec les glaciers recouvrant encore une grande partie de l'Europe.

Quant au temps de la disparition du mammouth, du rhinocéros, de l'ovibos et d'autres grands mammifères de l'époque glaciaire et, par conséquent, à la fin de l'époque pleiostocène, c'est une question qui a été traitée par plusieurs investigateurs mais sans résultat définitif. Ce qui est certain, c'est que partout où les dépôts glaciaires sont *entièrement* développés, au dessus des dépôts morainiques de ce qu'on appelle la seconde glaciation, les restes du mammouth ne se rencontrent pas «in situ», ou y sont du moins extrêmement rares. Le temps du plus grand développement du mammouth et du rhinocéros en Europe correspond à la période dite interglaciale et à la seconde glaciation de l'Europe du Nord. Dans la Russie septentrionale et centrale, qui présente partout une seule moraine, les restes du mammouth et du rhinocéros se retrouvent principalement dans les dépôts *loessiformes*, les dépôts *lacustres anciens* et *fluviatils* recouvrant la moraine, ou les produits de son altération. Ces faits prouvent que les dépôts morainiques de la Russie appartiennent à la première glaciation, et que par analogie avec l'Ouest notre loess et les alluvions anciennes où l'on retrouve le mammouth et le rhinocéros, sont les sédiments correspondant à l'époque interglaciale et de la seconde glaciation.

Je ne m'arrêterai pas ici aux subdivisions des dépôts post-tertiaires de l'Europe occidentale et aux dissentiments que Vous connaissez à ce sujet. Je me bornerai à indiquer deux questions dont la solution est importante pour le sujet que je traite. D'abord celle des *deux glaciations* de l'Europe moyenne et puis celle des soi-disant *dépôts interglaciaires* de l'Allemagne, de l'Angleterre, de la Scanie etc. Vous savez, Mrs, que l'idée de deux époques de glaciation (et même de plusieurs, selon quelques investigateurs), a été éveillée par la découverte, sur la vaste étendue des pays énumérés, de deux dépôts morainiques, séparés par des couches stratifiées puissantes, dans lesquelles on retrouve parfois de nombreuses traces de la faune et de la flore pleistocènes. En même temps, les partisans de cette doctrine affirment que la seconde glaciation a été moins puissante que la première et qu'elle n'a pu couvrir toute la région occupée par cette première et principale glaciation. Vous savez aussi, Mrs., que cette doctrine, adoptée par la majeure partie de ceux qui étudient les dépôts quaternaires, est loin d'être irréfutable.—Je remarquerai d'abord que la supposition de trois et même quatre glaciations particulières, au lieu de deux, indique la possibilité de diverses explications et de divers opinions sur la genèse de ces dépôts interglaciaires; qu'on a démontré récemment pour divers pays le peu de solidité des preuves dont on se servait pour affirmer l'existence de plusieurs époques glaciales, séparées par des périodes, dont les conditions climatiques ont été toutes différentes. La littérature géologique contemporaine nous fournit quelques exemples qui démontrent qu'on s'est trompé, même sur quelques profils classiques des dépôts interglaciaires, de sorte que ces profils ont perdu à présent l'importance qu'on leur prêtait auparavant.

Toutefois, que nous acceptions deux périodes glaciales particulières pour l'Europe moyenne, ou bien que nous voulions attribuer les faits observés aux simples phénomènes d'oscillation du glacier — l'existence dans l'Europe moyenne *de deux horizons des dépôts morainiques* (dont l'inférieur est beaucoup plus étendu que le supérieur) est hors de doute; il est certain aussi que, dans les lieux de développement compatible de deux horizons, ces derniers sont séparés par des couches épaisses stratifiées, contenant des restes de faune et de la flore pleistocènes. Partout, où l'on ne voit se développer que les dépôts morainiques inférieurs, ces derniers sont recouverts par le loess ou des roches analogues, qui semblent remplacer les dépôts interglaciaires et ceux de la seconde glaciation. En 1885, j'ai entrepris un voyage en Allemagne, dans le but de comparer ces dépôts posttertiaires avec les dépôts correspondants en Russie. Les résultats de mon voyage ont été publiés alors en russe * et plus tard compilés par Mr. Sjógren** en allemand et en suédois, de sorte qu'ils sont devenus accessibles aux savants de l'Europe occidentale. Entre autre, je constate dans ces compte-rendus une analogie complète entre les dépôts quaternaires russes et les types allemands; à cette différence près, que, sur une vaste étendue de la Russie moyenne et septentrionale, on observe une absence complète de traces des dépôts interglaciaires et de la moraine de la seconde glaciation, et que la limite Est de cette seconde glaciation doit traverser la Lithuanie et la région Baltique. Il est vrai que dans la littérature spéciale géologique russe, nous rencontrons de temps en temps l'annonce de la découverte de couches interglaciaires dans un point ou dans un autre de la Russie centrale ou même méridionale. Pourtant tous ces cas ne peuvent être pris au sérieux, selon moi; souvent ils ne sont provoqués que par cette idée fausse que tous les détails des dépôts quaternaires de l'Allemagne septentrionale doivent être retrouvés partout en Russie; les causes de ces erreurs sont aussi parfois des phénomènes mal compris de l'oscillation locale du glacier, surtout près des limites de la répartition de la glaciation, tantôt les profils riverains déplacés et les éboulements envisagés comme profils primaires et intactes. En tout cas, ces pseudodécouvertes ont été annoncées par des investigateurs qui n'ont pas eu l'occasion d'étudier les glaciers contemporains, ni les dépôts glaciaires anciens dans les lieux classiques de leur développement, ni même en Russie sur une étendue

---

* Bull. Com. Geol. 1886 № 3.
** Oefert. Vetensk. Acad. Förhandl. Stockholm 1888 № 3. Jahrb. Wiener. Geol Reichsanstalt. Bd. XI. 1890 p. 51.

assez considérable. Des observations réitérées des profils dits inter-glaciaires sur une vaste étendue et étroitement reliés au centre finlandais pourraient seules nous persuader de l'importance inter-glaciaire de ces dépôts, ou du moins, prouver leur analogie avec les dépôts correspondants de l'Allemagne.

Dans la littérature contemporaine sur les temps glaciaires, il y a une autre question grave, soulevée récemment par Mr. Drude en Allemagne, et qui vient de pénétrer aussi dans la litté-rature russe sur ce sujet. On sait que Mr. Drude ne reconnaît pas le puissant développement continu du glacier sur toute l'étendue de l'Allemagne dans la période glaciaire, et suppose que les glaciers couvraient la contrée en forme de bandes plus ou moins larges, et laissaient libres les points élevées. Ces régions élevées ont pu, selon lui, pendant toute la période glaciaire conserver leur végétation de forêts et en général leur faune et leur flore, représentant ainsi pour les temps postglaciaires les centres de la répartition de cette flore et de cette faune endémiques. D'ailleurs, la glace elle même du grand glacier continental, dans une grande étendue, a pu, selon Mr. Drude, porter sur sa surface couverte de moraines, une pa-reille végétation de forêts, comme cela vient d'être prouvé pour les parties inférieures de quelques grands glaciers de la presqu'île d'Alaska. On a déjà exprimé plusieurs objections sérieuses contre cette idée sur la nature de la période glaciaire dans l'Europe centrale. Quant à la Russie, je dois dire que cette hypothèse se trouve absolument en contradiction avec le puissant développement des dépôts morainiques et des nombreux blocs erratiques sur toutes les hauteurs les plus élévées de la région Baltique et du Waldaï, tandis que les régions moins élévées sont souvent tout-à-fait privées des dépôts morainiques instratifiés, qui sont remplacés par des produits secondaires de ces dépôts remaniés et stratifiés.

Le peu de temps ne me permet pas d'analyser ici la possibilité d'un puissant développement des forêts et en général d'une végétation quelconque sur la surface du grand glacier scandinavo—russe. Je dirai seulement que nous manquons de données pour reconnaître sur la surface même de ce glacier quelques couches morainiques considérables, sans lesquelles toute l'hypothèse perd sa raison d'être. Si même l'on pouvait supposer que la végétation avait couvert une petite partie de la surface de ce glacier, ce ne serait qu'une hypothèse gratuite, et qui ne s'appliquerait qu'aux parties ter-minales du glacier. Cela posé, la supposition *d'un désert de glace et de neige privé de vie végétale, animale* *) *et eo ipso de l'homme,* pareil

---

* En exceptant sans doute les organismes inférieurs habitant sur les glaces.

au Groenland contemporain, *semble être pour la Russie centrale et nord — ouest des temps glaciaires*, *la supposition la plus probable* puisque qu'elle répond à toutes les données géologiques connues.

Les *limites* sud et est de la répartition *du grand glacier* Scandinavo-russe peuvent être approximativement définies par les limites de la répartition des blocs erratiques indépendamment du caractère des roches où ils se trouvent. Mais il ne faut pourtant pas oublier qu'une pareille coïncidence est approximative: les blocs erratiques et les graviers ont pu être aisément emportés par les eaux du glacier très loin hors du glacier lui-même, et déposés dans les alluvions stratifiées. D'autre part, les dépôts stratifiés arénacés ont pu se former à la place du glacier, de ses matériaux morainiques.

Les *limites* de la répartition *des blocs erratiques* en Russie ont été pour la première fois portées sur la carte géologique par Mr. Murchison, qui envisageait ces blocs comme témoins d'une immense mer diluviale. En 1885, j'avais publié dans les. «Bull, du Comité Géologique» une nouvelle carte des limites de la répartition des blocs erratiques en Russie et sur l'Oural, en me basant sur l'analyse de tous les matériaux littéraires connus. L'année suivante, mon article et ma carte ont été publiés en allemand, dans les „Petermanns Mittheilungen". La carte de ces mêmes limites, que je présente maintenant au Congrès, est en voie de publication. C'est ma carte ancienne, considérablement corrigée et complétée grâce aux études et aux recherches géologiques faites dans notre patrie, pendant ces dernières années, après la première édition de ma carte.

La nouvelle édition, comme la première, montre un prolongement considérable du glacier vers le sud, en deux larges bandes, dans les bassins du Dniépre et du Don, les hauteurs des gouv. d'Orel et de Koursk servant de barrières qui ont bifurqué la masse du glacier. La nouvelle édition de la carte change la direction de ces limites dans la partie septentrionale de la barrière signalée plus haut, et fait une répartition beaucoup plus considérable du glacier dans la région du Don et du cours supérieur de la Kama; mais cette carte fait voir, d'une maniére encore plus tranchée, une glaciation rudimentaire des monts Oural. Quant à ces montagnes, mon article a provoqué une vive polémique entre quelques géologues russes, et des enquêtes persévérantes des traces de la glaciation des monts Oural; les résultats de ces recherches n'ont constaté qu'un rapprochement plus considérable du glacier Scandinavo—russe de l'Oural et quelque abaissement des limites sud de la glaciation de l'Oural lui - même dans la région des sources de la Petchora et des affluents septentrionaux de la Kama.

Tous les faits qui se rapportent à l'Oural, au sud de ces limites, et sur lesquels on s'appuie pour démontrer sa glaciation, sont tellement insignifiants qu'ils peuvent être aisément expliqués par divers phénomènes pseudoglaciaires. Jamais personne n'a rencontré de vrais dépôts morainiques sur l'Oural, au sud des sources de la Petchora, malgré les recherches exactes faites récemment par trois géologues, qui croyaient y découvrir les traces de l'activité glaciaire.

En 1886, j'ai pour la première fois essayé de diviser la Russie en plusieurs *régions*, caractérisées par *divers types des dépôts posttertiaires* qui avaient été bien des fois indiqués par divers auteurs, mais sans être suffisamment classifiés. Maintenant, j'ai recueilli de riches matériaux sur l'étude des dépôts posttertiaires de la Russie et j'ai étudié avec soin des régions considérables de ces dépôts, comme l'ont fait aussi quelques autres investigateurs. Ces travaux nous permettent à présent de caractériser beaucoup plus exactement les types des dépôts dont je parle dans mon ouvrage préliminaire cité plus haut, de marquer leur répartition géographique, leur modification, leurs passages mutuels, leurs rapports aux flores et faunes éteintes et récentes, et enfin à l'homme. Tous ces détails, suivis d'un exposé de la littérature spéciale, font le sujet d'un grand ouvrage que je suis en train de publier. Je me bornerai pour le moment à donner les traits caractéristiques de chaque type et je m'arrêterai seulement sur les relations entre les différents dépôts posttertiaires russes, et les traces de l'activité préhistorique de l'homme sur l'étendue de notre patrie. Je dois prévenir pourtant, qu' en abrégeant, je néglige les régions peut-être les plus intéressantes pour Vous, comme archéologues; mais elles sont tout à fait hors de la sphère de mes recherches personnelles. Je ne parlerai ici que de la plaine russe, en exceptant la Pologne, la Crimée, le Caucase et l'Oural. L'article de mon collègue, Mr. Tschernyschev, complète ma conférence en ce qui concerne l'Oural et les parties septentrionales de la Russie.

La Finlande et la région d'Olonetz.

Les investigations des dépôts quaternaires en Finlande et en Suède ont toujours été faites simultanément. Ces formations se ressemblent dans les deux pays, non seulement par les méthodes de leurs études mais aussi par leur constitution et leur genèse réelles. Plusieurs de Vous, Messieurs, connaissent sans doute les ouvrages classiques des savants suédois Erdmann, Torell, et autres, et sur·

tout le mémoire fondamental de Mr. Torell: «Undersökningen öfver istiden» *. Les archéologues doivent se rappeler spécialement la brochure française de Mr. Torell **, où ce savant a exposé en traits généraux les principes de l'étude du quaternaire de la Suède et les relations de ces dépôts aux traces de l'existence de l'homme. Les idées, prises par les Suédois pour base de l'étude de la Scandinavie, ont été appliquées et analysées pour la Finlande d'une part en russe, dans le grand ouvrage très circonstancié de Mr. Krapotkine ***, de l'autre en suédois, dans les ouvrages des savants Finlandais Boetling, Nordenskiöld, Wiïk, Moberg **** et d'une série de jeunes investigateurs, qui continuent maintenant ces études.

Le type des dépôts posttertiaires de la Finlande et de la région d'Olonetz est caractérisé par les traces bien certaines de la glaciation: comme les stries et la politure des roches, les formes typiques arrondies des montagnes et des collines, un puissant développement des moraines profondes des deux types, composées de matériaux locaux, sans stratification, des oesars, des moraines frontales et des bassins lacustres de la formation glaciaire. Les ouvrages indiqués ont constaté pour la Finlande, comme pour la Suède, au point de vue de leur succession chronologique, la série suivante des dépôts quaternaires:

a) *Sables et argiles stratifiés* anciens, intercalés par place entre les roches cristallines de la contrée et la moraine.

b) *Argiles* ou *sables argileux* et *caillouteux morainiques* non stratifiés, pour la plupart de teintes grises à blocaux plus ou moins gros, anguleux ou roulés, en partie considérablement striés et polis. Ordinairement des dépôts morainiques sont immédiatement posés sur les roches originaires cristallines, plus rarement, sur les roches stratifiées sus-dites. C'est *la moraine profonde de la première glaciation*, selon la classification suédoise (Kross tenslera).

c) *Sables* et *argiles stratifiés*, contenant pour la plupart une quantité plus ou moins considérable de gravier roulé,—ce sont les dites *couches interglaciaires* (Rullstensgrus, rullstenssand, rullstenslera). En Finlande ces dépôts manquent de restes organiques.

d) *Gravier argileux*, sable argileux et argile à blocaux caillouteux morainiques non stratifiés, pour la plupart de teintes jaunes: la *moraine profonde de la seconde glaciation*, selon la classi-

---

* Oefversigt. Vetensk. Akad. Förhand. I—II, 1872—73.
** Comptes-rendus du Congrès archéol. Stockholm. 1876.
*** Recherches sur la période glaciaire. Mém. Soc. Géogr. Russe. Vol. VII, 1876.
**** Voir la littérature chez *Moberg*, Middelanden fron Industrüstyrelsen in Finland XIV, 1891, et une série de nouvelles études dans les éditions de deux sociétés Géographiques de Finlande, et de l'Institution géologique de ce pays.

fication suédoise (Krostensgrus). Dans plusieurs parties de la Finlande, ces dépôts tantôt recouvrent immédiatement la moraine profonde de la première glaciation, tantôt en sont separés par une couche plus ou moins considérable des dépôts stratifiés sus—nommés (*c*), tantôt enfin, ils recouvrent immédiatement les roches originaires cristallines. Il faut observer que les nouveaux investigateurs, contrairement aux anciens, bornent la région de la répartition de cet horizon des roches morainiques par des parties latérales de la Finlande, en indiquant dans l'intérieur de la contrée uniquement le développement des roches du type *b*.

A ces dépôts glaciaires sont subordonnées les bandes des hauteurs traversant la contrée en deux directions, perpendiculaires l'une à l'autre, sous l'aspect de séries étroites et longues de collines ou de remparts. Parmi ces bandes élevées, ou distingue par leur constitution interne plus ou moins aisément:

e) *Les vraies moraines* (jökelgärden) *terminales* s'étendant dans la direction W—SW et O—NO et *les moraines longitudinales*, faisant un angle droit avec les premières. Parmi les premières, est surtout digne d'attention la double chaîne de Salpausselkä qui commence au groupe des îles Aland, traverse Hangö, Lathis et la région entre les lacs de Saïma et de Ladoga.

f). Les vrais *oesars* (Rullstensösar) se distinguant d'une manière tranchée des moraines par leur origine et leur constitution, bien connues par la description des géologues suédois.

g). Toutes ces formations sont souvent recouvertes encore par les *dépôts arénacés*, plus ou moins riches en gravier roulé, par de vastes manteaux de sables et de gravier roulés (sandmoar, mosand). Dans d'autres localités, ces sables sont remplacés par *l'argile des champs* (akerlera). L'époque précise de la formation de ces dernières roches arénacées, comme de celle de l'argile des champs, ne peut généralement pas être précisée faute de données stratigraphiques et paléontologiques; mais on peut la reporter soit à la fin de l'époque glaciaire, soit aux temps postglaciaires.

Quant à la marche de l'époque glaciaire en Finlande et le temps de la formation des deux argiles morainiques, des moraines terminales et des oesars — on n'en sait encore rien de précis. En tout cas, nous n'avons encore aucune raison d'y distinguer, comme fait irrévocablement prouvé, les dépôts de la première glaciation, dépôts interglaciaires, et ceux de la seconde glaciation, comme en Allemagne et en Scanie. Tous les phénomènes connus jusqu' à présent, rattachés aux formations glaciaires de la Finlande, peuvent aisément être expliqués par une seule glaciation continue et par un seul glacier soumis à l'oscillation. En effet, on n'y connait aucuns dépôts interglaciaires contenant des restes d'animaux et de végétaux. L'argile morainique du type *b* est seule répartie dans l'intérieur de la contrée et semble être separée en deux types *b* et *d*, intercalés par les dépôts stratifiés seulement dans les parties latérales de la contrée. La moraine terminale, Salpausselkä, que les Suédois voulaient envisager comme la moraine terminale de la seconde glaciation, a perdu cette signification quand les nouvelles études ont démontré: premièrement que le glacier l'a traversée après sa déposition et que la coexistence de l'argile morainique des deux types *b* et *d* est répartie au Sud-Est, et non pas Nord-Ouest de cette chaîne.

Le moment le plus important de l'époque glaciaire en Finlande fut la transgression marine, qui a du avoir lieu dans cette contrée encore vers le temps du développement de la glaciation et précisement pendant la dernière moitié de cette époque; mais cette transgression marine continuait probablement encore, quand la contrée fut déchargée de la glace. En tout cas, nous pouvons dire avec certitude qu' une partie de la Finlande, au Sud et l'Ouest, fut à cette époque couverte par une mer. Une partie des moraines terminales et profondes y porte les traces indubitables de leur précipitation sous-marine, en forme de moraines stratifiées et de *l'argile marine* (*h*), contenant par place des coquilles marines (hvarfviglera-Ioldialera). Il est pourtant hors de doute que les savants finlandais exagèrent en attribuant une très grande répartition à cette argile marine dans l'intérieur de leur contrée. Mr. Krapotkine semble avoir bien raison en attribuant la majeure partie de hvarfviglera aux *dépôts lacustres* (*i*) anciens; le niveau et les dimensions des lacs étant sans doute, pendant la transgression marine, beaucoup plus considérables qu' à présent, quand l'abaissement du niveau de la mer, le creusement et l'approfon-dissement des courants et des vallées réunissant les lacs avec la mer ont abaissé et même entièrement desséché plusieurs d'entre eux. Ainsi, nous devons attribuer à la fin de l'époque glaciaire, une partie considérable ou même la majeure partie de *l'argile marine* (*h*) et sa correspondante l'argile *lacustre* (*i*), à l'époque postglaciare. Sont encore plus jeunes en Finlande: quelques dépôts (*k*) des *terrasses marines* contenant les restes de la faune contemporaine de la mer Baltique, les vrais *dépôts alluvials* (*l*) des vallées fluviatiles et des dépressions lacustres contemporaines, et enfin *les tourbières* (*m*), qui n'y sont pas encore exactement étudiées, quant au temps de leur formation et aux restes de la flore qu'ils contiennent.

L a r é g i o n d'O l o n e t z. Quoique cette région ait été bien des jois étudiée par divers investigateurs *, l'étude des dépôts postter—

---

* Voir une sèrie d'articles de Mrs Helmersen, Inostrantzev, Poliakov, Boutónev, etc.

tiaires y laisse encore beaucoup à désirer. Les investigateurs
ont cherché d'abord à s'expliquer les phénomènes qu'ils obser-
vaient, avant de recueillir les matériaux et les faits nécessaires,
et leurs explications ne sont basées que sur une des hypothèses
dominantes dans le moment. Telle fut, comme on sait, pendant
longtemps l'hypothèse de Mr. Murchison, qui envisageait les dépôts
à blocs erratiques de toute la Russie en général et de la région
d'Olonetz en particulier, comme dépôts de la mer diluvienne. Mais
depuis l'apparition des aperçus préliminaires de Mr. Krapotkine et
surtout, en 1876, de son travail complet, qui a eu une grande
influence chez nous en Russie, le point de vue sur les dépôts à
blocs erratiques fut profondément changé: ils se transformèrent
tous en dépôts morainiques. Le même investigateur, qui au commencement des années soixante-dix couvrait la plus grande partie
de la région d'Olonetz par la mer pleistocène, depuis effaça
entièrement cette mer de la dite région. Pourtant les investigations des dernières années nous obligent, à la suite de diverses
considérations, de reconnâitre vers la fin de la période pleistocène,
une réunion réelle des mers Baltique et Blanche, qui passait à
travers la Finlande méridionale et la région des lacs de Ladoga
et d'Onéga. Les descriptions des dépôts posttertiaires de la région
d'Olonetz étant trop contradictoires et trop exclusives, sont difficiles à analyser et à comprendre, toutefois nous pouvons y trouver
l'existence de toutes les subdivisions des dépôts que nous avons
indiquées plus haut pour la Finlande. De même qu'en Finlande,
la majeure partie des dépots doit être attribuée ici au type des
dépôts glaciaires compliqués dans les parties sud et est de la région par l'activité de la mer, à la fin de la période glaciale; mais
la distribution de ces dépôts et les limites du bassin de la mer
pléistocène ne nous sont pas encore tout à fait connues. Nous pouvons dire seulement que la région des dépôts posttertiaires de la
Finlande et d'Olonetz a été séparée de la région de ces dépôts
de toute la Russie par une bande plus ou moins large, suivant
laquelle la transgression boréale de la mer réunissait l'océan
polaire à la mer Baltique.

Le mammouth. Comme dans la Scandinavie septentrionale et
moyenne, longtemps on n'a pas connu les restes de mammouth en
Finlande. Pourtant les investigations récentes ont démontré l'existence, dans ces deux contrées, d'os et des dents de cet animal,
quoique ces découvertes soient toujours très rares. Pour la Finlande,
je ne connais que trois cas de trouvailles de ces restes* dans l'intérieur de la contrée. Le caractère même de ces découvertes et l'ab-

---

* Öfversigt. Finska Vetens. Soc. Förhandl. XVII.

sense complète d'indications sur les conditions de leur gisement et sur leur relation à une formation géologique quelconque, ne nous permettent pas de tirer une conclusion précice concernant le temps de l'habitation du mammouth en Finlande. On n'a point trouvé d'os de mammouth dans la région d'Olonetz, en exceptant la partie limitrophe sud-est de ce gouvernement, probablement située au sud de la bande mentionnée des dépôts marins ou du moins dans la partie limitrophe de ces dépôts. Ici, pendant la construction du canal Matkozersky (réunissant les systèmes des lacs Beloïe et Onéga), on a découvert des os et une dent de mammouth. Ces restes ont été trouvés dans les alluvions anciennes arénacées—argileuses stratifiées, recouvertes par une tourbière récente et déposées sur la vraie argile morainique, c. à d. dans une position pareille à celle dans laquelle on trouve le plus souvent les restes de mammouth dans la Russie centrale.

L'homme. Comme en Scandinavie, nous n'avons aucune raison de reconnaître en Finlande l'existence de l'homme à l'époque pleistocène. Nous ne possédons non plus aucun fait indiquant les traces de l'activité de l'homme paléolithique. Tous les nombreux outils en pierre, trouvés en Finlande, ne sont pas, que je sache, attribués à un horizon géologique quelconque, mais non seulement ils appartiennent à l'industrie du caractère néolithique, ou de la pierre polie, mais ils démontrent une culture plus avancée des habitants primitifs de cette contrée. Cela posé, nous sommes portés à tirer cette conclusion que la Finlande a du être peuplée plus tard que toute la plaine russe, plus ou moins longtemps après la retraite de la grande transgression boréale marine. Nous arrivons à la même conclusion, en analysant la question des restes de l'activité de l'homme de l'âge de pierre dans la région d'Olonetz, question soigneusement étudiée et analysée dans les nombreux articles de Mr. Poliakov *. Les déductions principales de ce savant et de quelques autres investigateurs sur ce sujet, nous montrent que toutes les découvertes nombreuses de silex taillés et polis du gouvernement d'Olonetz doivent être attribuées selon leur caractère, à l'époque néolithique, et que leur gisement ne se trouve que dans les dunes, les tourbières et le sol labouré; en un mot, dans les formations dont l'âge géologique est très jeune, et qui doivent appartenir à la partie de l'époque moderne où les conditions physico-géographiques de la contrée, les configurations des lacs etc. ont pris leur état et dimensions actuels.

---

* La plus importante partie des ouvrages de Mr. Poliakov est traduite en allemand et éditée par l'Acad. des Sc. de St. Péters. Beiträge zur Kenntniss des Russ. Reichs. Bd. VIII, 1885.

La région baltique et les monts Waldaï.

Cette région est caractérisée par le type intermédiaire des dépôts posttertiaires, qui lie le type finnois avec celui des dépôts de la Russie centrale. Les traces de l'activité glaciaire des régions montagneuses y disparaissent, quoiqu'on rencontre encore les stries et la politure sur plusieurs points de la surface des calcaires composant les roches originaires de la contrée. Les matériaux morainiques se composent d'éléments locaux et étrangers. Il n'y a qu'une seule moraine profonde, mais sa couleur, en commençant par les tons gris-clair passe aux tons jaunes et rougeâtres,—ce qui dépend des roches sous-jacentes. Les oesars typiques existent encore, mais ils disparaissent peu à peu en s'éloignant de la Finlande.

Je comprends dans ces régions les gouvernements de St.-Pétersbourg, de Pskov, d'Esthonie, la plus grande partie de la Livonie, de Witebsk, de Novgorod et la partie nord-ouest du gouv. de Twer. Au nord, cette bande est limitée par la rive actuelle du golfe de Finlande et par l'ancien rivage, qui forme des escarpements abrupts connus sous le nom local *glint* et qui peut se poursuivre à travers l'Esthonie et le gouv. de St.-Pétersbourg; il forme les limites méridionales de la dépression du golfe de Finlande, du lac Ladoga et de la vallée de la Néva. Au sud, je prends pour bornes de cette bande la contrée montagneuse du Waldaï, abondant en lacs et présentant un «paysage morainique typique». En effet, quoiqu' on observe quelques indices des phénomènes locaux de dislocation dans la région du Waldaï, la masse principale de ses rangées de collines avec des dépressions lacustres et des marais plus ou moins desséchés, est composée exclusivement de matériaux morainiques. C'est à MM. *Fr. Schmidt*, *Helmersen* et *Grewingk* que nous devons principalement les études sur la constitution des dépôts quaternaires de la région Baltique; les détails de cette question ont été en outre étudiés depuis par une série d'investigateurs. Mr. *Shmidt* fut le premier qui, au commencement de l'année 1871 (c. à d. avant la publication des ouvrages de Mm. Torell et Krapotkine), appliqua la théorie glaciaire à l'explication de la genèse des dépôts quaternaires russes et nous donna un tableau complet de la constitution de ces dépôts dans la région Baltique *. Nous pouvons résumer les données dans l' énumération

---

* Voir l'ouvrage de Schmidt: Zeitschr. der Geol. Gesellsch. 1884, 2 Heft. où l'on trouvera aussi l'énumeration des ouvrages cités. De nombreux articles plus ou moins détaillés et les notes de plusieurs personnes dans le Bull. Com. Géol., Mém. Soc. Minéral. St. Prb. et Travaux Soc. Naturalistes St. Prb.

suivante des dépôts quaternaires: (Les *dépôts* soit-disant *préglaci-aires* n'ont pas été observés).

a) *Roches stratifiées arénacées à blocaux roulés* et résultant de remaniement par les eaux des matières morainiques, très rarement observées sous l'argile morainique.

b) *La moraine profonde,* toujours unique comme nous l'avons dit, et dont la couleur dépend des roches locales originaires. Parfois elle est plus ou moins sableuse, contient plus de gravier an-guleux et se rapproche du *krosstensgrus* suédois; ailleurs elle est plus argileuse et se présente en vraie *krosstenslera.* Dans les lieux où la moraine touche immédiatement les calcaires originaires pa-léozoïques, on observe souvent ces roches plus ou moins profondé-ment brisées et rentrant dans la masse de la moraine sous la forme de moraines locales,—formations des dépôts connus sous le nom local de *Richk.* On y observait aussi dans plusieurs endroits les traces d'énergiques pressions latérales qui ont poussé en avant, contourné et bouleversé les matériaux de ces moraines locales.

f) Les vrais *oesars (rullstensâsar)* se rencontrent puissamment développés en Esthonie. Au sud et à l'est, ils diminuent peu à peu, perdent leurs contours tranchés et leur constitution caracté-ristique et passent aux paysages morainiques du Waldaï. On peut cependant observer parfois dans la région du Waldaï, les bandes longitudinales, constitution caractéristique des oesars. Un de ces «oesars» se rencontre p. ex. dans le gouv. de Novgorod, le long de la ligne du chemin de fer de Moscou, vers le sud-est de la station d'Ouglovka.

e) *Les rangées régulières des moraines frontales* ne se rencon-tent pas, mais dans les parties plus méridionales et centrales, la contrée présente la structure montueuse, que nous avons déjà dé-signée comme *paysage morainique.* Nous avons dit que c'est pres-que uniquement à ce paysage morainique que les monts Waldaï doivent leur origine, avec leurs dépressions de lacs et de marais. En tout cas ici, comme partout dans les limites de la répartition de la glaciation ancienne sur la plaine russe, les hauteurs et les collines ne doivent nullement être considéréess comme régions res-tées libres du glacier, selon l'hypothèse de Mr. Drude; au contraire la masse de la glace qui les couvrait a été si puissante que ces hauteurs et ces collines ne sont que les restes des matériaux mo-rainiques qui se trouvaient, non pas sur la surface même du gla-cier, mais dans son intérieur, qui avançaient avec le glacier en s'accumulant dans un point ou un autre, à cause de la résistance plus ou moins grande des roches sous-jacentes, et se sont déposés dans les endroits où nous voyons maintenant les collines, à l'épo-que de la fonte définitive et de la retraite du glacier. Point de traces de moraine superficielle,—le glacier couvrant la contrée a été sûrement aussi net sur sa surface, que le glacier contemporain du Groenland intérieur. Les conditions orographiques de la contrée et la constitution pétrographique de ses roches originaires ne permettent pas de reconnaître l'existence, au-dessus de la surface du glacier, de collines ou même de rochers pareils aux *nunatacken* du Groenland.

g) Sables supérieurs aux graviers roulés provenant, du remaniement des dépôts morainiques, parfois puissamment développés.

i) Petits bassins isolés, remplis d'argiles stratifiées, doivent être aussi attribués à l'époque de la fonte définitive et de la retraite du glacier

Parmi tous les dépôts postglaciaires de la région Baltique, certains *dépôts d'eau douce* de deux types offrent surtout un vif intérêt. L'un d'eux (*l*) présente essentiellement les *dépôts arénacés* de diverse composition et construction, caracterisé par une faune spéciale de mollusques, parmi lesquelles est surtout caractéristique l'*Ancyllus fluviatilis*, mais leur genèse ne nous est pas encore suffisamment connue. L'autre type, le plus intéressant, se distingue par la constitution compliquée caractérisant les *bassins lacustres s'éteignant*. Ces bassins sont ordinairement formés d' argiles stratifiées marneuses et en partie arénacées (*i*) (*Bänderthone*), dans lesquelles Mr *Nathorst* vient de découvrir les restes d'une flore polaire; par conséquent ces argiles se sont deposées au commencement de l'époque postglaciaire (*Dryaslera*, suivant la classification suédoise). Les argiles sont ordinairement recouvertes par des couches de calcaire marneux d'eau douce (*Wiesenmergel*) (*j*) passant en haut aux *tourbières*(*m.*).

Comme en Finlande, l'époque la plus importante dans l'histoire de la contrée fut la transgression marine supposée, recouvrant une partie de littoral septentrional de la contrée vers la fin de l'époque glaciale. Le rivage méridional de cette ancienne mer, qui d'après quelques indices existait encore dans les temps préglacials, forme le *glint*. Le long de ce «glint», à ses pieds, de même que dans les bandes de la vallée de la Néva et du Ladoga, on rencontre souvent les *argiles stratifiées* (*hvarfvig lera* (*h*) recouvrant les dépôts morainiques, et souvent recouvertes à leur tour par les sables superficiels. Cette argile, à en juger d'après ses propriétés, est identique à l'argile marine de la Suède (*Yoldia-lera*), mais personne n'y a jamais découvert de coquilles. Quelle en est la cause? Les investigations n'ont-elles pas été assez complètes, ou bien le bassin marin qui existait vers la fin de l'époque glaciale, a-t-il été privé d'une faune quelconque? Toutes ces questions doivent être résolues par les investigateurs futurs, qui ont encore beaucoup à étudier dans la spacieuse vallée de la Néwa et du lac Ladoga. Nous répèterons encore que les nouvelles investigations nous obligent d'admettre la supposition de la réunion marine des mers Blanche et Baltique vers la fin de l'époque glaciale.

A toutes ces formations dans les parties littorales de cette contrée, il faut encore ajouter (comme en Finlande), les diverses formations *des terrasses* et *des plages anciennes (k)* appartenant à l'époque moderne.

Enfin, je dois mentionner ici la genèse originale de la plupart des vallées fluviatiles de cette contrée; leur construction a été très soigneusement étudiée, surtout par Mr. *Dokoutchaev.* Nous avons mentionné l'abondance des lacs dans toutes la région Baltique. Après la retraite complète du glacier, évidemment les lacs ont dû y être plus nombreux encore, mais plus tard l'érosion fluviatile approfondit de plus en plus le lit des rivières, dessècha en partie les lacs, ou abaissa considérablement leur niveau, ou enfin, par l'activité de la végétation des tourbières, elle transforma les dépressions lacustres en dépressions marécageuses; ce qui a pu sans doute s'opérer sans changements dans les conditions physico — orographiques et climatiques de la contrée. Cela posé, on comprend le caractère des vallées qui forment un chapelet de bassins successifs, caractéristique pour la plupart des rivières locales.

L e m a m m o u t h. Quoique les restes des os de mammouth et d'autres mammifères éteints n'y soient pas aussi rares qu'en Finlande, ils y figurent cependant comme trouvailles uniques d'os et de dents mal conservés, dont la plupart ont été trouvés tantôt en position douteuse ou secondaire dans les alluvions, tantôt sans indication de gisement, dans une roche quaternaire quelconque. Les restes du *Bos primigenius* et du *Cervus tarandus* sont plus fréquents, et surtout dans les dépôts posttertiaires plus modernes, — comme tourbières (*m*), marnes d'eau douce (*j*) et argiles contemporaines, mais toujours sans os de mammouth et de rhinocéros. Tout cela prouve que ces derniers mammifères éteints ne furent que passagers dans la région Baltique et qu'ils y parurent plus tard que dans la Russie centrale.

L'H o m m e. Nous devons constater d'abord l'absence complète des traces de l'activité de l'homme à l'époque glaciale, dans la région Baltique. Les plus anciens dépôts postglaciaires en sont aussi dépourvus. En examinant les collections des outils en pierre et en os de cette région, là, où ces collections sont les plus complètes et dont les localités et les gisements sont exactement définis, nous ne trouvons aucune raison de reconnaître ici l'homme de l'époque paléolithique (pleistocène), vu le caractère de ces outils. Les trouvailles simultanées d'outils en pierre polie et de silex taillés à éclats ne peuvent avoir pour notre congrès l'importance que leur attribuent quelques observateurs qui ne connaissent pas souvent la subdivision en époques paléolithique et néolithique, uniquement parce que les outils des deux types se rencontrent simultanément.

Ainsi, l'homme paléolithique manquant dans la région Baltique, les traces de ses stations à l'époque néolithique y sont nombreuses, mais toutes ces stations, comme nous l'avons dit, appartiennent aux temps postérieurs de l'époque postglaciaire et moderne, et démontrent en même temps que l'homme y a apparu avec un degré plus avancé de culture.

Je m'arrêterai ici sur trois localités où les restes de l'homme néolithique ont été trouvés dans des dépôts géologiques définis, et qui présentent des types auxquels peuvent être rattachées toutes les autres trouvailles.

Les marnes de Kunda en Esthonie.

La station de l'homme néolithique de cette localité a été, comme on sait, soigneusement étudiée par Mr. *Grewingk* *. Une riche série de diverses traces de l'homme a été trouvée ici dans les dépôts des marnes d'eau douce (*j*) et des argiles marneuses recouvertes par la tourbière (*m*); ces dépôts y sont plus jeunes que les argiles arénacées postglaciaires (*i*), dans lesquelles Nathorst vient de découvrir les restes de la flore polaire. Quant à la définition plus exacte du temps de la formation des couches contenant les traces de l'industrie humaine à Kunda, en admettant que tous les divers restes décrits par Mr. Grewingk viennent du même horizon, (le nom de ce savant nous le garantit), nous arriverons aux conséquences suivantes: L'homme a vécu ici dans les temps récents de l'époque moderne, quand les conditions physico-géographiques eurent reçu leur caractère récent, la végétation polaire fut remplacée par les conifères et les arbres feuillis tels que: pins, chênes, trembles etc. Parmi de nombreux restes de mammifères, de poissons et de mollusques du type contemporain de la région Baltique, nous rencontrons pourtant une quantité considérable de formes éteintes et disparues de cette région, tels que le *renne*, le *Bos primigenius*, le *sanglier*. Quoiqu'on rencontre, avec les os de ces animaux sauvages, les os de chevaux, de vaches domestiques et de chiens, cependant, la simultanéité de ces derniers avec les premiers et avec les traces de l'industrie humaine est douteuse, selon Mr. Grewingk lui même. Il faut observer que parmi les anciens outils de Kunda, les outils en os sont plus nombreux que les outils en pierre,

---

* Voir: Archiv für Naturk. Liv. Esth.—Kurland, I Serie Bd. IX, 1 Lief. 1882, et une série d'autres articles et notes publiés dans les éditions locales.

ce qui s'explique par la situation de Kunda près de la mer, et par l'usage qu'on fait de la plupart des outils—comme outils de pêche.

L'homme préhistorique de Ladoga. Les stations de l'homme aux bords du lac Ladoga ont été soigneusement étudiées et décrites par Mr *Inostrantzev.* Les conclusions de cet investigateur et les corrections essentielles de Mr. *Poliakov* * nous apprennent que l'homme y a aussi vêcu dans les temps récents de l'époque moderne et probablement en même temps que la colonie de l'homme de Kunda. Nous avons ici, dans la base l'argile morainique (*b*) recouverte d'abord par une mince couche d'argile lacustre (*i*?) et puis par des sables stratifiés lacustres, intercalés d'alluvions de tourbe (*m*), parfois recouvertes à leur tour par des dunes récentes. Toutes les nombreuses traces de l'industrie humaine avec les restes de la flore et de la faune se trouvent précisément dans ces sables stratifiés aux alluvions de tourbe déposées, comme démontre Mr. Poliakov, non pas au niveau abaissé, mais au niveau soulevé des eaux du lac (comparativement à celui de nos jours). En considérant la flore et la faune, nous trouvons ici une analogie complète avec les conditions de Kunda. Les outils en os et en pierre se rencontrent en quantité égale. Parmi les derniers prédomine la pierre polie; les silex taillés y sont rares. Parmi les **traces de** l'industrie humaine, on rencontre aussi des restes de poterie. Nous n'avons pas d'autres raisons basées sur les données géologiques spéciales, pour déterminer plus exactement l'âge de l'homme de la colonie de Ladoga que celui de la colonie de Kunda.

L'homme préhistorique de Bologoïe. Cette troisième localité très intéressante de la station de l'homme est située dans le centre de la contrée montagneuse du Waldaï, au milieu d'un paysage morainique typique. La localité a été étudiée il y a bien des années par Mr. le Prince Poutiatine, je la connais aussi personnellement, car j'ai assisté à ses fouilles. Ici, nous avons la répétition complète de toutes les conditions. géologiques, (de même que de la flore et de la faune), que nous avons vues à Kunda et à Ladoga, nous y trouvons aussi comme base l'argile morainique (*b*), à laquelle sont adossés les dépôts stratifiés de sables (*m*) de diverses compacité et grosseur de grains, déposés sur le bord d'un grand lac; il est indubitable que ces couches se sont déposées sous ses eaux au niveau jadis plus haut de ce lac, dont l'abaissement correspond à l'abaissement général des niveaux de presque tous les lacs de la

---

* *Inostrantzev.* L'homme préhistorique de l'âge de la pierre du Ladoga. St. Prsb., 1882.—*Poliakov.* Beiträge z. Kenntn. des russisch. Reichs 1885. Bd. VIII.

région Baltique. C'est dans ces sables stratifiés que furent trouvés tous les divers objets et les restes paléontologiques qui font partie des riches collections de Mr. Poutiatine. La faune de ces sables présentant, pareillement à celle du Ladoga, la même réunion des formes contemporaines avec celles qui ont déjà disparu de cette localité, est surtout digne d'attention parce qu'elle démontre que les conditions étaient alors non seulement proches des conditions polaires, mais qu'elles étaient même plus favorables que celles d'aujourd'hui; du moins l'abondance en os de *sanglier*. du *Bos brachyceros*, du *Bos primigenius*, du *Myoxus glis*. du *Castor fiber* etc. est difficile à accorder avec la nature contemporaine de la contrée abondant maintenant en forêts de sapins et en marais couverts des mousses d'Oxycoccos, de Betulanana et en général d'une végétation boréale. Ce n'est que le renne qui vient nous surprendre parmi les formes de la collection de Mr. Poutiatine. Quant aux outils, on y remarque au contraire que les silex taillés prédominent sur les outils polis et enfin, on trouve de la poterie en abondance. La prédominance des outils en silex sur les outils polis peut être plutôt expliquée par des causes locales: l'abondance en silex des matériaux erratiques et des calcaires carbonifères sous-jacents de la contrée en question. Il faut aussi remarquer que Mr. Poutiatine, en étudiant les gisements des outils et de la poterie, s'est convaincu de l'existence de deux horizons divers, et dans les couches inférieures, il prétend avoir observé les outils et la poterie d'une industrie moins parfaite que ceux des couches supérieures; tout cela démontre l'existence de la station de l'homme de deux différents âges (ou peut être plus), mais en tout cas géologiquement proches.

En examinant, sous le point de vue du géologue, les stations de l'homme à Kunda, à Ladoga et à Bologoïé, comme des stations néolithiques, il me paraît que le géologue ne peut résoudre que la question de la limite inférieure du temps de leur formation. qu'il peut dire que l'homme de ces stations n'a pu être plus ancien que tel ou tel âge du quaternaire. En jugeant la puissance des couches contenant les traces de l'homme, la puissance des alluvions et de la tourbe qui les recouvrent. en comparant ces alluvions avec le niveau contemporain des lacs, il peut dire que ces traces doivent être attribuées à des temps très reculés. mais les géologues (avec leur méthode) ne sont point en état de déterminer plus précisément le temps où ces restes ont été déposés. ni la durée qui nous en sépare: la solution de toutes ces questions appartient selon moi complètement au domaine de l'archéologie.

Pologne et Lithuanie.

Le type des dépôts quaternaires de cette région présente une analogie complète avec les dépôts correspondants de la Prusse, qui y sont soigneusement étudiés. On y voit *deux moraines*: *l'inférieure* (*b*) ordinairement de couleur grise, la *supérieure* (*d*) principalement de couleur jaune et brune. Les deux moraines y sont ordinairement séparées par les *dépôts* puissants *stratifiés arénacés* et *argileux* (*c*), appartenant, paraît-il, à *l'époque interglaciale*. Comme en Prusse, ces dépôts de l'époque glaciale sont recouverts par divers dépôts, pour la plupart stratifiés arénacés et argileux, appartenant en partie à la fin de l'époque glaciale, en partie aux de dépôts postglaciaires anciens et récents. Malheureusement, il nous manque une description générale et détaillée du quaternaire pour une grande partie de cette région. Nous possédons des ouvrages locaux, parmi lesquels il faut citer ceux de mrs. *Grewingk, Berendt, Gedroïtz, Siémiradzky* etc.; mais, comme il nous manque beaucoup de données particulières, nous ne pouvons en faire le sujet de notre conférence d'aujourd' hui. Les limites est et sud de la répartition du type quaternaire de la Lithuanie avec ses deux moraines, ne nous sont pas encore connues. Nous rencontrons ce type bien exprimé en Courlande, dans les gouv de Wilno et de Grodno; mais le type de la Russie centrale domine dans la partie est des gouv. de Minsk et de Moguilev. Au sud, la limite du type lithuanien paraît disparaître dans les marais et les sables du Polessié. En tout cas, il faut remarquer ici que la carte géologique de la Pologne et de la Lithuanie, que Mr. Siémiradzky vient de publier en langue polonaise, avec indication de la répartition de divers dépôts quaternaires, est faite (du moins pour la Lithuanie), par un auteur qui n'a pas étudié personnellement cette contrée ‹in-situ›.

Quant aux restes de *mammouth* et de *rhinocéros*, qui y sont en général peu nombreux, et enfin aux traces de *l'industrie humaine* primitive dans la région de la Lithuanie, je dois passer ces questions sous silence, vu l'impossibilité dans un discours succinct, de déterminer précisément l'âge géologique de ces trouvailles assez nombreuses. Je rappellerai seulement que c'est dans le gouv. de Kielce en Pologne que fut trouvé le vrai *homme paléolithique*, et que sa coexistence avec le mammouth, l'ours des cavernes, etc. y est indubitablement prouvée.

Russie centrale.

J'analyse ici une bande de la plaine russe de la construction la moins compliquée du quaternaire glaciaire. En partant du gouv. de Minsk, elle traverse les gouv. de Moguilev, de Smolensk, de Tver, de Moscou, de Iaroslav, de Vladimir, de Kostroma et de Vologda. Cette bande fut le théâtre principal de mes investigations géologiques, publiées pour la plupart dans les Mém. du Comité géologique. Ici nous voyons le développement plus ou moins puissant d'une seule *moraine profonde (b)*, représentée par l'argile marneuse ou arenacée à blocaux, ordinairement de couleurs brunes. L'accumulation de cette argile morainique est la cause des configurations montueuses de la contrée, ordinairement privée des effets de phénomènes de dislocation. Les blocaux y sont répartis très improportionnellement, par places l'argile en est remplie; les blocs erratiques présentent alors par places des moraines longitudinales plus ou moins considérables. De grandes étendues de la contrée sont couvertes par cette argile immédiatement sous le sol. Par places, elle est recouverte des *sables supérieurs à blocaux (g)* généralement non stratifiés qui peuvent être envisagés comme produits du remaniement superficiel des dépôts morainiques, vers la fin de l'époque glaciale. Les dépôts encore plus répandus du pleistocène de la Russie centrale sont les *sables inférieurs à blocaux (a)* toujours stratifiés, avec les blocs et les graviers plus ou moins roulés. Ce sont les produits indubitables du remaniement des matériaux morainiques parfois par des eaux sous-glaciaires, mais le plus souvent par des courants d'eau produits en avant du glacier, surtout vers le temps de sa transgression ou de sa retraite. Souvent ces sables sont d'un puissant développement, souvent même ils remplacent la moraine et s'étendent sur la surface. Les investigations démontrent que dans les lieux de contact avec la moraine, ces sables se cachent sous la moraine. De là leur nom; mais il ne faut pas en conclure, comme le supposent quelques savants, que ces sables soient nécessairement plus anciens que la moraine, ils peuvent être du même âge, ou même plus jeunes encore, et surtout cela s'applique aux grandes étendues de ces sables, qui par une large bande presque continue longent principalement les limites des dépôts du type quaternaire de la Russie centrale. Nous pouvons parcourir ces bandes arénacées presque sans interruption, à partir de la région des forêts (Polessié) du gouv. de Moguilev, à travers la partie nord du gouv. de Tschernigov, la partie ouest du gouv. d'Orel, des gouv. de Kalouga, Toula, le nord du gouv. de Riasan, le sud-est de Vladimir, la partie ouest du gouv. de **Nijny Novgorod** et la partie est du gouv. de Kostroma. Cette bande arénacée ressemble beaucoup aux formations correspondantes de la Lüneburger Haide et encore plus aux formations récentes au-devant des vastes glaciers de l'Irlande.

Ces trois formations du quaternaire du centre de la Russie sont, sans doute, soumises à diverses complications locales; mais elles représentent le type principal de la contrée.

Les dépôts plus ou moins locaux préglaciaires des bassins d'eau douce y sont aussi nombreux et dispersés dans toute la contrée. Ces dépôts sont ordinairement pauvres en restes animaux; quant aux restes végétaux assez nombreux, ils n'y sont pas encore étudiés.

Les formations loessifères, déposées sur les dépôts morainiques, ont leur répartition principale dans les régions plus méridionales, mais parfois elles pénétrent au loin dans le centre de la Russie, à travers la bande arénacée susdite. Je les ai rencontrées sous la forme de petits îlots isolés, même dans les environs de la ville de Moscou,—le lac de Pereïaslavl (au nord-ouest du gouv. de Vladimir) etc. Ces îlots de loess caractérisent plusieurs plateaux élevés, les hauts versants des vallées etc.; on ne saurait préciser l'âge du loess, mais je suppose qu'on peut l'attribuer aux formations de la fin de l'époque glaciale, ou aux dépôts les plus anciens postglaciaires. Il faut remarquer que les lieux de la pénétration du loess vers le nord sont accompagnés d'îlots semblables de «tchernozème»; quoique le «tchernozème», dans la bande principale de sa répartition, peut être aussi développé sur le sous-sol tout-à-fait différent du loess. Il paraît que dans les localités abaissées et les dépressions, à ces îlots de loess correspondent quelques dépôts lacustres anciens recouvrant les dépôts morainiques et en général les formations à blocaux et graviers. Ces dépôts lacustres anciens sont d'une grande importance pour nous, parce qu'ils présentent le gisement principal «in situ» des os du mammouth et du rhinocéros, dans la Russie centrale. Vu l'existence ici d'une seule moraine de la dite première glaciation, on peut dire que ces dépôts lacustres à mammouth peuvent correspondre à la seconde moitié de l'époque glaciale, ou à l'époque ancienne postglaciaire, mais en tout cas, encore au pleistocène d'après notre classification.

Les vallées fluviatiles de la région centrale et leurs alluvions ont aussi une constitution très simple. Elles sont provoquées et construites par les rivières elles-mêmes de l'âge comparativement jeune, comme je l'ai démontré dans un de mes ouvrages. Pourtant, les recherches soigneuses que j'ai faites et les sondages que j'ai dirigés dans quelques parties de la région centrale, m'ont porté à la déduction (que je tâcherai de prouver dans mon grand ouvrage qui est en train de publication, concernant les dépôts posttertiaires de la Russie centrale) que la direction et la formation des vallées fluviatiles contemporaines, du moins de quelqu'unes de nos rivières, ont été causées par quelques particularités du relief de la contrée à l'époque préglaciaire.

Le Mammouth. Les restes du mammouth et du rhinocéros abondent dans la région centrale et ont été souvent trouvés dans une conservation parfaite, et leur position dans la série des dépôts géologiques nous autorise à l'envisager comme primitive. Le gisement principal de ces os sont les dépôts lacustres anciens. Un des bassins que j'ai décrits * près du village de Parcha, dans la partie ouest du gouv. de Vladimir, peut servir d'exemple. Nous avons ici une dépression au versant étroit vers l'est, et entourée d'élévations formées d'argile morainique (b), abondant par places en blocaux erratiques et recouverte par un dépôt peu considérable de loess. Une partie de cette argile, dans le centre de la dépression, est transformée, sous l'influence des eaux, en couches de sable plus ou moins stratifié, abondant en blocaux. Ces sables à blocaux erratiques sont recouverts d'abord par le sable argileux gris et ensuite par les dépôts de l'argile limoneuse sableuse, grisfoncé. Les deux dernières roches abondent en troncs et feuilles d'arbres: chênes, pins, bouleaux, et en végétation herbeuse. Je dois remarquer que cette localité est sur une grande étendue privée maintenant d'une végétation forestière quelconque, et recouverte de champs cultivés portant plutôt le caractère de steppe. C'est précisément dans ces dépôts argileux-sableux qu'on trouve annuellement des os et des dents de mammouth et de rhinocéros, en si grande quantité et en conservation si parfaite, qu'on est persuadé de l'existence de squelettes entiers dans cette localité. Ainsi dans la période de deux années que j'ai visité cette localité, on a découvert les os et le crâne de deux mammouths et d'un rhinocéros. Ce bassin de Parcha, en rapport avec plusieurs autres trouvailles de ce genre, nous prouve que le mammouth habitait la Russie, sans doute après la formation de l'argile morainique, à l'époque où s'étaient formées déjà les vallées fluviatiles récentes, quand une partie des matériaux morainiques avait été remaniée et que la végétation était, non pas boréale, mais forestière, du type contemporain de la Russie centrale. Mais comme il n'y a qu'une seule moraine dans la Russie centrale, il nous est impossible de déterminer

---

* Mém. Com. Géol. Vol. V, № 1, p. 96.

plus exactement si l'habitation du mammouth dans la dépression de Parcha correspond à l'époque interglaciale, à l'époque de la seconde glaciation, ou à l'époque ancienne postglaciale.

Une autre localité digne d'attention, ce sont *les environs du village Troïtzkoé* près de Moscou. Ici, au milieu de la région d'un puissant développement typique de sables inférieurs à blocaux, (*a*) sur la rive droite de la Moskva, le prof. *Rouiller* a décrit pour la première fois en 1844 un limon arénacé marneux d'eau douce, dans lequel on a trouvé un squelette presqu'entier de mammouth, parmi les nombreux restes de la faune et de la flore forestière et marécageuse contemporaines, caractéristiques pour la Russie centrale. Ce limon marneux d'eau douce y a été trouvé recouvrant immédiatement les dépôts mésozoïques plus ou moins développés et recouverts sans doute par les sables inférieurs à blocaux; le prof. Rouiller, et après lui une série d'investigateurs lui ont attribué l'âge tertiaire, ou suivant le point de vue contemporain, l'âge préglaciaire, en admettant en même temps l'existence du mammouth dans la Russie centrale, non seulement à l'époque postglaciaire, mais aussi à l'époque préglaciaire. Je me suis aussi rangé à cette opinion: premièrement parce que je connaissais beaucoup de cas de l'existence de pareils dépôts préglaciaires d'eau douce, dans plusieurs parties de la Russie centrale, quoique privés d'os de mammouth; secondement parce que, comme mes prédécesseurs, j'ai vu il y a une quinzaine d'années l'affleurement des limons marneux à Troïtzkoé, tout à fait comme le décrit le prof. Rouiller. Malheureusement, les conditions locales ont essentiellement changé maintenant, la rivière s'est rapprochée du profil de l'affleurement, et tout le massif des limons marneux a commencé à glisser vers la rivière en recouvrant ses alluvions caillouteuses récentes, ce qui a disloqué et changé tout-à-fait la suite des dépôts de ce profil. Il y a deux ans, un géologue amateur, m-r Krischtafowitch, profitant, comme officier de l'armée, du travail des sapeurs, fit faire des fouilles considérables dans l'affleurement de Troïtzkoé, et trouva les graviers des roches cristallines au-dessous du limon marneux. Malheureusement m-r Kristafowitch, avant d'avoir achevé les recherches du profil et étudié le fait observé, s'est empressé de l'expliquer par une des hypothèses les moins vraisemblables et sans raisons probantes. Suivant cette hypothèse, notre argile à blocaux fut envisagée comme dépôt de l'époque de la seconde glaciation. Trouvant sous les limons d'eau douce de Troïtzkoé, les graviers cristallins, m-r Krischtafowitch envisagea ces graviers comme restes de la moraine de la première glaciation, et les limons à mammouth, com-

me couches interglaciaires *. Sans doute cet article fit sensation!
Cette découverte, si elle était prouvée, devrait changer radicalement toutes nos idées sur la marche des événements à l'époque
pleistocène de la Russie; mais comme elle contredit le résultat
des recherches des autres investigateurs qui ont étudié le quaternaire de la Russie, elle ne pourrait avoir de l'importance que
si elle était constatée pour une région considérable de la contrée,
et non pas pour une localité unique. Il est vrai que, concernant
les couches interglaciaires, on ne saurait en parler que si l'on
trouve les dépôts d'eau douce reposant indubitablement ‹in situ›
entre deux moraines, mais les graviers cristallins, se trouvant au-
dessus et au-dessous des dépôts d'eau douce, ne peuvent servir
dans ce cas de preuve pour un glacialiste expérimenté. Le profil
de Troïtzkoé, tel qu'il se présente maintenant avec ses dislocations
riveraines, dont l'existence est évidente pour celui qui verrait le
profil lui-même, (ou seulement la gravure annexée à l'article de
m-r Krischtafowitch), ne peut servir de preuve pour cette théorie.
En effet, un an après la publication de son article, m-r Krischtafowitch a dû radicalement changer son point de vue sur la constitution du profil de Troïtzkoé. En jugeant ses communications faites à St.-Pétersbourg et à Moscou, m-r Krischtafowitch reconnaît
déjà l'existence à Troïtzkoé de dépôts d'eau douce déposés au-
dessous des sables inférieurs à blocaux, immédiatement sur les
dépôts mésozoïques, mais il suppose maintenant que ce n'est pas
dans ces dépôts que m-r Rouiller a trouvé le mammouth; la
série des dépôts d'eau douce, où selon lui le mammouth fut
trouvé, se trouvant au-dessus des sables inférieurs à blocaux, n'est
point recouverte par des dépôts à blocaux dans sa position primitive «in situ». Si l'on accepte cette version, qui selon moi demande encore des preuves précises, le mammouth de Troïtzkoé
perd son intérêt original, et n'est qu'un nouvel exemple de cette
position du mammouth, dans laquelle se trouve la plupart des
trouvailles de cet animal en Russie et pour laquelle les dépôts
lacustres de Parscha peuvent servir de type. En tout cas, il n'y
a rien à dire concernant les dépôts interglaciaires, après les nouvelles communicationis de m-r Krischtafowitch. L'existence du
mammouth à l'époque préglaciaire en Russie reste dubitative.
Cette dernière considération fait seule le mérite des fouilles et
des observations de m-r Krischtafowitch, et il est à regretter que
l'investigateur se soit trop pressé de publier son article l'année

---

* Bull. de la Soc. des Nat. de Moscou 1890, № 4. Dans cet article on verra
citer toute la littérature du sujet.

passée, et se soit laissé entraîner par une hypothèse qui ne peut avoir de chance d'être admise chez nous.

L'h o m m e. Quoique les restes des traces de l'activité de l'homme préhistorique soient assez nombreux dans cette région centrale, ils n' ajoutent rien, dans le sens géologique, à ce que nous connaissons déjà pour la région Baltique, de sorte que je passe sans m'y arrêter à la région suivante, plus intéressante et plus importante dans ce sens.

Région des dépôts morainiques près des limites de leur répartition.

Le long de la limite de la répartition des blocs erratiques, suivant en traits généraux les courbures de cette limite, s'étend une bande originale très caractéristique du type quaternaire; tantôt elle se rétrécit, tantôt elle s'élargit jusqu'à des centaines de kilomètres. Comme en Allemagne, où cette bande prend son origine, elle est caractérisée par un massif plus où moins puissant du *loess* et de roches, dont la composition, la construction et probablement la genèse, sont rapprochés du loess; ce massif recouvre les *dépôts morainiques* plus ou moins conservés; ces derniers présentent tantôt l'argile arénacée et marneuse morainiques non stratifiées, tantôt les roches plus ou moins remaniées, déplacées et transportées par l'eau et dont les parties argileuses sont emportées, de sorte qu'elles sont devenues sables à blocaux, en partie non stratifiés encore, mais souvent munis d'une stratification secondaire. Bien souvent, surtout près de la limite des blocs erratiques, parmi les matériaux glaciaires, il n'y a plus que les blocaux des roches les plus durables qui s'opposent à la destruction: comme quartzites, silex carbonifères et crétacés, quelques roches compactes cristallines, aphanites etc. Ces blocs sont tantôt intercalés dans les couches inférieures de loess, tantôt se trouvent dans le sol, ou à sa surface, si le loess y manque. Voilà pourquoi il est très difficite de marquer la limite méridionale exacte de la répartition du glacier, et la limite de la répartition des blocs erratiques ne correspond pas complètement avec la première. Il faut remarquer que cette limite ne présente dans la plupart des cas aucune accumulation des matériaux morainiques et de ceux à blocs erratiques en forme de moraines frontales, ce qui est probablement provoqué par le peu de temps pendant lequel le glacier a stationné pendant son plus puissant développement, et par les remaniements énergiques et prolongés auxquels ces dépôts morainiques ont été exposés depuis le commencement de la retraite du glacier. Sous les restes morainiques, on observe dans plusieurs localités, surtout au sud, les *dépôts préglaciaires d'eau douce* au type contemporain des mollusques; ces dépôts passent dans la bande suivante de la Russie, où ils sont surtout considérables.

Quant au loess, il y est puissamment adossé aux versants élevés abrubts des vallées et des ravins, il disparaît souvent sur les seuils de partage et les plateaux, en cédant la place aux sables sur les versants doux et abaissés des mêmes vallées.

Cette construction du pleistocène y est par places compliquée par l'oscillation que le glacier a souffert sur ses bords, et ses complications locales deviennent d'autant plus nombreuses et plus variées, que la localité donnée est mieux étudiée, ce que nous voyons par exemple dans les ouvrages circonstanciés de m-r Dokoutschaev et de ses collaborateurs, sur les gouv. de Nijny-Novgorod et de Poltava, qui sont situés près des limites en question. Ici, on rencontrait souvent l'alternation des moraines non stratifiées avec les dépôts stratifiés. Quoique une partie de ces résultats doive être attribuée aux phénomènes secondaires et est provoquée par les dislocations secondaires des dépôts, par les éboulements etc., il y a indubitablement des endroits, où cette alternation doit être primitive. Mais je pense pourtant que nous ne serons pas de l'avis de ces géologues qui voient dans ces cas les traces de deux ou de plusieurs glaciations et des périodes interglaciaires, puisque, pour un géologue qui a bien étudié les phénomènes dans les glaciers contemporains, il suffit d'une simple oscillation du glacier pour expliquer ces faits.

Parfois nous y rencontrons aussi les *dépôts locaux anciens lacustres postglaciaires.* Enfin les *alluvions fluviatiles* y portent le cachet de cette complication qui caractérise les *vallées fluviatiles* du sud et de l'est de la Russie, et qui, suivant l'explication que j'ai adoptée pour la première fois dans un de mes ouvrages sur les rivières russes, est provoquée par l'existence de ces rivières, plus prolongée que celle des rivières de la Russie septentrionale et centrale. Je comprends l'apparition dans les vallées de ces rivières d'une série de terrasses, qui sont plus anciennes loin du lit contemporain de la rivière et plus jeunes dans son voisinage. Ces terrasses sont d'une grande importance pour l'archéologue, parce qu'elles fournissent parfois de riches matériaux en restes de l'industrie humaine. Les plus anciennes d'entre elles doivent être attribuées au pleistocène, puisqu'elles contiennent des os de mammouth et de rhinocéros dans leur position primitive.

Le mammouth. Outre les terrasses susdites (les plus anciennes), les os du mammouth et du rhinocéros abondent dans cette région de loess et dans quelques dépôts lacustres anciens.

L'H o m m e. Nulle part en Russie on ne rencontre autant de traces de l'homme de l'âge de pierre, que le long de la limite de la répartition des blocs erratiques et près de cette limite. Ces traces appartiennent indubitablement, non seulement à l'époque néolithique, mais aussi à *l'homme de l'époque paléoli:hique*, c à, d. à *l'homme contemporain du mammouth et du rhinocéros*. Nous porte· rons ici notre attention sur ces derniers faits, parce que les nombreuses stations néolitiques n'ajoutent, sous le point de vue géologique, rien de nouveau à ce que nous avons observé dans les régions plus septentrionales. Pour la bande en question, nous avons trois trouvailles dont l'ensemble nous prouve l'âge paléolithique de l'homme.

Station de l'homme à Gontsy, district de Loubny, gouv. de Poltawa. Cette localité remarquable a été pour la première fois étudiée et décrite, en 1873 *, par Mrs. Théofilaktov et Kaminsky; depuis, elle a été visitée et étudiée par plusieurs géologues et archéologues russes. Les trouvailles ont été faites dans la large vallée d'une petite rivière, l'Oudaï, dont les rives primitives sont formées de dépôts morainiques de structure assez compliquée, et recouvertes par le loess typique. La vallée elle même, comme plusieurs autres vallées de cette localité, est construite d'alluvions anciennes et modernes. C'est dans ces alluvions anciennes, composant la terrasse supérieure, éloignée du lit de la rivière et restant libre des inondations contemporaines, qu'on a trouvé les traces de l'activité de l'homme. La terrasse est construite en sable faiblement argileux (près d'un mètre de puissance), recouvrant une roche loessifère limoneuse, jaunâtre, clairement stratifiée (le loess inférieur stratifié ou secondaire de divers auteurs), d'origine alluviale. Ce loess inférieur est indubitablement plus jeune que les dépôts à blocs erratiques des rives primitives et y est adossé. Malheureusement, nous ne nous rendons pas compte de ses rapports au loess typique des versants élevés, parce qu'en analysant plusieurs descriptions de cette localité, nous n'y voyons nulle part le contact immédiat de ces roches **, et nous ne savons pas si le loess inférieur est con· temporain du loess typique, ou s'il apparaît comme le produit secondaire de son remaniement. Quoiqu'il en soit, c'est dans ce loess inférieur stratifié des alluvions anciennes qu'on a trouvé beaucoup de silex taillés, de l'industrie imparfaite, préparés sans doute «in

---

* Travaux de la III-e Session des archéologues russes à Kiev. 1874.

** Dans sa description de cette localité, Mr. Théofilactov se représente la roche en question adossée au loess, mais ce n'est pas exact, car l'investigateur avait devant lui, non pas le loess typique, mais une roche subordonnée à l'étage glaciaire morainique; ce qui a été prouvé par les investigateurs suivants.

situ›, à en juger par plusieurs fragments de silex trouvés avec deux
outils en os, aussi de forme primitive. Simultanément et dans la
même couche que les silex taillés, on a découvert de nombreux
os de mammouth, de rennes et d'autres animaux. On peut juger
de la quantité des os, en considérant le petit espace de 16 mètres
carrés où l'on a trouvé des os appartenant à six individus de
mammouth.

Tous ces os ne sont pas les restes de squelettes entiers; ils s'y
trouvent pour la plupart cassés et brisés et en partie brulés; d'autre
part—le caractère de leur conservation, les contours aigus des
cassures écartent toute idée d'entraînement et d'accumulation par
les eaux courantes. En un mot, il est tout-à-fait hors de doute
que nous y avons une station de l'homme, dont la nourriture principale a dû être le mammouth et les animaux contemporains.

Station à Kostenki au bord du Don, gouv. de Woronèje. Cette station de l'homme paléolithique, contemporain du mammouth, a été
parfaitement étudiée par Mr. *Poliakov.* Les conditions de la position des restes de l'activité de l'homme y sont tout-à-fait semblables à celles de la station de Gontzy, que nous venons de décrire.
Les trouvailles y ont été faites aussi dans la terrasse ancienne
élevée, du bord droit de la vallée du Don. Mais la rive primitive
est construite ici en roches du système crétacé, recouvertes par
ces dépôts morainiques. La terrasse elle-même est construite en
louches puissantes de «tschernozème» posé sur l'argile grise. Il est
intéressant de signaler que les fouilles de Mr. Poliakov y ont découvert, dans un seul profil, deux couches différentes de l'industrie
humaine de l'âge de pierre. On a rencontré dans la couche supérieure, appartenant à l'époque *néolithique* et ensevelie dans le
tschernozème, outre les outils en pierre taillée et polie, des restes
de poterie et des os des mammifères récents. L'autre station appartient indubitablement à l'époque *paléolithique*; ici, on a trouvé,
dans les couches de l'argile grise sous-jacente, de nombreux os
de mammouth et des outils exclusivement de silex taillés; pareillement dans le gouv. de Poltawa, l'homme, contemporain du mammouth, se servait déjà du feu; et les os de mammouth y étaient
indubitablement brisés par l'homme.

Station à Karatcharowo, près de Mourom, sur la rive droite de l'Oka.
La station de l'homme paléolitique, la plus intéressante, a été découverte et décrite pour la première fois par l'illustre archéologue russe
Mr. le Comte *Ouwarov* *. Cette station qui a attiré l'attention de
plusieurs investigateurs, a soulevé bien des débats et a été plusieurs
fois décrite. Karatcharowo est situé au centre d'une localité très

---

* Archéologie de la Russie. Vol. I; p. 112.

connue en Russie pour ses antiquités appartenant à diverses époques; plusieurs appartiennent aux diverses formations de l'époque néolithique; mais vu le peu de temps et de place, nous ne les analyserons pas ici, et nous nous bornerons à dire quelques mots d'une trouvaille sûrement paléolithique. Cette trouvaille est surtout intéressante, parce que la masse des os de mammouth, de rhinocéros et de Bos primigenius plus ou moins mutilés et brisés par l'homme, ont été découverts avec les silex taillés de l'industrie imparfaite dans la rive primitive élevée, et précisément dans l'argile loessiforme marneuse recouvrant les restes de l'argile morainique à blocs erratiques, cette dernière recouvrant à son tour les sables stratifiés à blocaux. Quant à l'argile loessiforme abondant en restes de l'industrie de l'homme paléolithique contemporain au mammouth et au rhinocéros, elle y présente par sa genèse un dépôt à moitié subaérien, à moité formé par l'action des eaux pluviales, en un mot un type de ce que les français nomment depuis longtemps «dépôts de ruissellements». Ces dépôts y ont enseveli les restes, les divers déchets et en général les traces de l'activité ancienne de l'homme, dans les parties supérieures des ravins qui traversent ici les versants de la rive droite de la vallée de l'Oka.

Région des steppes du sud de la Russie, hors des limites de la glaciation.

Ce qui est le plus typique pour cette région, c'est le puissant développement du *loess*, tout à fait identique au loess de l'Allemagne du sud et de l'ouest. En étudiant la structure, la position et la faune des mollusques du loess en question, on y peut distinguer parfois comme dans loess du Rhin, deux types différents: le *loess typique supérieur* à faune exclusivement terrestre et le *loess inférieur* de stratification distincte, sans doute d'origine alluviale, et contenant la faune des mollusques, parmi lesquels on trouve en abondance les formes terrestres et celles d'eau douce. Ce sont ces deux types que l'on confond souvent chez nous, comme dans l'Europe occidentale, et c'est pourquoi on ne s'accorde pas sur la question de l'origine de ces roches. En tout cas, quelle que soit l'opinion des savants sur la genèse du loess typique supérieur, il ne peut pas être envisagé comme le dépôt de la boue glaciaire, s'écoulant du glacier, et pourtant nous rencontrons de temps en temps des défenseurs de cette théorie. Quelles que soient les dimensions de ces prétendus torrents s'écoulant des glaciers, elles ne suffisent pas à expliquer la position du loess sur les points les plus élevés du

plateau (dans les gouv. d'Orel, de Koursk et de Kharkov), qui a
divisé le glacier en deux bandes, le long des vallées abaissées du
Dnièpre et du Don.

Quant à l'âge du loess typique de cette région et de la précédente, il ne peut être qu'approximativement défini, en vue de sa
position sur les restes des dépôts morainiques et la présence des
os des mammifères éteints. Mais quelle a été la durée de la période de la formation de ce loess? Ne pourrait-il pas se former
encore à présent, même dans les steppes sèches de la Russie mé-
rédionale, comme il se forme dans les déserts de l'Asie centrale?
Nous devons nous borner à poser ces questions, sans pouvoir les
résoudre. Dans cette région de la Russie du sud, nous observons
sous le loess un puissant développement des *dépôts d'eau douce*
de deux types: l'un *à faune lacustre*, un autre à *faune d'eau courante*. Je suis de l'avis de mon collégue Mr. Sokolov, qui regarde
ces dépôts d'eau douce comme parrallèles aux dépôts glaciaires
des régions plus septentrionales, sous lesquels ils disparaissent parfois, comme p. ex. dans le gouv. de Poltawa. C'est leur développement considérable et non pas le massif du loess lui même qui
pourraît être un indice de la période abondant en eau, qui a dû
caractériser la région de la Russie méridionale, tandis que dans le
voisinage — au nord — existait le grand glacier. Il faut remarquer
que plus près, vers la mer d'Azov, apparaît, entre ces dépôts
d'eau douce et le loess typique, un puissant dépôt d'argiles particulières rougeâtres très riche en gypse et en sel, probablement les
traces de la répartition plus étendue de la mer.

Quant au *mammouth* et aux *traces de l'activité humaine*, toutes
nombreuses et tout intéressantes qu'elles soient pour un archéologue,
je n'en connais pas une qui serait assez instructive pour un géologue, ou qui aurait pu donner des preuves certaines de l'existence
de l'homme paléolithique, comme les faits que nous avons analy-
sés dans la région précédente.

Région du Sud-Est de la Russie.

La région hors des limites de la répartition du glacier, région
du puissant développement des terrasses fluviatiles compliquées à
l'est de la Volga par l'activité de l'ancienne transgression de la
mer Caspienne.

Les *dépôts des eaux saumâtres du bassin Caspien ancien* forment
la base des dépôts quaternaires de cette région. Dans ces derniers
temps divers ouvrages ont constaté la répartition de ce bassin,
d'un côté presque jusqu' à la ville de Kazan, et de l'autre au

loin vers l'est, jusqu' aux contreforts de l'Oural. Les ouvrages sur la levée géologique de notre Comité ont tracé, avec une exactitude précise, les limites de la répartition de ce bassin; ces limites sont maintenant pour la première fois figurées sur la carte présente; on a constaté la division de ce bassin ancien en deux: *le bassin septentrional de Bolgary et le bassin méridional — Caspien* proprement dit, reliés entre eux par un détroit près de la ville de Samara. Le niveau de ce bassin Caspien ancien était au moins 165—175 m. plus haut que le niveau actuel. Quant à l'âge relatif de la trangression en question, nous ne pouvons pour le moment donner une réponse catégorique. Tout ce que nous pouvons dire, c'est que les dépôts de cette transgression y forment partout la base du quaternaire; mais leur faune, qui n'est pas encore exactement étudiée, diffère de la faune actuelle de la mer Caspienne et atteste certains rapports avec la faune des horizons supérieurs du pliocène. Malheureusement, on n'est pas parvenu jusqu' à présent à observer les rapports entre la formation ancienne de la mer Caspienne et un dépôt quelconque de l'époque glaciaire, de sorte que nous sommes privés de la possibilité de nous baser sur leurs relations batrologiques.

Les dépôts caspiens anciens y sont partout recouverts de *l'argile typique brune des terrasses fluviatiles*, passant très rarement au vrai loess, mais souvent cédant la place aux sables. Cette argile des terrasses dépend ordinairement des larges vallées fluviatiles, adossée aux bords de ces vallées, elle disparaît sur les étendues planes des steppes, où très souvent les dépôts saumâtres caspiens se trouvent immédiatement sous le sol. Ordinairement cette argile descend en forme de terrasses à escarpements (surtout le long de la rive gauche de la Volga et des autres fleuves) vers le lit contemporain de la rivière. Le nombre de ces terrasses est très différent, et elles sont produites principalement par la vie de la rivière elle-même; ce que j'ai démontré dans mon ouvrage sur la construction et l'origine des vallées des rivières russes *; les plus anciennes d'entre elles sont les plus élevées, tandis que les terrasses basses passent à la vallée récente aux alluvions contemporaines. Les parties les plus élevées, et, comme nous l'avons dit, les plus anciennes, des argiles des terrasses et les dépôts arénacés contemporains, abondent en os de mammifères éteints, parmi lesquels dominent le mammouth, le rhinocéros, l'elasmotherium, le bos primigenius etc. qui nulle part en Russie ne se rencontrent en si grande abondance. Ces fossiles ne se rencontrent pas dans

---

* Mem. Acad. Sc. St. Prb. T. XXXII, № 5. 1884.

les dépôts des terrasses plus abaissées, du moins pas «in situ» dans leur position primitive. Ce qui est étonnant, c'est qu'aucune trace de l'activité humaine ne s'y rencontre associée avec les os des mammifères éteints; du moins on ne connaît pas de circonstances où ces trouvailles pourraient être classées dans un horizon géologique défini et où leur simultanéité serait hors de doute. Au contraire, toutes les découvertes sur les stations de l'homme de l'âge de pierre * ont été faites dans les terrasses inférieures plus jeunes et dans les dépôts superficiels des terrasses supérieures, où l'on ne rencontre plus de restes des mammifères éteints; les outils, la poterie et d'autres restes de la culture portent tous le caractère de l'époque néolithique.

Thèses principales.

1) La subdivision de l'âge de pierre en époques *paléolithique* et *néolithique* doit être gardée pour la Russie d'Europe, parce qu'elle coïncide chez nous avec les subdivisions géologiques en *pleistocène* et *moderne*, qui sont à leur tour basées sur les données paléontologiques.

2) L'étude des dépôts glaciaires de la Finlande et de la région occidentale ne fournit aucune preuve de l'existence de deux époques glaciaires particulières et d'une époque interglaciaire; tous les faits peuvent être expliqués par les phénomènes de l'oscillation du glacier au moment de sa retraite, graduelle mais irrégulière.

3) Si même l'on acceptait la théorie suédoise et prussienne de la subdivision de la période glaciaire en deux époques et une époque interglaciaire, la seconde glaciation n'aurait pu être répartie que dans la région ouest, dans une certaine partie (comparativement bornée) de la région Baltique, de la Finlande et du gouv. d'Olonetz.

4) L'autre partie de la Russie soumise à la glaciation n'a qu'un étage morainique correspondant aux dépôts de la première époque glaciaire des Suédois.

5) A l'époque de la plus puissante glaciation, la majeure partie de la Russie présentait l'aspect d'un désert de glace, pareil à celui du Groenland, ne portait point de moraine sur sa surface et ne présentait aucune élévation dénuée de glacier, où la végétation de steppes puisse s'être conservée.

6) Le temps correspondant à l'époque interglaciaire et à celle

---

* Voir p. ex. un grand ouvrage russe de Mrs) Stuckenberg et Wyssotzky. qui a été analysé l'année passée en allemand dans l'Archiv für Antropologie. Bd. XX.

3

de la seconde glaciation des suédois, était probablement pour la majeure partie de la Russie l'époque de la formation des dépôts anciens lacustres, du loess et des terrasses supérieures fluviatiles, présentant le gisement principal des os de mammouth et d'autres mammifères éteints, qui y abondaient lorsque la Scandinavie et la Finlande étaient encore couvertes par le glacier.

7) D'après la composition et la genèse de ses dépôts quaternaires, la Russie d'Europe peut être subdivisée en une série de types très caractéristiques, quoique se reliant par des passages à peine saisissables, mais illustrant tout de même la vie de l'immense plaine russe, pendant la période quaternaire et la construction de ses dépôts superficiels.

8) Dans la seconde moitié de l'époque glaciaire ou du *pleistocène*, le mammouth et d'autres grands animaux habitaient en grand nombre la Russie méridionale et orientale. A mesure que le glacier se retirait, ces animaux avançaient vers le nord et le nord-ouest; vers la fin du pleistocène, ils atteignirent la Finlande pour très peu de temps, puis disparurent bientôt dans toute l'étendue de la Russie d'Europe, mais probablement plus tard dans sa partie nord-est et dans la Sibérie occidentale.

9) L'homme habitait simultanément avec le mammouth pendant la seconde moitié de l'époque glaciaire le long de la limite de la glaciation, possédant une industrie assez avancée et se servant entre autre du feu, mais produisant uniquement des outils en silex taillés à éclats. A mesure que le glacier se retirait, l'homme avançait vers le nord et le nord-ouest; il parvint jusqu'en Finlande et dans la région Baltique après la fin de la glaciation et après la disparition du mammouth; mais l'homme lui-même possédait déjà la culture plus avancée de l'époque néolithique et, outre les outils en silex taillés, il savait fabriquer des outils en pierre polie, de la poterie etc.

10) La Russie d'Europe ne présente aucunes traces de l'homme de la première moitié du pleistocène, ou de l'homme plus ancien encore.

Aperçu sur les dépots posttertiaires en connection avec les trouvailles des restes de la culture préhistorique au nord et à l'est de la Russie d'Europe,

par

Mr. Th. Tschernyschev.

Ayant consenti, sur la demande des organisateurs du Congrès d'Archéologie préhistorique de Moscou, de composer un resumé sur les dépôts posttertiaires, en connection avec les trouvailles de restes appartenant à l'âge de pierre, à l'est et au nord de la Russie, je tâcherai de développer, autant que possible, le côté géologique de la question, et je donnerai ensuite un abrégé des trouvailles archéologiques les plus remarquables. Comme je voudrais être aussi concis que possible dans mes développements, je n'entrerai pas dans la discussion des opinions des géologues distingués qui se sont appliqués à l'étude des couches posttertiaires de l'est et du nord de la Russie, tels que Murchinson, le comte Keyserling, Schrenk, Helmersen, Hoffmann, Barbot de Marny, Karpinsky, Möller, Inostrantzev, Stuckenberg, Krotov, Krassnopolsky, Feodoroff et bien d'autres; je me bornerai plutôt à exposer dans cette esquisse les conclusions principales auxquelles sont arrivés les auteurs cités et les résultats de mes propres observations pendant 12 ans dans les gouvernements orientaux et septentrionaux de la Russie, qui, en partie du moins, n'ont pas encore été publiés. J'ai pensé aussi qu'il serait utile, pour plus de clarté, de faire précéder cet exposé de quelques thèses résultant de la totalité des faits géologiques acquis par des explorations systématiques, surtout pendant ces derniéres dix années.

1) Toutes les vallées des monts Ourals et de la chaîne du Timan sont des anciennes vallées d'érosion. De même, dans toute la contrée adjaçante à ces chanîes de montagnes, où les couches des anciennes roches sont en général horizontales, les délimitations principales de la distribution des eaux étaient déjà tracées par des

3*

procès de dénudation avant l'époque posttertiaire. Il est certain que les phénomènes géologiques survenus pendant l'époque posttertiaire ont posé aussi leur cachet et même fort appréciable, sur le relief du pays, mais dorénavant, du moins dans ses lignes générales, la plastique du nord et de l'est de la Russie était déjà tracée aux époques précédentes continentales dans la formation des contrées décrites.

2) Dans toute la chaîne des monts Ourals, à partir de sa partie méridionale jusqu'aux dernières limites septentrionales des habitations permanentes, il n'y a pas de traces évidentes de l'existence antérieure de glaciers. Pour toute cette étendue de la chaîne, les couches posttertiaires sont dues par leur formation à deux facteurs puissants: au procès éluvial (de transformation mécanique et chimique des roches originaires primitives ‹in situ›) et au procès alluvial (action d'enlever des matériaux par l'érosion et de les déposer dans les vallées et au fond des lacs.) Des traces indubitables de l'action des glaciers dans les monts Ourals ne commencent qu'au 61-ème parallèle nord et se continuent jusqu'au détroit de Vaïgatch. Ainsi, entre les bornes indiquées, toute la partie septentrionale des monts Ourals était couverte de glaciers qui ont laissé des traces évidentes de leur existence *. Quant aux faits avancés pour prouver l'envahissement des monts Ourals par des glaciers dans des latitudes moins élevées, il faut les regarder comme fort douteux. En nous dirigeant vers l'ouest des monts Ourals, nous pouvons indiquer la limite approximative de l'envahissement des glaciers en nous laissant guider par la distribution des blocs de différentes roches cristallines et sédimentaires, dont les gisements originaux se trouvent dans les districts plus septentrionaux. La limite de la distribution des blocs se laisse poursuivre à travers les districts de Solikamsk et de Tcherdine du gouvernement de Perm, et le long de la frontière septentrionale du gouvernement de Viatka, puis elle dévie vers le sud dans la partie occidentale de ce gouvernement. Au de-là de cette frontière, d'après toutes les données que nous possédons, le glacier ne s'est pas étendu vers le sud ou le sud-est.

Dans la région marquée par moi du signe de la transgression boréale, sur la carte géologique de la Russie d'Europe, en voie

---

* Il n'est pas superflu de faire observer que M. Feodoroff, auquel nous devons les meilleurs travaux sur l'envahissement glaciaire des monts Ourals septentrionaux, dit avoir observé des roches striées dans cette région, mais à l'état de phénomène rare, tandis qu'on ne trouve nulle part de roches moutonnées. On doit regarder comme témoignage indiscutable de la présence d'une nappe glaciaire les argiles caillouteuses „boulder clay“, produit des moraines terminales et latérales.

de publication par le Comité Géologique, on n'a jusqu'à présent rencontré aucune de ces formations morainiques qui sont partout les témoins les plus éloquents de l'existence antérieure des glaciers; bien au contraire, sur tous les points où des blocs erratiques ont été observés, enfouis dans des roches argileuses ou sableuses, on a constaté dans ces dernières une stratification bien marquée. Pourtant toute une série de faits, auxquels nous nous arrêterons plus tard, nous prouve l'existence autrefois dans le nord de la Russie d'un glacier continental, dont la moraine a été complètement détruite par une immense transgression subséquente de la mer polaire. Toutes les données recueillies au nord de la Russie parlent d'un envahissement glaciaire continu, à partir du plateau Scandinavo-Finlandais jusqu'aux monts Ourals, qui exclue en même temps la possibilté d'une subdivision de la nappe glaciaire en un glacier Scandinave et un glacier Timano-Ouralien. Sans entrer ici dans le développement des questions de détail concernant l'envahissement glaciaire du nord-est de la Russie, nous observerons seulement que le glacier continental descendait de la région la plus élevée au centre même de la chaîne de Timan, dans deux directions opposées,—vers la nord, c'est-à-dire vers la mer polaire, et vers le sud et sud-est, se déversant surtout dans la partie nord-ouest des gouvernements de Perm et de Viatka.

3) Dans la Russie septentrionale, à l'époque de l'envahissement glaciaire, la dernière transgression considérable de la mer polaire a embrassé toute la surface, depuis la Dvina à l'ouest jusqu'aux monts Ourals à l'est, depuis le rivage actuel de la mer polaire au nord jusqu'aux fleuves Soukhona et Vytchegda au sud, et elle a pénétré aussi dans la région des dépôts morainiques typiques sous la forme de golfes profonds.

Comme on vient de le dire, dans la région de la transgression boréale, presque toutes les formations morainiques furent transformées (emportées et précipitées de nouveau) en dépôts stratifiés, dans lesquels on trouve actuellement des coquilles maritimes avec une masse de blocs qui reposent ici à un endroit de gisement secondaire. De nombreuses données hypsométriques recueillies au nord, surtout grâce aux travaux de l'expédition au Timan (1889—90), démontrent qu'au moment de son plus grand débordement, le niveau de la mer polaire dépassait de 150 mètres en altitude son niveau actuel. Nous ne possédons que des données incomplètes sur l'ouest de cette région, sur la partie occidentale de la mer Blanche et sur les rivages de la presqu'île de Kola, de sorte qu'il est difficile de décider à quel degré les rivages ont été envahis par les vagues de la mer polaire; en tout cas, cet envahissement n'a pas été très considérable, et il y a des raisons

de supposer que le mouvement positif des lignes de rivage a été
moins important dans la presqu'île de Kola que dans les parties
orientales du nord de la Russie, à l'époque de la transgression
en question. Pour compléter le tableau, il faut rappeler ici l'hypotèse de M. Loven sur la comnunication de la mer Blanche avec
la région des grands lacs (Onéga et Ladoga); cette hypothèse,
soutenue par Kessler et confirmée par des faits géologiques de M.
Inostranzev, est d'une grande vraisemblance d'après toutes les données géologiques que nous possédons *. Cette voie de communication devrait se trouver à l'ouest du fleuve Onéga, dans la direction
du rivage sud-est du lac du même nom. D'autre part, le développement puissant des formations stratifiées argileuses** et sableuses,
déposées sur les rivages du golfe de Finlande et constituant la
terrasse nettement tracée qui s'étend vers le nord, à partir de
St.-Pétersbourg jusqu' à Kexholm, situé sur la rive occidentale du
Ladoga, ainsi que le développement de formations stratifiées argi-
lo-sableuses sur le rivage de ce lac et déposées au-dessus de moraines érodées, prouvent que la région a été recouverte dans une
étendue considérable par les vagues de la mer Baltique et du lac
en question, à l'époque post-glaciaire. Suivant le rivage du Ladoga,
à partir du sud-est, nous voyons au nord de la rivière Svire,
dans la direction de la ville d'Olonetz, un développement puissant
de formations analogues, de couches argileuses et sableuses stratifiées, et nous pouvons admettre, sans erreur appréciable, que la
jonction des lacs Onéga et Ladoga, se faisait dans un passé pas
trop éloigné, par un large détroit. L'absence de données positives
sur la faune des couches stratifiées mentionnées tout à l'heure, ne
nous donne pas le droit de trancher la question du caractère des
bassins du Ladoga et de l'Onéga à l'époque d'un niveau plus élevé
de leurs eaux; mais tout porte à croire que c'étaient alors, comme
à présent, des bassins d'eau douce, ou d'eau faiblement saumâtre.

4) L'époque du développement de la nappe glaciaire au nord
et nord-ouest de la Russie correspond à l'époque de la vaste transgression de la mer Caspienne dans la région du sud-est de la
Russie, où, lorsque son niveau surpassait l'altitude de la superficie

---

* Ces vues ont été discutées par M. Grimm dans son article: „Contribution à
la connaissance de la faune Baltique et à l'histoire de son origine" (Travaux de la
Soc. des Natur. de S.-Pétersb. Vol. VIII, p. 107—138) traitant la question de
la communication entre la mer Blanche et la mer Baltique au point de vue zoologique. M. Grimm suppose que la conjonction de la mer Blanche et de la Baltique
ne pouvait exister autrement que sous la forme d'une série de bassins d'eau douce
plus ou moins étendus.

** Parfois ces formations argileuses ne sont pas à distinguer de la „hvarfig
lera" typique.

actuelle d'au moins 150 mètres, ses limites s'avançaient au loin vers le nord jusqu' à la région des fleuves Kama et Bielaïa*.

En parlant des transgressions boréale et caspienne, il faut rappeler ici la possibilité de leur communication à l'époque posttertiaire, d'autant plus qu'il y a encore des savants qui soutiennent l'hypothèse d'une communication entre la mer polaire et le bassin Aralo-Caspien sur le versant oriental des monts Ourals. Concernant cette dernière supposition, je dois faire observer que toutes les données, recueillies par des géologues ayant étudié cette question sur les lieux-mêmes, contredisent cette opinion. S'il faut accepter l'hypothèse bien fondée de Karpinsky, que l'exhaussement du niveau de la mer Caspienne et la vaste étendue du bassin Aralo-Caspien correspondait à l'humidité du climat et à la quantité des précipités atmosphériques de l'époque glaciaire, où la majeure partie des eaux dégouttant des glaciers en fonte devaient se déverser par les artères principales du vaste système du Volga dans le bassin Caspien, nous devons admettre la plus grande altitude du niveau de ce bassin au moment où le glacier, reculant déjà d'une manière appréciable vers l'occident, retirait peu à peu sa nappe glaciaire de la vaste région qui nourrit encore actuellement le bassin Caspien de son humidité. Il faut probablement admettre à cette époque l'existence de grands bassins d' eau douce dans le gouvernement de Viatka, qui, se trouvant à une assez petite distance de la frontière des deux débordements, devaient leur servir probablement comme d'étappes locales sur la voie de la jonction des bassins boréal et caspien.

Il est évident, d'après les données précédentes, que dans la partie de la Russie étudiée dans le présent aperçu, deux zônes doivent être distinguées, différant essentiellement quant à la suite des phénomènes géologiques pendant l'époque posttertiaire. I. L'est de la Russie: Les monts Ourals et les gouvernements à l'ouest de cette chaîne: savoir ceux d'Orenbourg, d'Oufa, des parties des gouvernements de Perm et de Viatka,—c'est à dire la région de la transgression caspienne et de l'absence des phénomènes glaciaires, et II. La Russie septentrionale: Les monts Ourals à partir de la latitude du 61-ème parallèle nord, les gouvernements d'Olonetz, d'Arkhangel, de Vologda, les parties septentrionales des gouverne-

---

* La frontière compliquée des sédiments de la transgression caspienne est indiquée par moi sur la carte géologique de la Russie (en voie de publication). Cette carte met en évidence la concordance complète de la distribution de ces sédiments avec le caractère du relief de pays, dû à des procès de dénudation à l'époque posttertiaire précédente.

ments de Viatka et de Perm — la région du développement des glaciers et de la transgression boréale.

Après ces remarques préliminaires, passons à l'examen de la composition et au groupement des couches posttertiaires dans chacune de ces régions.

Région de la transgression caspienne et de l'absence de formations morainiques.

D'après le lieu de provenance, les dépôts posttertiaires de la Russie orientale peuvent être divisés en groupes, savoir:

1) *Couches fluviatiles,* formant des terrasses plus au moins nettement tracées dans les anciennes vallées des fleuves. Dans les vallées de la région de la chaîne de l'Oural, on peut distinguer deux terrasses distinctement prononcées, dont la terrasse supérieure, étant postpliocène, est la plus ancienne, tandis que la terrasse inférieure se rapporte aux couches alluviales récentes. Plus à l'ouest, dans la région du parcours inférieur des grands fleuves du système de la Kama et de la Bielaïa, on peut distinguer deux terrasses récentes: la terrasse supérieure, qui le plus souvent n'est pas submergée par le débordement printanier, et la terrasse inférieure, couverte de prairies annuellement inondées.

A ce groupe de dépôts se rapportent aussi les sables aurifères des monts Ourals, représentant le type spécial des sables alluviaux.

2) Dans les régions du sud-est de la Russie, dans les limites de la partie occidentale du gouvernement d'Oufa, à l'angle sud-est du gouvernement de Viatka et dans la partie méridionale du gouvernement de Perm, nous rencontrons le terme final de l'étendue des couches de la transgression caspienne. A l'époque de la plus grande altitude du niveau de la mer Caspienne, cette mer, envahissant la région sud-est de la Russie sous la forme de plusieurs golfes, couvrait de ses vagues tous les points ayant une altitude absolue inférieure à 150 mètres. Comme on le verra plus loin, on peut suivre le passage graduel des sédiments du type caspien dans les dépôts des anciennes terrasses fluviatiles, à mesure qu'on s'avance dans la direction de l'ouest à l'est.

3) *Les formations lacustres,* principalement dans le gouvernement de Viatka, et identiques au point de vue pétrographique aux sédiments caspiens. Elles représentent la série des bassins d'eau douce qui se trouvent entre les frontières de l'étendue des transgressions maritimes boréale et caspienne. A ce groupe de sédiments il convient de rapporter aussi les vastes formations lacus-

tres et de tourbières 'marécageuses, ainsi que des sables et des argiles de teintes différentes, occupant une surface considérable aussi bien dans les vallées des fleuves qu'à de grandes altitudes. On rencontre parfois, parmi les dépôts de ce type (communes d'Ilimsk et d'Outkinsk), des lignites bruns intercalés.

4) *Les formations éluviales,* qui doivent leur origine à la modification mécanique et chimique de roches différentes «in situ». Outre des formations sablono-argileuses, développées sur les flancs et sur les sommets des nombreuses chaînes, beaucoup de sables métallifères des monts Ourals se rapportent à ce type posttertiaire, de même que ces amas irréguliers d'argiles mon-stratifiées, remplissant la superficie inégale des calcaires (principalement carbonifères), au dépens desquels les argiles même sont formées par des modifications éluviales.

Les couches décrites peuvent être distinguées, d'après l'ordre chronologique, en couches postpliocènes ou posttertiaires anciennes et en couches récentes.

Couches postpliocènes.

A) Une argile jaune-fauve, plus ou moins sableuse et calcifère, et le plus souvent distinctement stratifiée, représente la plus répandue de ces formations postpliocènes, tant dans les monts Ourals que dans les régions immédiatement contiguës. Du reste, ces argiles sont quelquefois dépourvues d'une stratification bien nette, sont poreuses, contiennent des concrétions calcaires, et s'ébréchant en murs escarpés, rappellent ainsi le loess, ce qui a amené à surnommer cette argile «pareille au loess» ou «loessiforme». Outre cette argile fauve à apparence de loess, on trouve encore, dans la structure des terrasses fluviatiles supérieures ou anciennes, des argiles d'un gris bleuâtre et des sables fauves et gris, ainsi que des conglomérats de galets. Quoique les roches en question ne puissent pas être regardées comme des horizons constants, l'argile jaune-fauve (loessiforme) compose pourtant en géneral l'horizon supérieur dans la section de la première terrasse, et l'argile gris-bleuâtre, les sables et les conglomérats de galets s'étendent à la base. Comme on vient de le dire, les couches des terrasses supérieures atteignent leur plus puissant développement dans les régions ou les fleuves perdent leur caractère de torrents en sortant de montagnes; pourtant, même dans les vallées supérieures, dont l'altitude absolue dépasse 600 mètres, l'argile loessiforme atteint parfois un développement puissant. Dans les couches en question des terrasses supérieures, on trouve fréquemment les restes d'animaux vertébrés éteints *(Elephas primigenius, Rhinoceros tichorhinus, Rhin. Merkii, Bos priscus, Bos taurus, Ovibos moschatus—etc)*. Les explorations les plus complètes dans la région de la Bielaïa expliquent les rapports des ces formations fluviatiles avec les sédiments de la transgression caspienne. Un vif intérêt est excité par la trouvaille de quelques formes de mollusques *(Dreissena polimorpha, Hydrobia caspia etc)* dans les argiles loessiformes de la terrasse supérieure de la Bielaïa, au—dessus de la ville d'Oufa (à l'embouchure du fleuve Sime); ces fossiles, trouvées par M. Möller, ne se distinguent pas de ceux qui ont été recueillis dans les sédiments correspondants de la transgression caspienne. Sans entrer davantage dans l'examen de toutes les données recueillies dernièrement, observons seulement que tous ces faits nous forcent d'attribuer l'origine de ces argiles, sables et conglomérats des terrasses supérieures, à l'époque où la mer Caspienne transgressante devait jouer le rôle d'une digue naturelle, en produisant l'exhaussement du niveau de la Kama et de la Bielaïa avec leurs affluents, et le décroissement de la rapidité de leur cours et de leur force érosive.

A mesure que la mer Caspienne se retirait, la force érosive de nos fleuves devait augmenter, d'où résultait le rétrécissiment et l'approfondissement de leur lits et la formation des terrasses.

Il s'entend que dans la région de la transgression caspienne, la formation de la terrasse supérieure coïncidait à l'action des eaux emportant les sédiments du type caspien précipités antérieurement, et que ces terrasses doivent être plus récentes que les terrasses supérieures des rivières de l'est. Dans la région de la transgression caspienne on trouve, dans les sédiments des terrasses supérieures, exclusivement la faune d'eau douce et même terrestre. *(Paludina, Planorbis, Limnaeus, Pupa, Succinea. Helix etc)*. Dans la suite, ces couches de terrasses supérieures furent à leur tour fortement remuées par le rétrécissement et l'approfondissement consécutifs du lit des fleuves; près de l'embouchure de la Bielaïa, dans sa vaste vallée alluviale, on peut voir encore des débris nombreux des terrasses en question, sous la forme de collines détachées, auxquelles les indigènes ont donné le nom de «bourgs (ou—gorodischtsches) du diable», en attribuant leur origine à la main de l'homme.

Quelques sables aurifères des monts Ourals se rapportent à la même catégorie de formations postpliocènes dues à l'action des eaux courantes; ces couches renferment des argiles différant des sables et du gravier.

B. Comme nous l'avons dit plus haut, la mer caspienne se déversait à l'époque de son plus grand débordement dans la région de la Russie orientale sous la forme de golfes profonds, suivant principalement les anciennes vallées de la Kama et de la Biélaïa. Ces golfes formaient un réseau compliqué d'anses ou de baies dans les parties occidentales des districts de Birsk et de Menselinsk du gouvernement d'Oufa, et dans les districts des gouvernements de Kazan et de Viatka, le long de la Kama. Là, ils ont couvert par leurs sédiments non seulement toutes les dépressions du sol, mais aussi les lieux plus bas du partage des eaux. Les roches suivantes sont représentées dans les sections typiques de sédiments de la transgression caspienne, en commençant l'énumération d'en haut:

a. Argile jaune-fauve stratifiée avec des concrétions marneuses.

b. Sable gris stratifié, passant au gravier et à des conglomérats. A la base, le sable est souvent remplacé par une argile fauve ferrugineuse.

c. Argile plastique d'un gris fauve, sableuse à la base; au milieu de cette argile, on peut observer parfois de puissantes couches de tourbe se rapprochant du lignite.

C. A l'époque correspondant à celle de la transgression caspienne, les couches d'eau douce du type lacustre sont représentées par des argiles et des sables à sphaerosidérites, occupant une étendue considérable dans les districts de Kotelnitch, Glazov et Slobodsk du gouvernement de Viatka. La présence de dépôts de tourbières dans ces formations, la puissance considérable de leur couches (jusqu à 60—70 mètres), enfin leur étendue ne coïncidant par avec la direction de la Viatka et des autres fleuves—tout porte à croire que les formations en question (du gouvernement de Viatka) ne correspondent pas avec les fleuves actuels et qu'elles représentent les couches des sédiments d'un système de lacs communiquant entre eux par des détroits nombreux. Au point de vue pétrographique, ces couches lacustres sont très conformes aux dépôts caspiens *B*; mais elles contiennent une faune de poissons d'eau douce (*Alosa, Perca fluviatilis, Abramis brama*) et des mollusques (*Dreissena, Cyclas, Anodonta Paludina* etc.) avec des restes assez rares d'*Elephas primigenius* et de *Rhinoceros*.

On doit rapporter encore à ces couches postpliocènes lacustres ou partiellement marécageuses quelques argiles et sables des monts Ourals intercalés de lignites et de tourbe; (les argiles sableuses d'Ilimsk et d'Outkinsk peuvent servir d'exemple de ce type).

D. Passant aux formations éluviales, assez largement développées dans les monts Ourals et dans ses contreforts, nous devons avouer que leur classification exactement chronologique présente une tâche difficile ou plutôt impossible à accomplir. Comme signe général de ces formations, on pourrait admettre l'absence complète d'un sortiment quelconque des leors matériaux, exclusivement soumis à des procès de décomposition mécaniques et chimiques ‹in situ›, et leur passage graduel et imperceptible aux roches primitives sous-jacentes. Pour la plus grande part, les couches éluviales consistent en argiles et en sables divers, contenant fréquemment des débris des roches, dont la décomposition a fourni les matériaux pour la formation de ces mêmes argiles et sables. Les traces d'une faune quelconque sont excessivement rares dans ces sortes de dépôts; jusqu'à présent on n'a trouvé que des restes d'*Elephas primigenius* et de *Bos priscus*. Sans doute une partie considérable des sables aurifères des monts Ourals, représentant des éboulis et le remaniement ‹in situ› des gisements d'or et de platine primitifs, doivent être rapportés aussi à ce groupe de formations.

E. Pour compléter l'aperçu des couches postpliocènes des monts Oural et de la région Ouralienne en général, il convient de faire ici mention des dépôts des grottes, qui quoique n'ayant qu'une signification restreinte quant à la région du développement, peuvent posséder un intérêt particulier pour l'archéologie. Jusqu'ici l'étude des dépôts des grottes des monts Ourals n'a fait que peu de progrès; des fouilles régulières, donnant des résultats exactement scientifiques, n'ont été faites que dans quelques cas exceptionnels et nous en donnerons des détails ci-dessous. Ces fouilles ont démontré que les sédiments qui couvraient le sol de ces grottes consistaient en argile, dans laquelle se trouvait une quantité plus au moins grande de débris des roches, constituant la voûte des grottes. A en juger d'après le caractère des sédiments argileux, il faut admettre que les grottes étaient de temps en temps inondées et que l'eau y déposait cette argile. Quelques-uns de ces sédiments se rapportent à l'époque postpliocène, ce qui est prouvé par les restes de *Bos priscus, Cervus alces* etc. retrouvés dans l'argile.

Comme nous l'avons déjà constaté plus haut, dans beaucoup de cas il est difficile de tracer une ligne de démarcation bien nette entre les couches postpliocènes et celles qui sont plus récentes, surtout dans l'absence de données paléontologiques. La difficulté devient d'autant plus sensible, que pendant les temps posttertiaires, dans la Russie orientale agissaient sans interruption toute une série de facteurs, à l'influence desquels nous devons la création de dépôts de toute nature. Il suffit de rappeler la vaste étendue des dépôts d'origine éluviale, uniformes dans leur structure, dépourvus dans toute leur étendue d'une stratification définie, pour constater la difficulté d'un groupement chronologique au milieu des formations d'un type pareil, et pour comprendre que notre essai de classification des formations posttertiaires de la Russie orientale et surtout des monts Ourals, doit être regardé seulement comme approximatif.

Formations récentes.

Nous avons déjà parlé plus haut des terrasses inférieures des fleuves. Elles sont composées de différentes argiles, sables, galets, contenant des restes de la faune actuelle d'eau douce; fréquemment même on y trouve de puissantes intercalations de tourbe. Quelques uns des sables aurifères des monts Ourals appartiennent, sans aucun doute, au formations alluviales actuelles.

F. Des formations lacustres et marécageuses, argileuses et sableuses alternant assez souvent avec des couches considérables de tourbe.

G. Des produits éluvials, dûs à la décomposition des roches primitives. Le procès de leur formation ne s'arrête pas encore à présent, comme le prouvent surtout quelques sables aurifères, plusieurs de ces laveries d'or avaient été élaborées, il y a pluseurs dizaines d'années, jusqu'à leur lit même, composé de roches primitives; à l'heure qu'il est, ces roches ont été décomposées de nouveau, de sorte qu'une épaisseur considérable de sables s'est formée, et on y a installé de nouveau des laveries d'or.

Après cet aperçu sommaire des formations posttertiaires à l'est de la Russie, résumons les trouvailles les plus importantes des restes de la culture préhistorique de l'homme à l'âge de pierre. En abordant cette question, il convient de rappeler ici les travaux d'un jeune savant, M. Malakhoff, qui nous a été enlevé par une mort prématurée. C'est à ces travaux que nous devons la découverte de la plupart des traces concernant l'âge de pierre dans les monts Ourals. Malakhoff * pose pour principe fondamental que les fossiles de la faune éteinte des animaux vertébrés se trouvent souvent dans les couches postpliocènes des monts Ourals, «pourtant la question de la comtemporanéité de la culture préhistoriqne avec le mammouth, une des questions capitales de l'anthropologie préhistorique, reste encore ouverte jusqu'à présent».

De toutes les trouvailles ayant quelque rapport à la culture préhistorique, nous ne traiterons que celles qui ont été décrites d'une manière plus exacte et plus détaillée au point de vue géologique. Les fouilles des cavernes, si nombreuses dans les monts Ourals, doivent être mentionnées ici les premières; malheureusement les fouilles faites jusqu'à présent sont encore peu nombreuses.

---

* Sur les époques préhistoriques dans les monts Ourals. „Bulletin de la Société Ouralienne d'amateurs des sciences naturelles". T. XI I. p. 4.

Les grottes à ossements sur les rives de la Pychma.

Les grottes creusées dans le calcaire carbonifère inférieur se trouvent non loin du village de Soukholojsky (dans le district de Kamychlov, gouv. de Perm); nous en devons la description à l'ingénieur des mines, M. Gebauer *. L'entrée de la caverne se trouve à 75 pieds au-dessus du niveau actuel de la Pychma et mène tout d'abord à un couloir étroit, s'élargissant à une première chambre; un couloir tout aussi étroit réunit la première chambre à une seconde, plus grande. Grâce aux fouilles soigneusement dirigées, on peut se rendre compte de la suite des couches remplissant cette caverne, ainsi que des différentes trouvailles faites pendant les fouilles. A la base, immédiatement au dessus du calcaire carbonifère, repose ici un sable argileux rouge (d) aux minces feuillets de mica. Dans les couches supérieures de ce sable, on trouve fréquemment des débris de cornéenne à angles aigus ou faiblement arrondis, qui se présentent parfois comme des restes dun travail grossier de l'homme. L'épaisseur supérieure du sable (3 pieds) est très riche en ossements de mammifères (marmotte, putois, chien), d'oiseaux et de poissons; des os et de petits crânes d' animaux rongeurs se trouvent assez rarement dans les couches inférieures. A une profondeur de 10 pieds, on a trouvé en abondance des os du lièvre (Lepus variabilis), mais pour la plupart brisés.

La seconde couche est représentée par une argile assez meuble, jaune-ocre, avec un faible contenu de sable aux rares cailloux de quartz et feuillets de mica. Outre les restes organiques rencontrés en d, on y a trouvé des dents et des os des extrémités du cheval, du boeuf et de plusieurs petits ruminants. Au contact de la couche c et de l'argile superposée b, il y a dans la première chambre une mince couche de la brêche osseuse composée des restes de petits rongeurs. La couche b est représentée par de l'argile jaune-fauve, plus riche en sable que c; cette argile atteint sa plus grande épaisseur (14 pouces) dans la première chambre. Parmi les restes organiques on doit signaler ici les crânes d'ours et d'élan; outre ces crânes, on y a trouvé une quantité d' ossements, rongés pour la plupart, appartenant au boeuf, au cerf, au cheval, à des oiseaux, ainsi que des machoires et des écailles de poissons. Dans la masse b, on a rencontré souvent des morceaux de charbon de bois, aussi y a-t-on trouvé quelques instruments en os, parmi lesquels un ciseau d'un travail assez soigné. Dans la seconde chambre, on a

---

* „Горный журналъ" (Journal des mines). 1880 T. II p. 76—83.

observé, au lieu de l'argile *b*, une argile sableuse rouge-jaunâtre dans laquelle on a recueilli, parmi les ossements de ruminants et de carnassiers, les restes de *Castor fiber* et de chauves souris, des coquilles de *Helix* et de *Planorbis* et un bout de flèche en silex.

L'horizon supérieur *a* se compose d'une argile sableuse-calcifère, de couleur chocolat-brunâtre, rappelant par endroits le guano. Outre les ruminants, on trouve ici en abondance des restes d'oiseaux, tous les os sont brisés, ou plutôt régulièrement cassés, surtout ceux des ruminants. Quant aux animaux carnassiers, on a trouvé des restes de putois, de chien et une masse de dents d'ours; on a trouvé aussi beaucoup de charbon et de bois carbonisé de même que des instruments en os, en silex et en schiste silicieuse argileuse. Toutes ces données, malgré leur détails exacts, ne peuvent pas résoudre la question de l'époque de la formation de ces couches des cavernes. On peut seulement supposer que le temps de leur déposition correspond à la fin de l'époque postpliocène. La caverne du Miass-Supérieur explorée par M. Malakhov, appartient aussi à ce type; ici, à coté de restes d'*Alces*, d'*Ursus spelueus*, d'*Equus* et de *Castor*, on a trouvé des outils en pierre et en os, ainsi que des plaques ornementées. En tout cas, ces trouvailles faites dans les grottes représentent les plus anciennes traces de la culture préhistorique dans les monts Ourals.

Trouvailles dans les tourbières.

La vaste région lacustre du versant oriental des monts Ourals se distingue par le développement abondant de tourbières, qui livreront aux explorateurs futurs des matériaux scientifiques précieux. Sous ce rapport les tourbières des lacs de Molebsky et de Chagirsky (au nord de la ville d'Ekaterinbourg) paraissent être les plus curieuses et les plus typiques. M. M. Ivanov * et Malakhov ** les ont décrites; nous empruntons la description suivante au dernier: «Avec une superficie très considérable, l'épaisseur de la tourbe atteint ici jusqu'à 4, 2 m. et présente la coupe suivante: en haut des détritus végétaux, puis une couche de tourbe moussue (charognes), une couche de tourbe lavée, et un limon gris-bleu foncé,

---

* Travaux de la Société des sciences naturelles de l'Université Impériale de Kazan T. X Vol. I p. 43—51.
** Bulletin de la Soc. Ouralienne d'amat. d. sciences naturelles. Vol. XI. liv. 1, p. 3.

mélangé de fragments de coquillages d'eau douce et de feuilles. Sous la tourbe règne une couche de terrain aurifère sableux-argileux, variant d'épaisseur et reposant sur un lit de granit. Les restes préhistoriques gisent à la surface de contact du sable et du limon. Outre des objets en pierre (grattoirs, flèches, hâches, couperets, pierres à aiguiser, et aussi fragments de poterie d'argile micacée ornementée), on a trouvé ici une pelle faite de bois d'élan (*Alces*) et une scie en forme de lance en os, avec des dents de silex implantées dans les bords, et ornée d'un fin dessin gravé à l'aide d'une pointe aiguë à quelque distance de la ligne des bords. Quoique les restes de la faune contemporaine soient fort peu abondants, il y a néanmoins un fait qui réclame une attention particulière: «à environ 300 pas du gisement d'objets travaillés, dans les mêmes conditions que ceux-ci, on a trouvé un massif fémur de mammouth (*Elephas primigenius*), mais sans traces de culture préhistorique dans son voisinage immédiat». J'ajouterai que même les circonstances de la trouvaille de ces restes de culture ne prouvent pas encore leur contemporanéité à l'époque du mammouth, tout porte à croire au contraire que le fémur en question se trouvait dans des dépôts récents et à un gisement secondaire.

Trouvailles auprès des lacs de Yourinskoe et d'Aïatskoe, près du village de Palkina sur le bord de l'Issete et sur le rivage du lac de Kisi-Koul.

Quoique nous ne possédions pas sur ces trouvailles d'observations géologiques complètes de la valeur scientifique des précédentes, les faits recueillis appuient fortement la supposition de Malakhoff que tous ces restes de culture se rapportent à une époque beaucoup plus récente que les objets trouvés dans les tourbières des lacs de Molebskoi et Chagirskoï. La couche aux restes de culture, gisant dans les endroits décrits à une profondeur d'un à 4 pieds, est assez riche en ustensiles de pierre et en fragments de poterie; les restes d'os au contraire y sont assez rares. Au nombre des trouvailles, il faut encore mentionner deux pierres curieuses, présentant l'image d'une tête d'homme. Des pierres pareilles furent trouvées près du lac d'Aïatskoe (situé à 45 verstes au nord d'Ekathérinbourg) et près du village de Palkina sur les bords de l'Issete, avec une masse d'ustensiles en pierre et avec des restes nombreux de poterie ornementée.

La mine de Prikanavny (arrondissement de Bérésovsky près d'Ekathérinbourg).

Nous devons les détails de ces trouvailles intéressantes à M. Nesterovsky *, ingénieur des mines. Le lit des sables aurifères est formé ici par des schistes vertes traversées perpendiculairement par des gangues de bérésite et de gabbro-diorite. Au dessus des sables aurifères gissent tantôt une argile jaunâtre, tantôt dusable et du gravier recouverts à leur tour de tourbe. Le caractère de ce sable aurifère montre qu'il se compose principalement de matériaux détruits et légèrement déplacés des roches primitives; mais les eaux courantes ont contribué considérablement à la formation des argiles et sables avec gravier reposant au-dessus. Sous ce rapport la découverte d'un tronc de pin est intéressante; cet arbre fut trouvé à une profondeur de 6¼ mètres au-dessous de la surface, dans une position penchée (sous l'angle de 40°, à l'est, dans la direction du cours actuel de la Pychma). Les racines de cet arbre pénétraient en partie dans le sable aurifère et d'autre part dans leur lit; on ne saurait douter que l'arbre ait été trouvé sur le lieu même de son origine première et que le procès alluvial soit entré pour très peu dans la formation du sable aurifère. La découverte de restes des grands mammifères dans le sable aurifère même paraît d'autant plus intéressante (*Elephas primigenius, Rhinoceros, Colus Saiga, Alces, Rangifer, Equus*). Il est évident qu'un grand laps de temps doit séparer la formation de ces sables aurifères de celle des couches fluviatiles gisant au-dessus; on a trouvé dans celles-ci, à la profondeur de 2, 5 m. une raquette en bois dont la facture témoigne d'un degré supérieur d'habileté de la main d'oeuvre.

En terminant notre esquisse des trouvailles archéologiques dans les monts Ourals, nous donnerons la resumé suivant: Au centre et au midi des monts Ourals, à l'époque posttertiaire, l'absence des glaciers constituait des conditions favorables à l'existence de l'homme pendant toute la durée de ce temps. Pourtant, toutes les trouvailles de la culture préhistorique faites jusqu'à présent, se rapportent à un époque plus récente que la période du mammouth. La subdivision de l'âge de pierre en une période paléolithique et une période néolithique est à peine admissible pous la région de l'Oural.

Passant au gouvernement de Viatka, nous rencontrons des

---

* „Journal des mines". 1886 T. I p. 448—451.

indices assez mal définis concernant la question qui nous intéresse ici.

Quoique les trouvailles de mammouth ne soient pas rares
ici (dans des couches lacustres postpliocènes et dans d'anciennes
terrasses fluviatiles), la question de leur contemporanéité avec les
restes de l'âge de pierre n'est pas encore résolue. Comme une
des tentatives pour débrouiller la question, nous indiquons ici
l'apercu de M. Malakhov *, ne donnant du reste aucun résultat
satisfaisant. D'après l'opinion de ce savant, tous les outils de l'âge
de pierre trouvés jusqu'à présent doivent appartenir, vu les circonstances de leur gisement, à l'époque dite néolithique; on les
trouve exclusivement dans les stations ouvertes sur les hautes
rives escarpées des fleuves, sur des dunes, parfois même sur des
bancs ou langues de sable des lacs et des fleuves.

La région de la nappe glaciaire et des dépôts de la trans-gression boréale.

Comme nous l'avons fait dans le résumé des couches posttertiaires de la Russie orientale, nous tâcherons tout d'abord de
grouper les formations de ce genre au nord de la Russie par
rapport à leur origine, puis nous passerons à leur classification
chronologique. Du point de vue génétique, les couches posttertiaires
de la région étudiée peuvent être groupées de la manière suivante.

1. *Formations glaciaires.* Les moraines de fond représentent
le produit principal de l'activité de la vaste nappe glaciale continentale qui s'étendait de la mer Baltique aux monts Ourals. Ces
moraines sont constituées d'argile à blocaux (*du boulder-clay*) non
stratifiée, typique, principalement de couleur fauve; des sables à
blocaux continuent la nappe morainique de la Russie centrale.
Dans la partie occidentale du gouv. d'Arkhangel, où nous ren-
coutrons un type de paysage analogue à celui du gouvernement
voisin d'Olonetz et à celui de la Finlande, on trouve assez fréquemment des moraines latérales et des «âsar», distinctement tracées.
Aux limites de la chaîne de l'Oural où la région des traces indiscutables de l'action des glaciers commence au parcours supérieur
de la Petchora, nous rencontrons des couches puissantes de sables
argileux caillouteux, ainsi que des moraines terminales et médiales.

---

* M. V. *Malakhov*. Sur l'archéologie de la région de la Viatka. Publications
de la Soc. Imp. Géographique 1882. T. XVIII, Nouvelles géogr. p. 199 – 228.

Les formations glaciaires y sont compliquées par l'action des torrents glaciaires, ainsi que par le remaniement subséquent des dépôts morainiques, dû à l'action des fleuves, pendant le soulèvement de leur niveau, causé par la transgression de la mer polaire. La région des dépôts à blocs erratiques conservés jusqu'à nos jours, borde d'une ligne très sinueuse la vaste région de la transgression polaire, dont l'étendue est clairement indiquée sur la carte géologique de la Russie d'Europe, en voie de publication par le Comité Géologique.

Cette frontière est en général exprimée d'une manière assez tranchante, et dans les coupes les plus caractéristiques, on peut voir avec une clarté suffisante que les dépôts stratifiés de la transgression boréale s'adossent à l'argile érodée, non-stratifiée à blocaux.

2. *Dépôts de la transgression boréale.* Plus haut, nous avons montré qu'après l'émersion de la plus grande partie de la Russie septentrionale de dessous la nappe glaciaire, le vaste débordement de la mer polaire commença à couvrir de ses vagues la majeure partie de la région, délivrée de la glace. A peine les points les plus élevés du Timan, ainsi que quelques hauteurs détachées à l'est et à l'ouest de cette chaîne, ressortaient-ils pendant ce temps, comme des îles ou des presqu'îles plus ou moins considérables. Comme sédiments prédominants de la transgression décrite, on doit considérer des sables argileux et des argiles sablonneuses, de couleur gris-brunâtre, ainsi que des argiles gris-foncé qui ne présentent pas du reste d'horizons pétrographiques constants, mais au contraire s'intercalent mutuellement. Dans toutes ces couches on trouve une faune identique, ayant une ressemblance très rapprochée avec la faune actuelle du littoral de Mourman. Tous ces sédiments sont remplis de blocs de différentes roches tant cristallines que sédimentaires, assez fréquemment couverts de stries bien tracées. Les formations morainiques, et même des couches, plus anciennes. principalement jurassiques et crétacées, ont fourni les matériaux pour la formation de ces dépôts stratifiés. A l'époque de sa plus grande étendue, la mer polaire entrait dans la région des formations morainiques sous la forme de golfes profonds, affectant la direction qui correspond aux anciennes vallées des plus grands fleuves. du système de la Dvina (du Vaga, de la Soukhona et de bien d'autres). Le débordement de la mer polaire est sans doute intimement lié au développement des bassins d'eau douce considérables, dont les restes se présentent encore sous la forme de vastes et nombreux lacs qui caractérisent le nord de la Russie. Nous regardons comme impossible de tracer une ligne de démarcation quelconque entre les dépôts d'eau douce argileux et sableux d'une part et les sédiments postpliocènes marins, identiques au sens pétrographique. d'autre part; la transition des

4*

uns aux autres dans la direction horizontale est tellement graduelle, qu'il est bien difficile de constater, à l'aide des trouvailles sporadiques de restes organiques, où les sédiments marins finissent, et où les couches d'eau douce commencent.

3. Il convient de rapporter encore aux couches de provenance partiellement lacustre, mais principalement fluviatile, des sables stratifiés avec des intercalations de gravier et de rares blocs. Ces sables, ayant un développement puissant dans la région des fleuves qui tombent dans la mer polaire, gisent au-dessus des couches marines postpliocènes; par leur couluer jaune-clair, ils ressortent vivement du ton grisâtre commun aux couches marines. Il est intéressant de voir que, sur quelques points de ces sables jaune-clair, lavés et minés par les eaux, on a trouvé des ossements de quelques animaux vertébrés (*Elephas primigenius* et *Rangifer tarandus*). Ainsi on peut constater qu'au nord de la Russie d'Europe, dans la région de développement du postpliocène, les sédiments à mammouth occupent la même position qu'au nord-ouest de la Sibérie, où des dépôts d'eau douce avec restes de mammouth sont connus depuis longtemps dans la région du Iénisseï, par les travaux de l'académicien F. Schmidt. Les dépôts alluvials des vallées exposées aux inondations printannières, se rapportent encore à ce même groupe de sédiments. A l'opposé des vallées des fleuves du sud-est et de l'est de la Russie, les vallées des fleuves appartenant au bassin de la mer polaire ne montrent qu'un faible développement de terrasses; en général, les vallées alluviales de la région en question sont comparativement étroites, bordées par des escarpements abruptes de couches postpliocènes. A peine quelques grandes artères de cette région (*Vytchegda, Dvina, Mésene, Petchora*) possèdent-elles des vallées alluviales relativement larges; pourtant il n'est généralement pas possible d'y trouver de terrasses alluviales bien tracées.

4. *Des couches lacustres et marécageuses*. J'ai déjà fait observer qu'il suffit de voir la carte pour apercevoir au nord de la Russie l'abondance des lacs, qui représentent les restes des bassins d'eau douce considérables, existant à l'époque postpliocène. Tous ces lacs se distinguent par les mêmes traits caractéristiques: leurs rives sont en pente douce et sont composées de couches argilo-sablonneuses uniformes; leur profondeur n'est pas considérable et ne dépasse guère 5 à 6 m.; dans les plus petits, on peut observer toutes les étappes du resserrement graduel qui les transforme en marais et puis en plaines marécageuses (toundras) couvertes de mousses. Cette transformation va très vite, quand la base, le fond du lac, consiste en couches postpliocènes argileuses peu perméables. Ces phénomènes se répètent du reste même sur des couches sa-

bleuses, mais alors il y a des raisons d'admettre que le sable a été cimenté, à une profondeur peu considérable, par l'oxyde de fer et par l'humus de tourbières, (appelé «Ortstein»). Comme condition favorisant particulièrement la formation de marais et de lacs dans les vallées des fleuves de la Russie septentrionale, il faut signaler la particularité de ces fleuves (dont la direction est du sud au nord) de se débarasser de leur nappe de glace plus tôt à l'amont qu'à l'aval et surtout à leur embouchure; par conséquent ces fleuves s'obstruent annuellement d'une digue de glace près de leur embouchure, ce qui cause de vastes débordements, beaucoup plus considérables que ceux des fleuves des régions plus méridionales de la Russie.

5. *Les formations éoliennes* sont réprésentées par une rangée de dunes sur le littoral de la mer polaire et dans les larges vallées des grands fleuves—la Petchora, la Vytchegda, la Dvina et d'autres.

Passant à présent au groupement chronologique des couches posttertiares de la Russie septentrionale, nous devons voir tout d'abord quelles sont les formations énumérées plus haut qui se rapportent au postpliocène, et celles qui correspondent aux formations recéntes.

Dépôts postpliocènes.

A) Des formations de moraines de fond (argile à blocaux et sable), moraines terminales et latérales, «âsar»—reposant immédiatement sur les roches primitives préservées de l'érosion—dans le partie nord-ouest du gouv. d'Arhhangel, au midi du gouv. de Vologda, au-nord du gouv. de Viatka et dans les monts Ourals, à partir du 61-ème parallèle de latitude nord.

B) Des couches de la transgression boréale, suffisament caractérisées plus haut. Ici nous devons dire quelques mots sur le temps de cette transgression et sur les rapports du postpliocène marin avec les formations morainiques. Comme je l'ai dit plus haut, on ne trouve jusqu'ici nulle part de restes de formations morainiques dans la région occupée par la nappe compacte du postpliocène. Néanmoins, nous possédons toute une série d'indices qui prouvent que la glace continentale couvrait aussi toute cette région, mais les matériaux morainiques ons été remaniés dans la suite et précipités de nouveau, formant des couches stratifiées. Dans le nombre des témoignages de ce genre, nous indiquerons seulement l'existence de stries évidentes qui peuvent être observées sur les surfaces polies du calcaire carbonifère fraîchement déblayés de leur nappe postpliocène, et sur lesquelles, en dehors des vallées de fleuves, ces stries sont orientées dans la direction sud-nord. Un autre phénomène, qui peut être expliqué exclusivement par l'agence de la glace continentale, consiste dans la présence d'énormes blocs de granit, de porphyre, de gabbro-diorite et de différents schistes sur les points les plus élevés du Timan (à 300 m. d'altitude); ces blocs gisent immédiatement sur les roches primitives (calcaire carbonifère, grés dévoniens friables et porphyrites), constituant ces parties du Timan.

Je dirai encore quelques mots sur la faune postpliocène ensevelie dans les couches marines décrites. Les formes prédominantes de cette faune sont *Cyprina islandica, Astarte borealis, Cardium groenlandicum, Cardium islandicum, Mactra elliptica* etc; toute cette faune ressemble à la faune actuelle du littoral de Mourman, présente un caractère arctique modéré, et se rapporte d'après M. Herzenstein (conformément à la terminologie de Torell) à la zone hyperboréenne de la région arctique. Dans les régions du sud-ouest, dans le bassin de la Vaga, affluent de la Dvina, nous rencontrons avec les coquilles abondantes de *Cyprina islandica,* le *Cardium edule,* et d'autres formes d'un caractère indubitablement boréal. En général, nous basant sur l'autorité de M. Herzenstein, qui a étudié toutes les collections recueillies du postpliocène marin septentrional, nous devons reconnaître que les conditions physiques de la mer transgressante excluent la vraisemblance de l'hypothèse de l'existence de la glace continentale descendant vers cette mer. Tout au contraire, nous devons admettre comme plus probable que le glacier n'existait plus au moment du commencement de l'invasion de la mer polaire dans la majeure partie du nord de la Russie, et que l'époque de cette transgression, embrassant une si vaste étendue en Russie, autant dans sa partie européenne que dans le nord-ouest de la Sibérie, correspond en général à l'époque de la déposition des argiles et des sables à *Yoldia arctica* en Suéde *.

Les couches marines postpliocènes passent tout à fait insensiblement aux sédiments d'eau douce; comme elles sont pareilles au point de vue pétrographique, il paraît difficille d'établir une ligne de démarcation bien définie entre elles.

C) Des sables avec des intercalations de gravier et de cailloux,

---

* Il est curieux qu'un connaisseur des couches posttertiares en Suéde, comme le baron de Geer, arrive à la conclusion que le maximum de l'envahissement de la mer à Yoldia ne s'accomplissait pas au moment où toute la contrée était enfouie sous le nappe glaciare, mais plus tard. („Bull Géol. Soc. of America" Vol 3, 1891 p. 63).

s'étendant au-dessus des argiles marines postpliocènes et contenant des restes de mammouth. Comme je l'ai fait observer plus haut, les couches d'eau douce avec restes de mammouth occupent une position tout à fait analogue au nord-ouest de la Sibérie.

Formations recéntes.

D) Sables et argiles d'origine fluviale.
E) Couches lacustres et marécageuses. Formation de toundra.
F) Dunes, développées surtout sur le littoral de la mer polaire.

Si les données actuelless ont insuffisantes pour résoudre la question de la cohabitation de l'homme et du mammouth à l'est de la Russie, nos connaissances à ce sujet paraîtront encore plus restreintes pour ce qui concerne la Russie septentrionale. Au nord de la Russie, il serait d'autant plus intéressant de résoudre cette question, que les couches à mammouth occupent dans cette région une position parfaitement déterminée, en rapport avec les dépôts de la transgression boréale dont les détails ont été exposés plus haut.

Malheureusement, toutes les trouvailles faites jusqu' à présent des restes de l'âge de pierre se présentent, quant aux conditions géologiques de leur gisement, comme excessivement uniformes, reposant ou dans des couches fluviatiles, lacustres et marécageuses récentes, ou dans la nappe même de la toundra.

Plus haut, nous avons essayé de tracer en quelques mots l'histoire de l'époque posttertiaire au nord de la Russie et nous avons montré que des conditions favorables à l'existence de l'homme ne pouvaient pas y exister avant le moment où la contrée a été sur-élevée au-dessus du niveau de la mer polaire. A cette époque, le mammouth vivait sans doute au nord, ce que prouvent ses restes enfouis dans les couches d'eau douce (lacustres et fluviatiles), tant dans les limites de la Russie d'Europe qu'au nord-ouest de la Sibérie, sous lesquelles se trouvent des sédiments de la transgression boréale. Donc la cohabitation du mammouth et de l'homme peut être regardée comme parfaitement probable au point de vue des conditions physico-géographiques du nord de la Russie. Malheureusement, toutes les trouvailles des restes de l'âge de pierre faites jusqu' à présent par le professeur Stukenberg, Lerkh, Bouteniev, Poliakov et d'autres, dans les gouvernements d'Arkhangel, de Vologda et d'Olonetz, correspondent aux couches récentes contemporaines et ne donnent pas de réponse à la question qui nous occupe ici. A peine pouvons-nous nous attendre à trouver, dans ces régions de la Russie septentrionale d'un abord si difficile et si faiblement habitée, des vastes coupes artificielles au moyen desquelles seules nous pourrions obtenir un matériel plus complet et plus varié, comme par exemple celui qui a été recueilli par le professeur Inostrantzev, lors du creusement du canal de Siass et de Svire, au bord du lac Ladoga.

En terminant cet aperçu, je tiens à rappeler encore une fois que mon but était de communiquer, d'une manière aussi succinte que possible, tous les résultats obtenus par les géologues à la suite de l'étude des couches posttertiares à l'est et au nord de la Russie; par contre, je n'ai touché aux questions d'archéologie qu'autant qu'il était indispensable pour l'explication de la position géologique des traces anciennes de l'homme. Ici se trouve le terme où l'oeuvre du géologue finit, et la question passe sous la compétence de l'archéologue. Le problème de la géologie se borne uniquement à donner le tableau des couches posttertiaires d'une certaine région, pour que l'archéologue puisse en profiter dans ses recherches. Si cette tâche du géologue ne peut pas encore être regardée comme achevée dans les districts de la Russie que nous avons décrits, tous les traits principaux existants de la structure de ces couches posttertiaires peuvent être regardés comme expliqués, de sorte que le développement futur de la question des premières traces de la culture dans ces régions doit passer entre les mains des archéologues. A ces derniers le problème intéressant de dessiner le tableau de la vie de l'homme préhistorique sur ce canevas qui leur est donné par le travail réuni des géologues.

Comparaison des industries primitives de France et d'Asie,

p a r

M-r. Gustave Chauvet.

«Peut-on établir des divisions générales applicables à l'Europe occidentale et à l'Asie, pour les temps préhistoriques et spécialement pour l'époque paléolithique?»

En attirant l'attention du Congrès sur cette question, je ne me dissimule pas les difficultés qu'elle présente; je crois que l'heure de la solution définitive n'a pas sonné, que les documents utiles sont encore insiffisants, incomplets et font même, quelquefois, complétement défaut, pour de grandes régions comme l'Asie centrale [1].

J'écris cette note en province, loin des grandes bibliothèques et des collections publiques d'anthropologie, connaissant seulement, par les courtes analyses des revues françaises, les magnifiques travaux faits en Russie depuis quelques années; aussi n'ai-je pas la prétention de résoudre la question que je pose. Mon seul but est d'en tracer les grandes lignes et surtout de provoquer des observations et des recherches précises, facilitées à l'heure actuelle par les grands travaux des chemins de fer, en voie d'exécution, sur plusieurs points de l'Asie.

Les gisements quaternaires ont été très étudiés en France et dans les contrées voisines depuis trente ans; pour ces régions les anthropologistes sont, à peu près, d'accord sur une classification régionale [2]. Au point de vue ethnographique, des points importants paraissent acquis [3].

---

[1] Voir pour la bibliographie de l'Asie centrale: J. L. Dutreuil de Rhins, l'Asie centrale, 1889.

[2] Voir pour la bibliographie du préhistorique français: G. de Mortillet, Le Préhistorique;—Salomon Reinach, Description raisonnée du Musée de Saint-Germain-en Laye, 1889.

[3] G. Chauvet. Congrès de Marseille, Association française pour l'avancement des Sciences, 1891. T. I, p. 263.

A. Apparition des principaux éléments industriels de l'âge de pierre, dans l'ordre suivant:

1° Haches chelleénnes, de forme amygdaloïde, larges et épaisses à la base, pointues à l'extrémité opposée;

2° Racloirs et pointes taillés sur une seule face (types du Moustier);

3° Pointes taillées sur les deux faces, et pointes à cran, (types de Solutré), grattoirs;

4° Grattoirs, burins et fines lames en silex, à dos rabattu; industrie de l'os et du bois de renne; harpons barbelés, javelots et aiguilles en os; gravure sur os et sur bois de renne (types de la Madeleine).

Tous les objets de ces quatre catégories, armes et outils, se trouvent dans les alluvions ou dans les grottes, associés aux débris de la faune quaternaire.

5° Haches en pierres polies, et industrie des dolmens avec les animaux domestiques et la faune actuelle.

B. Abandon graduel de ces divers types d'armes et d'outils, dans l'ordre de leur apparition. Persistance de certaines formes comme les grattoirs, les poinçons en os et en silex [4].

Les gisements quaternaires d'Asie sont bien moins connus; dans cette partie du monde, l'attention des explorateurs a été surtout attirée par l'étude des races humaines actuelles, par l'ethnographie, la linguistique, la métallurgie primitive.

La période néolithique a fait aussi l'objet de nombreux mémoires qui nous ont fait connaître les dolmens de Palestine [5], les kjokkenmoeddings du Japon [6] et de l'Amour [7], les kourganes de Sibérie qui feront an Congrès l'objet d'une étude spéciale, et ces

---

[4] Pour juger la forme exacte de ces divers objets, voir les cartons que j'ai adressés à l'Exposition, pour être déposés au Musées de la Société des Amis des Sciences Naturelles de Moscou.

— Voir aussi les figures données par M. M. Gabriel et Adrien de Mortillet dans le Musée Préhistorique, 1881.

[5] J. H. Michon. Similitude des dolmens de la rive orientale du Jourdain avec ceux de l'Ouest de la France. Bulletin de la Société archéologique de la Charente, 1867.

[6] Sir John Lubbock, Sur les anciens instruments de pierre du Japon; Congrès intern. d'arch. préhist. Norwich, 1868, p. 258 à 266.

A. W. Franks, Les instruments de pierre du Japon, Matériaux pour l'histoire primitive de l'homme. 1871 p. 541 à 546.

Matériaux, loc. cit. 1869, p. 24.—1879, p. 32.—1873, p. 92. 1882, p. 7 et. p. 112.

Et les divers travaux de M. de Siebold.

[7] Analyse d'un mémoire de M. V. Margaritov, dans l'Anthropologie, année 1890, p. 124.

curieuses stations du Cambodge [8] dont certains objets, tels que les grands disques en schiste et quelques haches polies, se retrouvent identiques dans les sépultures préhistoriques de France.

Dans cet ordre d'idées, M. Ernest Chantre a constaté que les types de haches et de poignards découverts en Asie Mineure, à Chypre, dans l'Archipel et dans toute la région européenne de la Méditerranée sont à peu près ceux rapportés de l'Inde [9].

De leur coté les historiens et les archéologues classiques ont trouvé en Asie les origines de la civilisation grecque [10], de l'émaillerie [11], de nos langues [12], de nos animaux domestiques [13], des bijoux barbares recueillis dans nos cimetières des V-e et VI-e siècles [14] et juspu'aux Contes de Perrault que nos grand'mères aimaient à dire dans les soirées d'hiver et qui auront bientôt disparu de nos souvenirs... étouffés sous l'invasion des journaux à un sou.

L'histoire et la légende constatent donc les relations fréquentes entre l'Europe et l'Asie; mais il s'agit plus spécialemeut, dans ce rapport, des temps quaternaires.

Que savons nous des hommes qui vivaient alors? de leurs races? de leurs industries? de leurs milieux?

Bien des travaux ont été publiés à ce sujet, quelquefois sans préparation suffisante; les termes employés n'ont pas toujours eu le même sens pour chaque auteur et souvent il a suffi qu'une pierre taillée n'ait pas traces de polissage pour qu'elle ait été déclarée.. *paléolithique*. Dans ces conditions il n'est pas toujours facile de bien juger les découvertes signalées, surtout quand les mémoires explicatifs ne sont pas accompagnés de dessins.

Cependant il paraît possible de classer dans l'époque paléolithique de nombreuses stations, constatées par des archéologues competents:

E n   A s i e   m i n e u r e: [15].

---

[8] J. Moura, Le Cambodge préhistorique; Revue d'Etnographie, 1882, p. 505 à 525.

La bibliographie des travaux sur l'âge de pierre au Cambodge a été donnée en partie par M. E. Cartailhac dans l'Anthropologie n⁰ 6, 1890. p. 641.

[9] Ernest Chantre. Age du bronze dans l'Asie occidentale. Bulletin de la Soc. d'anthropologie de Lyon, 1882, p. 215.

[10] Ernest Curtius, Hist. grecque; traduction Bouché-Leclercq T. I. p. VIII.

[11] Ernest Rupin, L'émail et l'orfèvrerie émaillée, Limoges, 1890.

[12] A. Pictet, Les origines indo-européennes.

[13] Dépéret, Soc. anthrop. Lyon. (loc. cit) 1887, p. 43.

G. de Mortillet, Origines de la pêche et de l'agriculture, 1890.

[14] J. de Baye, Les bijoux gothiques de Kertch, Revue archéologique T. XI. 1888 p. 347.

Germain Bapst, Bulletin de la Société des antiquaires de France, 1887, p. 78.

[15] Botta, Mém Société géologique de France, T. I, p. 148.

Les grottes du Nahr-el-Kelb, renfermant des instruments sem·
blables à ceux de nos stations quaternaires, mêlés à des ossements
d'animaux, en partie disparus.

La Station d'Hanaouch, prés Tyr, avec des silex taillés, types
du Moustier [16].

Les grottes et abris de Beth-Saour et des sources d'Aïn-el-émir,
non loin de Nazareth, ont fourni à l'abbé Moretain une nombreuse
collection d'outils et d'armes en pierre dont quelques spécimens
paraissent se rapporter à nos types les plus anciens.

M-r E. Chantre [17] a signalé dans le N. E. de la Syrie (vallée
de la Zilfa) la grotte de Kislar-Seraï creusée à 200 mètres au dessus de la vallée et dont le sol contient des os brisés associés à
des silex types du Moustier; et sur l'Euphrate les stations de Zam-
bourg et d'Eukuzdja, avec ossements brisés et silex taillés sur une
seule face.

M-r. de Morgan pense, cependant, qu'au Caucase aucune trace
certaine de l'homme quaternaire n'a été rencontrée; l'industrie com-
mencerait par l'état néolithique [18].

D'autres stations, comme celles du Sinaï, sont probablement de
cette dernière époque.

En Perse, la vallée de l'Abhar a peut-être fourni, dans les
couches quaternaires, des débris d'industrie humaine [19].

En Mongolie, l'abbé Armand David a extrait des pointes de
flèches en silex du diluvium quaternaire près de Tul-che-san hao [20].

L'Inde a été plus étudiée, grâce aux grands travaux exécutés
par les Anglais; mais que de points obscurs quant à l'âge exact
des terrains superficiels, depuis les immenses dépots de sables,
d'argiles et de graviers, situés à près de 5000 mètres d'altitude
vers le haut Gange, jusqu'à ces dépots particuliers: le *kunker*,
le *regur*, qui sont très probablement quaternaires.

Les objets en pierre polie et les monuments mégalithiques y

Louis Lartet, Recherches sur la géologie de la Palestine; Annales des sciences
géol. T. III et Bulletin de la Soc. géol. France, 2-ème sem. T. XXII, p. 537.

D-r. Lortet, Acad. Sciences Paris, 19 Aout 1880.

G. de Mortillet, Le Préhistorique, p. 288, 178. De Quatrefages, Introduction à
l'hist. des races humaines p. 78.

Matériaux, loc. cit. 1866 p. 249, de Saulcy;—1867; p. 460, Cazalis de Fon-
douce—1869. p. 237. A. Arcelin:—1873, p. 177;—1880. p. 439.

[16] Le Tour du Monde T. XLI. p. 31;—La revue „l'Homme" 1886, p. 169.

[17] E. Chantre, Nouvelles observations sur l'âge de pierre en Syrie. Bulletin de
la Soc. d'anthropologie de Lyon 1882, p. 209.

[18] De Morgan, Mission scientifique au Caucase, T. I p. 29.
L'anthropologie, année 1891, p. 46.

[19] De Nadaillac, Les Premiers hommes I, p. 27.

[20] De Quatrefages, Introd. à l'hist. des races humaines p. 78.

sont au moins aussi abondants qu'en France [21]; ils ont fait l'objet de nombreuses publications. L'époque paléolithique est, aussi, largement représentée.

Les haches, types de Saint Acheul, ont été recueillies dans les couches fossilifères de la Berbuddah [22] et aux environs de Madras. A une cinquantaine de kilomètres au N. O. de cette ville, ces mêmes haches ont été retrouvées dans la pâte des grandes pierres qui forment les cromlechs de la localité. Ces pierres sont en *laterite*, formation spéciale à l'Inde, dont l'âge est difficile à déterminer, mais que M. M. Medlicott et Blanford rapportent au quaternaire [23].

Le colonel Meadows Taylor, qui faisait des fouilles en 1868 aux environs de Nice, a pu constater *de visu* la parfaite ressemblance des silex magdaléniens des grottes de Menton (France) avec ceux recueillis dans l'Inde centrale par M-r Rivett-Carnac [24].

Bien d'autres découvertes d'outils et d'armes paléolithiques ont été constatées: au Bengale, sur les bords de l'Indus, dans le Scinde supérieur, dans la vallée de la Krichna; dans la vallée du Godavery dont la faune contient à coté d'espèces franchement quaternaires, d'autres plus anciennes, pliocènes ou peut-être miocènes, d'après M. Gaudry, comme l'*hippopotamus nomadicus* et l'*elephas insignis*. Nous sommes donc ici, tout au moins, à la base des terrains quaternaires [25].

Le Banda, district montagneux du N. O. de l'Inde, a fourni de nombreux instruments de pierre, parmi lesquels des types paléolithiques assez communs dans le sud et d'autres types qui n'ont pas d'analogues en Europe [26]. Les cavernes de cette région contiennent, mêlés aux mêmes outils, des dessins sur pierre à l'ocre rouge, fixés avec des principes gras, semblables à ceux trouvés en Australie et au Cap de Bonne Espérance et qu'il serait peut-être utile de comparer à ceux présentés par M-r Piette au Congrès de Paris en 1889, provenant de la grotte du Mas-d'Azil (Ariège) [27].

---

[21] Godwin-Austin, Revue d'anthropologie, 1872, p. 517.
— Revue d'anthropologie, 1874, p. 553;—1875 p. 337 à 361.
— Matériaux, loc. cit, 1868 p. 301;—1880, p. 263.
— J. Fergusson. Les Monuments mégalithiques de tous les pays.
— E. Cartailhac. L'âge de la pierre en Asie: Congrès provincial des orientalistes Lyon 1878 T. I p. 315 à 349.
[22] De Quatrefages. loc. cit p. 79. Matériaux. loc. cit. 1880 p. 266.
[23] Medlicot et Blanford Manuel de la Géologie de l'Inde (1879).
[24] Matériaux. loc. cit. 1870. p. 77.
[25] De Quatrefages loc. cit. p. 78 Matériaux. loc. cit. 1867, p. 80.
[26] Matériaux loc. cit. 1882. p. 503, lettre de M. Rivett-Carnac. A. de Mortillet, L'Homme. année 1884. p. 146,
[27] Revue d Ethnographie, années 1883, p. 281.

La Sibérie a-t-elle comme l'Inde son époque paléolithique, ou bien, comme la Suède, n'a-t-elle été habitée que plus tard?

C'est dans ces régions du nord que certains anthropologistes ont voulu placer le berceau de l'humanité [28]; d'autres au contraire pensent que la civilisation altaï-ouralienne de l'âge du bronze, révélée par les kourganes, n'a pas été précédée par un âge de pierre. Des fouilles seules peuvent trancher nettement la question.

Il semble cependant permis de penser que d'anciens peuples ont précédé dans la région *altaï-ouralienne* la civilisation décrite par M. Aspelin [29]: Ne vient-on pas de trouver dans le gouvernement d'Irkoutsk une curieuse civilisation, bien inférieure à celle d'Europe pendant l'époque néolithique, privée d'animaux domestiques, et dont quelques-unes des flèches en silex rappellent, par leur assymètrie, les types solutréens [30].

D'autres découvertes mériteraient d'être signalées, telles que: les habitations lacustres trouvées dans le voisinage d'Ekatérinbourg, les amas d'ossements d'Irbit, les cavernes de Mias [31] avec leurs instruments en pierre et en os; les flèches en silex et les poinçons en ivoire de mammouth recueillis dans les alluvions anciennes de la Léna près d'Olekminsk [32], etc. etc.

La Sibérie pose aussi le difficile problème des débris de mammouth et de rhinocéros si abondants à l'embouchure des fleuves qui se jettent dans l'océan glacial. Cette question posée au Congrès par M. d'Acy et par Mr. G. de Mortillet, sera traitée par eux avec toute la compétence désirable, je n'ai pas à m'en occuper ici [33].

Toutes ces observations montrent que dans les régions explorées de l'Asie, l'humanité a commencé par un âge de pierre, puisque nous en retrouvons les traces à la base des plus vieilles civilisations à Khorsabad [34], à Hissarlik [35], dans les alluvions anciennes

---

E. Cartailhac, Les fouilles de M. Ed. Piette dans la grotte du Mas-d'Azil, „l'Anthropologie" n° 2 de 1891, p. 141.

[28] De Quatrefages, loc cit. p. 133.

[29] Aspelin, Congrès international d'anthrop. préhistorique de Pesth, t. I, p. 677.

[30] Revue d'anthropologie, 1884, p. 721, 725.

[31] Matériaux, loc. cit., 1882, p. 498.

[32] L'Anthropologie, année 1891. p. 83.

[33] S. D. Tschersky. Description de la collection des mammifères posttertiaires recueillie par l'Expédition de la Nouvelle Sibérie (analysé dans l'Anthropologie № 1 de 1892).

Exploration de la Sibérie par les sections locales de la Société impériale russe de géographie, la revue l'Homme 1884, p. 308; 1885, p. 663.

[34] De Nadaillac. Les premiers hommes I, p. 27.

[35] H. Schliemann. Ilios. 1886, chap. V.

des fleuves indiens et jusque dans les dalles de pierre qui ont servi à construire les cromlechs de Madras.

Mais ces constatations ne nous donnent qu'une idée très vague du *synchronisme*, de la concordance des époques préhistoriques dans les diverses contrées de l'ancien continent.

La ressemblance des armes et des outils est quelquefois un trompe-l'oeil; elle peut résulter de causes bien diverses, difficiles à reconnaître: ici c'est la filiation des hommes qui a produit l'identité des industries, là c'est l'importation, ailleurs c'est une coïncidence imposée par la nature des matières mises en oeuvre ou par des besoins identiques agissant dans des milieux analogues. L'évolution industrielle ne s'est pas faite partout de la même façon: il y a eu des reculs, des arrêts de développement; sur certains points des populations sont passées directement de l'âge de pierre à l'âge du fer. Des tribus voisines et contemporaines ont souvent, de nos jours, des moeurs et des industries différentes; d'autres, ou contraire, tout à fait séparées dans le temps et dans l'espace, se ressemblent presque complétement:

Les Ostiaks, par exemple[36], vivent encore en Sibérie, comme nos troglodytes quaternaires de la Vézère et de la Charente avec leurs insruments en os et leurs bridons de rennes en corne que des observateurs sérieux rapprochent[37] de ces curieux objets de nos grottes, auxquels, faute de mieux, nous avons donné le nom de «bâtons de commandement».

La faune elle même n'est pas toujours un guide sûr pour établir la contemporanéité des gisements. A la même époque la faune diffère selon les contrées. Pour l'Amérique du nord, notamment, il est impossible d'établir des coupures coïncidant avec notre quaternaire d'Europe; tout essai de synchronisme est à peu près impossible à établir sur cette base[38].

Dans ces conditions on ne peut conclure de la ressemblance au synchronisme.

Aussi nos classifications françaises ne peuvent elles, à priori, être appliquées au monde entier. Il parait utile d'établir d'abord des *classifications régionales*, sans trop se préoccuper des voisins. Les comparaisons et les concordances se feront ensuite, d'elles-mêmes, s'il y a lieu.

---

[36] Elisée Reclus, Nouvelle géographie universelle, t. VI, p. 682.

Ch. Rabot, Les Ostiaques. les Samoyèdes et les Ziriènes d'après Sommier, Revue d'Ethnographie t. VIII, p. 121.

[37] A. L. Des Ormeaux, Note sur l'usage des bâtons de bois de rennes chez les populations primitives de l'Europe, Revue d'Ethnographie t. VII, p. 34.

[38] M. Boule, Essai de paléontologie stratigraphique de l'homme, Revue d'anthropologie, 1888, p. 653.

Conclusions archéologiques.

Il semble cependant que la marche générale de l'industrie a été la même en Asie et en Europe pour les temps préhistoriques [39].

L'Inde avant d'arriver à la connaissance des métaux paraît avoir passé par des phases qui rappellent de très près nos époques chelléenne, magdalénienne, néolithique.

L'Asie mineure commence également son évolution industrielle par la pierre taillée et continue par la pierre polie pour arriver au bronze.

Et, bien qu'il y ait quelque doute à ce sujet, la Sibérie paraît avoir vu se développer successivement, chez elle, deux étapes de l'âge de pierre avant l'apparition du bronze.

Les autres contrées, la Chine [40], le Japon [41], etc. sont encore imparfaitement étudiées, mais elles ne donnent pas d'indications contraires à ce dévelloppement: toujours l'âge de pierre apparaît dans les vieilles traditions, et les flèches en silex, les haches polies (pierres à tonnerre) ont un caractère légendaire.

Recherches à faire.

Ces conclusions sont bien insuffisantes, mais elles démontrent l'impérieuse nécessité de nouvelles recherches, qui pourraient porter sur les points suivants:

Fouilles des nombreuses grottes signalées dans la Sibérie, dans l'Inde, dans le Caucase etc.

Publication de leurs catalogues illustrés par les musées d'Asie dont quelques uns sont très riches [42].

Etude des livres chinois [43].

Mais ces travaux d'érudition sont d'une mince valeur, en ce qui touche les temps quaternaires. Pour établir une concordance entre nos stations d'Europe et celles d'Asie, il faut avoir une *base fixe*, pouvant servir de *niveau commun*, et permettant d'établir un sérieux terme de comparaison.

---

[39] E. Cartailhac. L'âge de pierre en Asie (loc. cit.).

[40] Chevreul. Acad. Sciences Paris, 13 Aout 1866.
Revue d'anthropologie, 1879. p. 143; 1885. p. 620.
Matériaux, 1866. p. 534; — 1870, p. 545; — 1878, p. 439.
De Milloné: Bul. soc. anthropologie de Lyon, 1883.

[41] Franks. Les instruments en pierre au Japon, Matériaux 1871, p. 545.

[42] Le musée de Minoussinsk a déjà donné l'exemple; l'Anthropologie, année 1890. p. 240.

[43] Eugène Simon. Exposé chronologique des principales découvertes d'après les anciens livres chinois. Revue d'anthropologie, 1875. p. 620.

Cette base fixe pourrait être donnée par les *phénomènes glaci-aires* qui semblent avoir eu une marche uniforme dans notre hé-misphère. *C'est* donc par rapport aux formations glaciaires qu'il faudra classer les stations humaines pour établir des synchronismes sérieux.

Les champs d'observations ne manqueront pas aux chercheurs [44] pour ce genre d'études, depuis les contreforts de l'Oural et des hautes chaînes du Turkestan, jusqu'à ces vastes terres desséchées de l'Asie centrale [45] dont les bas-fonds devenus des lacs sans issues, comme le Baïcal, indiquent par leurs terrasses successives, l'ancien régime des eaux, comme de grands pluviomètres enrégistreurs.

Il est indispensable d'avoir aussi de nouvelles fouilles bien étudiées. Mais les fouilles scientifiques, faciles pour les sépultures, les kourganes, les camps et les habitations, deviennent impossibles quand il s'agit des alluvions d'un fleuve ou d'espaces immenses comme les dépôts de loess.

Conclusions pratiques.

L'oeuvre pratique, urgente pour recueillir des faits nouveaux et des observations utiles, est la *surveillance attentive des travaux industriels*.

Si en Europe depuis trente ans, des hommes aimant sincère-ment nos études, avaient eu mission de surveiller sérieusement les exploitations du ballast employé pour les chemins de fer, nous se-rions tout à fait fixés sur bien des points obscurs de nos époques, chelléenne et moustérienne [46].

Cette fin de siècle sera marquée en Asie par d'immenses tra-vaux; soyons plus vigilants qu'en Europe. Profitons de la construc-tion des canaux et des chemins de fer, projetés ou en voie d'exé-cution, pour savoir ce que contiennent ces terrains superficiels de la Sibérie et de l'Asie centrale, si imparfaitement connus, et ces immenses nappes de *terre jaune* que le vent a lentement tamisées depuis des siècles sur les plaines mongoles; M. de Ujfalvy y voit les plus importantes archives de la préhistoire [47].

---

[44] Revue d'anthropologie, 1878, p. 607; 1883, p. 106; 1888, p. 673.
Matériaux, 1888, p. 263.

[45] Elisée Reclus. Nouvelle géographie universelle t. VI, p. 14, 737.

[46] La compagnie des chemins de fer de l'Est (France) a donné l'exemple dès 1884, en s'attachant un géologue choisi parmi les employés de ses bureaux.— Les résultats ont été excellents. Bulletin soc. géologique France 3-e série T. II. p. 369.

[47] Bulletin Soc. anthropologie. Paris 1887. p. 417, 448, 456.
Elisée Reclus. Nouvelle géographie universelle t. VI, p. 18.

Demandons aux chercheurs d'or s'ils ne trouvent pas des ossements et des pierres taillées dans ces énormes masses d'alluvions anciennes qu'ils remuent chaque année et que les forces atmosphériqus ont roulées, aux temps quaternaires, des hauts sommets de l'Oural et de l'Altaï dans les plaines de Sibérie.

A Soourgak, les puits creusés dans les alluvions aurifères descendent jusqu' à 44 mètres de profondeur[48]!

Faisons profiter l'anthropologie préhistorique de ces fouilles industrielles. L'occasion ne se retrouvera plus; ou ne refera pas de sitôt un chemin de fer reliant l'Oural au Grand océan... etc. etc.

Agissons, il y a urgence!

J'ai cru bon d'attirer tout spécialement l'attention sur ce point.

Le Congrès ne serait-il pas dans son rôle en provoquant, en organisant cette surveillance? en faisant appel aux centres intellectuels qui se sont formés récemment en Asie, et dont plusieurs sont représentés dans le Comité d'Organisation?

C'est dans cette pensée que je propose le vote du voeu suivant:

«Le Congrès appelle spécialement l'attention de tous ceux qui s'intéressent à l'histoire primitive de l'homme, sur les grands travaux qui se font ou vont se faire en Asie (chemins de fer, canaux, ponts etc.).

«La surveillance attentive et la description précise des trouvailles faites dans ces fouilles, fourniraient à l'anthropologie préhistorique de précieux matériaux qu'il y grand intérêt à recueillir.

---

[48] Revue Rose, 1892, pag. 109. Voyage de Grombczevski dans l'Asie centrale.

Vestiges de paganisme dans la région située entre les cours supérieurs de l'Oka et du Don.

par

M - r. N. Troïtzky.

Il est prouvé aujourd'hui que les antiques tribus slavo-russes professaient une vénération religieuse pour certains objets, tels que le feu, les arbres et les pierres. Les vestiges de ce culte idolâtre se sont conservés jusqu'à présent dans toute la région comprise entre les cours supérieurs de l'Oka et du Don. Cette région, qui forme actuellement le gouvernement et le diocèse de Toula, était habitée anciennement par des Finnois et des Slaves-Viatitchi. Parmi les savants russes qui ont découvert ou signalé des vestiges d'idolâtrie dans la région mentionnée plus haut et en ont fait l'objet de recherches scientifiques, je citerai les noms de Snéguirev, Sreznevsky, Sakharov, Afanassiev, etc., qui se sont occupés du paganisme slavo-russe en général. Toutefois ces savants ont négligé de nous donner l'explication détaillée des coutumes idolâtres et de nous décrire les monuments païens qui subsistent encore dans cette région et tiennent jusqu'à présent une si grande place dans l'existence et les moeurs des habitants. C'est pourquoi j'essaierai, dans la mesure de mes forces, de jeter un peu de lumière sur cette question si importante.

I. Les anciens habitants de la région située entre les cours supérieurs de l'Oka et du Don, croyaient à l'existence d'un rapport entre leur bien-être et la force productrice des éléments, aussi vénéraient-ils cette force. C'est surtout au feu que cette vénération s'adressait. On retrouve des réminiscences du culte du feu dans la coutume superstitieuse du «saut du feu» qui s'est conservée jusqu'à présent dans un grand nombre de villages, notamment à Miagkoë, Doudino, Kourépino, Sérébriany-Proudy, etc.. dans le district de Venev. Chaque année, la veille de la Mi-Pentecôte (Prépolovénie Piatidéciatnitzy), après le coucher du soleil, les paysans,—hommes et femmes, garçons et filles, se rendent en foule aux champs ou à la forêt voisine. Arrivés là, ils entassent des fagots et y mettent le feu. La lueur du brasier se reflète au, lon, illuminant les campagnes environnantes. Alors, commencent lies réjouissances qui consistent à sauter par-dessus le feu. Ce dernier est désigné jusqu'à présent dans le langage populaire par le mot ‹sviastchenny› (sacré). Ce sont surtout les jeunes gens qui se livrent à cet exercice. Parfois, la cérémonie est accompagnée de danses, de chansons et de plaisanteries pas tout-à-fait convenables. Les réjouissances se prolongent jusqu'à une heure avancée de la nuit. En revenant à la maison, les femmes emportent la cendre provenant du feu sacré. De cette cendre délayée dans de l'eau on fait un breuvage que l'on administre au bétail, principalement aux vaches, afin que, suivant l'expression des paysans, «le bétail soit rassasié et que les vaches vêlent bien». On conserve dans des chiffons une provision de cendre pour l'utiliser dans les maladies du bétail: cette cendre, mélangée à la nourriture du bétail ou délayée dans l'eau qui sert à le laver, est regardée comme un remède. Cette coutume est tellement invétérée que tous les efforts du clergé sont impuissants à la déraciner.

II. Il est probable que la vue du feu produit pas le frottement de deux morceaux de bois a induit les premiers hommes à admettre que le feu était à l'état latent dans le bois même et à adorer dans l'arbre le principe végétatif. On retrouve un souvenir de l'antique culte des arbres dans un dicton qui s'est conservé jusqu'à présent. Parlant d'un homme sans instruction, on dit ordinairement ‹qu'il a vécu dans une forêt et a prié devant une souche›. Ce dicton fait évidemment allusion au passé. L'existence de souches «sacrées» est attestée d'une manière anthentique par des documents écrits. Ainsi, dans le cadastre (Pistsovaïa Kniga) du district de Kachira, rédigé en 1578—1579 par le prince Iv. D. Gagarine, on trouve la mention topographique suivante: «village de Tchoussova sur la rivière Mordvéza, près de la limite du village de Kamenskaïa, vers la ‹souche sacrée› (sviatova pnia) près du grand bois sacré (zapoviédny)›. Le nom de Mordvéza, donné à la rivière, rappelle évidemment que ses bords étaient habités autrefois par la tribu finnoise des Mordves ou des Mordoaunes. On suppose que l'arbre en question, dont il n'était resté qu'une souche ‹sacrée›, devait être un chêne. Près du village de Kroutoé, dans le même district de Kachira, se trouve encore maintenant un chêne sacré; on en trouve aussi dans beaucoup d'autres villages du même district et des autres districts du gouvernement de Toula. Il va sans dire que, à notre époque, le culte des arbres diffère beaucoup de ce qu'il était autrefois; néanmoins, ils sont encore l'objet d'une certaine vénération qui se manifeste par des offrandes consistant en pendeloques de métal, bandes d'étoffe de couleur, rubans, etc. Lorsque dans le voisinage se trouve une source d'eau vive, ce qui est souvent le cas, on construit un réservoir en forme de cuveau et l'on y jette des pièces de monnaie, des oeufs de poule, etc.; cette coutume existe encore maintenant dans la paroisse du village de Mokhovoï (district de Novosil), et dans celle du village de Lopatkovo dans le district de Krapivny, etc.

III. En dépit de la situation géographique de cette région, il n'est pas rare d'y rencontrer, sous les ombrages des arbres touffus, d'énormes pierres de provenance et de formation étrangères au pays. Ce sont des blocs erratiques apportés du nord par les glaciers en mouvement. Ces blocs ont été aussi l'objet d'un culte religieux de la part des habitants primitifs du pays, qui ont cru y reconnaître une manifestation de la même force génératrice, le feu. Ce culte affectait diverses formes, suivant l'idée qu'on se faisait de cette force adorée et de ses rapports avec la vie.

Considérées comme vestiges de paganisme, les pierres en question sont désignées ici par les noms suivants: «Kone-Kamen» (pierre-cheval), «Svinïa-Kamen» (pierre-porc), «Baran-Kamen» (pierre-mouton), «Bache» et «Bachikha». Ces deux dernières dénominations appartiennent à une pierre sise près du village de Bacheva, dans le district d'Odoév. «Bache» n'est qu'une variante du mot tatare «bachi» ou «bakchi» qui signifie chef, maître. Il va sans dire que c'est là une dénomination d'origine relativement récente, se rapportant à l'époque de la domination tatare en Russie. Ce fait est confirmé par les monnaies arabes des IX-e et X-e siècles et par les monnaies tatares des XIII-e et XIV-e siècles qu'on a découvertes en cet endroit. Il est probable que les noms de «Bache» et «Bachikha» ont remplacé ceux de «Kone-Kamen» ou «Svinïa-Kamen» si répandus ici. De même, le ncm de «Baran-Kamen» est peu connu et peu usité dans cette région; on le donne quelquefois à certaines pierres plus connues sous les noms de «Kone» ou «Svinia». Le nom de «Svinia-Kamen» se rencontre fréquemment sur d'autres points de la Russie. On le retrouve notamment dans le gouvernement de Saratov, parmi les tribus de race finnoise, où il sert à désigner quelques blocs erratiques. Dans les conceptions poétiques des Slavo-Russes, le porc fouillant la terre avec son groin est regardé d'abord comme le symbole de la charrue qui trace les sillons, ensuite comme l'emblème du tourbillon qui soulève la poussière dans les champs et sur les chemins; de plus, la fécondité prodigieuse du porc le faisait considérer comme l'emblème des forces créatrices de la nature printanière. Dans le gouvernement de Toula, le nom de «Svinia-Kamen» est resté attaché jusqu'à présent à une pierre sise près du village de Spass-Konino, dans le district d'Aleksine. Du reste, ce monument n'est pas le seul qui se trouve en cet endroit; dans le voisinage se dresse un autre ‹Kone-Kamen›. Le nom de Konino, donné au village de Spass et à un autre village situé dans la même paroisse, vient certainement d'un ‹Kone-Kamen› qui se trouvait anciennement en ce lieu. Le même nom se trouve accolé à celui de plusieurs autres villages du gouvernement de Toula. Dans la paroisse de Doupny, district de Tcherne, se trouvent deux ‹Kone-Kamen› qui ont donné leur nom à deux villages: Bolchoï-Kone (grand cheval) et Maly-Kone (petit cheval).

Ces pierres diffèrent sensiblement de situation et d'aspect. Les unes se rencontrent à l'état isolé sur le penchant de quelque colline; d'autres sont entourées de pierres plus petites, mais de même formation. Les unes ont une forme allongée ou ovale, notamment celle du village de Doupny; d'autres offrent l'aspect de véritables rochers aux parois escarpées et se terminant en saillie, par exemple celle du village de Nikolskoë - Viazemskoë - Bradinskoë dans le district de Tcherne; d'autres enfin se terminent en pointe, par exemple celle du village de Malinovoë dans le district de Novosil. Cette dernière pierre, qui n'a pas moins de $12\frac{1}{2}$ archines (environ 8 mètres) de circonférence, se dresse sur les bords escarpés de la Zoucha, affluent de l'Oka, à 5 sagènes (10 mètres) au-dessus du niveau de la rivière. Elle offre des renflements, des creux et des cavités. Mais la plus curieuse de toutes ces pierres est, sans contredit, le ‹Kone-Kamen› situé sur une rive escarpée de la rivière Krassivaïa-Metch, affluent du Don, dans le village de Kozié, district d'Efrémov. A proprement parler, ce n'est pas une pierre, mais un groupe de 4 pierres, dont la plus grande repose sur les trois autres, offrant ainsi une certaine ressemblance avec un dolmen; la pierre principale, haute de 2 archines 8 verchoks et longue de 4 arch. 12 ver., est placée à 10 verchoks seulement au-dessus du sol. Ce groupe est entouré d'autres pierres plus petites enfoncées dans la terre. Ces pierres, dont la nuance est gris-jaune, sont des grès de l'espèce des pierres-meulières. Parmi les légendes qui se rattachent à ce groupe, il faut mentionner le souvenir, encore vivant parmi les habitants du pays, des sacrifices qui avaient lieu autrefois en cet endroit. Par suite, on est amené à se demander à quel ordre de conceptions correspond ce culte des pierres. Si l'on considère que les noms mentionnés plus haut—‹baran, svinïa, kone›,—servent à désigner des animaux domestiques, on est forcé de reconnaître que, dans la pensée des habitants primitifs, la force latente qui semble résider dans la pierre, c'est-à-dire le feu, avait une influence directe sur leur bien-être, comme force productrice, purificatrice, préservatrice et salutaire. La vérité de cette opinion

est suffisamment prouvée par les vestiges de ce culte qui se sont
conservés jusqu'à ce jour. Ainsi, par exemple, les pierres ‹Bache›
et ‹Bachikha› du village de Bacheva sont encore, de la part des
habitants du pays, l'objet d'une sorte de vénération qui se manifeste par des offrandes. Afin de fléchir les ‹Bachi» et d'obtenir
leur protection, il est d'usage de leur offrir de l'argent, des vête-
ments, de la nourriture, et surtout de la laine de mouton ou des
fils de laine. En même temps on les prie de détourner des brebis
les maladies contagieuses. Ceux qui désirent des brebis noires
offrent aux ‹Bachi» de la laine noire; ceux qui veulent s'enrichir
leur offrent de l'argent. En outre, les paysans recueillent la terre
sur laquelle reposent ces pierres, «car, disent-ils, elle favorise
la multiplication du bétail et sert à conjurer les maléfices». Les
fragments détachés de ces pierres guérissent, dit on, du mal
de dents.

Les pierres désignées sous le nom de «Kone-Kamen› ne rappellent en rien par leur aspect la figure d'un cheval; par conséquent,
cette dénomination ne doit pas être prise au sens propre, mais au
sens figuré, comme symbole religieux. Les habitants primitifs vé-
néraient dans ces pierres les représentants de la force productrice
et salutaire qui, depuis la plus haute antiquité, est personnifiée
dans le cheval, animal plein de fougue et d'énergie. C'est probablement par suite de l'analogie des idées que ce mot a passé
du sens propre au sens figuré. Cette hypothèse est confirmée par
les données que nous possédons sur l'importance du cheval dans
les conceptions de l'homme préhistorique et sur la place qu'il occupe
encore dans l'existence et les idées du paysan. A l'époque des Kourganes (tumuli), le cheval était dans cette région l'objet d'une vénération particulière; ce fait est prouvé par les objets découverts
dans les kourganes de la contrée qui nous occupe et par ceux
provenant des kourganes des Mériens: pendeloques en bronze, peut-
être des amulettes, offrant l'image d'un cheval à la crinière flot-
tante, notamment celles trouvées dans les kourganes voisins du
«Grémiatchevskoë Gorodistché› (campement), sur les bords de l'Oka,
dans le district de Pérémychl (gouvernement de Kalouga). La
vénération pour le cheval considéré comme préservateur de la demeure, du ménage et des biens, s'est maintenue jusqu'à présent.
On en trouve un vestige caractéristique dans l'habitude superstitieuse de placer un fer à cheval sur le seuil de l'entrée principale
du logis, de la boutique, du magasin, du grenier à blé, etc [1]. C'est,

---

[1] Cependant, les Petits-Russiens font moins de cas du cheval que du bœuf ou
de la vache. Le cheval est souvent traité de rusé, d'astucieux et onne l'attèle pas
pour mener un corps au cimetiére. *Remede la rédaction.*

sans doute, pour le même motif que l'on place ordinairement la figure d'un cheval au faîte de l'izba et au-dessus de la porte de l'étable, ou que l'on dessine un cheval au-dessus du banc, dans l'izba qui sert de garde-manger. Ce banc porte le nom caractéristique de ‹Konik› (petit-cheval). Une coutume, qui s'est conservée dans le nord finnois et qui consiste à placer dans l'écurie le lit des nouveaux-mariés, prouve que le cheval personnifiait, aux yeux des habitants primitifs, la force productrice, et qu'il était, pour ainsi dire, le protecteur de la génération. Il est curieux de rapprocher cette coutume d'une autre coutume observée dans l'ouest finnois: dans certaines régions, les femmes qui désirent avoir des enfants, vont toucher certaines pierres qui sont l'objet d'une vénération superstitieuse. Cela se pratique encore dans les gouvernements du littoral de la Baltique. Il est évident que les conceptions relatives au cheval et à la pierre se confondent ici en une seule conception fondamentale, celle d'une force productrice dont ils ne sont que les manifestations extérieures. Malgré l'introduction du christianisme en Russie, le culte superstitieux du cheval s'est maintenu, mais en se modifiant peu à peu; dans quelques contrées il a même complètement disparu. L'histoire nous apprend que, dans une bataille livrée le 8 février 1150 sous les murs de Sloutsk en Volhynie, le jeune et valeureux prince russe André Guéorguiévitch, nommé plus tard Bogolioubsky, se trouvant entouré d'ennemis contre lesquels il luttait avec acharnement, ne dut son salut qu'à son cheval; ce dernier, bien que couvert de sang, mit son cavalier à l'abri du danger, après quoi il expira. André reconnaissant lui fit élever un monument sur les bords de la Styrema. On sait aussi que les grands-princes russes, principalement ceux qui régnaient dans le nord finnois, par exemple les princes de Souzdal et de Moscou, avaient l'habitude de frapper des monnaies représentant un homme à cheval. Ces monnaies figuraient tantôt un cavalier ordinaire, tantôt un prince ou un tsar. Du XIV-e au XVI-e siècle, et même au XVII-e siècle, dans l'oukaze du 29 avril 1668 par lequel le Tsar Alexis Mikhaïlovitch sanctionne les armoiries de la Russie, ce cavalier est désigné par le mot ‹iezdok› (cavalier). Dans l'oukaze du 10 avril 1728 relatif aux nouveaux kopeks, il est appelé ‹homme à cheval› (iezdok na konié). C'est seulement vers le milieu du XVIII-e siècle que cette effigie fut remplacée par celle de St. Georges le Victorieux, en l'honneur duquel on a institué un ordre militaire. Depuis l'introduction du christianisme en Russie, on a élevé des temples en l'honneur du Christ Sauveur dans les endroits où se trouvaient des ‹Kone-Kamen›. Je citerai notamment le village de Spass-Konino dans le district d'Aleksine, où l'on remarque un «Kone Kamen» près d'une église de la Transfiguration du Sauveur. L'érection à Mtsensk, sur l'emplacement d'un antique Gorodistché situé sur la rive gauche escarpée de la Zoucha, d'une cathédrale en l'honneur de St. Nicolas, a sans doute la même origine. Dans l'intérieur on remarque une image de St. Nicolas figurée sur une énorme pierre massive de provenance étrangère; le saint est représenté en pied, tenant un glaive dans une main et dans l'autre une église. Il s'agit évidemment ici d'une ancienne pierre sacrée qui a perdu sa destination primitive. L'image du saint défenseur de l'église chrétienne paraît remonter à l'époque de la première victoire remportée par le christianisme sur l'idolâtrie. Cette hypothièse est d'au tant plus vraisemblable que l'on rencontre des pierres semblables ayant conservé leur aspect primitif dans d'autres endroits, et cela même dans le voisinage de Mtsensk, à Nikolskoë-Viazemskoë, à Doupny (district de Tcherne), et à Bacheva (district d'Odoev). La construction de l'église de Spass-na-borou (Le Sauveur dans la Forêt) sur une éminence baignée par la Moskva, à l'endroit où s'élève aujourd'hui la masse grandiose du Kremlin, a probablemet la même origine. Là, en effet, se trouvait autrefois un ‹Gorodistché› (campement) finnois situé au milieu de forêts épaisses. Si le culte des pierres a jeté ici de si profondes racines, c'est, sans doute, parce qu'il a été celui des habitants primitifs de la contrée, les Finnois. Des vestiges nombreux prouvent que ce culte était très répandu chez les tribus finnoises, surtout à l'est, dans le gouvernement actuel de Viatka, où les Tchérémisses adoraient les obejts inanimés, principalement les pierres. La plus fameuse était celle de «Tchemboulat», située sur les bords de la Nemda, à laquelle on sarcifiait des animaux domestiques, elle a été détruite au commencement de ce siècle. L'île de Konevetz située dans le lac Ladoga, à l'extrémité occidentale de la région occupée par les tribus de race finnoise, tire son nom d'un ‹Kone-Kamen› gigantesque. Ce nom a subsisté jusqu'à présent, malgré l'érection en ce lieu, au XIV-e siècle, d'un monastère en l'honneur de la Nativité de la Sainte Vierge. On sacrifiait à cette pierre du bétail et même des chevaux, afin que l'esprit caché dans la pierre ou sous la pierre protégeât les troupeaux qui paissaient dans l'île. Le souvenir de ce culte nous a été transmis par une chronique du XIV-e siècle.

De tout ce qui précède nous sommes en droit de tirer les conclusions suivantes:

a) Les vestiges de paganisme découverts dans la région située entre les cours supérieurs de l'Oka et du Don indiquent l'existence en ce lieu d'un culte du feu, des arbres et des pierres.

b) Ce culte se basait sur la croyance à la force purificatrice préservatrice, productrice et vivifiante du feu et à son action sur la vie individuelle, familiale et sociale des antiques habitants du pays.

c) La croyance à cette force et à son action sur la vie s'est modifiée peu à peu sous l'influence des idées chrétiennes, et les tables de sacrifices ont fait place aux autels des églises élevées en l'honneur du Sauveur et de ses saints.

d) Le culte des pierres, qui a été si répandu autrefois dans cette région et a laissé des traces si caractéristiques dans les moeurs et le genre de vie des habitants actuels, a été, sans aucun doute, la religion primitive des antiques possesseurs du sol, les Finnois.

BIBLIOGRAPHIE.

1) Sneghirev (I.). Fêtes et coutumes superstitieuses du peuple russe. 1837. Liv. I, pag. 15.—1839. Liv. IV, pag. 70.

2) Passek (V.). Esquisses sur la Russie. 1842. Vol. V. Coutumes et croyances des Finnois. Pag. 114.

3) Sreznevsky (I. I.). Sanctuaires et cérémonies du culte idolâtre des anciens Slaves. Kharkov. 1846. Chap. I. § 2, pag. 29.

4) — Recherches sur la culte idolâtre des anciens Slaves. St.-Pétersbourg. 1848. Chap. I, § 2, pag. 27.

5) Sakharov (I. P.). Monuments du gouvernement de Toula, pag. 46 — 47. (Extrait des Mémoires de la Section d'Archéologie russe et slave de la Société Impériale Archéologique, tome I. St.-Pétersbourg. 1851).

6) Eglise du bourg de Mikoulino-Gorodistché. M. 1851. Pag. 16—21.

7) Karamzine (N. M.). Histoire de l'Empire de Russie. 6-e éd. St.-Pétersbourg. 1851. Tome II, chap. XII, pp. 251—252.

8) Afanassiev (A.). Idées poétiques des Slaves sur la nature. 1865. T-e I, chap. XII, pp. 592 et suivantes; chap. XIV, pp. 767—768.

9) Chevelkine (G.). Excursion au Monastère de la Nativité de Konev. (Extrait du journal „Douchépoliéznoe Tchténie". 1865, 2-e partie, pages 154 et 159).

10) Khvolson (D. A.). 18 inscriptions tumulaires juives découvertes en Crimée. (Extrait du Recueil des articles relatifs à l'histoire et à la littérature juives, édité par la Société chargée de répandre l'instruction parmi ler Juifs de Russie. Livre I, fas. I, page 181. St.-Pétersbourg. 1866).

11) Cadastres de l'Empire de Moscovie au XVI-e Siècle, publiés par la Société Impériale russe de Géographie, I-e part., sect. 2, pag. 1369. St.-Pétersbourg, 1877.

12) Viazemsky (p-ce P. P.). Monastères des Lacs ladoga et Kouben pp. 10—11 et 15. St.-Pétersbourg, 1881.

13) Vues du Monastère de Konev, fig. 13 (sans date).

14) Légende sur le „Kone-Kamen". (Extraite du journal „Siéver", 1888, № 1, pp. 17—18 et fig. de la page 5).

15) Piasetsky (G.). Récit de l'apparition de l'image miraculeuse de St. Nicolas et de son influence sur les progrès du christianisme dans la ville de Mtsensk. Pages 58—59. Orel. 1888.

16) Smirnov (I. N.). Les Tchérémisses. Esquisse historique et ethnographique, Chap. V. Kazan. 1889.

17) Contribution à l'étude de la question des croyances religieuses et du culte des Tchérémisses. (Extrait du journal „Jivaïa Starina" 1891. Liv. III, pages 222 — 223).

18) Coutume superstieuse du district de Venev. (Extrait du journal du diocèce de Toula, septembre 1890, № 18, pp. 204—206, № 20, pp. 292—294).

Les derniers résultats de l'archéologie préhistorique en Bohême et ses rapports avec l'Europe orientale.

par

M-r. Lubor Niederle (de Prague).

L'archéologie de la Bohême offre quelques problèmes qui ont de l'intérêt non seulement pour les archéologues du pays, mais aussi pour les savants étrangers, surtout pour nos voisins. Ces problèmes ne sont pas encore résolus, et il serait prématuré de chercher à en donner à présent une solution définitive.

Je ne présenterai ici qu'un résumé succint de quelques uns des résultats obtenus par les recherches archéologiques dans notre pays, et j'attirerai l'attention seulement sur quelques points particuliers. L'archéologie de la Bohême est encore si peu connue, que je puis espérer que même cet aperçu sera favorablement reçu, d'autant plus que les problèmes dont je veux parler ne sont pas exclusivement tchèques, mais peuvent intéresser aussi les autres pays de l'Europe habités jadis par les Slaves.

L'archéologie de la Bohême n'est pas aussi nettement caractérisée que celle de la Scandinavie, de la Hongrie etc.; ce n'est qu'une branche de l'archéologie de l'Europe centrale et, en général, elle possède peu de traits caractéristiques locaux. Ce qu'elle offre de plus intéressant, c'est qu'elle fournit des matériaux pour résoudre la question de ce qui appartient, ou de ce qui n'appartient pas aux Slaves dans la culture préhistorique, question qui se présente aussi ailleurs, p. ex. dans l'Allemagne orientale. Ce problème a été chez nous dès l'origine, et est encore jusqu'à nos jours, le mobile de tout travail archéologique. On ne cesse de disserter sur ce qui peut être attribué aux Slaves parmi nos antiquités.

Le premier travail important sur les antiquités de la Bohême, publié par le célèbre slaviste S. Dobrovsky, à la fin du siècle dernier, traite cette question, aussi bien que les derniers travaux

— 76 —

parus dans notre pays. Seulement, on a changé la forme de cette question en se demandant si les Slaves doivent être considérés comme habitants autochtones en Bohême, ou non. Mais ici, la conception du caractère autochtone est toute relative, car son principal champion, le Dr. *H. Wankel*, fait remonter l'apparition des Slaves dans nos pays tout au plus à l'époque de «Hallstadt».

Quoique cette question soit l'axe autour du quel tout tourne, ou n'a pu réunir jusqu'à présent de faits concluants pour sa solution, principalement, sans doute, parce qu'on a peu travaillé chez nous; je n'entends pas par là le travail pour ainsi dire mécanique, comme les fouilles, le collectionnement, le cataloguement des antiquités, mais l'étude raisonnée des matériaux, nombreux dans notre patrie. L'histoire de l'archéologie de la Bohême de M-r. *J. Vocel* n'est qu'une brillante et unique exception.

Les premiers travaux sur l'archéologie de la Bohême (alors naturellement rédigés en allemand), parurent à la fin du siècle passé. *Ch. J. chev. de Bienenberk* [1], et surtout notre célèbre slaviste, *S. Dobrovsky* [2] ont dès lors publié des dissertations importantes sur les «Urnengräber» (champs d'urnes funéraires) et ont distingué ce qui était slave, d'après leur opinion, de ce qui ne l'était pas. Il est vrai que cette classification ne pouvait encore avoir de base solide.—Dans la première moitié de notre siècle, *Mathias Kalina de Jaethenstein*, s'est fait remarquer par l'étude critique qu'il a ajoutée à la publication du premier recueil des antiquités préhistoriques de la Bohême [3]). Dans les années quarante, la science a trouvé un mobile puissant par la fondation de la Section archéologique du musée royal de Prague, et la création d'un organe spécial: les *Památky archaeologické a mistopisné* (Monuments d'archéologie et de topographie).

La section archéologique a été fondée en 1841, par Fr. Palacký; les «Památky» ont paru en 1853, sous la rédaction de K. V. Zap, mais c'est *J. Vocel* qui a été l'âme de ce nouveau mouvement. Professeur d'archéologie à l'université de Prague, depuis 1850, il avait publié dès 1845, des «Grundzüge der böhmischen Alterthumskunde», et il ne cessa pas de travailler jusqu'à la publication, à Prague, de son ouvrage capital: *Pravěck země cěské* (La Bohême préhistorique) [4].

---

[1] „Versuch über einige Alterthümer im Königreich Böhmen". (Hradec Kralové, 1778—85).

[2] „Ueber die Begräbnissart der alten Slaven" etc. (Prague, 1786).

[3] „Böhmens heidnische Opferplätze, Gräber und Alterthümer" (Prague, 1836).

[4] Cet ouvrage a été traduit en russe par *Zaderatsky* (П. Задерацкій, Древнѣйшая бытовая исторія славянъ вообще и чеховъ въ особенности, Кіевъ, 1875).

Ce fut la première époque culminante de l'archéologie en Bohême. J. E. Vocel mourut bientôt après (en 1871), et sa mort fut suivie d'une époque relativement stagnante. On découvrit des campements, des nécropoles, comme auparavant, on les décrivit dans les «Památky» mais quant à l'étude approfondie des matériaux, elle était négligée. Il n'y eut plus de second Vocel. Seuls, le Dr. *J. Woldrich* à Vienne et le Dr. *H. Wankel* en Moravie, travaillaient avec zèle et succès, mais tous deux se sont spécialisés à l'époque la plus ancienne, au «diluvium». Ce n'est que dans ces dernières années que nous assistons à un nouveau réveil des études archéologiques, et même anthropologiques; mais il y a encore beaucoup à faire et bien des questions à résoudre.

Pour donner une esquisse des principaux problèmes des temps préhistoriques de la Bohême, je me permettrai d'exposer d'abord un aperçu succint de ce qui est acquis jusqu'à présent relativement à ces temps lointains.

Nous pouvons considérer comme prouvé, quoique depuis peu, que la Bohême et la Moravie étaient habités par l'homme à l'époque paléolithique. On cite dans quelques ouvrages, et notamment dans des ouvrages français, comme restes de l'homme à l'époque diluviale de la Bohême, les crânes de «Podbaba» et de «Most» (en allemand «Brüx»). Je me permets de douter de l'importance de ces découvertes, quoique moins de celle du crâne de Brüx. Il est vrai qu'aucun savant n'a assisté à cette découverte, et, audessus du crâne, on a trouvé des objets appartenant indubitablement à l'époque néolithique, (ce qui a motivé l'attaque du Dr. Luschan); mais du moins, l'emplacement de la trouvaille a été étudié «ex post» par Mr. le Dr. Woldrich, et celui qui s'en contente peut maintenir l'authenticité de la découverte. Par contre le crâne de «Podbaba» est très douteux. A «Podbaba», non loin de Prague, il y a plusieurs fours à briques où, dans les couches du limon, on a trouvé plusieurs sépultures, et dernièrement une série de tombes du type mérovingien. Aucun spécialiste, non plus, n'a assisté ici à la découverte du crâne; et, comme on a trouvé quelques jours plus tard, dans la même couche, un squelette avec des bracelets de bronze, je crois avoir raison de ne plus considérer le crâne de «Podbaba» comme appartenant à l'époque diluviale. En revanche, d'après l'avis d'un juge compétant, Mr. le Dr. Woldrich. on a fait deux découvertes d'outils en silex et d'autres indices de l'existence de l'homme; la première, dans une fente de rocher à «Sudslavice» près de Wimperk, la seconde, dernièrement, dans le *loess* du «Lubná», (district de Rakovnik), par le professeur Kusta

Nous avons en Bohême beaucoup de monuments de l'époque néolithique: des stations, des ateliers, des fosses de cendres et des tombes à squelettes. Je ne connais jusqu'à présent aucune découverte certaine de monuments mégalithiques. Les tombes se présentent chez nous généralement comme sépultures à squelettes enfouis dans la position accroupie, aux jambes repliées. Le type du crâne est franchement dolichocéphalique, parfois l'index descend au-dessous de 70. Les crânes néolithiques de la Bohême que je connais jusqu'à présent, ne sont qu'exceptionellement mésocéphaliques (au dessus de 75), ordinairement dolichocéphaliques. C'était évidement la même race qui habilait aussi d'autres contrées de l'Europe à cette époque.

On ne peut, jusqu'à présent, affirmer avec certitude qu'une nouvelle population soit venue s'établir en Bohême, avec la nouvelle civilisation de l'âge de bronze. Nous trouvons le même type de crânes dolichocéphaliques dans les tombes à squelettes de l'âge de bronze, surtout dans celles qui forment un groupe caractéristique pour la Bohême, par leur inventaire spécial, ce sont les *Unĕtice Gräber* (ainsi nommés d'après la nécropole *d'Unĕtice*, près de Prague), et les *Brandgräber* (tombes cinéraires), qui ne peuvent naturellement nous donner aucun signalement anthropologique du peuple qui les a creusés.

A coté des groupes mentionnés, du type d'Unĕtice, nous avons en Bohême, remontant à l'âge de bronze, les *tombes cinéraires sous les tumuli*. Il faut remarquer que ces dernières ne se rencontrent qu'au sud-ouest de la Bohême, où ils passent à l'âge de fer et semblent avoir quelques rapports avec les tumuli (*Hügelgräber*) de la Bavière. Je ne puis en rien dire de plus précis, parce que ce groupe de champs funéraires n'a pas été encore été suffisament étudié. Mais, ce qui paraît certain, c'est que ces sépultures sont toutes différentes des sépultures du type d'*Unĕtice*, du nord de la Bohême, et, quoique ces groupes de tombes n'appartiennent pas tout-à-fait à la même période, je n'hésite pas à admettre qu'ils sont différents aussi sous le point de vue ethnique, et que chacun de ces groupes a appartenu à des peuples différents, dont l'un habitait le centre et l'autre le nord de la Bohême. Ces sépultures de la Bohême méridionale ont duré plus longtemps que celles du type d'*Halstadt* et celles de la période de *La Tène*. A la même époque apparaissent, dans le nord de la Bohême, deux nouveaux groupes de tombes très caractéristiques, ce sont: 1) les *tombes à squelletes* couchés sur le dos et accompagnés d'armes en fer et de nombreux objets de parure, et 2) les *Brandgräber* (Tombes cinéraires), appelées aussi *Champs d'urnes*, très pauvres en armes et en objets quelconques.

Nous pouvons affirmer avec certitude que le premier groupe appartient à la période de La Tène. Les traits caractéristiques de ces tombes sont les mêmes que ceux des sépultures de La Tène, en Suisse, et présentent quelques rapports avec la civilisation de la nécropole de Hallstatt. On désigne ordinairement, chez nous, ce type par le terme de *Duker Cultur*, d'après les trouvailles faites à *Duchov* (en allemand *Dux*). Dernièrement, quelques savants ont nié le type de La Tène de ces tombes et les on declarées d'origine autochtone, j'observerai cependant que les mêmes indices caractéristiques se retrouvent dans une suite de tombes de la vallée de la Marne (voir: Musée de S. Germain-en-Laye, salle VII), et sur d'autres points de la France.

On ne peut négliger cette ressemblance, et je crois plus probable que ces tombes ont appartenu à un peuple qui a laissé des sépultures pareilles dans l'Europe occidentale, notamment au peuple des *Boïens*.

Les *Champs d'urnes*, mentionnés plus haut, sont beaucoup plus intéressants pour l'archéologie slave. Je n'en parle qu'ici, à l'époque de La Tène, mais je crois que leur origine remonte plus haut. Plusieurs de ces nécropoles pouvaient appartenir à la première période de l'âge de fer (celles de Horiňoves, Osice, Trebechovice). A la période de La Tène appartiennent certainement celles de Měnik, Ředice, Svijany, Libochovany, Slatenice, en Moravie, et d'autres [5]; on en rencontre jusqu' à la *période romaine* (du nombre de ces dernières est celle de Dobřihov, nouvellement découverte, qui renferme beaucoup d'objets de fabrication romaine et qui descend peut-être an IV-ème siècle après J. C.) et jusqu' à la fin de la période préhistorique en Bohême en général.

Nous trouvons encore des champs d'urnes funéraires jusqu'après l'introduction du christianisme en Bohême. Les urnes sont placées en longues rangées, sans traces extérieures de sépultures. C'est ainsi que Mr. Woldřich fait descendre au IX-ème siècle la nécropole de la montagne de s-t Jean, près de Netolice.

J'en conclus que tous ces *champs d'urnes*, qui appartiennent aussi géographiquement à la même contrée, le nord-est de la Bohême, ont appartenu au même peuple qui habitait ici depuis la fin de l'âge de bronze jusque dans la période chrétienne. Ainsi, nous avons en Bohême, depuis la période néolithique, principalement 3 groupes de sépultures énigmatiques: les *tumuli* de la Bohême

---

[5] La définition de la date est très difficile à cause de la pauvreté de ces tombes en objets: on trouve de petits vases autour du vase principal); mais dans la cendre même il n'y a ordinairement que des fragments d'épingles et d'anneaux brulés. Les fibules et autres objets de parure sont très rares.

méridionale, les *tombes à squelettes* de la période La Tène et les *champs d'urnes* du nord ou du nort-est. Je ferai quelques remarques sur la possibilité d'une explication de ces trois catégories de tombes à la fin de mon aperçu.

Après la *période romaine* qui, outre les champs d'urnes de Dobřichov, est encore représentée en Bohême par une suite de tombes isolées contenant des objets de fabrication indubitablement romaine, il faut ranger, chronologiquement, les groupes de sépultures avec les indices de la civilisation dite *Mérovongienne*. Dans mon mémoire sur les sépultures de la dernière période préhistorique en Bohême, publié l'année passée [6], j'ai combattu la nécessité de reconnaître cette période Mérovingienne, ou l'existence d'un peuple caractérisé par cette civilisation, comme celui qui a habité le sud de l'Allemagne et le nord de la France. C'est qu' on ne connaissait alors que *quelques* tombes isolées contenant des objets du style mérovingien. Mais depuis, on a découvert une vaste nécropole à squelettes contenant un grand nombre d'objets de ce style, près de Prague, aux environs de *Podbaba* que j'ai mentionnée plus haut. Cette nécropole n'a pas encore été décrite sous le rapport archéologique; j'ai examiné seulement les crânes provenant de ces sépultures et j'ai publié les résultats de mes mensurations dans les *Mittheilungen* de la Société d'anthropologie de Vienne de l'année courante [7]. (J'observerai que, parmi les crânes du type pur des Reihengräber, il s'est trouvé un crâne de sexe incertain, qui m'a fait conclure à une déformation artificielle). — Dans ce mémoire j'ai déclaré qu' à la suite de cette découverte, je me trouvais obligé de renoncer à l'opinion que j'avais exprimée dans le travail précité, et d'attribuer la nécropole de Podbaba à un peuple qui a habité les environs de Prague et qui était probablement d'origine germanique. Le type des crânes et le style des objets, comme on n'en trouve pas dans les tombes slaves, ne contredisent pas cette opinion et des données historiques la confirment.

Dans la seconde moitié du I-er siècle après J. C. et jusqu'au XII-ème siècle nous voyons dominer en Bohême des sépultures d'un autre type. Ce sont encore des tumuli avec les indices de l'incinération (Brandgräber), (à Chedobi, près de Cáslov, à Plavnice, à Hlubcká, etc.) ou des *champs d'urnes* (à Netolice, au Hrá-

---

[6] Contributions à l'anthropologie des pays tchéques I. Les tombeaux de squelettes de la fin de l'époque préhistorique en Bohême. Prague 1891. (en tchéque).

[7] Das Grabfeld von Podbaba, und der erste künstlich deformirte Schädel aus Böhmen. (Wien 1872). Extract der Mittheilungen der Wiener anthropologischen Gesellschaft.

dek, près de Cáslav, à Dražkovice, Židovice, Dařice, Iezbořice, Roudnice, Pardubice, Litomeřice), mais en général, nous voyons dominer les *sépultures en rangées (Reihenbestattungsart) dans le genre de nos cimetières actuels.* Les sépultures de ce genre se distinguent, chez nous, par deux caractères principaux: 1) par des anneaux d'argent ou de bronze, recourbés en S à une extrémité et fixés aux deux cotés du crâne, aux tempes, et 2) par des *vases* d'un type particulier, faits au tour de potier avec des bords recourbés et avec des dessins imprimés sur la face externe du fond (cercles, croix, etc.) et des parois ornementées de lignes ondulées simples ou répétées en bandes horizontales. Ces sépultures nous offrent un intérêt particulier. Premièrement, ce sont les plus récentes, souvent même de dates précises, à cause des pièces de monnaie qu'elles renferment, ce qui donne un point de repère certain pour les recherches archéologiques, et secondement, elles sont sûrement *slaves.* Les traits qui prouvent l'origine slave sont précisement les anneaux de tempes mentionnés, non seulement parce qu'ils ne se rencontrent que dans des pays qui ont été habités par des Slaves, comme l'Allemagne orientale, la Pologne, la Moravie et la Russie occidentale, mais aussi parce que nous avons sur la période où il était d'usage de porter ces anneaux et auquel on rapporte ces sépultures, c'est à dire sur la période de VIII-e jusqu'au XII-e siècle, des données historiques qui prouvent que la Bohême était alors exclusivement habitée par la population slave. En revanche, le second trait caractéristique de ces sépultures, les vases sus-mentionnés, avec ornements de lignes ondulées, qui *chez nous* les indiquent comme slaves, ne sont pas *slaves* par leur origine et leur distribution. Je crois que la première forme et l'ornementation de ces vases ont été empruntés à la céramique provinciale romaine, qu'elles sont venues des provinces du Danube et ont été seulement conservées et développées dans notre pays[8].

---

[8] D'autres investigateurs ont été de cet avis (M. Much, P. Senf, B. Jelinek etc). Pour résoudre cette question, j'ai examiné soigneusement les produits de la céramique provinciale-romaine dans les différents musées, et j'ai trouvé que les exemplaires des vases de ce type, quoique faisant défaut en Italie même, se retrouvaient dans presque toutes les provinces romaines, en plus ou moins grand nombre, comme de juste. Ce type est très rare dans les Gaules (dans toute la collection de S. Germain-en-Laye, on ne trouve que quelques exemplaires provenant des fouilles de mont Beuvray); il est rare aussi en Grande Bretagne (au Musée britannique je n'ai trouvé que 8 exemplaires, parmi des centaines de vases romains). Les vases de ce type sont plus nombreux dans les provinces Rhénanes et dans quelques localités de l'Autriche, ainsi p. ex. à Wassering, dans la Basse-Autriche, à Birkelstein près de Salzbourg, etc. Pour d'autres pays où l'influence romaine a pénétrée, je ne connais que des exemplaires isolés dans des sépultures plus modernes du Caucase. (Comp. une communication publiée dans le „Časopis společnosti musea Olomúckého,—(Revue de la Société du musée d'Olmütz, en Moravie. 1891. p. 101).

Comme je l'ai dit plus haut, ce groupe de tombes est le plus connu de tous les groupes des temps préhistoriques de la Bohême, sous le point de vue éthnique comme sous le point de vue archéologique; c'est pourquoi, je crois que, pour résoudre l'énigme des anciennes périodes, nous ferons bien de commencer par ce groupe l'étude des temps préhistoriques tchéques pour remonter ensuite dans le passé. On ne l'a pas tenté jusqu'à présent, c'est pourquoi je veux attirer l'attention sur les voies à suivre, les hypotèses possibles et les données fournies par les investigations.

Ces tombes sont donc, comme nous l'avons dit plus haut, indubitablement d'origine *slave*. Il s'agit de savoir maintenant si nous pouvons attribuer à la même origine des trouvailles des âges plus anciens? Nos meilleurs historiens (Palacký, Tomek, Kalousek, Goll, etc.) ont conclu, en s'appuyant sur des données historiques, que la population slave n'a pénétré en Bohême que dans la première moitié du 1-er siècle après J. C., et qu'*avant* l'arrivée de cette population, le pays a été occupé pendant plusieurs siècles par les *Boïens*, d'origine *gauloise*, et par les *Markomans, d'origine germanique*. Les trouvailles archéologiques confirment cette manière de voir, en ce quelles obligent à reconnaître comme *n'appartenant pas aux Slaves*, les *tumuli de la Bohême méridionale* et les *tombes à squelettes de la période de la Tène*. Les preuves sont: pour les premiers leurs rapports avec les tumuli de la Bavière, et pour les secondes leur conformité avec les trouvailles de la Tène en Suisse et avec les tombes gauloises de la vallée de la Marne, etc. Donc, seraient *slaves* toutes les sépultures des périodes postérieures; les squelettes aux anneaux de tempes et une partie des *champs d'urnes* (de la seconde moitié du I-er siècle).

En opposition avec les données sus-dites de nos historiens, il se forma chez nous une école dite «des autochtonistes», qui affirme que la population slave de la Bohême était présente dans cette contrée au moins depuis l'époque néolitique, et nie en même temps d'une manière décisive l'existence d'une population germanique et gauloise en Bohême et en Moravie. Les deux partis s'appuient sur des arguments plus ou moins forts, mais le premier peut en fournir un nombre incomparablement plus grand. Je ne puis m'arrêter ici aux détails et je me borne à exposer brièvement mon avis sur cette question. J'observerai d'abord une faute dans cette discussion, c'est de considérer l'existence d'un peuple en Bohême comme excluant «eo ipso» l'existence d'un autre dans le même pays, comme si la présence des *Boïens* et ensuite des *Marcomans* supposait que les Slaves n'ont pu arriver dans le pays qu'après la disparition de ces deux peuples et vice-versa. Je crois que nous pouvons bien admettre a priori que deux tribus, l'une slave, l'autre non-slave, ont pu, à une époque donnée, habiter le pays *en même temps* et dans le voisinage l'une de l'autre, et que *les Slaves ont pu venir en Bohême plus tôt que les historiens l'affirment, sans que les Marcomans eussent quitté la contrée.*

Cette supposition n'est pas seulement juste en théorie, mais je crois qu'il en a été ainsi en réalité. Car, tout en reconnaissant la justesse des conclusions de nos historiens, je dois convenir aussi que l'école des autochtonistes peut fournir des arguments solides en leur faveur; arguments qui prouvent, non pas que les peuples non slaves n'aient *jamais* habité la Bohême, mais que les *Slaves* s'y trouvaient déjà *avant* le V-me ou le VI-me siècle après J. C. Il ne nous reste donc aucune autre explication que d'admett re qu'*ici les Slaves ont vécu un certain laps de temps à côté de populations non-slaves.*

Ce n'est d'ailleurs qu'une hypotèse jusqu'à présent. Il nous manque encore des preuves certaines que l'archéologie ou l'anthropologie peuvent seules nous fournir. Mais je crois que cette hypotèse peut donner une bonne direction aux investigations ultérieures dans le domaine de ces deux sciences. Il s'agit de contrôler sa possibilité, de fournir des preuves pour ou contre. Quel en sera le résultat? je n'en sais rien, mais je considère cette hypotèse comme vraisemblable. Par conséquent, les *tumuli de la Bohême méridionale* (je les désigne ainsi, quoiqu'on sache qu'ils dépassent ces limites), aussi bien que *les tombes à squelettes de la Tène*, sont, d'autant plus probablement, *non slaves*, et il ne reste donc comme monuments de cette *plus ancienne* population slave en Bohême que les *Champs d'urnes* funéraires dans le nord-est de la Bohême, qui se distinguent nettement de toutes les autres nécropoles du pays. Leur position géographique est aussi favorable à cette hypothèse. Les premiers Slaves venus de l'orient, ont dû venir propablement dans cette direction. Puis, comme nous l'avons dit plus haut, nous trouvons les champs d'urnes partout où ont résidé les Slaves occidentaux, c'est pourquoi je n'hésite pas à déclarer que, du point de vue archéologique, les champs d'urnes sont très probablement d'*origine slave*. Dans mon prochain travail, j'étudierai fondamentalement ce groupe sépulcral et je le comparerai aux tombees cinéraires de l'Allemagne orientale, de la Pologne et de la Russie occidentale. Jusqu'à présent, je ne dispose que de travaux préparatoires qui ne me permettent pas d'arriver à une conclusion certaine.

D'après ce qui précède, les premières tribus slaves ont paru en Bohême pendant qu' elle était habitée par d'autres peuples non-slaves, peut-être vers la fin de l'âge de bronze dans la période de Hallstatt et de la Tène, ici, ils brûlaient les corps de leurs défunts et enterraient les cendres simplement dans des urnes enfouies en rangées dans les champs. La culture de ces tribus slaves était pauvre, du moins c'est ce que nous font supposer les objets déposés dans les tombes. Cet usage particulier d'incinération s'est maintenu longtemps même après l'introduction du christianisme. Je ne crois pas cependant que ce soit la religion chrétienne qui ait changé ce rite et imposé l'usage d'enterrer les cadavres. Mon avis est que, dès la première moitié du 1-er siècle après J. C., lorsqu'en général toute l'Europe était bouleversée par les invasions des barbares, et que les germains Marcomans quittèrent le «Bojahaenum», de *nouvelles tribus slaves* vinrent d'Orient, des pays au delà des Carpathes, et apportèrent le nouveau mode d'ensevelissement, et peut-être aussi l'usage des anneaux de tempes. Les tombes slaves renfermant des squelettes et des anneaux de tempes sont fréquents p. ex. en Volhynie et dans le gouvernement de Kiev. Mr. Samokvassov a pu les dater, à l'occasion du Congrès de Moscou, du VI-e—X-e siècles ap. J. C.

Voilà le tableau que je me fais de cette époque de l'histoire primitive de la Bohême, et qui s'accorde très bien avec les dates historiques, comme avec les données actuelles de l'archéologie.

Mais nous rencontrons des difficultés sous le point de vue anthropologique. Il est vrai que les données antrhopologiques ne contredisent pas directement cette hypothèse, néanmoins l'accord est encore douteux et peu sûr, comme on peut le voir dans l'exposé suivant.

Dans mes études sur la somatologie (type physique des habitants), de la Bohême, je suis arrivé à la conception, d'ailleurs généralement admise maintenant — que les Slaves, comme les Germains et les Gaulois, avaient dès l'origine le type dolichocéphale et la complexion blonde. J'en ai trouvé la preuve dans le type général des crânes provenant des gouvernements occidentaux de la Russie et du cours supérieur du Dniépre, car, c'est sur les rives de ce fleuve qu'il faut chercher assurément du moins le second berceau des Slaves. D'autres preuves sont fournies par les témoignages historiques des voyageurs arabes et juifs, sur le type blond des Slaves, puis par la parenté des langues des peuples indo-européens, et par d'autres faits trop longs à énumérer ici.

Mais en Bohême, comme partout ailleurs, la brachycéphalie a fini par dominer et la dolichocéphalie ne fait maintenant que l'exception. Sur 85 crânes des habitants des villages tchéques en Bohême et en Moravie, que le Dr. Obolenski a mesurés et qui se trouvent dans le cabinet anthropologique de München, l'index crânien oscille entre 81 et 86; seulement 8 crânes sont au dessous de 80, et pas un seul au dessous de 76. J'ai étudié les différentes théories, à l'aide desquelles les investigateurs ont cherché à expliquer ce changement, et j'ai reconnu comme la plus probable celle qui l'attribue à un croisement avec un peuple éminemment *brachycéphale*. Je dois, par conséquent, admettre l'existence de ces brachycéphales chez nous en Bohême.

Or, dans les tombes de l'époque néolithique, nous ne trouvons guère que des crânes dolichocephales, les crânes de l'âge de bronze (sépultures du groupe d' ‹Unetice›), sont du même type. Nous possédons très peu de crânes de la période de Hallstatt, mais ce que nous en possédons ne nous donne rien de nouveau, et nous ne pouvons signaler une proportion plus grande de brachycéphales que dans la période de la Tène. Cette proportion augmente en avançant vers l'époque des tombes à squelettes slaves, et dans la seconde moitié du I-er siècle après J. C. il arrive à la majorité. Mais alors encore la proportion des crânes *dolichocéphales continue à être considérable*, quoiqu'à cette époque il n'**y** ait *plus de populations germaniques* en Bohême, d'après les témoignages unanimes de l'histoire [9].

S'il a existé en effet une population brachycéphale dans cette contrée, il ne reste plus à lui attribuer qu'un groupe parmi les *tombes cinéraires*, soit parmi les *tumuli* de la Bohême méridionale, soit parmi les *champs d'urnes*. Ici, nous voyons que nous arrivons à des théories et à des problêmes dont l'explication nous fait défaut.

Une hypotèse en fait naître une autre. Si nous admettons la certitude, ou du moins la probabilité de l'hypotèse exposée plus haut, de l'origine slave des champs d'urnes, et en même temps de la dolichocéphalie primitive des Slaves, on ne pourrait voir, dans la population brachycéphale supposée, que celle qui, pénétrant en Bohême par le sud, y a laissé les *tombes cinéraires*. Mais si l'on voulait regarder les Slaves comme originairement brachycéphales, ou pourrait y voir la population qui a enseveli ses morts dans les *champs d'urnes*, et ainsi de suite.

Il s'agit maintenant de résoudre les problêmes que j'ai voulu signaler. On peut les formuler brièvement par les questions suivantes, auxquelles on n'a pas encore donné de réponses satisfaisantes:

---

[9] Le Dr. J. Matiegka donne, dans la 1-ère partie de ses „*Crania bohemica*“ (Praque, 1881), un aperçu des crânes de cette période, qu'il a mesurés. Sur 110 crânes, l'index crânien a donné (—75—80—): $24{,}5\,^0/_0$ de dolichocéphaliques, $42{,}7\,^0/_0$ de mésocéphaliques et $32{,}7\,^0/_0$ de brachycéphaliques. D'après une communication verbale de Mr. Matiegka, les 43 autres crânes qu'il a mesurés (dont quelques-uns semblent, il est vrai, appartenir au commencement de cette période), augmentent encore le $^0/_0$ en faveur des *dolichocéphaliques*. Car, sur les 159 crânes, il y en a $30{,}7\,^0/_0$ de dolichocéphaliques; $39{,}9\,^0/_0$ de mésocéphaliques et $29{,}4\,^0/_0$ de brachycéphaliques. Sur 9 crânes des tombes du type mérovingien (1 d'Uherce 8 de Podbaba), il y a $77{,}8\,^0/_0$ de dolicéphaliques et $22{,}2\,^0/_0$ de mésocéphaliques.

1) *Quel a été le type originaire anthropologique des Slaves?* — problème également important pour la Bohême, comme pour les autres pays slaves, surtout pour la Russie, et à la solution duquel, j'en suis persuadé, le Congrès actuel pourrait beaucoup contribuer.

2) *A quel peuple appartiennent les champs d'urnes bohêmes?* C'est l'anthropologie qui doit répondre à la première question, et l'archéologie à la seconde, et je ne doute pas que la *solution de ces deux problèmes ne porte la lumière dans le préhistorique de la Bohême.* En attendant, les doutes subsistent, et la discussion sur l'autochtonité des Slaves n'est pas close, et continue à être, chez nous, l'axe autour duquel tourne toute l'histoire primitive de la Bohême. C'est pourquoi, il faut concentrer tous les efforts sur la solution de ces deux problèmes. J'ai cherché moi-même à contribuer à la solution du premier, quant au second, j'espère publier bientôt un travail, basé sur des matériaux plus riches et plus certains que ceux dont j'ai pu profiter pour la composition de cet aperçu, que je me permets d'offrir au Congrès.

Je ne crois pas me tromper en disant que les faits acquis sur ces points n'intéresseront pas seulement les investigateurs de notre pays, mais aussi nos confrères slaves et nos voisins de l'Allemagne, qui, tel que M-r Virchov, accordent toujours une importance méritée à l'histoire primitive de la Bohême.

Etude sur les sépultures barbares de l'époque Wisigothique dans le Midi de la France.

p a r

M-r C. Barrière-Flavy.

L'étude des invasions barbares et principalement de l'industrie de ces peuples qui aux premiers siècles de notre ère envahirent l'Empire d'Occident, a pris depuis un certain nombre d'années une grande extension grâce auf savants travaux de plusieurs archéologues de grand talent[1].

Cette branche de l'archéologie du haut moyen-âge, créée pour ainsi dire, par l'abbé Cochet[2], fait maintenant l'objet des constantes recherches d'antiquaires en renom dans la plupart des pays occupés jadis par les Barbares[3]; elle a déjà trouvé, selon l'expression de M. de Baye, des adeptes au même titre que l'antiquité grecque et romaine[4]. Seule, la région méridionale de la France est demeurée jusqu'à présent en dehors de ce mouvement scientifique. Certes, ce n'est pas que les érudits soient privés de documents; mais, pour nous servir des termes mêmes de l'auteur de la *Normandie souterraine*: l'observation a plus fait défaut ici que la chose[5]. A l'exception de quelques articles, disséminés dans des revues locales, et qui se bornent à la description et parfois

---

[1] Mentionnons en première ligne l'abbé Cochet, M. M. A. Bertrand, J. de Baye, Pilloy, Baudot.

[2] Cf. *abbé Cochet:* Sépultures gauloises, gallo-romaines et franques;—le tombeau de Childéric;--la Normandie souterraine.

[3] En Russie: m-me la Comtesse Ouwarova; M-r. le prof. Kondakov, Braun...—En Roumanie, M. A. Odobesco;—En Hongrie, M. de Pulzky...—En Belgique, M. M. Béquet, del Marmol, van Bastelaer, baron de Loë..

[4] Cf. J. *de Baye.*—L'art des Barbares à la chute de l'Empire Romain.

[5] Cf. *abbé Cochet.*—Tombeau de Childéric, p. 289.

à l'indication sommaire des plaques et fibules recueillies dans les
sépultures, il n'a été tenté aucun travail d'ensemble, nul essai de
synthèse générale et de rapprochement de tous les monuments
laissés sur le sol de cette partie de la Gaule par les Barbares [6].

La question est pourtant fort attrayante, et l'interêt qu'elle
présente n'échappera à personne. Nos investigations, dirigées depuis
plusieurs années un peu partout dans le Midi, nous ont-fait entreprendre une étude qui peut être aujourd'hui considérée comme
terminée, ou plutôt à laquelle nous donnons momentanément une
couclusion; si tant est qu'en semblable matière, il puisse y avoir
une fin.

Les remarquables travaux de M. de Baye ont pour nous clairement établi l'origine gothique des objets fournis par les sépultures barbares; et cette théorie, fortement démontrée, après avoir
rencontré tout d'abord des contradicteurs résolus, s'est imposée
aujourd'lmi par son indiscutable logique, et ramène à elle la majeure partie des savants [7].

Un cachet incontestable de commune origine s'accuse assurément sur les bijoux que donnent à chaque pas, ces cimetières où
dort une population encore mal connue. Pourtant il est certain
que des caractères propres à chacun des peuples qui ont possédé
ces objets doivent se manifester soit dans la nature et la forme
de ces pièces, soit aussi et surtout dans le mode de décoration.
Selon le degré de barbarie des peuplades de cet-âge, leur industrie
doit apparaître plus ou moins riche, plus ou moins empreinte de
cette civilisation romaine qui avait subjuqué les vainqueurs de
l'Europe.

Si la Russie méridionale donne des produits où l'on peut étudier
l'art gothique vierge de tout mélange [8]; si la Belgique, par exemple,
conserve dans ses musées, les plus beaux et les plus intéressants
spécimens de l'industrie franque [9]; c'est, selon nous, à cette partie
de la France, comprise entre le Rhône et l'Océan, la Loire et

---

[6] Cf.—Bulletin de la Societé archéol. de Béziers.—Revue du Tarn. — Bull. de
la Societé archéol. de Tarn et Garonne.—Bull. de la Societé archéol. de Périgord.—
Revue des Pyrénées.—Bull. de la Société archéol. de Bordeaux. — Bull. de la Société de Statistique des Deux-Sèvres, etc...

[7] Cf. *Baron J. de Baye.* — L'art des Barbares à la chute de l'Empire Romain.—
De l'influence de l'art des Goths en Occident.—Industrie Longobarde.—La bijouterie
des Goths en Russie, etc.

[8] Cf. Les remarquables travaux de M. J. de Baye.

[9] Cf. *A. Béquet*: La Belgique avant et pendant les invasions des Francs; etc. —
Van Bastelaer: L'époque Franque, au point de vue des archèologues, n'est pas la
même en France et en Belgique:—Les cimetières francs dans l'arrondissement de
Charleroi.—*Baron de Loë:* Les Francs Saliens dans la province de Brabant...

les Pyrénées, qu'il faut demander le secret de cet art particulier
au peuple goth dont le sejour, quoique de peu de durée dans ce
pays, n'en a pas moins laissé des restes considérables et du plus
haut intérêt de l'établissement des Barbares au V-ème siècle.

Ici il faut écarter toute dénomination franque pour les objets
composant le mobilier funéraire des sépultures. Clovis ne fit que
passer en pillant, à travers les plaines fertiles du Midi et s'en re-
tourna chargé de butin, ne laissant que quelques garnisons peu
importantes, échelonnées le long des frontières de ce nouveau royaume don le haut clergé lui avait si habilement préparé et facilité
la conquête [10].

Le système de notre éminent et regretté historien Fustel de Coulanges, qui tend à n'admettre que dans des proportions singulièrement
restreintes, l'élément germanique dans nos institutions, trouve surtout dans la France méridionale, une application frappante et
absolue [11]. Le nombre des Francs en Gaule était trop minime, relativement aux Goths et à la population indigène principalement,
pour avoir pu modifier en quoi que ce fut, les moeurs et-la race
des habitants. Ils furent bien plutôt noyés au milieu des Gallo-
Romains et absorbés par eux [12].

Si le prince Franc, sollicité par les évêques, fit une incursion
passagère dans le Midi, pour repousser d'une part les peuples
aryens, et étendre d'autre part, les frontières de son empire: ses
guerriers ne s'y établirent pas; l'occupation matérielle de la province ne fut par effectuée. Leur infime minorité, l'antipathie naturelle des deux races si distinctes, ne permettaient par aux Francs
de songer même à un séjour de quelque durée. Entre les peuples
de la Gaule méridionale qui jouissaient d'une civilisation aussi
avancée que celle de Rome même, et les Wisigoths, barbares
il est-vrai, mais dont le caractère farouche s'était profondément et
depuis longtemps adouci au contact des moeurs romaines, n'existait
point cet abîme qui séparait les premiers des rudes hommes de la
Germanie [13].

Les Wisigoths n'occupèrent pas en fait, selon toute vraisemblance,

---

[10] Cf. *Sidoine Apollinaire:* Epistol. LXVI—LXXXII—LXXXIV—XC—XCVII.—
Aug. Thierry. Conquête de l'Angleterre par las Normands. Liv. I. p. 44 et. S.—
Ozanam: La civilisation chrétienne chez les Francs. p. 57. etc...

[11] *Fustel de Coulanges.* — Histoire des Institutions politiques de l'ancienne
France.—passim.

[12] Ibid.

[13] Cf. *Aug. Thierry.*—Dix ans d'études historiques.— *Jornandès.* De origine actuque
Getarum. Lib. II. IV.

la région entière qui constitua le royaume d'Euric. Leurs établissements nous paraissent se cantonner seulement dans les pays d'accès facile, dans les grandes vallées, le long des principales rivières. Ces données nous sont fournies par la disposition des nécropoles barbares découvertes jusqu'à ce jour; car, ainsi que le disait avec justesse, le D-r Rigolot d'Amiens; la où ces peuples des invasions ont plus ou moins séjourné, doivent se trouver des cimetières d'une plus ou moins grande étendue [14].

Comme résultat des observations auxquelles nous nous sommes livré, les sépultures de cet âge nous paraissent s'échelonner uniquement dans les régions formant ce grand arc de cercle qui commence au Rhône pour finir à l'embouchure de la Loire, en passant par l'Hérault, l'Aude, la H-te Garonne, le Tarn et Garonne, le Lot et Garonne, la Gironde, les Charentes, les Deux Sèvres; avec ramifications dans les Pyrénées-Orientales, l'Aveyron, le Tarn, le Gers, la Dordogne, la Vienne. Dans les contreforts des Pyrénées, au S. de la Garonne, il s'en trouve rarement; au N. de ce fleuve, dans les régions montagneuses du Centre de la France, nous ne connaissons jusqu'à ce jour, l'existence d'aucune nécropole. Cela semble s'expliquer aisément et par la préférence des Barbares pour les terres fertiles des vallées inférieures, et aussi par le court espace de temps durant lequel l'Auvergne, entre autre, fit partie du royaume des Wisigoths [15].

Nous avons essayé de dresser une carte de cette partie de la Gaule, avec indication des lieux où des cimetières barbares de toute importance ont-été découverts, (80 environ); fixant eu outre, aussi approximativement que possible, les limites des possessions franques el wisigothes d'après Vouillé, et suivant les modifications que chacun de ces peuples apporta à diverses reprises à ses frontières, après la mort de Clovis d'abord, puis en 533- 535 et en 585 [16].

De l'examen d'ensemble des objets de toute nature recueillis

---

[14] *D-r Rigollot.* Recherches historiques sur les peuples de la race teutonique qui envahirent la Gaule au V-me Siécle.

[15] L'Auvergne, comme on sait, fut cédée à Euric en vertu d'un traité conclu en 475, avec Julius Nepos. Elle fut enlevée aux Wisigoths par Clovis eu 507 et ne fut jamais reconquise par eux.

[16] Nons savous d'une manière générale quelles furent les provinces comprises dans l'empire Wisigoth à ces différentes dates, par les historiens contemporains, Sidoine Apollinaire, Grégoire de Tours, Venance Fortunat, Jornandès, Paul Orose, Idace, etc,.. et aussi par les souscriptions des évêques aux conciles du temps. Cf. *A. Longnon.* Géographie de la Gaule au VI-e siècle.

dans les sépultures barbares, semble ressortir pour les divers produits de cette industrie, une sorte de division en plusieurs groupes. Ces différences, bien que légères, n'en sont pas moins reconnaissables à l'observation attentive des dépouilles funéraires, principalement des plaques et boucles de ceinturon; et peuvent assigner à ces types, des régions plus ou moins étendues, comme des circonscriptions géographiques, dans les limites desquelles ils nous paraissent avoir été spécialement fabriqués. Le Toulousain, par exemple, offre des spécimens les plus intéressants et les plus remarquables peut-être du Midi; d'autres pays produisent des objets et des bijoux bien moins riches d'ornementation étudiée, quoique variés à l'infini.

En passant à l'étude détaillée des armes, plaques et boucles de ceinturon, fibules, poteries, colliers, trousses et autres menus objets composant le mobilier funéraire des barbares, on retrouve partout l'influence gothique absolument caractérisée.

Pour les armes en général, le bouclier fait totalement défaut: aucun *umbo* n'a été trouvé dans les sépultures du Midi, pas même à Herpes, cette nécropole si minutiensement fouillée par M-r Ch. Delamain. Nous pensons voir là une confiirmation de notre thèse sur l'absence de tout peuple du Nord dans notre pays en de-ça de la Loire; car si nous nous en rapportons au savant archéologue anglais Roche Smith, et, après lui au D-r Rigollot, cette arme défensive était surtout propre aux races septentrionales [17].

Les épées, les scramasaxes, les angons, les haches ou francisques sont fort rares; les sépultures de la Charente et des Deux Sèvres en ont seules peut-être fourni. Hâtons nous de dire que le peu de soin apporté jusqu'à présent à de semblables trouvailles a rendu presque impossible une constation de ce genre; quoique cependant, des faits de telle nature n'auraient pu manquer d'attirer l'attention. C'est ce qui a du vraisemblablement se produire pour les fers de flèches et de javelots, dont la présence n'en est pas moins rare à signaler. Les Wisigoths, si nous en croyons Sidoine Apollinaire, Jornandès, Grégoire de Tours,.. excellaient dans le maniement de l'arc. Dès lors les flèches devraient abonder dans leurs sépultures; mais ces petits objets, entièrement oxydés et rendus informes par un long séjour dans la terre, sont passés inaperçus.

Les grands et les petits couteaux que l'on trouve par contre, en quantité, varient de 0,18 et 0,20 à 0,10 et 0,12 de longueur.

Les fibules à rayons proviennent de presque toutes les parties

---

[17] Cf. *R. Smith.* Collectanea antiqua T. I. p. 44.—*D-r Rigollot.* Recherches historiques sur les peuples de race teutonique qui envahirent la Gaule au V-e siècle.

de la *Gothia*. La Septimanie méridionale, une partie du Rouergue et de l'Albigeois, le Toulousain et les Charentes ont donné les plus remarquables. Elles présentent une analogie étonnante avec les bijoux gothiques de la Crimée, si savamment mis en lumière par M-de Baye [18].

Les broches circulaires avec ou sans cabochons, sont extraites des sépultures du Rouergue et de la Charente.

Les fibules carrées et ornées de grenats ou de verroteries, ne se rencontrent que dans l'Ouest: un cas à noter dans l'Agenais [19].

Les fibules dites ansées, ont été recueillies partout ou à peu d'exception près: à Herpes (Charente), par exemple.

Nous devons signaler deux broches massives, en forme d'oiseau de proie, trouvées dans le Toulousain; celles de la nécropole d'Herpes sont très-remarquables, mais d'un style un peu différent.

A notre avis, les plaques de ceinturon forment dans le Midi, la série la plus riche et la plus variée à la fois, que nous connaissions. Toutes les formes, tous les genres d'ornementation y sont représentés. Ce sont, ici, l'entrelac compliqué, la représentation grossière d'animaux réels ou fantastiques, la silhouette humaine à peine ébauchée; là, le dessin serré, tracé d'une main sûre et habile: la palmette, la rose, la frette, la tresse, etc... Les plaques du Toulousain principalement se font remarquer par l'exécution précise et élégante des traits que le burin a finement creusés, dans le bronze; pas un coin de ces splendides objets qui ne soit scrupuleusement fouillé. L'étamage et le fond pointillé contribuaient encore à donner à ces boucles un aspect des plus saisissants.

Il est hors de doute que l'art byzantin n'a pas peu contribué à la décoration de ces pièces, sur lesquelles il est facile de constater des reproductions plus ou moins fidèles de motifs ornementaux qui caractérisent certaines sculptures de Ravenne en particulier. Les colombes, les pampres de vigne se montrent gravés sur de grands anneaux de boucle dont nous ne connaissons aucun spécimen en dehors de la région Toulousaine; la croix byzantine apparaît aussi au centre d'un certain nombre de plaques. A côté d'objets très-grossiers et revêtus des signes divers du paganisme, nous remarquons des bijoux d'une grande richesse ornés des symboles chrétiens, la croix et le poisson.

Une mention spéciale doit être accordée à deux plaques rectan-

---

[18] Cf. J. *de Baye* Les Bijoux gothiques de Kertch.—La bijouterie des Goths en Russie, etc...

[19] Sépultures de Magnac, près Penne (Lot et Garonne).

gulaires ajourées représentant un griffon; elles proviennent de Sigean (Aude) et des environs de Toulouse. Leur ressemblance avec les boucles de ce genre publiées par de Baye dans son *Industrie Longobarde*, en font des objets extrêmement précieux pour nous.

Notons plusieurs plaques de bronze, trouvées dans la région N. E. de Toulouse, et dont les bossettes en amande offrent une figure humaine très primitive.

En résumé, très-peu de plaques en fer à incrustations; assez rares sont encore les boucles ornées de cabochons et de verroteries: les plaques en bronze étamé abondent.

Les objets de toilette qui composaient la trousse du Barbare étaient suspendus à une plaque ajourée, fixée à la ceinture. La destination de cette pièce de bronze, la plupart du temps découpée en forme de roue, est aujourd'hui parfaitement établie, et le savant archéologue belge M. van Bastelaer nous semble avoir absolument déterminé l'emploi de cette rondelle. Quelques unes de ces plaques ont été recueillies dans les sépultures du Midi; les environs de Narbonne en ont fourni une rectangulaire avec figuration de serpent disposé en S. Les pinces épilatoires, les ciseaux, briquets, etc... ont été négligés par la majeure partie des inventeurs de ces cimetières barbares et sont à jamais soustraits à nos observations.

Le poteries, attirant en général la cupidité des ouvriers, ont été toutes brisées, et les rares débris qu'il nous à été possible de voir, sont dépourvus de dessins et indiquent une fabrication grossière. Il convient de signaler plusieurs coupes ou vases en bronze, dont l'un trouvé dans une sépulture du domaine du Tasta, près Nérac, est extrêmement remarquable. Des urnes et récipients de verre fort intéressants, provenant de la nécropole d'Herpes, font partie de l'admirable collection de M. Delamain.

Enfin, des grains de colliers et de bracelets; en terre cuite, en verre soufflé, en pâte incrustée, sont nombreux dans le Midi. Signalons en outre, la présence de dés à coudre en forme de gland, dans quelques sépultures, notamment à St. Félix en Lauraguais, près Toulouse.

Pour être complet au point de vue de la description des cimetières barbares des V-me et VI-me siècles dans le Midi, disons que la situation des tombes ne diffère en rien de celle qui a été déjà observée chez les autres peuples des invasions. Placées en général sur le versant oriental des collines, elles sont toutes tournées vers le Levant. Un certain nombre de nécropoles comprenaient des cercueils de pierre à couvercles bruts, parfois taillés en toit.

En deux endroits, au Tasta près Nérac et dans les environs de
Bordeaux, ont été signalés des tombes jumelles creusées dans un
seul bloc.

La description et l'étude comparative de tous ces produits du
Midi de la France, seront suivies de nombreuses planches reproduisant avec la plus fidèle exactitude, les objets de toute espèce,
inédits, conservés soit dans les musées départementaux de la région[20], soit dans les collections des Sociétés savantes et de plusieurs
érudits ou amateurs[21].

---

[20] Musées de Toulouse, de Narbonne, de Montauban, d'Agen, de Périgueux,
de Niort, et autres.

[21] Collections de la Société archéologique du Midi de la France; de la Société
historique de Gascogne; de la Société des antiquaires de l'Ouest et autres.

Collections privées de M. M. P. Delamain, dans la Charente; le V-te de Mar-
quessac dans le Lot et Garonne; E. Carthailhac, E. Delorme, C. Barrière-Flavy à
Toulouse; le baron de Rivière, A. Caraven-Cachin, E. Rossignol, dans le Tarn...

Du néphrite (iouy),

par

M-r le comte Cassini.

Les gisements les plus importants de néphrite, connu des chinois sous le nom de «*iouy*», et si répandu et si apprécié parmi eux, se trouvent dans les arrondissements de Khotan et de Jarkend, dans le Turkestan oriental ou chinois. Dans le premier de ces arrondissements, cette pierre, appelée dans le dialecte local *Kache* au *Khache*, se tire de la rivière de Khotan et de son confluent le *Kara-Kache* ou *Kache-Koul* ainsi que des montagnes situées au sud du pays; dans le second arrondissement on l'exploite dans la chaîne de *Mirtaï-dabane* ou *Mirdjaï-tag*, au sud de Jarkend, qui d'après le père Jacinthe fournit le néphrite blanc à toute la Chine. D'après le témoignage du *Si-iouy-tou-tchi* (géographie de pays de l'occident), le *Si-iouy-veng-dziang-lou* (description du pays de l'occident) et d'autres ouvrages chinois, il y a du néphrite des couleurs suivantes: blanc, jaune, vert et noir. En Chine—contrée où l'on trouve le plus grand nombre d'objets fabriqués en néphrite—la couleur dominante est le blanc et plus rarement le vert. Des blocs de ce minéral, à l'état brut, pèsent parfois de 10—15 pouds; on assure qu'on rencontre même au sud de Jarkend, des blocs de 350 pouds. On trouve aussi des gisements de néphryte sur le versant septentrional des monts Célestes, dans l'ancienne Tchoungarie, mais la qualité du minéral est bien inférieure à celle de Khotan. On assure que, très anciennement, on le trouvait aussi en Chine dans les provinces actuelles de *Gang-sou*, *Chang-si* et *Siang si*.

D'après les renseignements donnés par le défunt général Prjévalsky, on trouve de riches gisements de ces pierres dans l'Altyne-dag occidental, surtout sur les rives du Vache-daria et du Tcher-tchéne, puis dans toute la chaîne Russe et particulièrement sur les rives du *Kara-mourène* et de la *Mildcha* enfin dans les montagnes de la Kerïa. La rivière de *Kerïa* dans son cours supérieur est remarquable par l'abondance du néphrite. Les échantillons de néphrite rapportés par le général Prjévalsky se trouvent dans le cabinet géologique de l'Université de St.-Pétersbourg. Outre ces gisements de néphrite, on en trouve encore dans la Chine proprement dite, dans le district de *Lagne-Tiang*, de l'arrondissement de *Si-agne-fou*, dans la province *Chang-Si* et l'arrondisement de *Siou-iang* dans la province de *Moukhdène* de la Mandjourie; mais ces deux variétés, quoiqú'elles soient appelées «néphrites» par les Chinois et lui ressemblent à première vue, sont très inférieures sous le rapport de la consistance au néphrite du Khotan, de même que le néphrite de *Iou-nang*, tiré du Birma et qui doit son nom à la province chinoise qu'il traverse pour arriver en Chine.

En Chine, le néphrite sert à fabriquer divers objets de joaillerie, des tasses, des vases, des coupes, des statuettes, des anneaux qu'on porte au pouce pour tirer de l'arc, des manches de couteaux, etc. Dans la salle du palais de *Tcheng-houang-diang* situé hors des murs de la ville sacrée, on voit entre autres un vase énorme en néphrite blanc, de qualité médiocre, qu'on attribue à l'époque de la dynastie mongole; ce vase a 4 1/2 pieds de diamètre, 2 pieds de hauteur et 15 pieds de circonférence. (1 pied chinois=14. 1 pouces anglais).

Sur les prétendus objets en néphrite trouvés dans l'Oural,

p a r

M-r. O. Clerc.

J'ai décrit, dans le T. VII des Mémoires de la Société Ouralienne des Amis des Sciences naturelles, un objet en jadéite trouvé en 1873, par Mr. A. I. Brioukhanov sur le bord du lac Karassié, à 11 verstes à l'est d'Ekatérinebourg; cet outil a figuré au Congrès des orientalistes et se trouve aujourd'hui dans le Musée de la Soc. Ouralienne des Amis des Sciences naturelles à Ekatérinebourg.

J'ai appris que Mr. C. T. Chichkovski (station de Kotchkar, distr. de Troïtsk, gouv. d'Orenbourg), a acquis à Syrostane (entre les usines de Zlatooust et de Miass), des outils en néphrite, découverts par un ouvrier des laveries d'or de Miass; et Mr. M. A. Vessélov, directeur des mines de Balbouk, appartenant à Mr. Basilevski, m'a dit avoir découvert un gisement de néphrite dans l'Oural méridional; mais je n'ai pas pu m'assurer de l'exactitude de ces renseignements. Quant à moi, je n'ai jamais trouvé, ni vu d'objets en néphrite indubitablement d'origine ouralienne.

Les haches, les ciseaux et outres outils soigneusement polis que j'ai trouvés dans le village de Palkino, sur le lac Issète (propriété de l'usine de Verkh-Issetsk) sur le lac de Karassié, le lac d'Irbit (frontière des districts de Kamychlov et d'Irbit), sont fabriqués d'une pierre vert-clair, presque grise, vraisemblablement d'une variété de talc-schisteux.

7

Mais je n'ai pu, jusqu'à présent, résoudre la question qui m'intéresse, des lieux de gisements de cette pierre: le nombre relativement grand des objets, faits de cette pierre, et qui se rencontrent à tous les degrés de fabrication, ne permet pas de supposer qu'elle soit d'origine étrangère.

Contributions à l'ethnographie préhistorique de la Russie centrale et du nord-est.

p a r

M - r. J. S m i r n o v.

L'ethnographie de la Russie diffère de l'ethnographie de l'Europe occidentale surtout par le fait, que dans la plupart des provinces nous possédons un pont de transition, qui réunit l'ethnographie du présent avec l'ethnographie du passé. Cette transition est représentée par les noms géographiques (chorographiques) et par les survivances de l'antiquité, très anciennes dans la langue, les croyances et les usages de la population contemporaine. Je me permets, dans les deux courtes communications suivantes, de montrer ces points de transition et de rassembler quelques données d'ethnographie russe qui peuvent intéresser les archéologues.

I.

Matériaux pour la classification chronologique des monuments archéologiques finnois.

Les témoignages de l'histoire sur les tribus finnoises de la Russie d'Europe remontent au IX-me siècle, (Arabes). On peut lire encore, non sans risque de se tromper, les noms de quelques tribus chez Jornandès, dans la liste des peuples subjugés par le roi des Goths Hermanarich. Mais la date de Jornandès forme la limite où finit pour la Russie centrale et septentrionale ce qu'on peut appeler leur période *proto-historique*. En passant cette limite, nous entrons dans la région du *préhistorique*, où l'homme est représenté seulement par les produits de son travail manuel, par les monuments matériels. Pour discerner les monuments de l'époque proto-historique et préhistorique nous pouvons avoir recours à la philologie et à l'ethnographie. Les linguistes ont déterminé le moment après lequel les Finnois occidentaux n'ont pu se détacher des Finnois orientaux du Volga. Le prof. Tomsen (de Copenhague) fixe ce moment au IV-me siècle après J. Ch., le siècle de l'Evangile goth d'Ulfila. La séparation a dû avoir lieu auparavant, — peut-être même avant le commencement de notre ère; Tacite connaissait déjà le peuple «Feni» sur les rivages de la mer Baltique.

En nous guidant par la chronologie linguistique, nous pouvons regarder comme préhistoriques les monuments qui se rapportent à la culture finnoise, élaborée par ces tribus pendant leur vie commune; comme protohistoriques—ceux que chaque peuple a produits à part, en contact politique avec les Russes. La langue nous donne des renseignements sur les traits principaux de la civilisation de ces deux périodes.

D'après les principes de l'archéologie linguistique, nous devons admettre que les objets qui ont des noms identiques ou très rapprochés au point de vue phonétique dans les langues de divers peuples, sont les produits de la culture commune, et ceux qui portent chez chaque peuple des dénominations différentes — sont les produits de la création indépendante, ou sont empruntés ultérieurement. En appliquant ces principes nous arrivons aux résultats suivants.

On doit rapporter à la période protohistorique de l'existence des tribus finnoises les monuments et les trouvailles qui contiennent des outils et des ornements de métal: les Finnois, avant leur séparation en tribus distinctes, ne connaissaient pas les métaux. En disposant les noms des métaux dans la succession que nous donne l'archéologie préhistorique, nous avons:

a) le cuivre: chez les Votiakes—*irgon*, chez les Zyrianes— *irgon* chez les Vogoules—*ärgin*, chez les Tchérémisses— *vürgene*, chez les Finnois—*rask*, chez les Mordouanes—*piže, serä*, chez les Lappons—*kuopar* (germ.),

b) l'argent: fin. *hopea*, lap. *silbba* (germ.), mord. — *erzia, sija.* tcherem. *ši*, vot. *azveś*, zyr. *eziś*, hongr. *ezüst*, ostiak. *selwoh*, vog. *alin, olna.*

c) l'or: fin. *kulta* (germ.), lap. *golle*, mord. *sirne*, tcherem. *šörtné*, vog. *sorni*, vot. et zyr. *zarni.*

d) le fer: fin. *rauta* (rus. руда—le minerai), lap. *ruovdde*, mord. *kšne*, vog. *ker*, ost. *karti*, vot *kort*, zyr. *kört*, tchérem. *kürtho.*

l'acier: fin. *teräs*, esth. *märkk*, vot. *andan*, zyr. *jendon*, tchérem. *hurs.*

e) l'étain: fin. *plyijy,* lap. *blijo,*
       mord. *kivä,*
       tchérem. *vulno,*
       zyr. *cziś,* vot. *uzveś,* vog. *atveś.*

Comme les Finnois n'ont pas de noms communs pour les métaux, ils n'en ont pas non plus pour la dénomination de la fusion, du forgeage et des outils métalliques.

Les ustensiles en pierre et en os doivent être rapportés à la période préhistorique. Les idiomes des Finnois de l'est et de l'ouest ont une dénomination commune pour la flèche—fin. *nuoli,* perm. *njol,* mord. *nal,*—mais les flèches à l'est, chez les Yougres, presque jusqu'à notre temps, étaient fabriquées en os.

Les données d'ethnographie appuient la supposition que les Finnois préhistoriques ne connaissaient pas l'usage des métaux.

Le caractère de la civilisation ancienne d'un peuple se révèle le mieux dans le culte des dieux. Le Votiak, vêtu à la mode des Bachkirs dans le gouv. d'Oufa, se présente au service divin dans le costume blanc de ses ancêtres; le Tchérémisse, qui connait le moulin, prépare son pain d'offrande de farine pilée dans un mortier; les Mordouanes et les Tchérémisses, qui se servent habituellement d'allumettes, se procurent le feu pour les sacrifices par le frottement de deux morceaux de bois. Ces exemples nous permettent d'expliquer la signification de quelques particularités du rituel des sacrifices chez les Tchérémisses et les Mordouanes. Les Tchérémisses regardent comme un péché de faire usage, pendant leurs prières, de vases métalliques quelconques: les coupes, les puisoirs doivent être en bois. Une secte qui a paru dernièrement dans le gouv. de Viatka, dans son désir d'éloigner tout ce qui peut être désagréable aux dieux, va jusqu'à la prohibition des couteaux en fer pendant les prières. Dans ce but, ils ont des couteaux spéciaux faits de cuivre, qui sont tolérés *parce que le cuivre est plus aucien que le fer.* Les Mordouanes, d'après Mainov, font usage, pour les sacrifices, de couteaux et de haches en pierre. Les objets métalliques sont éloignés de culte des dieux parce que les ancêtres ne les ont pas employés. Pour les dieux et les esprits, les métaux sont des objets nouveaux et désagréables. Cette conclusion permet une conclusion inverse. Si les métaux sont désagréables aux dieux, l'homme doit s'en servir quand il a besoin de se défendre de leur action nuisible, et les données d'ethnographie justifient parfaitement cette supposition, faite à priori. Les objets en métal, surtout en fer, sont regardés chez les Tchérémisses, les Votiaks, les Permiens, les Mordouanes comme le moyen le plus sûr de défense contre les esprits des défunts et contre les esprits des éléments.

Les Votiaks tracent avec un objet en acier une ligne autour de la maison, où quelqu'un est tombé malade à son retour d'un pays étranger, la maladie *ne sortira* plus de cette maison. Ils regardent comme nécessaire d'avoir quelqu' objet en acier sur la huche de la pâte, au moment où le génie de la mort égorge le mourant et son sang rejaillit dans la chambre. La nuit de la sortie des morts (mercredi de la semaine de la Passion) chaque Votiak trace avec une hache ou un couteau une ligne autour de son domaine pour que les sorciers ne puissent lui nuire; en outre, on met à chaque porte, sur chaque fenêtre, des objets en fer— couteaux, haches, alènes. Un cercle pareil est tracé aussi autour du domaine de la personne qui est soupçonnée de sorcellerie.

Les Permiens sont persuadés qu'un morceau de fer enfoncé sous le seuil préserve les vivants des effets nuisibles des visites de parents morts. Pendant l'orage ou la grêle, le Permien jette dehors par la fenêtre une image ou quelqu'objet en fer: une hache, une faux,—dans l'intention, ou d'éloigner de la maison ce qui peut attirer la flèche du dieu du tonnere, ou de l'effrayer. Les Votiaks ou les Morduanes placent dans le berceau de l'enfant des ciseaux et un couteau pour le préserver d'être enlevé par les esprits malins. Le même préjugé pour le fer existe chez les Lappons, d'après Mr. N. Kharouzine. Les Lappons cousent dans leurs ceintures des morceaux de fer pour se préserver des maladies et enfoncent l'aiguille entre les poutres de la nouvelle maison, avant d'y transporter leurs biens, pour que les maladies ne puissent pas pénétrer dans la nouvelle demeure.

Après avoir établi deux catégories chronologiques principales, voyons ce que peut nous donner l'ethnographie pour la détermination du degré d'antiquité des monuments isolés. Les indices, par lesquels on peut se guider dans la détermination de l'antiquité d'une nécropole ou d'une sépulture isolée, se trouvent dans les particularités du rituel sépulcral. Le mort était déposé dans la tombe, chez tous les Finnois orientaux—les Permiens, les Votiaks, les Tchérémisses, les Mordouanes — pendant l'époque du paganisme,—la tête au N., les pieds au S. Nous retrouvons la même position dans les sépultures, dites *tchoudes*, du Nord, dans les gouv. de Viatka et de Perm. A présent sous l'influence du christianisme, cet usage est tombé en désuétude, mais le souvenir s'en est encore conservé dans quelques particularités du rituel obituaire. Le Permien est persuadé que son bétail (vache, cheval) périra s'il le voit couché la tête au N. En préparant le repas de leurs défunts, les Votiaks se tournent au N. pour prier; dans d'autres circonstances, ils prient en se tournant vers le S. Une détermination chronologique plus précise peut être faite d'après le contenu de la tombe. Tous les Finnois orientaux conservent jusqu'à présent l'usage de sacrifier quelque animal au défunt, au moment de la sépulture; dans les temps anciens, on sacrifiait à la femme — une vache, à l'homme—un cheval; à présent les morts doivent se contenter d'une sacrifice moins important, d'une poule, par exemple. Nous pouvons conclure de la présence dans la tombe des os d'animaux domestiques que la sépulture se rapporte au temps de la vie indépendante de telle ou telle tribu finnoise: les Finnois préhistoriques avaient un seul animal domestique — le chien. C'est seulement pour cet animal qu'on trouve un nom commun à toutes les tribus finnoises; les autres — le cheval, la vache, la brebis, la chèvre, etc. portent dans chaque groupe un nom différent.

Outre les monuments sépulcraux, il y a d'autres restes de la vie ancienne dans la Russie du Nord, du Centre et de l'Est, dont l'antiquité relative peut être déterminée à l'aide de l'ethnographie; tels sont les restes des anciennes demeures ou stations. L'étude historique et comparative des formes de la demeure des Finnois, jointe aux données de l'archéologie linguistique, nous permet d'établir une série de stades dans son développement successif. La forme de la demeure la plus ancienne a été la *cocha*, construction conique en perches, semblable au «tchoume» des Samoyèdes et d'autres peuplades de la Sibérie. Pendant l'hiver, cette construction légère pouvait être recouverte de peaux d'animaux, d'écorce de bouleau, ou de neige. La différence du «tchoume» ancien finnois et de celui d'autres peuplades nomades consistait en ce que la construction conique s'élevait au-dessus d'une fosse creusée dans la terre. De nos jours, les granges des Tchérémisses présentent cette forme; dans les temps passés, les demeures des Lappons avaient aussi cette forme («fosses laponnes» en Carélie). Ces constructions n'avaient pas de poêles; on allumait le feu au milieu de la demeure même. Le poêle, fait d'argile, apparut plus tard; sa forme la plus ancienne est conservée chez les Vogoules. C'est une sorte de grand tuyau, établi sur un bûcher, pour l'issue de la fumée, avec une ouverture de coté pour mettre le bois. Le poêle en briques se présente comme une forme postérieure, empruntée aux Russes. En nous guidant par les données de l'ethnographie et de l'archéologie linguistique, nous pouvons établir pour l'histoire du développement de la demeure, le schème chronologique suivant (principalement pour la détermination de l'antiquité des gorodichtches): 1) Fosses avec traces de bûcher au milieu; 2) demeures sur la superficie du sol avec traces de cheminée ou de poêle en argile au milieu; 3) demeures sur terre avec traces de poêle à briques. La demeure la plus ancienne serait, naturellement, celle qui est offerte par la nature elle-même, — la caverne. Les souvenirs du temps où les Finnois profitaient pour leurs demeures des cavernes se retrouvent dans la poésie épique finnoise; chez les Zyrianes d'Ijma, nous trouvons la légende du géant noir Iag-Mort (homme des bois), qui habitait une caverne ouverte du coté de la rivière. Ma note est terminée. Je serai content si les membres du Congrès sont de mon avis sur l'importance de l'ethnographie contemporaine pour la paléo-ethnologie et l'archéologie.

T h è s e s:

1) Les données linguistiques permettent de supposer qu'une partie des restes de la période néolithique de la Russie centrale peut appartenir aux Finnois.

2) Pour la détermination de l'antiquité des gorodichtsches et autres restes des habitations humaines, il faut avoir en vue l'histoire du développement de la demeure finnoise.

3) L'antiquité des sépultures peut être déterminée, entre autre, par les ossements d'animaux déposés avec le mort.

4) La position du squelette N. — S. peut être regardée, dans la Russie centrale, comme un des indices des sépultures anciennes des Finnois.

II.

La distribution géographique des tribus finnoises dans la Russie centrale et du nord-est, aux temps préhistoriques.

La survivance d'anciennes coutumes et croyances et le mode de vivre, corroborés par les données de l'archéologie linguistique, nous permettent d'établir la classification chronologique des restes de l'antiquité pré-ou protohistorique. Cependant cette classification ne peut pas être regardée comme satisfaisante par le paléoethnologue. Le but de celui-ci est de déterminer à quel peuple se rapportent les restes en question. Nos archéologues, se guidant par les types de trouvailles, distinguent plusieures régions de la civilisation, qu'ils mettent en corrélation avec les régions historiques de la distribution de divers peuples. Ainsi Mr. le comte Ouvarov a établi le groupe des Mériens, le prof. Aspelin — les groupes des Mouromo-Mordouanes et des Permiens. Ces groupes se rapportent cependant aux époques postérieures dans l'histoire des anciens habitants de la Russie centrale et du nord, au période de l'usage du fer. En nous éloignant de cette époque dans le passé, nous arrivons successivemeut à la civilisation beaucoup plus simple et plus homogène de l'âge de la pierre. La classification typologique des restes de cet âge (d'après les formes des usteusiles) n'est pas encore possible;

l'existence même de cet âge primitif était regardée comme douteuse,
il n'y a pas longtemps, par des investigateurs d'autorité. Les
fautes de détermination sont possibles, même par rapport à l'âge
du fer: d'après les analogies avec les migrations qui ont eu lieu
aux époques historiques chez les Tchérémisses, les Votiaks, les
Mordouanes, nous pouvons admettre des migrations pareilles pour
les temps plus reculés; quelques Mouromiens ou Mériens pouvaient
occuper le pays habité auparavant par une autre peuplade.
D'autres bases sont nécessaires pour une détermination ethnographique dans ces conditions, et ces bases nous sont données par la
géographie et la linguistique, par les noms de lieux et leur
analyse. Les noms chorographiques sont les témoins de la langue
des habitants disparus du pays. Le gouv. de Moscou est habité à
présent, en totalité, par le peuple des Grands-Russes; cependant
la plupart des rivières qui l'arrosent portent des noms étrangers,
non russes. Ces noms sont les monuments du passé, du peuple ou
des peuples qui ont été d'une part déplacés, d'autre part assimilés
par les Russes. Les uns de ces noms se rapportent aux lieux habités, les autres—aux rivières. Le premier groupe est le plus jeune
dans l'histoire de la civilisation et par conséquent présente une
importance moindre pour le paléoethnologue. L'homme a donné
les noms aux rivières avant de mener une vie sédentaire, au temps
où il rôdait encore sur leurs rives et se nourrissait de poisson. La
région de la Russie du Nord habitée par les Lappons et les Samoyèdes peut nous servir d'exemple sous ce rapport.

La conservation des noms anciens de lieux, nonobstant le
changement des populations, a une importance très grande pour la
paléoethnologie de la Russie. Les noms géographiques de la Russie
centrale et septentrionale forment tout un capital scientifique dont
nous commençons seulement à nous servir. Il renferme tous les
indices typiques nécessaires au paléoethnologue pour la détermination des monuments de tel ou tel peuple. En comparant ces
mille noms de rivières, nous pouvons nous convaincre que ce
territoire se divise en plusieures régions caractérisées par la prédominance de différents types de noms géographiques. Commençons
notre aperçu par l'extrême orient, depuis les monts Ourals. Sur
le versant ouest de l'Oural commencent les rivières qui se divi-
sent d'après leurs noms, en deux groupes: 1) les rivières dont les
noms se terminent en *ia* et *iogan*: *Pang-sory-ia*, *Mudas-iogan*;
2) les rivières avec les terminaisons en *va* et *chor*: *Vil-va*, *Kos-va*,
Ocha-chor, *Ara-chor*. Le premier groupe s'étend à l'est de l'Oural,
dans le bassin de l'Obi, le second nous amène à la Kama et
passe à l'ouest de cette rivière: *Iñ-va* et *Ob-va* nous ramènent
dans le gouvernement actuel de Viatka. Dans la partie-est de ce

dernier, dans les arrondissements de Glazov et de Malmyche, nous retrouvons de nombreux noms de rivières avec les terminaisons en *ma* — *Poj-ma, Vil'-ma, Pij-ma* (*Pich-ma*). Les petites rivières et les lieux habités portent ici des noms qui se terminent en *chour, raï, loud, gourt.* Dans notre traité sur les Permiens, nous avons démontré que la terminaison *ma* doit être regardée comme une variante de *va.* Dans la partie occidentale du gouv. de Viatka, au nord des arrondissements de Viatka, d'Orlov et de Nolinsk, plus souvent qu'au sud dans les arrondissements de Kotelnitch et d'Yaransk, on commence à rencontrer à côté de ces noms de rivières, d'autres noms terminés en *nga, nka, n, ń: Vondanga, Miránga, Chardanga, Nerań, Loban.* Cette catégorie de noms se répand au loin dans l'ouest, et nous les retrouvons par dizaines dans le gouv. de Kostroma, dans les bassins de la Vetlouga et de l'Ounja, affluents du Volga, et au S. O. du gouv. de Vologda, dans le bassin du Youg, affluent de la Soukhona, qui par sa ré· union avec la Vytchegda forme la Dvina septentrionale. Beaucoup de ces noms se trouvent dans le bassin de la Soukhona; près de la ville de Totma ils passent dans le gouv. d'Arkhangel, (bassin de la Vaga), puis dans les gouvernements de Novgorod (bassin du lac de Tcharond), d'Olonetz (bassin du lac de Latche); entre les fleuves de l'Onéga et de la Dvina septentrionale ils forment une bande qui s'étend jusqu' à la mer Blanche et pénètre par ses rivages d'une part dons la Lapponie, de l'autre dans la Finlande septentrionale. Tandis que le groupe nord-ouest de noms nous mène du gouv. de Viatka à la mer Blanche; d'autre part, le groupe sud-ouest commence à la rive droite de la Viatka, dans les arrondissements de Kotelnitch, d'Yaransk et d'Ourjoum. Ici, à coté de terminaisons en *ma* et *nga* nous retrouvons, pour les petites rivières, des noms en *anger*, et pour les lieux habités on *solà, nour, ïal.* Le groupe de ces noms passe au gouv. de Kazan, dans les arrondissements situés sur la rive gauche du Volga. Sur la rive droite de ce fleuve, dans le gouv. de Kasan, sur le territoire entre la Soura, le Volga et la Sviaga, dans les arrondissements de Kozmodémiansk, de Tcheboksar et de Tzivilsk, nous rencontrons deux groupes de noms, sans localisation déterminée: a) les noms avec les terminaisons en *nar, ner*, rapprochées des terminaisons en *anger, iner, ener* des arrondissements du nord, de l'autre rive du Volga, et b) avec les terminaisons en *sirmÿ, óouch, áouch, kassÿ.* En descendant au sud, dans le gouv. de Simbirsk, nous rencontrons un grand nombre de rivières avec les terminaisons en *leï.* Ce groupe nous ramène, par les gouv. de Penza, de Tambov et de Nijni-Novgorod vers l'Oka et vers son confluent avec le Volga. Au nord dans les gouv. de Wladimir, de Iaroslavl et de Kostroma (à l'ouest de l'Ounja), sur le territoire qu'on assigne aux Mouromiens et aux Mériens, nous retrouvons, à coté de noms de rivières en *nga* et *ma*, quelques nouveaux types de noms locaux; dans les noms de rivières: a) *ega, oga*, b) *gda. khta, sta* (avec une voyelle précedente—Soudogda, Soulost', Voïekhta), dans les noms de villages: *bola, bol*, (Brem-bola, Kino-bol etc.). Dans la masse de noms, qui ne se rapportent pas à ces types, il doit y en avoir qui ont perdu leur terminaison typique: *Vorja*, à coté de *Vorje-khot'*, *Chatcha*—à coté de *Chatche-bol*. Ainsi les traces de plusieures populations se sont conservées sur le territoire de ces gouvernements. Le service qui peut être rendu par la géographie au paléoethnologue se borne à la détermination des régions, caracterisées par la prédominance de tel ou tel type de noms locaux. Plus loin commence le rôle de la linguistique qui donne la détermination ethnographique tant aux types de noms qu'aux régions de leur distribution. Le groupe de noms terminés en *ia, iagan*, se manifeste comme *vogoul-ostiak* ou de Yougra; le groupe avec les terminaisons en *va, ma chor*—comme *zyriane-permien;* le groupe de noms de rivières se terminant en *chour* et des noms de lieux habités—en *vaï, loud, gourt*— comme *votiak;* le groupe—*anger. sola, nour*—comme *tchérémisse;* le groupe—*leï,* comme *morduain.* Le groupe des noms de rivières en: 1) *nga* et 2) *ktha* et *bol* ne se soumettent pas à une détermination linguistique précise, mais la direction dans laquelle se distribuent les noms du premier groupe au N. O., permet de supposer que ce sont des noms géographiques anciens *lappons,* tandis que les noms du second groupe, d'après leur distribution exclusive dans la région des anciens Mériens, peuvent être reconnus comme *mériens.*

En disposant des indications données par l'analyse linguistique de noms typiques de lieux, le paléoethnologue peut parler d'une manière plus déterminée de la population à laquelle appartient la totalité des objets qu'il a examinés. Lorsqu'il fait des recherches, par exemple dans le gouv. de Viatka ou de Kostroma, il ne se contentera pas du terme trop vague et peu déterminé dans le sens ethnographique de «Tchoude». D'autre part, il ne regardera pas les objets trouvés comme appartenant indubitablement au peuple qui vit encore dans cette localité, ou qui l'habitait encore dans les temps historiques. Il sera possible de discerner dans le bassin de la Vetlouga deux groupes de monuments pré-et protohistoriques, le plus ancien celui des Lappons, et le plus moderne—des Tchérémisses; dans le bassin de la Viatka—trois groupes: celui des Lappons—à l'ouest, et ceux des Permiens et des Votiaks à l'est; sur l'espace entre les rivières: Viatka (N.), Volga (S.), Vetlouga (O.) et Flète (E.). nous aurons les monuments des anciens Lappons et des anciens Votiaks et Tchéremisses; au S. du Volga sur le territoire entre l'Oka et la Sviaga, dans les limites du gouv. de Kazan—des anciens Tchérémisses et des Tchouvaches (postérieurs); dans le gouv. de Simbirsk et les gouvernements limitropes—des Morduanes. Au N., dans le gouv. de Vologda, nous pouvons admettre les monuments anciens lappons, à l'ouest de la ligne Youg - Soukhona - Dvina; les monuments anciens permiens—à l'est, entre le Youg et la Vytchegda et ceux des anciens Yougres—au N. de la Vytchegda. Sur le territoire des anciens Mériens, à coté de monuments mériens proprement-dits, peuvent se rencontrer les monuments du groupe permien (la région des terminaisons de noms de rivières en *ma*) et des Finnois occidentaux (la région des terminaisons en *oga*, *ega*).

T h è s e s:

1) A la catégorie des monuments des époques préhistoriques se rapportent les noms géographiques (noms de lieux).

2) Pour la détermination du peuple auquel appartiennent les objets anciens, il faut avoir en vue les noms des lieux environnants, pour les monuments les plus anciens—les noms des grands fleuves.

3) Les noms de lieux de la Russie du Nord et du Centre prouvent que sa population pré-ou protohistorique a été plus homogène à l'est, dans la région des Permiens et des Ougriens, et plus mélangée à l'ouest.

Sur les coupes de ceinturons des anciens Scythes,

par

M-r. N. Brandebourg.

> „C'est de Scythus, fils d'Héracles, que descendent tous
> les rois des Scythes, et c'est en souvenir de la coupe
> d'Héracles que les Scythes portent encore jusqu'à présent
> des coupes à leurs ceintures".
>
> (*Hérodote*).

Le récit d'Hérodote sur la légende des ustensiles en or, tom·
bés du ciel sur la terre des Scythes: un soc, un joug, une hâche
et une coupe, et sur l'ancêtre des Scythes, Héracles, qui portait
une coupe d'or à sa ceinture, peut acquérir quelque réalité, si on
le rapproche du témoignage du même historien sur l'usage des
Scythes du V-ème siècle av. J. C. de porter, en souvenir d'Héracles, des coupes attachées à leurs ceinturons. De sorte que, au
point de vue de la réalité archéologique, on pourrait se demander
si les découvertes des temps modernes n'offrent pas d'exemples
analogues, qui pourraient confirmer les récits d'Hérodote sur les
coupes de ceinturons?

Les coupes devaient-elles être nécessairement en or, comme le
prétendent quelques explorateurs contemporains, qui observent en
même temps que les fouilles les plus récentes n'ont pas fait trouver
un seul exemplaire de ce métal. On ne saurait répondre affirmativement
à cette question, d'abord parce que Hérodote ne parle que de
l'usage de porter des coupes attachées aux ceinturons, sans en désigner le métal, et qu'au contraire. de la généralité de cet usage.
on doit conclure que ces coupes étaient des ustensiles ordinaires.
en argile, car autrement l'usage en aurait été très restreint
et ne se serait pas répandu. C'est donc dans ce sens plus général
que nous devons chercher les traces de ces coupes parmi les découvertes archéologiques modernes.

En général, l'existence des coupes en argile chez les Scythes
n'est pas douteuse; en effet, le même Hérodote en parle dans
les descriptions qu'il fait des cérémonies qui accompagnaient
les traités d'alliance et les serments solennels, et l'archéologie

possède des échantillons de ces ustensiles. Mais la littérature spéciale ne signale pas d'exemplaires du type des coupes
qui pouvaient s'attacher aux ceinturons. C'est pourquoi, je
me permets d'attirer l'attention des membres du Congrès actuel
sur deux trouvailles que j'ai faites personnellement, dans des fouilles pratiquées ces dernières années dans le gouv. d'Ekatérinoslav et
dans celui de Kiev. Ce sont des faits nouveaux qui ont un rapport
direct avec la question qui nous occupe.

En 1889, en creusant un assez grand kourgane dans les environs de Marioupol, j'ai découvert dans le sol, audessous du remblai, quatre sépultures peu profondes; dans l'une de ces sépultures
se trouvait un squelette humain, et à ses pieds, une tête de cheval
et des fragments de poterie; devant la face et la poitrine du squelette (il était couché sur le coté droit) étaient rangés: un grand
pot élégamment orné, une coupe d'argile, une tête de massue
en pierre et une espèce d'épieu applati, en bronze.

Comme c'est la coupe qui nous intéresse particulièrement
pour le moment, nous allons nous y arrêter quelques instants.

On voit d'après le dessin ci-contre (fig. 1.) que cette coupe représente un vase segmentaire, peu profond, de 16 cent. de diamètre et
de 4 cent. de profondeur, sur un petit pied carré qui donne au
tout une hauteur de 7 centimètres.

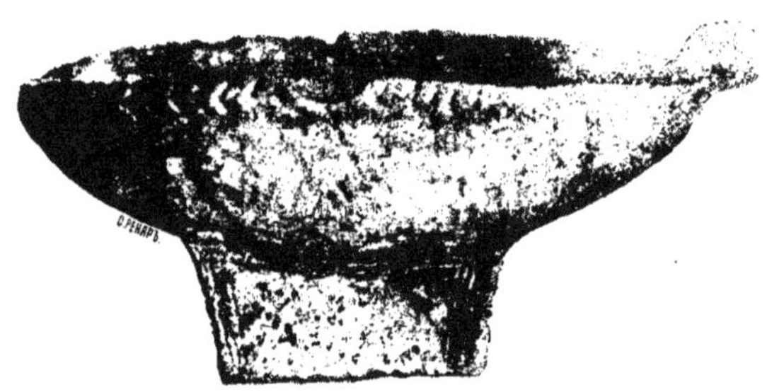

Fig. 1. Coupe d'argile, des environs de Marioupol.

Extérieurement la coupe est grossièrement ornementée de
bandes rouges, et sur l'un des côtés, on remarque un petit manche
percé d'un trou destiné évidemment à y passer un cordon, une
courroie ou quelque chose dans ce genre. Ainsi, il est évident que le
vase était destiné à être suspendu ou rattaché à quelque chose;
détail tout particulier, car on ne le retrouve sur aucune autre
production de la céramique barbare de cette époque, malgré le
grand nombre de spécimens de ce genre fournis par les fouilles.

La forme même de la coupe et les petites dimensions du manche
ont évidemment pour but d'éviter, autant que possible, les incon-

véniens des ustensiles d'autres types, moins compacts; par conséquent, il faut supposer des conditions particulières, motivées par
une distination spéciale de la coupe; cette destination pourrait bien
être celle d'être suspendue, et non posée, comme les autres ustensiles domestiques.

Un autre exemplaire de vase avec une adaptation pareille
nous offre un type différent et beaucoup plus grossier (fig. 2): il a été
trouvé pendant les fouilles d'un kourgane du distict de Kiev, en été 1891; mais les conditions de la trouvaille étaient ici tou-tes différentes. Le kourgane ren-fermait des vestiges de sépultu-res dans le remblai et dans le sol, mais nous ne parlerons pas des premières (celles du rem-blai) parce qu'il y a tout lieu de croire qu'elles sont relative-

Fig. 2. Coupe des environs de Kiev.

ment plus modernes et qu'elles n'ont aucun rapport avec les sépultures inférieures (celles du sol), et nous nous arrêterons seulement
à ces dernières.

Ici, vers le milieu de la base du kourgane, on a découvert
des restes éparpillés d'une sépulture; au niveau du sol, ou un
peu plus bas, on voyait quelques os humains jetés en désordre,
à côté s'ouvrait une fosse profonde (de près de 3 mètres), fortement bouchée de terre; à peu de distance du fond encore quelques petits os humains épars, et tout au fond, un plus grand
nombre, parmi lesquels: un crâne, un bassin, les fémurs et d'autres,
mais qui ne formaient pas de squelette complet[1]. A coté de ce
tas, se trouvait dans une position normale un vase en argile,
ressemblant à un demi-pot très bas, à fond plat, ou à une
coupe grossière (11 cents. de diam. et 5 c. de hauteur), avec
cette particularité que près du bord supérieur on remarque deux
petites ouvertures à jour, évidemment destinées aussi à passer un
cordon ou quelque chose de semblable; ces ouvertures ont une
surface régulière, unie et cylindrique, ce qui prouve qu'elles ont
été percées pendant que l'argile était encore molle.

Ainsi ce vase paraît être une variété du même type que le premier, c. à d. qu'il était aussi approprié à être porté suspendu, mais
d'une forme plus simple et plus grossière, ce qui correspond du
reste au caractère des sépultures; car la première devait appartenir à un personnage plus important, à en juger par les autres
objets découverts dans la tombe.

---

[1] Ainsi les tibias manquacint complètement.

Les deux exemplaires décrits offriraient un double intérêt si l'on pouvait faire une comparaison quelconque plus précise entre les deux sépultures qui les renfermaient; malheureusement, la seconde de ces sépultures est tout-à-fait énigmatique. On ne peut pas admettre que cette dernière tombe ait été dérangée par quelques fouilles fortuites postérieures, parce qu'elle était très profonde et s'est conservée bien close et que le kourgane n'a évidement pas été touché. Cependant il est difficile de trouver une raison logique de la disposition en désordre des ossements qu'elle renferme. On pourrait supposer, peut-être, qu'il y a quelque rapport entre cette sépulture et un squelette trouvé aussi dans le même kourgane au niveau du sol, à 2 mètres de distance de la première, et alors (si ce n'est une supposition trop risquée), ne verrions nous pas dans les os enfouis dans cette tombe, les traces de sacrifices humains? Mais ce n'est toujours qu'une supposition, et on ne saurait en aucun cas définir la nationalité à laquelle a pu appartenir cette sépulture.

En revanche, l'origine scythique du premier kourgane décrit paraît bien probable, autant du moins que le permet l'état de la question des sépultures des Scythes. La découverte, dans ce kourgane d'une coupe de ceinturon offre donc un intérêt tout particulier, vu les indices ethnographiques. En effet, si en réunissant tous les traits caractéristiques des tombes scythiques, ou en comparant les objets trouvés dans cette tombe avec ceux des sépultures reconnues pour appartenir aux Scythes, on pouvait prouver indubitablement son origine, il serait évident que le vase découvert est un échantillon des coupes de ceinturons dont parle Hérodote. Malheureusement, la question des Scythes reste encore ouverte, et l'archéologie ne possède pas (dans le plus grand nombre de cas), de criterium indubitable pour reconnaître avec certitude les sépultures scythiques, si toutefois les objets découverts ne prouvent pas, par leurs formes typiques, cette origine; en l'absence d'objets pareils, il faut se contenter d'une probabilité plus ou moins grande.

Tel est le cas de notre découverte, et quoiqu'il y ait beaucoup de raisons pour admettre son origine scythique, nous ne croyons pas pouvoir affirmer la certitude absolue de nos conclusions. L'archéologie préhistorique fait de rapides progrès et peut-être des faits nouveaux, se rapportant à la question qui nous occupe, viendront-ils prouver indubitablement que les coupes que nous avons décrites appartenaient aux descendants du mythique Héracles; en attendant ces preuves, nous nous rapportons au jugement des lecteurs compétents.

Quelques remarques sur les cavernes de l'Oural,

p a r

Mr. O. Clerc.

En 1869, j'ai eu l'occasion d'examiner, en compagnie de Mr. L. Sabanéev et de quelques autres personnes une caverne sur la montagne de Sougamak, près de l'usine de Kychtymsky; en 1881, nous avons examiné avec feu Mr. M. W. Maklakov, une autre caverne sur les bords de la rivière Issète près du village Smolino.

La première renferme trois chambres, dont la première et peut-être la seconde pouvaient être habitées par l'homme préhistorique, la troisième présente une espèce de puits, qui contient toujours de l'eau, même pendant le temps sec. Autant que je sache, personne n'a encore fait de fouilles dans cette caverne.

La caverne de Smolino est située dans la rive abrupte méridionale de la rivière Issète et a été probablement ouverte quand le lit de la rivière n'avait pas encore la profondeur actuelle: une large vallée du côté de l'entrée de la caverne formait paraît-il un golfe de cette rivière, jusqu'au moment où le courant d'eau rompit une barrière qui le retenait et s'écoula en laissant son lit à sec. Ce promontoire calcaire, faisant maintenant partie de la rive abrupte, présente plusieurs couloirs communiquant entre eux et s'inclinant sous divers angles vers leurs entrées. Par son aspect actuel cette «montagne» (ne s'élevant presque pas maintenant au-dessus de la plaine) ressemble à une souche creusée par les fourmis. Mr. Malakhov a fait des fouilles soigneuses dans les parties principales de cette caverne, mais il est arrivé à des résultats négatifs (voir le compte-rendu préliminaire de Mr. Malakhov présenté à la Société Géographique Russe). Il n'y a qu'une seule caverne de l'Oural qui ait été scientifiquement étudiée et qui a donné des résultats positifs: c'est la caverne de Soukholoje (voir l'article de Mr. Gebauer, dans le Journal des Mines, en russe. 1880).

Quant aux cavernes de la rivière Serghy, district de Krasno-oufimsk, Mr. Fadéev a étudié il y a trois ans quelques abris sous roches non loin de la source minérale, mais il n'y a trouvé que les ossements de petits mammifères et d'oiseaux. Une caverne plus considérable, «la caverne de l'amitié», décrite par Mr. Baranovsky dans les «Mémoires de la Société Ouralienne» 1874, T. II, p. 169, n'a pas été étudiée dans le sens archéologique.

La fameuse caverne de Koungour, décrite par plusieurs investigateurs, en commençant par Mr. Lepekhine, n'a été probablement jamais habitée, à cause des glaces qui la remplissent ordinairement chaque année. Quant à la spacieuse caverne de Kizelov, on n'y a trouvé (non loin de l'entrée) qu'un calcaneum de cheval.

Feu Mr. Téplooukhov a reçu une partie du crâne de l'Ursus spelaeus (?) trouvée dans la spacieuse caverne de Pachiisk; les fouilles de cette caverne pourraient avoir paraît-il un grand intérêt pour la question de l'origine des objets en argent, dits — «tchoudes».

Nous avons entendu parler de quelques cavernes situées dans les domaines de Lasarev et du comte Stroganov (arrondissement des mines de Bogoslovsk): les ingénieurs des mines et les paysans y ont trouvé quelques ossements d'animaux et même des restes de sacrifices des Vogouls (?).

Conclusion. Les résultats très intéressants des fouilles faites par Mr. Gebauer dans la caverne de Soukholoj, nous font désirer une étude scientifique des cavernes de l'Oural, qui par les conditions de leur structure et leur situation promettent de fournir des données nouvelles et intéressantss sur les anciens habitants de cette contrée.

Les Gorodichtschés à ossements dans le nord-est de la Russie.

p a r

Mr. A. Spitsine.

La conception que nous avons de l'âge de la pierre et de
l'âge du bronze est ordinairement incomplète et exclusive, parce
que nous n'avons à notre disposition que très peu d'ustensiles et
d'outils de cette époque faits d'autres matériaux que la pierre ou
le bronze, par exemple de bois et d'os, qui cependant pouvaient être les plus répandus. Par conséquent, les trouvailles d'objets de ce genre présentent un grand intérêt, surtout lorsqu'ils
sont nombreux.

Le plus grand nombre d'objets anciens en os ont été trouvés en Russie, jusqu'à ces derniers temps, sur les rivages du
lac de Ladoga, — dans le bassin de l'Oka, affluent du Volga,
et dans la partie du cours moyen de la Kama, aussi affluent du Volga [1]. Les outils en os des deux premières localités
ont été rapportés par les investigateurs à l'âge de la pierre, mais
ceux de la troisième doivent être attribués à une époque de beaucoup plus récente, notamment à l'époque de la civilisation tchoude
qui passe à l'âge de fer. Jusqu'à ces derniers temps, on n'a pas
fait en Russie de trouvailles importantes d'outils en os qu'on puisse

---

[1] Cf. *Inostrantser*. L'homme préhistorique de l'âge de la pierre sur les rivages du
lac de Ladoga, (en russe). Spt. 1882; *Comte A. Ouvarov*. Archéologie de la Russie, (en russe). I. 1882; *Teplooukhov*. Ueber die prähist. Opferstätten am Uralgebirge.
Archiv für Anthropologie. Bd. XII.

8*

rapporter à l'âge du bronze, et ce ne sont que les recherches nouvelles, encore inédites, sur les antiquités préhistoriques du bassin
de la Kama et de son affluent la Viatka, qui fournissent des données, qui selon nous peuvent jusqu'à un certain degré combler
cette lacune.

C'était au commencement des années quatre-vingt, que M·r.
Ponomarev, archéologue de Kazan, a découvert sur les bords de
la Kama, des gorodichtsches très anciens, qu'il a nommés: «gorodichtsches à ossements», à cause de leur richesse en ossements
d'animaux et en outils en os; il a recueilli dans ces campements
une très curieuse collection d'objets, formant à présent le meilleur
ornement du Musée de la Société d'Archéologie de Kazan. D'autres
gorodichtsches de ce genre, sur le parcours de la Viatka, ont été
découverts et décrits par moi; en même temps, on a reconnu des
campements pareils au delà de l'Oural, sur le fleuve d'Irtych
(fouilles de Mrs. Florinsky et Kouznetzov), sur la rivière d'Oufa,
affluent de la Belaïa qui se jette dans la Kama (par M-r. Ponomarev), dans les environs de Moscou (par M-r. Sizov et auparavant par M-r. Filimonov), enfin les objets appartenant à la même
civilisation ont été trouvés dans les environs de Kazan (par M-r.
Vyssotsky), et il y a quelques indices qu'ils doivent se trouver
aussi sur les rives des lacs transouraliens (fouilles de M-r. Drou-
jinine). Par conséquent, les gorodichtsches à ossements ont été
découverts sur une vaste région et leur investigation, par cela
même, promet des résultats sérieux et intéressants pour les travaux
des archéologues russes.

Mrs. les membres du Congrès peuvent se faire une idée de la
civilisation de l'époque des gorodichtches à ossements d'après une
collection assez compléte d'objets, provenant de mes fouilles dans
les gorodichtschés de la Viatka, et qui se trouve avec d'autres
collections à l'exposition du Congrès.

Celui qui me fera l'honneur de jeter un coup d'oeil sur cette
collection, remarquera, probablement non sans étonnement l'abondance et la diversité des formes des objets en os qui s'y trouvent. Les habitants des gorodichtschés à ossements ont fabriqué
en os, quelquefois très dur et bien poli, non seulement des aiguilles et des flèches, mais aussi des couteaux de diverses grandeurs,
des cuillêrs, des hameçons, des harpons, des peignes, des manches
pour les couteaux métalliques, des joujoux d'enfants, des perles,

enfin des marteaux durs et massifs, remplaçant les celts, en somme tous les objets nécessaires et même les objets de parure. Je me permets d'attirer surtout l'attention sur les hameçons, les cuillers, les manches de couteaux, les spatules curieuses de destination inconnue et enfin sur les celts en os. Les marteaux, remplaçant les celts de l'époque du bronze, ont été faits d'os longs, pointus à un bout, et munis de trous sur les côtés pour être fixés à des manches.

Comme ornements on se servait de défenses d'ours, de paturons, d'astragales, de petites plaques et de rondelles en argile et en pierre. La technique de ces objets en os, est généralement très soignée et parfois remarquable par le fini du travail; tout porte à croire que nous avons là les restes d'une civilisation originale et même assez développée. Les ornements de ces objets, surtout ceux des plus beaux, sont en relief ou gravés, et presque exclusivement empruntés au règne animal. On voit le plus souvent, sur les manches de couteaux et sur les hameçons, la représentation d'une tête d'élan, plus rarement—d'une tête du chien, de cochon, d'ours ou de dragon. Les rondelles plates en pierre avec un trou au milieu sont ornées pour la plupart de dessins rectilignes, mais on trouve aussi des spécimens très remarquables avec la représentation d'un dragon, dans une pose qui rappelle celle des plaques en cuivre (ou en bronze) de la Sibérie et d'une plaque provenant de la nécropole d'Ananino sur la Kama, près de la ville d'Elabouga (gouv. de Viatka).

L'antiquité des gorodichtschés à ossements est prouvée par la présence, parmi les objets en os, de quelques outils faits en pierre et en bronze. Cependant ces campements sont plus récents que l'époque de la pierre. On trouve dans leur sol quelques rares flèches en silex bien taillées, et des fragments d'outils polis, de marteaux et de ciseaux, mais on n'a pas trouvé du tout de grattoirs en silex. En revanche, la proximité de l'âge du bronze est indubitable. On a trouvé sur les gorodichtschés à ossements quelques celts en bronze avec ornements en zigzag, des petits bouts de flèches en bronze et, très rarement du reste—des petites plaques de ceinturons. On a trouvé même les moules à fondre ces objets et les creusets, mais en même temps on peut se convaincre que les outils en bronze étaient d'une grande valeur pour les habitants de ces campements et qu'ils étaient ordinairement remplacés par

les outils correspondents en os. Les objets en fer n'étaieut pas
moins rares. On a trouvé des couteaux et des alènes en fer c.
à d. les outils les plus nécessaires pour le façonnement de l'os;
les fers de flèches et de lances n'ont été trouvés, que je sache,
qu'en exemplaires uniques. On peut présumer d'après la forme des
entailles sur les spécimens en os, non achevés, que les habitants
de ces campements se servaient encore d'un ciseau étroit, probablement en fer, mais jusqu'à présent on n'a pas trouvé d'outil de
ce genre.

Outre les objets sus-mentionnés, on a trouvé encore en abondance, dans les gorodichtschés à ossements, de la poterie, des fragments de vases en argile avec un fond rond et avec une ornementation variée le long du bord. Les vases ont été faits d'argile,
mêlée avec des coquillages, et présentent une assez grande solidité;
ils sont de trois dimensions: les plus petits ont jusqu'à 8 centimètres de diamètre, et les plus grands peuvent à peine être entourés des deux bras; leur forme est peu variée. Il faut encore
noter les petites meules de forme ovale, faites du calcaire poreux,
qui se trouvent ici en assez grande quantité.

A en juger d'après les nombreux ossements et d'après d'autres
indices, le mode d'existence des habitants de ces gorodichtschés était
celui d'un peuple chasseur et en partie nomade. Les ossements qu'on
rencontre ici le plus souvent, appartiennent à l'élan, puis à l'ours;
les os du cerf, du cheval et du castor ne sont pas rares non plus,
tandis que les os du cochon, du boeuf, du lièvre, de la loutre,
du renard, du loup, de la martre, du chien, du mouton, des oiseaux
et des poissons sont beaucoup plus rares. On n'a pas trouvé de
faucilles, qui témoigneraient de la connaissance de l'agriculture,
et on se servait probablemant des meules pour broyer des racines ou
d'autres produits végétaux.

Au nombre des indices de l'antiquité reculée de ces gorodicht-
chés, on peut ajouter encore l'absence absolue de pièces de monnaie et d'objets quelconques en argent et en or. La question de
la présence d'objets en verre reste encore indécise; la trouvaille
de quelques perles de verroterie dans un gorodichtsché à ossements est encore un fait unique. Mais quelle est la forme des gorodichtschés eux mêmes? Ce sont des emplacements peu considérables,
situés sur les hauts promontoires des rivages, et fortifiés du côté

non défendu par la nature, par un rempart en forme de faucille et par un fossé, à l'instar des camps gaulois, dont parle César. D'après leur grandeur insignifiante et l'absence complète d'eau, ces gorodichtschés ne pouvaient servir comme lieux d'habitation permanente pour plusieurs familles et probablement étaient des centres religieux et administratifs. On n'a trouvé dans ces compements aucuns restes de sépultures.

Je me permets de signaler encore une fois la civilisation assez avancée du peuple auquel appartenaient ces gorodichtschés, civilisation qui nous mène directement à l'époque du bronze. Mais il ne suffit pas de signaler cette proximité, il faut encore montrer auxquelles des antiquités spéciales de l'âge du bronze se rapportent les souvenirs de cette civilisation des gorodichtschés à ossements. Si l'on ne connait pas d'antiquités pareilles, la présence dans ces campements d'objets en bronze peut avoir un caractère accidentel. Je prends la liberté de poser la thèse que les antiquités de ces gorodichtschés à ossements ont une relation très proche à la civilisation dont les restes ont été trouvés dans la nécropole d'Ananino, appartenant à l'âge du bronze et située aussi dans la région de la Kama.

Il est vrai qu'on ne connait jusqu'à présent que deux objets en os, provenant du cimetière d'Ananino: une flèche et un manche de couteau; en revanche, ceux qui ont été trouvés dans les gorodichtschés à ossements, présentent ou un caractère indéterminé, ou la forme et l'ornement de ceux trouvés à Ananino; même les flèches en bronze, les fers des couteaux et des lances, les pierres rondes à aiguiser, les petites plaques de ceinturons sont identiques. Les marteaux en bronze de la nécropole rappelent les marteaux des gorodichtschés avec les bouts en os; les fragments de poterie, d'après leur forme, leur ornamentation et leur constitution sont semblables. On n'a pas trouvé jusqu'à présent, dans les gorodichtschés à ossements, de poignards en fer, si communs dans la nécropole d'Ananino, mais on peut l'expliquer par la destination pacifique des gorodichtschés ou par le défaut de fouilles plus étendues. D'autre part, l'absence dans la nécropole de plusieurs objets qui se trouvent en abondance dans les gorodichtschés à ossements (aiguilles à tricoter, spatules, cuillers, peignes, hameçons etc.) ne doit pas nous surprendre; ce sont tous les objets usuels qui ont pu ne pas trouver place dans le rituel de sépulture. Sans doute je ne me permets pas d'affirmer d'une manière positive que

la nécropole d'Ananino appartenait au même peuple que les gorodichtschés à ossements; je n'insiste même pas sur la contem-
porainéité des gorodichtschés et de la nécropole; j'affirme seulement la ressemblance frappante des outils trouvés dans ces gorodichtschés avec les antiquités de l'âge du bronze et je me
permets d'attirer l'attention des savants sur la valeur des matériaux
qui pourraient être obtenus par les fouilles ultérieures de ces
campements.

Sur les restes de l'époque paléolithique dans les environs de Krasnoïarsk, (Gouv. de Ienisséisk, Sibérie),

par

Mr. J. Savenkov.

La collection de restes de l'époque paléolithique que je présente au Congrès a été extraite d'une couche de loess (terre à briques) contenant des os de mammouth, de rhinocéros et d'autres répresentants de la faune post-pliocène, au pied de la montagne Afontova, dans les environs immédiats de la ville de Krasnoïarsk, gouv. de Iénisséisk, c. à d. sous le 56° 1′ 4″ de latitude nord et le 110° 29′ de longitude est.

On y trouve les os et les outils en pierre à la profondeur de 1,5 m. Les restes de mammouth et de rhinocéros, avec les outils qui les accompagnent, sont ordinairement retirés du fond des carrières pratiquées pour l'extraction de l'argile. Ces carrières n'ont, malheureusement, pas plus de 2,4 m. de profondeur, au dessous de la superficie du sol.

Le gisement, la forme et d'autres indices extérieurs des outils de la montagne Afontova prouvent que sur les bords de l'Iénisséi aussi, l'âge de la pierre taillée appartient à une époque plus reculée que l'époque néolithique; mais pour se rendre compte de l'âge relatif de ces deux époques, il faut faire un aperçu préliminaire géologique de la vallée de l'Iénisséi dans les environs de Krasnoïarsk.

Le niveau de l'Iénisséi a une altitude de 142 m. et la prairie sur ses bords, appartenant à la ville, 151 8 m. au dessus du niveau de la mer.

La température moyenne de l'année est de 1, 8° — 2° C., l'isoterme de janvier —20 C, l'isoterme de juillet +20 C. Les indices du printemps, la débâcle du fleuve, l'arrivée des oiseaux, se rapportent à la seconde moitié d'avril, l'été est presque deux fois plus court que l'hiver, l'automne commence au mois d'août, la fin de l'automne a tous les caractères de l'hiver, et dans la seconde moitié d'octobre, l'Iénisséi est déjà pris par les glaces.

L'humidité moyenne de l'année est env. de 60%, la quantité de précipités atmosphériques de 325 mm., et la plus grande quantité d'eau qui tombe à la fois, près de 33 mm. Les vents d'ouest dominent, le vent de sud-ouest règne toute l'année, sa vitesse moyenne est de 6 mètres par seconde, le vent de l'ouest est encore plus violent—près de 7 m.

L'Iénisséi fait un arc près de Krasnoïarsk, et coule dans la direction du N. E. (et non du N.), presque à travers la direction principale des roches sédimentaires. La largeur de la vallée est de 3 -7 km., la coupe longitudinale moyenne de la vallée se dirige vers E. N. E., le talweg s'approche du côté gauche (nord) de la vallée.

La hauteur des chaînes riveraines encadrant la vallée ne surpasse pas en moyenne 543 m. de hauteur absolue, et la chaîne riveraine du bord droit se dirige vers l'Est en s'étendant à 21—26 km., tandis que la chaîne gauche se termine à 6—7 km. de la station qui nous intéresse; plus loin en aval de l'Iénisséi on ne rencontre pas d'élévations considérables. Les versants nord des chaînes riveraines ont $10°—12°$, et ceux du sud—deux fois plus.

Vers les sommets des chaînes, composées pour la plupart de roches cristallines, (granits, porphyres, etc.) sont adossées les terrasses d'érosion qui ont pour base les roches sédimentaires de l'étage silurien supérieur, les marnes rouges dévoniennes et les grès jurassiques. Ces roches sédimentaires s'inclinent vers le N.N.E, l'angle d'inclinaison des roches siluriennes est de $25°—30°$, tandis que celui des roches dévoniennes et jurassiques est à peu près de $5°—10$. La terrasse moyenne d'érosion est à peu près de 91,5 m. au dessus du niveau du fleuve; elle est clairement exprimée et considérablement développée, mais les terrasses supérieure et inférieure ne sont conservées que par places. La moyenne terrasse d'érosion a parfois des versants abrupts vers le fleuve et la vallée fluviatile.

Ce sont doute les horizons supérieurs des alluvions (couches à blocs, à galets et sables) où étaient enselevis des os de mammouth.

La largeur moyenne du fleuve, quand il n'a qu'un lit, est à peu près de 682—746 m., mais quand le lit est divisé par des îles, la largeur est plus grande (1,5 km.) et près de la ville, elle est de 1,75 km.

La profondeur moyenne du fleuve dans son chenal n'a pas plus de 3—3,6 m. La plus grande profondeur est probablement près de 8,5 m. [1]. La moindre profondeur du fleuve est 1,5 m. sur les bas-fonds, le long de la ligne réunissant les îles et les bancs de sables. La plus grande profondeur, et par conséquent la plus grande force destructive, appartient au côté gauche, tandis que la formation des alluvions s'opère près du côté droit du fleuve. La rive gauche est généralement abrupte et composée de roches originaires, la rive droite plus douce est formée d'alluvions; la terrasse supérieure (post-pliocène) longe le plus souvent la rive gauche. Sur la rive droite la prairie (la plaine d'inondation) s'étend sans interruption à 70 verstes, tandis que les prairies de la rive gauche sont souvent interrompues.

La différence entre le niveau des eaux basses et celui de la crue n'est pas moins de 4,26 m., mais si l'on prend en considération les inondations, la différence atteint 6.40 m. L'eau augmente ordinairement quatre fois par an:

1) au printemps—l'eau de neige,—à la fin d'avril et au commencement de mai; 2) l'eau de sol,—à la fin de mai, quelquefois au commencement de juin; 3) l'eau des forêts—dans la première motié de juin, provenant probablement des sources du fleuve ou de ses affluents, et 4) l'eau pluviale de juillet. Les inondations arrivent dans les cas où l'eau de sol s'attardant est surprise par l'eau des forêts.

L'eau des débordements n'est pas toujours de la couleur ordinaire jaunâtre, mais quelquefois l'eau de juin ou de juillet a une couleur laiteuse. Il est probable que la quantité de chaux dans les eaux de l'Iénisséi est considérable et varie suivant les saisons, mais jusqu' à présent on n'a pas encore étudié cette question.

La pente du lit du fleuve est approximativement 20—25 m. sur 100 km. La vitesse du courant du fleuve pendant les eaux basses et moyennes est de 1,5 — 2 m., mais pendant les hautes eaux la vitesse augmente jusqu'à 2,5—3 m. par seconde.

L'épaisseur de la glace est de 0,6—1 m., la force qui la remue est très considérable—souvent de massifs blocs (jusqu'à 1 m. de longueur) sont rejetés ou même enfoncés sur la rive basse. Souvent les lits anciens du fleuve sont obstrués par les blocs et les cailloux apportés par la glace. Quelquefois, en aval de la ville, la glace s'accumule en amas si considérables que le fleuve est arrêté,

---

[1] Près de la source Gremiatschi, vis-à-vis de l'embouchure de la Basaikha.

et alors sur les îles basses devant la ville se forment des tas où les collines de glace atteignent presque six mètres de hauteur.

La carte et les profils géologiques peuvent mieux expliquer et d'une manière plus complète les particularités topographiques dans la constitution des versants et du fond de la vallée du fleuve.

Les couches des alluvions de la vallée, en commençant d'en haut, s'étagent comme il suit: 1) couche de terre végétale passant sur les versants du nord et du nord-est au sol sous-argileux; 2) loess et alluvion loessiforme, sableux sur les pentes sud et sud-ouest, et argileux sur les terrasses d'érosion et sur les pentes nord et nord-est; 3) sables, cailloux, graviers, souvent intercalés par de petites couches de couleur foncée, jaunâtres et parfois blanches, et 4) cailloux, graviers et sables contenant des blocs erratiques.

Les versants et les terrasses de la rive droite de l'Iénisséi sont couverts de champs cultivés; quant à la rive gauche, son sol ne peut être cultivé que sur la terrasse d'érosion près de la montagne Grémiatschy; plus loin en aval du fleuve, la contrée porte le caractère de steppe et le sol propre à être cultivé s'éloigne du fleuve.

Le sous-sol argileux des champs, près de la montagne Grémiatschy en approchant de la montagne Afontova, devient plus sableux; le loess reçoit plus d'argile et devient loess argileux. La porosité, la présence de coquilles terrestres (Pupa, Helix, Succinea), la conservation des os etc. démontre l'origine aérienne de ce loess argileux. L'argile grasse, jaunâtre, propre à être exploitée, recouvre une couche d'argile blanche qui passe insensiblement à une couche sableuse—salifère qui ne peut pas être exploitée pour les briques. Plus loin, en bas, on voit une couche limoneuse, arénacée, une couche de sables stratifiés, de graviers et une couche de galets et de blocs erratiques déposée sur la roche originaire. Parfois le loess argileux apparaît sur la terrasse fluviatile supérieure en remplissant les dépressions, traces des anciens torrents, desséchés du temps de la formation de la terrase supérieure (post-pliocène). La hauteur de l'argile loessiforme commence à peu près à 15 m. audessus du niveau des eaux-basses du fleuve.

Il faut noter que dans les horizons supérieurs les os et les outils ne se rencontrent plus. On doit faire des fouilles systématiques le long du fond des sections afin de se procurer une quantité plus considérable d'outils des horizons inférieurs du loess.

Dans la région qui nous intéresse le Iénisséi reçoit deux affluents: la Basaïkha (affluent droit) et la Katcha (affluent gauche); leurs sources se trouvent à 70—80 kilom. de l'embouchure, sur les versants des collines tournées vers le N. et le NE. Outre la rivière Basaïkha, des pentes droites de la vallée s'écoulent encore quelques sources, mais quant au côté gauche, en aval de l'embouchure de la Katcha, on n'y rencontre pas de rivières, les ravins s'approfondissent principalement grâce aux eaux printanières.

Les alluvions du fond de la vallée de l'Iénisséi sont caractérisées par l'absence du loess; il disparaît au pied des pentes de la vallée.

On peut distinguer aussi trois terrasses alluviales: 1) La supérieure, post-pliocène à 15 — 18 m., 2) la moyenne (limite du débordement) 9 — 12 m., et 3) l'inférieure (le fond du débordement) à 3 — 6 m. au dessus du niveau du fleuve.

Quoique ces terrasses se distinguent par quelques particularités pétrographiques, nous nous bornerons à donner l'énumération générale des alluvions en commençant d'en haut:

1) Couche de terre végétale — à la base des pentes; 2) mince couche argileuse-arénacée de sous-sol; cette alluvion argileuse consolide les sables des dunes; 3) sables des dunes remaniés par les eaux, gris-jaunâtre, quelquefois jaune - blanchâtre et même blanches, surtout dans les lieux des stations anciennes où les os (les déchets de cuisine) abondent; 4) sables stratifiés, souvent calcifiés, parfois rougeâtres, intercalés de petites couches de couleurs plus foncées et de concrétions ferrugineuses. La terrasse inférieure ou d'inondation est formée d'alluvions arénacées-limoneuses brunâtres; 5) couche à blocaux (terrasse supérieure), couche à galets avec quelques blocs (terrasse moyenne), couche à cailloux (terrasse inférieure); en passant aux sables stratifiés, souvent—couches de gravier.

Les os de mammouth et de rhinocéros ont été ensevelis dans les alluvions de la terrasse supérieure; ces couches, grâce à leur stabilité, nous renseignent sur le niveau du fleuve à l'époque post-pliocène.

Le poids moyen des blocaux = 1 kgr.; les plus grands pèsent jusqu'à 2 kgr. Le volume moyen est 0,41 m. cube. Le poids et le volume des blocaux démontrent clairement que les conditions mécaniques de l'activité du fleuve ont bien changé. Maintenant le fleuve pendant sa crue a la vitesse de près de 1,5 m. par seconde, c. à d. peut remuer seulement des galets mais pas de blocs.

Il est probable que le mammouth et le rhinocéros y ont vécu jusqu'à la formation complète de la terrasse supérieure. Au moment de l'ensevelissement des os de mammouth dans les graviers et les cailloux, le niveau de l'Iénisséi devait être au moins 6,4 m. plus haut que celui des inondations actuelles.

Le Bos primigenius a certainement vécu jusqu'à la formation de la terrasse moyenne. En considérant le gisement des os de cet animal avec les silex taillés près du village Lodeïky, il faut croire que le niveau d'alors n'était que de 0,6 — 1,2 m. plus haut que celui des plus grandes inondations actuelles.

Nous indiquons cette différence des niveaux pendant la formation des terrasses supérieure et moyenne, comme termes approximatifs, uniquement pour nous rendre compte de l'âge relatif des deux époques — paléolitique et néolitique; remarquons cependant que nos indications sont fondées sur les nivellements et l'étude topographique de la contrée, faits pendant les grandes inondations.

La formation des dunes devait commencer après la formation complète de la terrasse moyenne, c. à d. le fleuve a dû approfondir son lit pour avoir son niveau actuel. A l'époque néolithique les dunes furent recouvertes par les alluvions argileuses-arenacées; quant à la couche de terre végétale, elle commença à se former surtout à l'époque du bronze.

Si l'on pouvait se rendre compte approximativement de la durée nécessaire à l'Iénisséi pour l'approfondissement de son lit et pour l'abaissement correspondant de son niveau, à 1 pied, par exemple, on pourrait donner un tableau chronologique de ces différences de niveaux; mais cette durée de temps est tellement variable pour divers fleuves (700—6000 ans d'après Mr. Geikie), qu'il est impossible de s'en servir pour un fleuve si peu connu que l'Iénisséi. Cependant, si l'on prend même le minimum de la durée, on aura 15000 années, passées depuis l'ensevelissement ici des os du mammouth. Toutefois pour faire le tableau chronologique d'un fleuve, il faut supposer que toutes ses conditions ont été toujours les mêmes, ce qui est invraisemblable, même pour la durée relativement courte entre la formation de la terrasse supérieure et le temps présent.

Considérons d'abord les conditions climatériques de la vie du fleuve. La position des depôts subaériens postpliocènes et récents prouve la prédominance des vents de sud-ouest au commencement du quaternaire, mais il paraît que l'humidité et la quantité des précipités atmosphériques étaient autres; cela posé, l'activité mécanique du fleuve ne pouvait pas être la même. Mais ce n'est pas le climat seul qui a eu de l'influence sur la force des courants: l'écorce terrestre, en se rétrécissant, provoque les procédés de dislocation, des soulèvements et des abaissements du sol, qui peuvent, changer considérablement la force des courants et par conséquent le durée de l'érosion et du creusement des vallées.

Enfin il faut remarquer que la force de l'érosion et du transport de ses produits par les eaux du fleuve a dû varier considérablement en relation avec les changements de la surface du géoïde en général et avec le raccourcissement ou l'allongement du fleuve à son embouchure. On a déjà rassemblé quelques observations intéressantes sous ce rapport, **par** exemple sur les particularités des bois flottés anciens (nommés — ‹bois d'Adam› ou— ‹de Noé›) dans certaines îles non loin de l'embouchure de l'Iénisséi.

En considérant tous ces faits, on sent les difficultés extrêmes d'établir d'une manière précise le tableau chronologique de la vie du fleuve. Mais cela **ne** nous est par nécessaire, puisque l'âge relatif des époques néolithique et paléolithique du bassin de l'Iénisséi (pour les dunes, le loess et la terre à briques) nous est connu approximativement.

Mais on **pourra** nous demander 1) si les os des animaux éteints ne **viennent** pas des alluvions plus anciennes et s'ils ne sont pas **mêlés avec** les outils en pierre de l'époque plus récente, et 2) si le loess de la montagne Afontova est vraiment d'origine aérienne?

Oublions pour le moment la présence dans le loess de coquilles terrestres, comme Pupa, Helix, Succinea; oublions la **porosité** et autres indices caractéristiques de l'origine subaérienne **du** loess argileux, et supposons que le loess d'Afontova est d'origine fluviatile et par conséquent formé au niveau le plus élevé c. à d. à l'époque la plus ancienne. Mais que sont donc devenues ces alluvions plus **anciennes**, d'où le loess a tiré les os de mammouth et les **a mêlés** avec les restes de l'époque plus récente? Et comment **ce transport** n'a-t-il laissé aucunes traces sur ces os et sur ces coquilles friables?

La formation subaérienne du loess, ensevelissant en même temps les os de la faune postpliocène et les outils, est selon nous la plus probable et ne contrarie nullement les données topographiques et géologiques. L'assortiment et la rétention de la poussière atmosphérique doivent être attribués aux forêts qui couvraient probablement la contrée en question. Un développement peu considérable du loess au pied de l'Afontova dépend d'une part de la disparition des forêts, commencée près de la station ancienne et qui continuait pendant les époques suivantes, et de l'autre, par la faible puissance de l'eau des précipités qui assortissait les plus légères parties du loess, c. à d. l'argile, et la précipitait au pied du versant.

Les ossements tirés du loess argileux de l'Afontova sont maintenant au nombre de 1500 numéros. Ce sont pour la plupart des fragments, des déchets de cuisine et divers os. En 1885 (quand il n'y avait que 300 numéros), Mr. Czersky y avait défini: Elephas primigenius, Rhinoceros tichorhinus, Bos primigenius (Bos taurus var. fossilis), Bos priscus, Equus Caballus, Cervus tarandus, Cervus sp. (probablement C. alces, euryceros, canadensis), Canis sp. On sait qu'à l'époque postpliocène la vallée de l'Iénisséi a été habitée aussi par le Rhinoceros Merkii Jaeg., Ovis Argali, Antilope (Saiga) borealis Czersky, mais il nous paraît que ces animaux manquent dans notre collection, qui n'est pas encore parfaitement étudiée. Pendant les derniers 6 ans, on n'a pas trouvé d'espèces nouvelles; on doit noter cependant le crâne presque entier d'un chien et quelques crânes de la variété à minces cornes du Cervus Tarandus. La plus grande partie des os appartient au renne; le mammouth et le rhinocéros sont plus rares; les os des individus plus jeunes sont plus fréquents que ceux des adultes.

Si même on n'avait pas trouvé d'outils, la présence de l'homme serait constatée par les cassures caractéristiques de grands os de Mammouth, de Rhinoceros et de Bos.

Les outils en pierre sont ordinairement faits de fragments des blocs erratiques; l'industrie en est pour la plupart très grossière.

La forme des outils est principalement convexe d'un côté, plate de l'autre; les outils taillés de deux côtés sont rares. La plupart des outils en pierre de l'Afontova se rapprochent du type Moustérien, mais quelques uns ressemblent au type Chelléen. La forme primitive des outils est ovale; toutes les autres formes (en amande, en triangle, en croissant etc.) peuvent être considérées comme variétés de celle-là. Souvent la côte tranchante entoure tout-à-fait l'outil. Le plus souvent on rencontre les outils avec un épassissement d'un bout, quelqu'uns rappellent le type du racloir.

Les dimensions des outils sont entre 80—150 mm. de longueur 30 — 90 mm. de largeur et 15 — 40 mm. d'épaisseur. Presque tous les grands outils n'ont pas de poignée.

En outre, on rencontre des outils d'une forme irrégulière, et des grands blocs avec les traces de l'usure, qui ont été, paraît-il, employés comme enclume et d'autres comme marteau; il y a des pierres portant les traces évidentes du feu.

Dans le sol végétal couvrant le loess de l'Afontova, nous n'avons pas rencontré de traces de l'époque des métaux. Une fois, à la profondeur d'un pied, nous avons trouvé une hache polie et une autre fois nous avons ramassé un bout de flèche de l'époque néolithique. Sous le sol à la profondeur de 1,5—2 m., on ne rencontrait que des outils de la période paléolithique. Dans le loess argileux aucune trace de poterie.

Les outils en os présentent deux formes typiques: l'une aplatie et large (près de 20 mm. de largeur et 6 mm. d'épaisseur), l'autre plus épaisse, arrondie ou rétrécie (près de 16 mm. de largeur, et 8—10 mm. d'épaisseur); les côtés étroits de ces outils portent un petit chéneau, et plus souvent deux, pour insertion des petites lames de silex tranchantes.

Les fragments de défenses de mammouth portent souvent les traces du façonnement par l'homme.

Les défenses des bois de renne à deux tronçons ont été employées comme poignées pour les petits outils en pierre; on rencontre aussi des fragments de marteaux faits de bois de renne. Un outil, le plus intéressant, fait de défense de mammouth (malheureusement cet outil est brisé) a la forme d'un poignard massif ou d'une bout de lance.

Résumons notre compte rendu préliminaire:

1) Le loess (limon à briques) de la montagne Afontova est d'origine aérienne terrestre.

2) Les os des animaux post-pliocènes et les outils de la culture ancienne sont ensevelis simultanément et se trouvent dans le loess dans leur position primitive—in situ.

3) La station de la montagne Afontova doit être attribuée à l'époque paléolithique, probablement à sa fin, c. à d. à l'époque du renne.

4) Plusieurs outils de la montagne Afontova, par leur forme et d'autres indices, se rapprochent du type Moustérien, mais il y en a d'autres qui sont proches du type Chelléen.

Il faut avouer que les matériaux que nous possédons sur la vallée de l'Iénisséi sont loin d'être suffisants pour tracer l'histoire de cette contrée à l'époque quaternaire. Pour se rendre compte des conditions climatériques du quaternaire de cette contrée, il est indispensable d'étudier soigneusement les terrasses d'alluvions et d'érosion, de déterminer les hauteurs des terrasses postpliocènes et de résoudre la question de la diminution progressive de l'humidité aux époques posttertiaire et récente. Je crois que cette question peut être éclaircie surtout par une étude exacte des lacs et de leur desséchement. Enfin pour se procurer des collections plus complètes d'ossements, il est indispensable d'approfondir les carrières actuelles et d'atteindre les couches d'argile saumâtre et limoneuse qui se trouvent plus bas, sous l'argile blanche.

Sans doute, les géologues pourraient aisément rassembler tous les matériaux indiqués, mais ordinairement ils s'intéressent aux formations plus anciennes. Si Mrs. les géologues nous donnaient une instruction pour les recherches de l'archéologie préhistorique dans ses rapports avec la géologie et la paléontologie, ils rendraient un grand service à l'étude de la préhistoire, surtout dans les régions aussi lointaines que la vallée de l'Iénisséi.

Les traces des morsures sur les ossements des périodes paléolithique et néolithique,

p a r

M-r le prince P. Poutiatine.

Pendant les fouilles, on néglige souvent de faire un examen scrupuleux des ossements trouvés. Cependant ces ossements, outre leur propre valeur scientifique, peuvent fournir des renseignements sur d'autres animaux contemporains, car on trouve quelquefois sur leur surface les traces de morsures faites par des animaux, auxquels ils servaient soit d'aliment, soit de moyen d'aiguiser leurs dents. Souvent ces marques peuvent prouver et compléter divers faits qu'on était seulement en droit de supposer. Par exemple, la domesticité du chien se prouve par les os rongés sur l'emplacement des stations anciennes des habitants primitifs. Nous trouvons le fait contraire dans le fouilles de Bologoïé. Les crânes des chiens sont tous brisés et les os dispersés. Il n'y a d'exception que pour le squelette d'un jeune chien, mais il ne pouvait pas être domestique, car le squelette a été trouvé dans la couche la plus ancienne, avec les objets qui rapellent les types Moustériens, et dans les couches au-dessus on ne trouve pas de traces de la domesticité du chien.

Le savant professeur Woldřich, ne connaisant pas ce fait et faisant obligeamment la détermination des ossements trouvés à Bologoié, s'est prononcé avec réserve en disant que ce sont les parties d'un jeune chien, peut être d'un chien domestique. On a constaté des faits prouvant que l'on mangeait du chien dans différentes parties de l'Europe: ou a trouvé des os entamés par des couteaux de silex, des os percés de flèches etc. Les premiers indices de la domesticité des chiens ont été trouvés dans les habitations lacustres.

Pendant longtemps le chien n'a pas été réduit à l'état domestique; c'était un animal qui errait et chassait comme le loup, partout où il pouvait trouver plus facilement des aliments. L'homme paléolithique et parfois aussi l'homme néolithique abandonnait en chassant une partie du gibier qu'il tuait. Il en prenait seulement ce qu'il lui était facile à emporter, mangeait sur place et toutes crues quelques parties du gibier et ne se donnait pas la peine d'emporter les restes de son repas. Le chien suivait l'homme pour manger ces restes, et c'est ainsi qu'il a commencé à s'apprivoiser. Dans les couches paléolithiques des abris sous roches et des grottes, ou n'a pas constaté la domesticité du chien. Le savant Rütimeyer, par exemple, a observé le fait qu'on n'a trouvé sur aucun des os de deux cents perdrix blanches (Tetrao lagopus), découvertes dans la grotte de Thaingen, de marques de morsures de chiens. Dans les kjoekkenmoeddings du Danemark, on ne peut pas affirmer non plus que le chien ait été apprivoisé; au contraire, il y a quelques faits qui font croire qu'on le mangeait. Les crânes sont presque toujours brisés, probablement pour en extraire la moëlle.

Les morsures de différents animaux varient selon la manière dont l'animal entame l'os. Dans le «Dictionnaire des sciences anthropologiques», il y a un savant article de M-r George de Mortillet, «Morsures» (p. 733), dans lequel sont énumérées les formes des incisions faites par les dents de différents animaux. Quand on espérait découvrir la présence de l'homme, même dans l'Astien et les faluns miocènes tertiaires, il y a eu de grands débats à propos des morsures faites par des poissons carnassiers squaloïdes, qu'on prenait pour des incisions faites par les hommes au moyen d'armes en silex. Nous trouvons presque la même forme aux fissures qui se font sur les os longtemps exposés à l'influence du soleil, et qu'on peut aussi attribuer au premier abord au travail humain. Dans la période paléolithique, il y a des exceptions qui n'existaient pas dans le néolithique. Il y avait encore pendant cette période, dans l'Europe du sud et d'occident, des animaux presque identiques à ceux de l'Afrique: *Hyaena spelaea* qui ressemblait à *Hyaena crocuta,—Felis spelaea* ressemblant au lion etc. Les couches des cavernes, en préservant de la destruction les os, ont préservé aussi les os entamés par les morsures des carnassiers, rongeurs etc., tandis que les traces de morsures, laissées sur les os par les chiens errants et les loups, n'ont pas encore été découvertes dans la période paléolithique.

M-r George de Mortillet nous décrit de la manière suivante la forme des différentes empreintes de dents produites sur les os par les hyènes et les chiens, seuls carnassiers qui rongent les os. «Le chien et l'hyène jouent des dents d'une manière toute différente. L'Hyène saisit l'os qu'elle ronge entre ses deux mâchoires, comme dans an étau; appuyant ses dents d'une manière continue, elle produit des empreintes *franches, nettes, profondes, suivies*. Le chien, au contraire est obligé d'agir à plusieurs reprises, *il mordille*; aussi les empreintes qu'il laisse sont-elles *multipliées et courtes, c'est comme un pointillage irrégulier*. (p. 774) Dans la période où l'on se servait généralement d'instruments néolithiques et où la confection de la poterie a surtout prospéré, les rongeurs sont pour la plupart les seuls animaux qui laissent des signes de morsures sur les os jetés dans les emplacements occupés par les néolithes. Par exemple, dans les fouilles de la station néolithique de Bologoïé on a trouvé des os (astragales etc) de l'élan (*Cervus palmatus* Czersky), avec des traces visibles des morsures faites par des rongeurs: rats d'eau (Arvicola amphibius), campagnol des champs (Arvicola arvalis) etc., et des restes de ces animaux.

Il est difficile de déterminer si ces restes étaient employés par l'homme comme nourriture, ou bien si ce sont seulement des os des squelettes dispersés par les suites de causes naturelles. On trouve souvent aussi des os des rongeurs (arvicolae) dans les tumulus. M-r. le général Brandenbourg a été témoin de ce fait: il a pris part à un grand nombre de fouilles avec le regretté docteur L. C. Ivanovski qui, étant membre actif de la Société Archéologique de S.-Pétersbourg, le premier a démontré scientifiquement le contenu des kourganes des gouvernements de Novgorod et de S.-Pétersbourg.

Les traces que les rongeurs laissent sur les os sont toujours deux sillons parallèles faits par deux fortes incisives taillées en ciseau; ces deux traces parallèles ont entre elles un vide ayant la forme d'une petite arête. Même des os d'homme sont quelquefois entamés par ces rongeurs. M-r. G. de Mortillet a trouvé dans les dolmens des plateaux calcaires de l'Aveyron des os d'homme et de renard percés et diversement entamés par de petits rongeurs de la famille des arvicoles. Il dit aussi que certains rongeurs (écureuils, etc.), sans être carnivores, aiment beaucoup à ronger les os, soit pour manger le résidu, soit tout simplement *pour aiguiser leurs dents*. Je me range plutôt à cette dernière opinion. Dans les habitations lacustres ou trouve des bois de cerf couverts d'empreintes de dents d'écureuils et de Myoxides; leurs incisives se terminent *par une pointe aiguë*, et il n'ont pas, comme les autres rongeurs, des incisives en biseau. Les stries faites par les incisives aiguës sont excessivement irrégulières, les unes plus grandes, les autres plus courtes et vice-versa. En les examinant, ou peut se prononcer plutôt pour l'aiguisement des dents. A Bologoïé j'ai trouvé des entailles pareilles sur les os et non loin d'eux des mâchoires d'écureuil et de loir (Myoxus glis). De même que dans les habitations lacustres, on trouve aussi à Bologoïé des traces de morsures faites sur les os par de petits rougeurs, rats, souris etc. Pour le castor (Castor fiber) dont on a trouvé des os et des dents en assez grande quantité à Bologoïé, je ne peux pas me prononcer définitivement: il se peut qu'on trouvera encore des entailles sur du bois rongé par leurs dents.

Les incisions faites par les squaloïdes sur les ossements de Balaeonotus, éveillèrent beaucoup de discussions. Il y a encore un fait qui est discutable: quelques os ont l'air d'avoir été rongés par un procès pathologique (osteomalacie ou rachitisme), et on les prenait pour les os des individus malades. Mais il y a un ver transparent d'eau douce qui ronge le bois dans l'eau. Les habitations de l'âge de la pierre étaient toujours coustruites près des eaux potables: puits, lacs, rivières, etc. Par hasard les os tombaient dans l'eau, ou bien y étaient jetés, les vers s'en emparaient et les creusaient par leurs passages extérieurs. Aussi en examinant ces os et les morceaux de vieux bois entamés par des vers, on voit qu'ils ont le même aspect. En ce qui concerne les animaux qui font des morsures sur les os et les différentes formes de traces laissées par leurs dents, je dois avouer qu'il y a encore bien des points à éclaircir. Par exemple on a découvert à Bologoïé une omoplate humaine couverte de morsures très difficiles à définir. J'ai exposé cette omoplate avec la mâchoire supérieure d'un crâne humain trouvée aussi a Bologoïé. La mâchoire est prognathique, et ses dents correspondent presque entièrement avec les cassures faites par les morsures sur l'omoplate. Deux êtres seulement pouvaient produire des morsures pareilles: l'homme (et c'est le plus probable) et le chien qui mordille les os. Les incisions faites dans l'os sont si nettes qu'elles sont peu conformes aux morsures plus irrégulières faites par les chiens. Mais dans ce cas, pourquoi l'omoplate aurait-elle été rongée par l'homme? L'os est assez dur, mais très mince, et il pouvait par conséquent être entamé par des dents d'homme. D'après les versions d'Hérodote, Strabon, Pline etc., le cannibalisme existait dans différentes parties de la région, appartemant maintenant à la Russie. Par exemple on trouve le passage suivant dans Hérodote (Liv. IV, Melpomène, XXVI) [1] «Les Issedons «ont quelques institutions particulières que je ne puis passer sous «silence. Lorsqu'un père de famille meurt, ses parents se rendent «dans sa maison et se rassemblent autour de lui, conduisant avec «eux des bestiaux, *qu'ils sacrifient en l'honneur du mort. Ils coupent* «*en morceaux les victimes, ainsi que le corps du défunt; puis mélant* «*ensemble ces différentes chairs, ils en font un repas etc*». Il parle aussi des Massagètes (Livre I-er, Clio, CCXVI): «Lorsqu'un homme «est devenu excessivement vieux, ses parents se rassemblent avec «d'autres victimes prises dans leurs troupeaux; ils metent ensuite «les chairs ensemble, et en font un festin. Cette mort est regardée «comme la plus heureuse de toutes. Ceux qui meurent de maladie «ne servent point de nourriture: on les enterre simplement, en les «plaignant de ce qu'ils n'ont pu vivre assez longtemps pour être «sacrifiés». En Europe, les Vendes et les Wilci mangeaient aussi leurs vieux parents, en disant qu'ils y avaient plus de droit que les vers, qui auraient inévitablement dévoré les corps. Peut-être ces pratiques ne sont-elles qu'une transformation d'autres coutumes usitées pendant l'âge de la pierre, quand les membres des tribus étaient mangés dans certaines occasions faute de nourriture, par exemple dans les mauvaises saisons. Probablement on 'le faisait avec une certaine solennité, qui donnait à ces sacrifices humains l'apparence d'un devoir religieux. Dans le cas dont j'ai parlé, la morsure de l'omoplate peut être considérée comme un hommage rendu au défunt. D'autres faits confirment l'opinion que l'anthropophagie était répandue parmi les tribus des chasseurs errants de la l'âge de la pierre qui campèrent aussi à Bologoïé.

1) Tous les crânes trouvés à Bologoïé étaient brisés en petits morceaux, comme les os des grands animaux qu'on trouve ordinairement fendus en long pour en extraire la moelle.

---

[1] *Histoire d'Hérodote*, nouv. éd. par A. F. Miat, membre de l'Acad. des incrip. et belles-lettres. Paris, 1858.

2) Le crâne en partie restauré ne ressemble ,pas aux crânes scythes mais plutôt aux crânes trouvés en Belgique, Fourfooz 2.

3) Les os humains, brisés pour la plupart, ont été dispersés, et on trouve parfois à de grandes distances des·os appartenant à un même squelette.

4) Quelques os de ces squelettes n'ont pu être trouvés jusqu'à présent.

5) Sur quelques os on reconnaît la présence du travail humain: entailles faites probablement avec un couteau en pierre, os polis à l'aide d'un lissoir en grès·etc.

6) Les os des squelettes trouvés à Bologoïé appartiennent, à une seule exception près, à des vieillards, ou bien à des enfants et à des adolescents.

7) Les chairs ont été dévorées toutes crues, à la manière des Esquimaux, car on ne trouve à Bologoïé que très peu d'os entamés par le feu, et ce n'est probablement que par les feux des foyers.

Hérodote dit, dans Melpomène XVIII, où il parle des Olbiopolites: ‹L'autre partie (d'Olbiopolites) ocuppe une région qui s'enfonce ‹vers le nord, dans un espace de onze journées de marche, en ‹remontant le Borysthène (Dnièpre). A la suite on trouve un ‹pays inhabité; au delà sont *les Androphages (mangeurs d'hommes)* ‹*peuple particulier, qui n'a rien de commun avec les Scythes.* ‹Ensuite commence le vrai désert, ou il n'existe, au moins à ‹notre connaissance, aucune nation›. Les renseignements d'Hérodote sont encore confirmés par Pline dans son Histoire naturelle, Livre VI, 22 ². ‹De la mer Caspienne vers la mer d'Orient, di-‹rection que prend la ligne du littoral, la première partie, qui commence au promontoire scythique, est inhabitée à cause des ‹neiges; la suivante est inculte à cause de la férocité des peuples;

---

² *Histoire naturelle de Pline,* avec trad. en français, par **M. E.** Littré, de l'Académie.

‹là sont les Scythes anthropophages, qui se nourrissent de chair
‹humaine. Aussi à l'entour sont de vastes solitudes, où errent une
‹multitude de bêtes farouches *qui assiègent les hommes non moins
‹féroces qu'elles*›. Dans la Géographie de Strabon (Livre XII, 2)[3],
il est dit qu' ‹Ephore termine le 4-me livre de son Histoire, intitulé
L'Europe, par ces mots: ‹Les peuples Scythes et Sauromates sont
loin d'avoir tous les mêmes moeurs: ainsi les uns poussent la
cruauté jusqu'à manger la chair humaine, tandis qu'il en est
‹d'autres qui s'abstiennent de manger même de la chair des animaux›.

A ce qu'il paraît, l'anthropophagie mystique ou liturgique prenait sa racine dans l'anthropophagie bestiale ou économique et
pouvait exister en même temps qu'elle dans les contrées froides
et les déserts des pays chauds, où l'homme avait de la peine à
trouver sa nourriture. On a soulevé plusieurs fois la question
d'anthropophagie dans le Congrès international d'Archéologie préhistorique de 1868. Le professeur Spring, en faisant des recherches dans les grottes près de Liège (en Belgique), a pu s'assurer
que les habitants primitifs de ces grottes étaient des anthropophages. Messieurs Broca, Dupont, Steenstrup, Schafhausen, Vogt
etc. se sont également prononcés pour l'anthropophagie de ces peuplades. A Chauveau, en Belgique, on a découvert une hache en
pierre sortant d'une crâne humain dont une partie seulement a
été retrouvée; les os contenant de la moelle étaient brisés, et ils
appartenaient tous à de jeunes femmes ou à des enfants.—En Russie, les savants ont aussi parfois soulevé la question de l'anthropophagie. Au Congrès de Tiflis, le professeur Samokvassov a parlé
des résultats des fouilles faites dans la même année près de Piati-
gorsk et de Kisslovodsk. Ces fouilles confirment les suppositions
d'anthropophagie, car on a trouvé des os humains brisés et dispersés. Le défunt comte Ouwaroff, qui le premier a soulevé les
questions de l'archéologie primitive en Russie, supposait pourtant
que ces os pouvaient avoir été brisés pendant les fouilles des spo-
liateurs de tombeaux.

Je mentionne encore l'ouvrage de M-r. Voiévodsky, professeur
de l'université d'Odessa, publié en 1874 et intitulé ‹Le cannibalisme
dans les mythes grecs», ouvrage où l'on trouve d'intéressants faits

---

[3] *Géographie de Strabon*, trad. nouv.. par Amédée Tardieu, sous-bibliothécaire
de l'Institut. Paris. 1873.

d'anthropophagie. Même au Congrès actuel, une communication sur l'anthropophagie de M-r. le professeur Smirnov est comprise dans le programme, sous ce titre: ‹Du Cannibalisme chez les Finnois orientaux›.

Quant à moi, si j'ai touché à cette question, c'est que je ne pouvais l'éviter en parlant des morsures. Je termine cette communication en vous présentant les résultats de mes fouilles, et je m'abandonne entièrement au jugement des savants compétents.

L'époque paléolithique dans les environs de la ville de Novgorod,

p a r

Mr. B. Pérédolsky.

En étudiant la préhistoire de la région de Novgorod, j'ai découvert en 1888 à un lieu, dit «Kolomtsy», situé à six verstes de la ville, en amont de la rivière Wolkhov, près de son écoulement du lac Ilmène, une couche portant les traces de l'habitation de l'homme ancien, de l'âge de la pierre. J'ai déjà eu l'honneur de faire une communication sur mes trouvailles à la VIII-me session du congrès russe d'Archéologie en 1891. Mais depuis ce temps, j'ai recueilli de nouveaux restes appartenant à l'âge de la pierre, de sorte que je possède maintenant une collection de plus de 35,000 échantillons, en comptant chaque fragment de poterie. L'été passé j'ai trouvé dans la couche indiquée 7 crânes humains, dont six avec d'autres os du squelette. Une fois, avec les os de l'homme, on a trouvé toutes les cinq phalanges de la patte d'un ours de grande taille.

Tous les crânes étaient aplatis et fragmentaires; mais j'ai rassemblé les fragments et je les ai collés ensemble en remplaçant les parties manquantes par du liège. Pendant les années précédentes j'avais aussi rassemblé beaucoup de fragments de crânes et d'autres ossements appartenant au moins à 16 individus; mais je n'ai réussi à rassembler qu'un seul crâne, de sorte que je possède à présent en tout 8 crânes, dont sept présentent une forme dolichocéphale, à l'occiput allongé, et un brachycéphale. Tous les ossements de l'homme et des animaux portent les traces de brûlure, et les humerus de l'homme, en trois cas, portaient les traces d'entailles, faites par un instrument tranchant. Dans sept cas, le crâne se trouvait sur un amas d'os, qui furent, paraît il, brisés et rassemblés en désordre dans une cavité creusée exprès. Ces sept cas appartiennent aux trouvailles de l'été passé. Dans les aunées précédentes, je trouvais des ossements dispersés par ci par là en désordre, loin des os du crâne et accompagnés quelquefois par des phalanges d'ours.

Dans la partie la plus proche de la rive du Wolkhov, cette couche à restes humains de Kolomtsy a pour base le dépot glaciaire, ou le gravier avec des cailloux de la grandeur d'une noix; dans la partie éloignée de la rive, cette couche est posée sur l'argile, bleuâtre en état humide et gris-foncé en état sec. La couche est recouverte par l'argile (terre à briques) souvent de deux mètres d'épaisseur, de couleur rouge brune avec des concrétions blanchâtres, jaunâtres, ou plus près de la surface—bleuâtres. Cette argile est recouverte, à son tour, par une mince couche de sables blancs remaniés, et puis par une couche encore plus mince de humus végétal. Ces deux couches alternent à peu près trois fois, et enfin la dernière couche sableuse est recouverte par l'argile jaunâtre sale de 6—7 cent. d'épaisseur, celle ci encore par un dépôt de sable remanié de 2—3 cent. et enfin à la surface on voit une mince couche de terre végétale.

Pendant l'hiver de 1890—91, on a exécuté à Novgorod le forage d'un puits artésien. A la profondeur de 8 mètres on a rencontré la couche à restes humains posée sur l'argile sableuse gris clair-bleuâtre. En retirant le foret on a observé sur sa partie inférieure de la terre noire contenant du charbon et du vivianite, fortement collée à l'argile sus-dite. Il y a environ quinze ans, lors du forage d'un autre puits à 400 mètres du celui-là, on a obtenu de l'eau à la profondeur de 14 mètres, et à cette profondeur, les ouvriers ont trouvé trois coins faits de jeune chêne bien aiguisés et enfoncés en croix dans l'argile bleuâtre, tout à fait de la même manière que le font maintenant les bateliers pour attacher leurs barques à la rive. Sur les bouts des coins on voyait les traces de vivianite.

La couche à restes humains des Kolomtsy se présente dans la section sur toute l'étendue que j'ai explorée comme une bande uniforme, noire, limitée d'en bas et d'en haut par les argiles bleuâtres et à briques et ayant de 1,5 à 1,7 m. d'épaisseur. Sur tout le parcours de cette couche, on rencontre des amas plus ou moins grands de restes de coquilles fluviatiles, et on trouve en abondance: 1) des fragments de poterie ornementée; 2) des silex taillés de diverses grandeurs, depuis les plus grossiers jusqu'aux plus soigneusement travaillés; 3) des outils en os tantôt bien polis, tantôt à peine aiguisés; 4) des haches et des ciseaux faits de divers schistes; 5) une quantité de pierres à aiguiser; 6) des ossements d'animaux: du bos primigenius, de l'élan, du sanglier, du castor, du loup, du lynx, du renard; 7) de petits carnassiers et de rongeurs, des vertèbres de poissons, dont l'un a 5 centimètres de diamètre; 8) des pandeloques, faites de dents d'animaux, de jade, de schiste rouge de grès, d'ambre et une plaque cassée de mica; 9) des morceaux d'obsidienne, de carniole et d'autres roches de provenance lointaine; 10) des fragments de poterie de diverses formes et grandeurs, tantôt à fond plat, tantôt convexe, avec une ornementation variée faie en relief ou gravée, quelquefois avec les traces du feu du côté interne des vases. La composition de l'argile dont on a fabriqué les pots est variable: on a mêlé à l'argile du gravier, du quartz broyé, des fragments de coquillages. On peut discerner 5 couleurs: de la poterie jaune, rose, blanche et rouge; l'argile de cette dernière couleur renferme toujours des fragments de coquillages. L'ornement le plus remarquable est le même que sur la figure 9 de la table XII de l'ouvrage de Mr. Inostrantzev: ‹L'homme préhistorique des rives du lac Ladoga. L'autre type d'ornement se rencontre sur la poterie trouvée près du village Outkino et du lac Onéga. (Cf. ‹L'archéologie de la Russie, par le comte A. Ouvarov, tab. 29, fig. 340 a)›. Parmi les argiles utilisées pour la poterie, il n'y a qu'une seule, de couleur rougeâtre, qui est locale, toutes les autres ont leurs gisements loin du lac d'Ilmène. Pendant l'été de 1891. j'ai découvert dans la couche des Kolomtsy une tête d'homme sculptée en os, appartenant à ce qu'il paraît à la figure entière d'une idole. Les yeux font un angle droit avec le nez, qui est d'une longueur démesurée.

Afin d'avoir une terme de comparaison, j'ai fouillé quelques kourganes et neuf anciens cimetières, jalniks, abandonnés depuis plus de 200 ans, tous dans les environs de Novgorod. Ces fouilles m'ont procuré plus de 150 crânes, dont les $^7/_8$ ont aussi la forme dolichocéphale.

Supplément.

Mr. Péredolsky a présenté au Congrès un autre mémoire sur les antiquités des rivages du lac Ilmène et de la rivière de Volkhov, mémoire très étendu, qui n'a pu être publié dans le volume des travaux préliminaires, mais dont nous nous sommes permis de faire l'extrait suivant.

Mr. Péredolsky a découvert les restes de l'âge de la pierre dans la ville même de Novgorod et dans ses environs, ainsi que dans les anciennes provinces (piatiny) de la république de Novgorod, celles de Chélon et de Biéjetsk. La station sur les rives du lac Ilmène et de la rivière de Volkhov, près de son écoulement du lac, le lieu dit les *Kolomtsy*—mérite surtout l'attention des archéologues. La couche, remplie de restes de l'industrie humaine, a ici jusqu'à 1,75 m. d'épaisseur; elle a pour base les depôts glaciaires et est recouverte d'une couche de limon à briques, d'une épaisseur de 2 mètres. L'emplacement de cette station occupe jusqu'à un kilomètre carré. Les Kolomsty sont situés sur la rive droite du Volkhov et de la Malaia-Gnilka qui s'y jette sous un angle droit. Cette petite rivière représente un des bras anciens de l'embouchure de la Msta, qui a reculé jusqu'à 4 kilomètres vers le sud. La colline basse des Kolomtsy est inondée presque chaque printemps; quelquefois cependant elle reste découverte jusqu'à 1,2 mètres de hauteur. De tous les côtés, dans les environs des Kolomtsy, on voit des hautes collines, les unes isolées, les autres — formant des chaînes en arc. La couche avec les restes d'homme est très dure, de sorte que les ouvriers, en la creusant, ne peuvent y enfoncer la bêche que de 12 — 16 centimètres seulement, en séparant des couches de 2—3 centimètres d'épaisseur. On trouve cependant des places où la couche est humide et par conséquent, plus molle.

En travaillant pendant 4 ans, Mr. Pérédolsky a fouillé ici une superficie de 130 mètres en longueur et de 4 à 20 mètres de largeur, dans la direction du sud au nord. La superficie de la couche avec les restes de l'industrie humaine, après l'éloignement de la couche supérieure du limon, se présentait partout unie et, dans la direction du Volkhov et de la Gnilka, elle semble coupée obliquement vers la rivière et recouverte de limon ou de sable sale, provenant des crues du printemps. Dans la couche sale du limon, reposant immédiatement sur la couche avec les restes d'homme, on trouve assez souvent du charbon de bouleau et de pin, quelquefois aussi de chêne, et sur la superficie elle même—outre le charbon, encore des outils en silex et en schiste, tous de petites dimensions. On ne trouve pas ici de fragments de poterie, qui abondent cependant dans la couche même, dans toute son épaisseur, ainsi que les silex, les os, les blocs erratiques, les polissoirs etc. Pendant 4 années, Mr. Pérédolsky a recueilli jusqu'à 35,000 objets, présentant les traces certaines de travail humain, sans compter les éclats de silex et les os brisés. Dans toute la couche sont dispersés des amas de coquilles fluviatiles plus ou moins grands et hauts, quelquefois l'un près de l'autre, quelquefois séparés à une assez grande distance. On ne trouve ces tas de coquilles ni près de la superficie, ni près de la base, mais seulement au milieu de la couche, à la distance à-peu-près de 16—24 centimètres de la superficie et de 30 — 40 cent. de la base. Le plus souvent ces amas sont riches en débris de poterie, en outils en os, en lames de silex, en fragments d'os, en dents d'animaux, en cailloux et galets etc. On a trouvé même dans ces amas de coquillages les os isolés de l'homme. Quelquefois on trouve les fragments de poterie rangés radialement et ayant au dessus d'eux des fragments d'os, surtout de sanglier et d'élan, mais jamais on n'a pu trouver de vases entiers. Entre les coquillages on trouve du charbon, des traces de bois et une fois, on a trouvé de l'écorce de bouleau. Dans toute l'épaisseur de la couche on rencontre par places comme des vallons encaissés, pavés de dalles minces de calcaire; dans le voisinage on trouve ordinairement beaucoup de fragments de vases, avec des os et des dents d'animaux et de petits blocs de granit, souvent très friables.

Toute la superficie de la station est à présent couverte d'arbustes (le cytise), dont les racines percent la couche du limon et pénétrent dans la couche à ossements, où leurs pousses remplissent quelquefois les os vides des animaux et de l'homme.

Les restes de l'industrie humaine trouvés à Kolomtsy, consistent en: 1) fragments de poterie diversement ornementée; 2) outils en silex de diverses dimensions, depuis la grandeur d'un poing jusqu'à de très-petits, d'un travail tantôt très-grossier, tantôt très soigné; 3) outils en os et en corne, à peine moins nombreux que les outils en silex; 4) plaques de grès de différentes couleurs, qui pouvaient servir de polissoirs; 5) objets en schiste,—haches, ciseaux, flèches, pierres à aiguiser etc.; 6) objets en obsidienne (?) de couleur noire, lilas, laiteuse etc. et morceaux de roches diverses—carniole, jade, agate etc. avec traces de leur emploi par l'homme.

Parmi les outils en silex, on peut discerner: a) des lames, qui pouvaient servir de couteaux; b) des grattoirs de diverses formes, taillés d'un, de deux ou de quatre côtés, ayant un bord droit ou arqué etc.; c) des haches—en forme de coins plats; d) des marteaux. faits de galets avec les empreintes de deux côtés pour pouvoir les tenir dans la main; e) des scies, avec le bord dentelé, droit ou concave; f) des bouts de flèches et de lances, quelquefois très grossiers, quelquefois soigneusement travaillés en forme de feuilles de saule ou de laurier, ou en forme de triangle, avec la base droite, ou concave, ou munie d'un pédoncule pour être attachés. situé au milieu ou plus près d'un bord; g) des alènes ou des perçoirs et d'autres outils d'une destination indéterminée.

Les objets en os sont plus uniformes. On peut les classer comme il suit: a) les spatules; b) les bouts de flèches et de lances, de la grandeur de 3 à 8 cent.; c) les alènes et les perçoirs; d) les polissoirs (?); d) les harpons et les hameçons; f) les ciseaux à gouttière; g) les petites haches. Quelques objets mieux travaillés sont munis de trous et de stries.—Les cornes, surtout les rameaux des bois d'élan et de cerf, ont été appropriés pour servir de manches de couteaux, de haches etc.

Il faut encore signaler quelques plaques munies de trous pour la suspension et des dents (canines) percées de l'ours, du lynx, du loup et d'autres animaux. On a trouvé aussi une plaque de mica percée et deux fragments d'un anneau en schiste. Mais l'objet le plus remarquable est un fragment de crâne humain (l'os parietal à ce qu'il paraît), muni d'un trou et ayant servi probablement d'amulette. Il a 29,5 mm. de longeur, 15 mm. de largeur et 3,5 mm. d'épaisseur. On a trouvé encore deux plaques en os, représentant, l'une une tête d'oiseau, l'autre — une tête d'homme coiffée d'un chapeau (en forme de fez turc), au nez long et au menton pointu. Plusieurs des objets en ossements sont devenus avec le temps très friables et tombent facilement en pièces.

Mr. Péredolsky émet l'opinion que les restes de l'homme et de son industrie qu'il a découverts à Kolomtsy, présentent une ressemblance évidente avec les restes trouvés sur les bords du lac de Ladoga et décrits par le prof. Inostrantzev. C'était évidement la même tribu primitive, qui était du reste sédentaire et, à en juger par quelques indices, avait des relations commerciales avec des pays assez lointains. D'autre part, les crânes de cette population de l'âge de la pierre présentent plusieurs traits de ressemblance avec les crânes provenant des kourganes du gouv. de Novgorod et en général de la Russie de l'ouest et du sud. Il est probable que le sang de ces chasseurs et pêcheurs de l'âge de pierre, quoique melé peut être avec le sang d'autres tribus venues plus tard, a coulé encore longtemps dans les veines de leurs successeurs et coule encore à présent dans celles de leurs descendants lointains.

Le „Jalnik" (nécropole) de Iuriévo, dans le district de Borowitchi (gouv. de Novgorod),

p a r

B. Pérédolsky.

Monsieur A. Wolkenstein a étudié et décrit les ‹jalniks› du district de Waldaï, et a mesuré les crânes provenant de ces sépultures préhistoriques, de même que les crânes des habitants actuels du district. Son étude démontre que ces catégories de crânes se ressemblent par leur forme large et qu'ils se rapportent du type brachycéphale.

D'après Wolkenstein, les ‹jalniks› sont situés ordinairement sur les plus hautes élévations du pays, ressemblant sous ce rapport aux kourganes qui le plus souvent sont situés aussi dans les lieux élevés, offrant de jolis points de vue tout autour. Les tombes ont les contours réguliers, et sont encadrées de pierres formant tantôt un carré, tantôt un trapèze, mais le plus souvent un quadrilatère allongé. Les squelettes y sont enterrés les pieds à l'est et la tête à l'ouest. Les pierres formant la tombe sont grandes et arrondies; quelquefois les pierres rondes sont recouvertes par des dalles. Il faut remarquer que des pierres semblables ne se trouvent pas dans les environs des jalniks et il paraît qu'elles ont été apportées de loin. Si les blocs forment un quadrilatère long et étroit, la tombe ne contient qu'un squelette; si la tombe est plus large que longue, elle contient ordinairement plusieurs squelettes. On trouve presque toujours deux squelettes et quelquefois encore un troisième, d'enfant, dans les tombes de forme trapézoïde et quadrilatère. Quelquefois on voit encore sur la tombe deux grands blocs de pierre posés symétriquement dans un but d'ornement.

En découvrant ces tombeaux, on rencontre tout d'abord une couche remplie de fragments de poterie non cuite, d'un travail grossier, entremelés avec des petits morceaux de charbon. Plus près du squelette on trouve une couche de terre noire, évidement d'origine organique. Les ossements se rencontrent à la profondeur moyenne de 90 — 100 et quelquefois de 38 cent. seulement. On déposait les morts sur le dos, la tête tournée de coté, les bras sur le ventre ou allongés parallèlement au corps. Rarement on rencontrait les traces de cercueil et jamais d'objets quelconques». (Cf. «Exposition Anthropologique de Moscou» 1889. III, 1).

Les «jalniks» sont très nombreux dans le gouv. de Novgorod; on s'en servait pour l'inhumation même après l'introduction du christianisme, ce que prouvent les crucifix grossiers, taillés en pierre, qu'on trouve souvent sur ces tombes. La présence dans quelques jalniks de Waldaï (décrits par Mr. Wolkenstein) de traces de cercueils et la position du squelette les pieds à l'est, prouvent que ces tombeaux se rapportent aussi aux temps chrétiens; la position des bras ne peut pas le contredire, puisqu'elle pouvait facilement être dérangée par la pression de la terre, quand le mort a été enterré sans cercueil, ce qui arrive souvent encore maintenant, dans les lieux privés de forêts. Les tombeaux garnis intérieurement de pierres et appartenant à l'époque chrétienne ne sont pas rares aussi dans la région de Novgorod. Mais, vu la question posée pour le Congrès, sur la signification de diverses modes de sépultures comme indices ethnographiques, je me permets de communiquer quelques données qui se rattachent à la question de l'ancienneté de l'usage de garnir de pierres l'intérieur des tombes dans l'ancien arrondissement de Biéjetsk, non loin du district de Waldaï.

Les jalniks sont aussi nombreux dans le district du Borowitchi que dans celui de Waldaï. J'ai exploré l'un d'eux, regardé comme le plus ancien et qui se trouve dans les limites de la propriété de Mr. Wladimirsky, près du village Iuriewo et le hameau Gorka. Tout le pays où se trouvent ces villages et 12 autres encore, à l'ouest et au sud, est entouré de lacs et de marais se réunissant par les rivières Werekcha et Ouzmène et par d'autres petites rivières et ruisseaux; tous ces villages sont situés sur une élévation qui ressemble au printemps à une grande île; les rivières et les ruisseaux s'unissent alors avec les affluents de la Msta et du Volga par l'intermédiaire des lacs et des marais qui se dessèchent pendant l'été, de sorte que l'élévation de Iuriewo devient un seuil de partage de deux grands bassins. Parmi les lacs les plus proches de la propriété de Mr. Wladimirsky, le Lutoé et le Sopinskoé sont les plus considérables. Le jalnik de Iuriewo est situé au milieu de la plus haute colline s'allongeant du S. au N. La majeure partie de la colline est couverte de hauts pins et de sapins séculaires: au nord les pentes sont couvertes de champs labourés sur lesquels on voit de grands cailloux, disposés

en tas ou en bandes. Les roches qui dominent les cailloux sont:
a) en grès solides gris-rosâtre, gris-foncé, presque noir; b) en schistes
stratifiés gris-foncé riches en mica; c) en granits foncés, très rarement rouges; d) en quartz de couleur laiteuse. Sur les champs
et les pentes de la colline tournés vers la maison du propriétaire, on rencontre parfois des grands amas de silex aigus en forme
de lames, grattoirs, racloirs, taillés très grossièrement. Sur la
pente méridionale de la colline, on trouve deux kourganes de
1,3 m. de hauteur, 2,7 m. de largeur et 4,6 m. de longueur:
ils sont à la distance de 8 m. à peu près l'un de l'autre.
Plus à l'ouest, à la distance de 400 mètres, sur la plaine basse,
se trouve un autre grand kourgane couvert de jeunes forêts
et entouré par un fossé d'un mètre de profondeur. Du haut de
ce kourgane, on jouit d'une vue admirable sur le lac de Lutoé
et sur les environs. La longueur de la colline décrite est de deux
verstes et la largeur parfois moins de 200 mètres. La place
qui porte à présent le nom de «jalnik» n'a pas plus de 50 m.
de longueur et 20 m. de largeur. Elle est aussi parsemée de
cailloux couverts de mousses et couverte d'une antique forêt.
Après l'abatage de cette forêt, on a trouvé sur son emplacement
parmi des blocs erratiques, plus de dix croix à quatre branches,
grossièrement taillées en grès. Parmi ces croix, on a trouvé un
objet étrange: un morceau de grès, gris-rougeâtre, grossièrement
taillé, en forme de Z allongé; la longueur de ce morceau est près
de 0,33 m. la largeur—0,12 et l'épaisseur près de 0,08 m., sur
sa face la plus unie on voit l'entaille d'une petite croix sous laquelle est gravée l'arc de la lune, les cornes en bas.

Plus près du bord méridional de la nécropole on voit une petite
élévation ronde et aplatie, encadrée de tous côtés de pierres et
couverte de vieux pins et de sapins. Les racines des arbres ont
changé par places la position régulière des pierres. La base de
l'élévation (dont le diamètre est de 10 mètres), est entourée d'un
fossé large de plus d'un mètre.

Des élévations semblables, mais un peu convexes au milieu et
qui ne sont pas encadrées de pierres, ont été décrites par Mr.
Gatsuk et nommées par lui «Kourganes planiformes»; cependant
les élévations tout-à-fait aplaties ne me sont pas connues.

Les fouilles de cette élévation ont montré: 1) sous la couche
des pierres—cinq tombes avec les parois faites de grands cailloux
ronds cimentés par du gravier; dans les parois de deux tombes
voisines on trouve une espèce de fenêtre; dans ceux des autres
seulement des interruptions irrégulières entre les pierres, endom-
magées par les racines des arbres. 2) La profondeur de toutes les
tombes est la même—0,48 m. 3) Toutes les tombes ont la forme

d'un quadrilatère allongé; la longueur de la plus grande tombe est de 1,3 m. la largeur 1 m.; toutes les autres ont à peu près 2 m. de longueur et 0,7 m. de largeur. 4) Parmi ces 5 tombes, quatre contenaient un squelette chacuue et la cinquième était vide; 5) si l'on considère que toute l'emplacement de la nécropole est surélevé à cause des pierres et des ramilles, on doit admettre qu'on déposait les morts sur le sol sans y faire un enfoncement quelconque. 6) La couche foulée du gravier blanc de la grosseur d'u noix, couverte d'une petite couche de cendres et de charbon servait de lit au cadavre. 7) Le mort était déposé sur le dos, le visage tourné en haut, dans deux cas au nord-est, mais il faut croire que la position primitive a été dérangée par la pression de terre après l'enterrement. La position du corps était diverse: tantôt les pieds au sud, tantôt à l'est ou à l'ouest. Parfois les deux bras sont étendus le long du corps, quelquefois l'un était replié sur le pubis; sous la tête on a posé parfois une petite dalle. 8) La plus vaste tombe contenait une particularité que je n'ai pas rencontrée dans d'autres kourganes: des deux cotés du squelette, à la distance de 0,50 m. vis-à-vis des côtés inférieurs et du bassin se trouvaient 4 crânes, dont trois appartenaient à des sujets très jeunes et le quatrième à un adulte. Ces crânes sont très mal conservés, mais les mandibules sont complètes, et sur les trois crânes on peut voir l'apparition des dents permanentes. Les trois crânes de jeunes sujets ont été déposés le sinciput en haut; les restes de quatrième crâne étaient trop fragmentaires pour pouvoir juger de sa position. Deux crânes étaient accompagnés de quelques vertèbres cervicales et de côtes; le troisième crâne est d'une forme très allongée, rappelant celle des crânes déformés artificiellement, mais produite probablement par le déformation post-mortem sous la pression de la terre. 9) A une certaine distance de la tête et des pieds du défunt et un peu au-dessus étaient posés des vases d'argile sans ornement; les racines des pins ont brisé les pots, de sorte qu'il a été impossible d'en rassembler tous les fragments. 10) La taille des squelettes variait entre 1,67—1,75 m. à peu près, sans compter les os des pieds qui ne se sont pas conservés; trois crânes sont dolichocéphales et munis de la partie faciale, le quatrième, enselevi dans la plus grande tombe, est mésocéphale et privé des os du visage. 11) Tous les squelletes sont comblés avec du sable, où l'on trouve rarement des os calcinés, probablement d'animaux, souvent des morceaux de charbon et plus souvent encore, surtout près du squelette, de petits silex taillés, aigus, qui se rencontrent même entre les os du squelette. 12) Dans la tombe contenant le crâne sans la partie faciale, près de la paroi extérieure, on a trouvé (dans une espèce d'entonnoir fait en terre) une quantité d'os calcinés appartenant à des animaux et, paraît-il, à l'homme, aussi posés dans une petite fosse. Chaque tombe est recouverte au dessus du sable par de grandes dalles de pierre cimentées de gravier et formant une espèce de voûte. Les ouvriers, qui désassemblaient ces voûtes, ont remarqué qu'elles sont construites à la manière des poêles dans leurs bains, et que ces voûtes des jalniks ne sont pas appuyées contre le remblai sableux et peuvent se soutenir sans le toucher. On n'a trouvé ni sur les squelletes, ni dans le sable des tombes aucune trace d'oxyde métallique.

J'ai fouillé ce jalnik encore en dehors de l'élévation centrale, dans cinq places différentes Les silex taillés grossièrement et les fragments de poterie sans ornement ont été trouvés rarement près de la surface, mais pas dans la profondeur. Les fragments de poterie trouvés dans les tombes ressemblent beaucoup à ceux trouvés dans d'autres places des jalniks; les fragments du bord des pots prouvent que le plus souvent ces pots étaient de la même forme que les pots à lait actuels du pays. Dans la plus vaste tombe, on a trouvé un fragment de poterie portant une croix à quatre branches, tracée par une espèce d'aiguille.

Les fouilles de deux autres kourganes mentionnés plus haut ont donné les mêmes fragments de silex, des restes de poterie et une petite lame quadrangulaire de grès siliceux; sur l'une des faces de laquelle on apperçoit aussi une croix, de la même forme que sur l'objet en Z décrit auparavant, seulement les cornes de la demi-lune sont tournées en haut. Probablement ce dessin est d'origine naturelle, mais la lame porte en tout cas les traces d'un long usage. Outre les silex, les fragments de poterie et les os, tous les trois kourganes ont fait voir des couches de cendres et de charbon plusieurs fois altérnant, intercalées par la même table dont on a fait le remblai du kourgane, et commençant à la mi-hauteur ou encore plus près du sommet du kourgane.

Tous les silex du jalnik et des kourganes portaient les traces du feu. Sur le lit de la Msta, près de Borowitchy, aux nombreux rapides, et même sur le pavé de la ville, j'ai rassemblé beaucoup de silex aigus grands et petits, de la même roche que celle du jalnik et présentant les mêmes traces de leur taille par l'homme.

Cependant, M-r. Brandenbourg, pendant ses fouilles sur les rives de la Siase et de la Pacha, a trouvé dans les remblais des kourganes et sur les champs labourés d'alentour beaucoup de lames et de fragments de silex, n'ayant, paraît-tl, aucun rapport aux sépultures, et il en a conclu que les silex ont pu venir dans les kourganes avec la terre formant le remblai (Cf: «Sur les traces de l'âge de pierre dans la région sud du Ladoga», dans «Le Messager de l'Inst. Archéol.» VII, 12).

La commune du district de Borowitchy, contigüe à celui d'Ous-
tioug, porte le nom de «Kouchewerskaya»; d'après les observations
d'un propriétaire du pays, les habitants de cette commune ne ressemblent nullement aux Russes: ils sont pâles, maigres, bruns; les hommes ont très peu de barbe, sont courbés et ont les épaules carrées;
le visage a la forme d'un cone renversé; les deux sexes sont peu
communicatifs et mènnent une vie retirée; les mariages mixtes ne
sont pas admis. Orthodoxes d'après les régistres, ils ne fréquentent
jamais l'église; leur idiome renferme plusieurs mots qui ressemblent à ceux de la langue zyriane. Les hommes sont paresseux;
tous les travaux sont exécutés par les femmes. Dans le district de
Borowitchy, il y a beaucoup de Finnois-Korèles mais leurs ancêtres
ont émigré après la paix de Stolbowo au XVII-me sïècle, de la région
de Ladoga, cédée alors aux Suédois.

Gisements d'outils en pierre dans le district de Iaransk, gouv. de Viatka,

par

P. Krotov.

Le district de Iaransk occupe le sud-ouest du gouvernement de Viatka; il confine à l'ouest et au sud aux gouvernements de Kostroma, de Nijni-Novgorod et de Kazan. Le sol de ce district est formé de couches du système permien, recouvertes au centre, au nord et à l'ouest d'argiles à blocaux, qui témoignent que la glaciation, pendant la période post-pliocène, d'une grande partie de la Russie d'Europe a recouvert aussi une partie considérable du district de Iaransk. C'est à cette période qu'il faut rapporter les bassins d'eau douce, dont on constate les traces sur les limites septentrionales de ce district, dans la vallée de la Pichma. Ces anciens bassins ont été remplacés, ver la fin de l'époque post-pliocène, par les rivières actuelles de ce district, qui appartiennent d'une part au système de la Viatka, comme la Pichma et ses affluents: la Nemda, le Iarane, l'Ichome, etc. et d'autre part, au système du Volga, comme la grande et la petite Kokchaga et leurs affluents. Nous pouvons nous figurer le district de Iaransk, dans le cours de la période moderne, couvert de vastes forêts vierges de pins et sapins, avec des lacs et des marais nombreux et pleins d'animaux, d'oiseaux et de poissons, en somme offrant toutes les conditions favorables aux peuples chasseurs. Ce n'est que plus tard, après une lutte prolongée avec la forêt, qu'on put parvenir à dessécher les marais, à agrandir le rayon des lieux habités par les hommes et à y développer l'agriculture. Quels étaient les aborigènes de ces contrées, quelle était leur civilisation?

On peut actuellemont donner une réponse satisfaisante à ces questions, grâce à d'assez riches matériaux archéologiques recueillis par divers explorateurs sur le territoire de ce district.

Les recherches faites dans ces dernières années ont démontré que les outils de pierre sont assez répandus dans le district de Iaransk, ce qui nous fait conclure que cette contrée était habitée dès l'âge de la pierre. Ces mêmes investigations nous ont donné la connaissance de nombreux «goroditchtschés» (campements) et d'autres traces d'anciennes habitations dans lesquelles on trouve des outils variés en os, en fer et en bronze, et même des objets en argent et en or, ce qui prouve à son tour que la civilisation de l'âge de la pierre y a été remplacée successivement par les époques de civilisation subséquentes. Mais l'étude des matériaux archéologiques qui se rapportent à cette contrée nous porte à d'autres conclusions relativement au traces de l'âge de la pierre, comme nous le verrons plus loin. Nous communiquerons ici les principales données qui se rapportent à cette question et qui ont été en partie recueillies par moi-même pendant une excursion faite l'année passée (1891), en partie sont dues à Mrs. Spitzyne et Alabine, qui ont recueilli des matériaux pendant les années précédentes.

Dans la partie orientale du district de Iaransk, dans le bassin de la Icha supérieure, on découvre, près des villages de Emakaévo-Bakhtenki et d'Emakaévo-Kougounour, les traces d'un ancien «goroditchtsché» à la réunion de deux ravins. Grâce à cette situation, le gorodichtché était inaccessible au nord-est et au nord-ouest, et il était défendu au sud par un rempart garni à l'extérieur d'un fossé parallèle. Dans les couches supérieures de ce remdart, on trouve des fragments d'os brisés et fendus et des morceaux de charbon. Autrefois, ce goroditchtsché et ses environs immédiats étaient couverts d'une épaisse forêt de conifères détruite depuis par un incendie, plus tard toute cette localité fut convertie en champs labourés, et pendant les travaux de défrichement, les habitants du pays ont trouvé fréquemment, et trouvent encore maintenant, des pointes de flèches et de lances, des couteaux et beaucoup de fragments de silex taillés. Les outils en silex sont de petites dimensions et fabriqués de blocs en silex, ainsi que les couteaux et les autres fragments. La découverte d'outils en pierre dans les environs immédiats du goroditchtsché nous fait supposer qu'ils appartiennent à la même époque que le goroditchtsché même, quoique nous n'en ayons pas de prenves certaines.

Nous trouvons des indications plus précises sur la civilisation des anciens habitants de cette contrée en explorant le goroditchtsché Odo-lème, qui est situé à 1½ verste au nord du village d'Ernour, dans le bassin de la petite Kokchaga, dans la partie méridionale du district de Iaransk. Ce goroditchtsché s'élève dans un pays boisé, entre deux ravins qui se croisent à angle aigu, et a l'aspect d'une surface plane en forme de trapèze, légèrement inclinée vers le N. E. à la jonction des deux ravins. Ce goroditchtsché était défendu au N. E., N. O. et S. E. par les pentes assez rapides des ravins, et au S. O. par un rempart escarpé de plus de 2 mètres de hauteur, au delà duquel était creusé un fossé étroit à parois escarpées de 1 à 1,3 m. de profondeur. Il n'y a pas longtemps que ce goroditchtsché était couvert de bois de conifères, mais maintenant sa superficie est défrichée, ce qui m'a donné la possibilité de retrouver des traces de la civilisation de ses anciens habitants. J'ai trouvé ici, sur la terre labourée, des amas d'os brisés de mammifères, des charbons de foyers, des fragments de poterie grossière, des blocs de quartz et de granit rouge. Mais ce qu'il y a de plus intéressant, ce sont les nombreux fragments de grès-permien gris, applatis et polis, de forme triangulaire cunéiforme, dont se servaient évidemment les anciens habitants du goroditchtsché. On a trouvé au même endroit deux grandes pierres à aiguiser du même grès-permien. Plusieurs parties de la surface de ces pierres sont légèrement concaves et convexes, polies et semblables aux pierres à aiguiser dont on se sert encore maintenant pour aiguiser des outils en fer. Il est probable que les habitants du goroditchtsché se servaient de ces pierres aussi pour aiguiser leurs outils en fer. En effet, pendant les fouilles de ce goroditchtsché, on a trouvé des haches en fer. En outre, d'après le récit des Tchérémisses qui habitent le pays, on trouve parfois ici des objets d'argent et de bronze. J'ai aussi trouvé ici une assez grande quantité de scories.

J'ai retrouvé des traces de la même civilisation dans les environs du village de Iaran-Mougache, sur le cours supérieur du Iarane. A quelque distance à l'ouest de ce village, près de la grande route, j'ai remarqué la section à angle droit d'une fosse peu profonde, remplie d'une argile riche en matières organiques, dans laquelle étaient dispersés de nombreux fragments de poterie grossière, ainsi que des morceaux coniques de grès-permien aux surfaces polies. Ces morceaux de grès ressemblent par leur ‹habitus› à ceux du goroditchtsché d'Odo-lème, décrit plus haut. Nous pouvons en conclure que le cours supérieur du Iarane était habité par le même peuple qui s'est fortifié dans les goroditchtschés des environs d'Ernour, se servait d'outils en métal et de grossière poterie d'argile, se nourrissait des produits de la chasse et probablement s'occupait d'agriculture. Il est très probable que les fosses de Iaran-Mougache nous présentent les traces des demeures primitives des Finnois qui habitaient cette contrée, rappelant la ‹kota› des Finnois-occidentaux que Mr. Smirnov regarde comme l'habitation primitive des Tchérémisses[1].

Ce qui est encore intéressant, ce sont les vestiges d'anciennes habitations aux environs du village de Barychnikov sur la rivière de Routka, dans cette même partie méridionale du district de Iaransk. Ici les habitants russes ont découvert dans une antique forêt de conifères les traces d'anciennes demeures, des sillons d'ancienne culture de la terre, comme on en trouve sur les lieux autrefois labourés, etc. On y a trouvé aussi des faucilles, des faux, des socs en fer, plusieurs fragments de pierre polie et d'autres outils, tels que des pierres à aiguiser, des maillets etc. Ainsi, près du village de Barychnikov habitait autrefois une peuple d'agriculteurs qui se servait de divers outils en fer, en même temps que d'outils très variés en pierre polie. Les vestiges trouvés dans les parties orientale et septentrionale du district de Iaransk nous mènent aux mêmes conclusions, relativement à la civilisation des anciens habitants de cette contrée. On connait ici plusieurs localités où l'on trouve en même temps des fragments de pierre polie et des haches et des pointes de lances en fer. Ce sont les villages de Kilimara, Mogounavas, Ivanovskaïa, Malazvérevskaia, Réoutovskaïa, Toumanova, Tchernomouj, P. Retchvache, Kiknour, Oustinskoïe, Koudnyche etc.

Un intérêt particulier s'attache à un lieu de gisement d'outils de pierre, près du village de Vyssoko-grivsk, décrit par Mr. Spi-

---

[1] *I. N. Smirnov.* Les Tchérémisses, p, 70. (Mém. de la Soc. d'Archéologie, d'Histoire et d'Ethnographie de Kazan, T. VII).

tsyne [2]. On rencontre près de ce village une élévation qui a la forme d'un oval allongé, nommée Haute-crête (Vyssokaïa Griva), formée d'argiles. La tradition l'apelle «Kourgane», quoique sa constitution ne soit pas connue. Les Russes, qui sont venus habiter cette contrée vers la moitié de ce siècle, ont trouvé sur l'emplacement de cette «crête» un bois encore jeune, des souches et des troncs de chênes brisés, restes d'une ancienne forêt détruite par un incendie. Ils ont aussi constaté sur la superficie de cette colline des traces de culture de la terre. En labourant de nouveau cet emplacement, on a trouvé divers objets de civilisation primitive comme: des fragments de pierre, une alène à crochet (pour tresser les souliers d'écorce) en fer, et des grattoirs en fer, qui rappellent les outils dont se servent jusqu'à présent les Tchérémisses pour la fabrication de leurs ruches (?). On peut conclure de ce qui a été dit que la «Haute-crête» a été habitée par un peuple agriculteur, qui savait aussi tresser des souliers en écorce—traits qui donnent lieu de supposer que c'était une tribu finnoise. En effet, le village d'Ostanchourga, situé dans le voisinage, est dans le pays une des plus anciennes colonies des Tchérémisses.

On connaît encore des vestiges analogues de civilisation primitive dans la partie septentrionale du district de Iaransk. Par ex. entre les villages d'Ochetik et de Kazansk, non loin des confins des district de Iaransk et du gouv. de Kostroma, on voit une colline qui ressemble à un kourgane. Cette colline et le pays environnant étaient couverts de forêts de sapins, qui diminuèrent d'étendue après l'arrivée des colons russes, et surtout pendant ces dernières années. En labourant cette colline, après l'abatage des bois, les paysans actuels ont trouvé des haches, des faux et des faucilles en fer, ainsi que des marteaux de pierre polie d'un travail très soigné. En outre, il y avait à l'exposition du Congrès archéologique de Iaroslav une hache en pierre, trouvée aussi dans les champs du village de Kazansk.

L'énumération sus-dite n'épuise pas la nomenclature de tous les gisements d'outils en pierre dans ce district. On a encore trouvé des marteaux en pierre polie, dans les environs de Tzarévosan-

---

[2] *A. Spitsyne.* Nouvelles données pour l'histoire primitive du pays de la Viatka, p. 17.

tchoursk, près des villages d'Oulèche, de Lumpanour, de Choïka, de Yandouchev, de Soza-Kourbatova, de Spornaïa, et dans beaucoup d'autres lieux de ce district. En même temps, on trouve parfois des pierres à aiguiser, de forme oblongue, à faces planes concaves et convexes. Elles sont fabriquées en grès-quartzeux, provenant de blocs erratiques; on pouvait s'en servir pour la fabrication de marteaux en pierre de petits blocs. En outre, dans les champs du village de Rousskaïa-Rouïa, sur la rivière Rouïa, près des villages de Tabacheva, de Koulacheva, de Kresty et d'autres, on trouve souvent des pointes de flèches et de lances et des grattoirs en silex et de nombreux fragments de silex polis qui semblent être des outils inachevés.

On trouve également des outils de pierre, comme p. ex. des grattoirs, des couteaux, etc. dans la partie septentrionale de ce district, sur les bords de la Pichma, et ce qui est à remarquer, ces outils se trouvent ici dans des goroditchtchés, mêlés à des ustensiles et objets divers en os, en fer, en bronze, en verre et même en argent. Les goroditchtschés les plus remarquables par la variété des vestiges de civilisation ancienne, sont ceux de Emanaévsk sur la Pichma, de Nijnévodsk sur la Nemda et de Térébzovsk sur l'Itcha, décrits par Spitsyne et par d'autres. C'est pourquoi je me bornerai à énumérer les objets trouvés dans ces localités. Outre les grattoirs et les couteaux en silex, mentionnés plus haut, trouvés dans les goroditchtschés mêmes et dans les alentours, on rencontre ici: des os calcinés, des fragments de poterie ornementée, des pointes de flèches en os, des harpons, des haches et des couteaux en fer, des objets de parure (pendeloques etc.) en argent et en bronze, des perles en verre bleu, des petits disques en argile pour les fuseaux et beaucoup de scories.

Malgré les différences qu'on remarque entre les objets contenus dans les goroditchtschés de la Pichma et ceux des autres lieux anciennement habités dans le district de Iaransk, ils ne manquent pas de nombreux traits communs, ce qui nous donne le droit de regarder tous les vestiges signalés ici des anciennes demeures comme à peu près contemporains et appartenant à la même époque des goroditchtchés. Les anciennes demeures des autres parties du district de Iaransk ne se distinguent des goroditchtschés de la Pichma, que par plus d'uniformité de leurs vestiges de civilisation et par leur caractère plus primitif. Ici, loin de la Pichma et de la Viatka, les orne-

ments en bronze et en argent, et les autres objets d'une civilisation plus avancée, sont au dernier plan, et la civilisation des habitants de ces lieux est caractérisée par des objets de première
nécessité comme: des haches, des couteaux, des faucilles, des faux,
des scies, des alènes, des grattoirs en fer, et des pierres pour aiguiser ces outils. On retrouve en même temps des marteaux, des
maillets et des grattoirs en pierre polie.

On trouve encore ici, près des lieux anciennement habités, des
pointes de flèches et de lances en silex, des couteaux en silex et
des fragments de poterie d'argile très grossière. D'après tout cela,
nous pouvons nous représenter les anciens habitants du district
de Iaransk à un degré très peu avancé de civilisation, mais
s'occupant d'agriculture et de chasse, portant des «lapti» (chaus-
sures en écorce), habitant des demeures primitives dans le genre
de la «kota» des Finnois occidentaux, et défendant par des
«gorodki» (campements) le territoire qu'ils occupaient. Ces traits
nous rapellent surtout les tribus finnoises, probablement des Votiaks et des Tchérémisses, ces aborigènes du district de Iaransk.
Diverses considérations nous font croire que le district de Iaransk
était habité d'abord par les Votiaks, refoulés plus tard par les
Tchérémisses venus des bords du Volga, et qui ont pour ainsi
dire inondé tout le territoire du district, ce que nous voyons encore
de nos jours. Mais maintenant la population locale des Tchérémisses est repoussée peu à peu par les immigrés russes. C'est à
ces Finnois qu'appartiennent probablement les traces des anciennes
habitations du district de Iaransk que nous avons décrites plus
haut.

Nous rencontrons, en somme, les mêmes éléments de civilisation dans les goroditchtschés du nord, ceux de la Pichma, avec cette
différence qu'ici elle n'est pas caractérisée par les objets de première nécessité, comme dans d'autres parties du district, mais par
diverses ustensiles de bronze, d'argent, des perles de verre, des
pointes de flèches et de lances en os et différents outils en fer. Mais
quoiqu'il soit évident, d'après ces trouvailles, que les habitants des
goroditchtschés de la Pichma avaint un degré de civilisation plus
avancée que ceux des goroditchtschés des autres parties du district.
cette différence est celle qu'on trouve de nos jours entre les habitants des villes et des villages et les habitants des banlieues et de
localités éloignées. Selon nous, la diffusion rare et sporadique des

éléments d'une civilisation plus avancée dans les anciens lieux habités des parties les plus éloignées du district, et leur fréquence relative dans les parties arrosées par la Pichma, est un indice pour les voies de la diffusion de ces objets du coté de la Pichma et de la Viatka, ces voies de l'ancienne colonisation dans cette contrée. Les champions de la civilisation de ces temps reculés pénétraient par les rivières mentionnées et répandaient dans le district de Iaransk les éléments d'une civilisation plus avancée, présentant de la similitude avec la civilisation dite Tchoude, dont on trouve les restes dans les goroditchtschés de la Kama et du Tchepèts. Sous ce point de vue, il n'est pas nécessaire de supposer que la nation des Tchoudes faisait partie de la population du district de Iaransk, d'autant moins que cette nation «Tchoude» est encore un problème paléo-ethnographique, qu'on est porté à résoudre en reconnaissant les Tchoudes pour les ancêtres de ces mêmes Finnois qui habitent actuellement le bassin de la Kama. De cette manière ces éléments de civilisation seraient étrangers pour les aborigènes de la région de Iaransk et auraient pénétré dans cette contrée par la Viatka et la Pichma, ce qui expliquerait leur abondance relative dans les goroditchtsches de la Pichma, et leur rareté dans l'intérieur du district.

Une autre conclusion, non moins intéressante à tirer de l'étude des traces des anciens lieux habités du distr. de Iaransk, c'est que les mêmes aborigènes auxquels appartenaient les goroditchtsches et autres lieux habités anciens, se servaient d'outils en pierre, en même temps que d'outils métalliques. Celà se rapporte surtout aux marteaux, aux maillets, aux grattoirs et autres outils en pierre polie, qui se rencontrent surtout dans le territoire des anciennes habitations de ce pays. Mais la distribution d'autres genres d'outils, tels que les pointes de flèches et de lances en silex, etc. a aussi un rapport direct avec les anciennes populations finnoises de cette contrée. Ces armes étaient indispensables aux Finnois pour la chasse et pouvaient aussi servir pour leur défense et pour leurs luttes avec leurs voisins hostiles. On pouvait aussi se servir dans ce but des marteaux en pierre, qui, à en juger par leur façonnement soigné, étaient surtout des armes de guerre. Les grattoirs en pierre polie pouvaient, entre autre, servir d'ustensiles pour la structure des ruches, ce que j'ai entendu dire par les habitants actuels du district de Iaransk. Pour ce qui concerne les pierres à aiguiser, les polissoirs, ils se faisaient tantôt en grès quartzeux provenant de blocs erratiques, tantôt en grès-calcaire local. Ces pierres pouvaient servir à aiguiser les outils en fer, et aussi à polir des marteaux en pierre.

Les marteaux et les maillets en pierre polie se faisaient des blocs et galets erratiques de diorite, qu'on rencontre fréquemment sur le sol du district de Iaransk. Les dimensions des marteaux et leur forme plus ou moins assymétrique dépendaient de la grandeur et de la forme de ces galets. Cette dernière circontance s'explique, non seulement par une technique imparfaite, mais aussi par le matériel lui-même des galets, dont souvent la forme rendait difficile de fabriquer un marteau de proportions symétriques. Parmi ces marteaux, les uns ont la forme d'un oval applati avec une grande ouverture ronde au milieu, d'autres ont une forme allongée, rappelant un petit baril, et leur ouverture ronde est plus rapprochée d'une des extrémités. L'extrémité supérieure de plusieurs marteaux a une forme conique, de sorte qu'un marteau de ce genre pouvait aussi servir de hache. L'extrémité inférieure est toujours plus étroite et a une forme presque cylindrique. Souvent, le long d'une ou de deux faces latérales du marteau passe un arête habilement polie, mais le plus souvent, l'un des cotés est plat, ou légèrement convexe. Quelques marteaux ont à l'extrémité supérieure, sur le coté extérieur relativement au manche, un petit appendice bien poli qui donne au morteau un aspect plus élégant. Ces marteaux étaient probablement des armes de guerre. Le caractère des ouvertures des marteaux indique qu'elles ont été pratiquées par le forage des deux cotés. Dans la collection d'outils de la ville de Iaransk, il y a un marteau dont l'ouverture n'est qu'indiquée. — Les maillets sont relativement plus rares et ont une forme allongée avec un rétrécissement au milieu, destiné à les attacher à un manche. Les marteaux et les maillets de Iaransk ressemblent par leur forme aux outils du même genre trouvés dans le gouv. de Kasan et d'autres gouvernements de la Russie orientale, ce qui ne manque pas d'importance, non seulement pour la distribution géographique de ces outils, mais aussi pour d'autres considérations d'un ordre plus général.

De tout ce qui a été dit, on peut conclure: que les outils en pierre du district de Iaransk ne se rapportent pas à l'âge de la pierre proprement-dit, mais à l'époque des goroditchtschés et d'autres anciennes demeures des Finnois, qui se servaient d'outils en pierre et en os, à coté d'ustensiles en fer et en bronze. Pendant cette époque de la vie des Finnois, des éléments d'une civilisation plus avancée pénétraient dans leur pays, venant des centres de civilisation de la Russie orientale; les outils en silex et en os étaient remplacés par des outils en fer, et on y voit des outils qui n'étaient pas fabriqués en pierre, ni en os par les Finnois. C'était sans doute, pour les habitants de cette contrée, une époque de transition, qui a duré très longtemps, car on trouve encore maintenant parmi les Votiaks et les Tchérémisses le souvenir de l'usage des pointes de lances et de flèches en fer, en pierre et en os, et parfois ils ont conservé les outils de ce genre, en même temps que des carquois de formes originales en écorce et en tille. Il est également certain que cette époque des Finnois n'est par très reculée de l'époque présente, ce qui a de l'importance pour l'étude de l'âge de la pierre sur le territoire de la Russie d'Europe.

De la Race en Anthropologie,

p a r

M. T o p i n a r d.

Il y a treize ans, en 1879,—une année que je n'oublierai pas, celle où Broca et de Quatrefages, les deux chefs de l'Anthropologie francaise, m-r. Hamy, m-r. de Mortillet, m-r. Chantre, moi-même et quelques autres, nous fûmes si cordialement reçus ici à Moscou —je publiai dans *la Revue d'Anthropologie* un mémoire portant à peu-près le titre de celui-ci.

J'y examinais les définitions de la race données par les zoologistes et les botanistes, par les zootechniciens et les horticulteurs, par les historiens et les linguistes et faisais ressortir les divergences existant entre elles. Les premiers, voyant de haut, considéraient les races comme des variétés naturelles permanentes, comme les divisions mêmes de l'espèce. Les seconds, se plaçant au point de vue pratique, n'admettaient la race que là où elle est démontrée, c'est à dire suivie dans une série d'individus descendant d'une souche connue et constituant une même famille, d'une étendue plus ou moins grande. Quand aux historiens et aux linguistes, ils confondaient la race et le peuple, les deux étant caractérisés par la langue.

Examinant ensuite la question en elle-même, je constatais: 1°. que nulle part à la surface du globe on ne découvre de population exempte de tout mélange et ne présentant qu'un seul type;

2º que les matériaux anthropologiques sur lesquels nous opérons et dont nous extrayons la double notion de type d'abord et de sa continuité dans le temps ensuite, ne sont que des peuples; 3º que si le premier facteur, le type nous est accessible avec du travail, le second, sa permanence dans le temps n'est qu'une conjecture impossible à démontrer; 4º. que par conséquent la notion de raçe dans les deux facteurs, et spécialement dans le dernier, n'est qu'une notion subjective, une conception de notre esprit: les peuples et leurs éléments historiques étant les seules réalités objectives.

Dans les premiers temps de l'humanité, j'ajoutais, les choses étaient autrement: l'isolation était fréquente, les milieux devaient être plus actifs, la mortalité et la natalité qui favorisent les adaptations plus fortes, des races se créaient. Qu'on se représente une collection d'hommes cernés par des mers et des déserts sous l'équateur et pas assez intelligente pour se soustraire à un soleil ardent! Mais aujourd'hui tout est différent, l'intelligence a grandi, les hommes émigrent de tous cotés, se plient à tous les changements de milieu, sont devenus cosmopolites et se mélangent partout. Il n'y a plus que des agglomérations, des peuples dans les quels l'engénésie détruit les types qui veulent se former ou les fond les uns dans les autres. Entre ces deux extrêmes se voient, au sein de chaque grande division, des types ayant une fixité et une durée plus ou moins grande, se détruisant et se reproduisant sans cesse sous de nouvelles combinaisons, semblables aux couches de terrain en géologie qui se succèdent variables, mais formées des mêmes éléments que les couches précédentes remaniées. Lorsqu'on examine la dernière couche, celle sur laquelle portent nos investigations, c'est le principe de la permanence des caractères se substituant à celui de la permanence des types, le principe de la mutabilité remplaçant celui de l'immobilité. Individualité et diversité des types dans le passé, fusion et unité dans l'avenir, disions nous en terminant.

Depuis cette année 1879, ces idées se sont confirmées dans mon esprit· Elles m'ont fait comprendre une fonle de difficultés et d'obscurités contre lesquelles on se heurte dans la pratique de l'anthropologie. Je les ai développées, tantôt une partie, tantôt une autre, dans des Mémoires cà et là, dans mes *Eléments d'anthropologie générale* et dans mon *Homme dans la Nature*. Mais malgré tout, je crains d'avoir été mal compris sur quelques points et mon but de ce jour est de soumettre l'ensemble ce cette doctrine à l'assemblée d'élite réunie dans ce congrès.

Il y a deux façons de procéder dans la connaissance des races humaines. Dans l'une, on part de leur origine première et l'on descend progressivement par voie d'analyse jusqu'à l'époque actuelle. Dans l'autre, on s'attache au présent et l'on s'efforce de remonter dans le passé. Les résultats sont différents. Dans la première on distingue des types généraux que l'on qualifie d'Européen. Asiatique, Africain etc. ou de blanc, jaune, noir etc. et partage en brachycéphale ou dolichocéphale, aux cheveux laineux ou cheveux frisés, en blonds ou bruns, etc. Pour le naturaliste ces types généraux de deux ordres sont ceux des races initiales qui par voie de différentiation et de mélange ont engendré tous les types de troisième et de quatrième ordre que nous constatons aujour d'hui en si grand nombre de tous cotés. Ainsi considerée l'epithète de race est très légitime, tant qu'on reste dans la sphère élevée des types généraux.

Dans l'autre façon, on ne s'occupe que de ce que l'on a réellement sous les yeux, on dégage pour le mieux les types actuels du milieu dans lequel ils sont noyés et on s'efforce de les rattacher à d'autres relevant de l'histoire et de les faire rentrer dans les types généraux de tout à l'heure.

Mais c'est là que le sol se dérobe: Nos types de 3-e et de 4-e ordre sont une oeuvre personnelle et leur filiation avec d'autres qui en l'essence même de la race ne peut être établie. Nos avons le plus grande peine à déterminer ces types en associant deux méthodes: celle au juger par la vue et celle par la mensuration et les caractères descriptifs à l'aide des moyennes et de l'analyse sériaire; c'est une opération qui exige un tact, un coup d'oeil, une prudence, une expérience infinie.

Nous en avons plus encore à rattacher ces types à d'autres antérieurs qui ne reposent que sur des descriptions vagues portant sur deux ou trois caractères généraux, sur quelques bas-reliefs ou dessins tonjours suspects, sur des crânes en trop petit nombre pour qu'en on tire des résultantes suffisantes.

Deux genres de confusion se produisent surtout. D'une part

nous confondons les peuples avec les races; de l'autre nous confondons les caractères avec les types.

Les peuples civilisés, les hordes barbares et même les tribus sauvages en apparence isolées, ne sont que des agglomérations formées d'éléments de provenances diverses, qui eux-mêmes n'étaient que des peuples de composition non moins hétérogène. Aucun peuple, aucun groupe humain à aucune époque peut-être dans l'horizon de notre observation, n'a possédé un type unique, n'a renfermé à l'état simple ce premier facteur de la notion de race.

En un mot, ce que l'on appelle les éléments constituants des peuples ne sont pas des races, mais des peuples eux-mêmes qui ne font qui reculer la difficulté: ainsi on cherche quels eléments entrent dans la composition du peuple russe et l'on tourne les regards avec raison vers les Scythes d'Hérodote. Mais les Scythes n'étaient pas une race: ils se partageaient en agriculteurs, nomades et royaux: les premiers étaient évidemment les habitants antérieurs du pays, les seconds des asiatiques à la solde certainement des royaux et les troisièmes—les conquérants.

Les trois éléments constituants du peuple francais sont, assurent nos historiens, les Ibères, les Celtes et les Gaulois. Or qu'étaient ces trois groupes: des races? Nous le disons pour la facilité du langage. En réalité ce n'étaient que des peuples répandus sur des surfaces plus ou moins étendues et dont l'une des dénominations nous a été transmise. Nous nous représentons les Ibères comme petits, bruns et dolicocéphales, cela ne suffit pas pour les distinguer des Berbères, des Siciliens, des Grecs du sud et des autres méditerranéens qui étaient caractérisés de même. Partout où nous les retrouvons, et en Ibérie entre autres, ils sont mélangés à des brachycéphales et à des blonds. Les difficultés que nous avons aujourd'hui seraient les mêmes si nous étions transportés à cette époque. Sur les Celtes nous ne sommes pas plus édifiés. Pour nous ce sont les brachycéphales occidentaux, nous ne pouvons les reconnaître des brachycéphales de l'Espagne, de la Forêt Noire de la Bohême et savons très bien que sur tous ces points ils étaient très mélangés avec d'autres types. Quant aux Gaulois, nous savons qu'en Gaule ils ne constituaient qu'une couche dont l'épaisseur nous est inconnue, le couche turbulente, celle qui se répandait en tous pays; nous ne pouvons même pas les distinguer des

Germains, des Scandinaves ou des Cimmeriens. Comment avec de pareilles incertitudes, en présence de mélanges aussi nombreux qu'aujourd'hui et d'un va et vient de peuples pire encore, avoir la prétention d'établir des filiations, autres que celles que nous donne l'histoire, c'est à dire le récit des aventures de certaines seulement des fractions de ces peuples.

Dans le pays où nos connaissances sont le plus avancées, voici ce qu'on entrevoit sans cesse dans une région: Tout d'abord un fond général ancien, reste de tout ce qui a vécu ou a été repoussé dans ce pays, depuis les temps les plus reculés. C'est cette masse anonyme que l'histoire ignore et qui cependant transmet le plus sûrement son type ou ses divers types, en vertu de la loi du nombre et d'une adaptation plus ancienne aux conditions d'existence. Puis les conquérants qui se succèdent par couches, les premiers sans plus de noms parvenus jusqu'à nous que les précédents, les suivants ayant laissé déjà des traces, des légendes, d'autres enfin entrant dans le rayon de l'histoire. Ce sont les derniers habituellement qui ont donné au pays les noms, les langues, les civilisations sur lesquels portent nos investigations; ils sont les plus influents, mais souvent les moins nombreux. Enfin il y a toute la période postchrétienne, une foule de migrations en tous sens, d'ordre secondaire, connues ou ignorées, prolongées on passagères.

C'est à travers les alluvions successives ainsi déposées, au milieu de types de toutes sortes, dont on ne soupçonne que quelques uns, que l'on voudrait retracer le filiation des types actuels prédominants. Est ce possible? Notre illusion est incroyable et provient de ce que nous confondons incessamment la filiation anthropologique avec la filiation des peuples:

En Asie, en Amérique, en Afrique, les conditions sont les mêmes, au degré près. Là où les renseignements font totalement défaut, les crânes seuls montrent que des mélanges inconnus se sont produits, que des types ont succédé à des types et que nos séries présentent plus de survivances se rapportant à des âges divers que de types réels. Les Esquimaux, les Fuégiens, les Tasmaniens éteints ne sont que les épaves, les moins frustes, de ce bouleversement général, répété en des endroits isolés qui ont favorisé un peu le maintien de leur type prédominant.

La seconde confusion que nous faisons est celle des types, avec les caractères. Un type est un ensemble de caractères, un certain nombre de traits associés qui font pressentir une communauté de sang dépassant la communauté de famille. Les caractères sont les éléments de ces types. Or ces caractères existent chez les hommes dans la suite des temps, indépendamment des associations en types dans lesquels ils entrent. Il y a toujours eu de grandes et de petites tailles, des dolichocéphales et des brachycéphales, des sujets clairs de cheveux, des yeux et de teint, et des sujets foncés. Ces caractères sont plus fréquents dans les pays ou précédemment ils ont été plus abondants, et moins fréquents là où ils ont été plus rares. Ce n'est donc pas avec eux qu'il faut raisonner, mais avec leurs associations déterminées. Ce sont ces associations qu'il faut suivre sans changement et non les caractères pris à part. On a parlé de ressemblances de famille suivies jusqu'à 6 ou 8 générations au plus, ou encore de la réapparition occasionnelle dans une dynastie d'une certaine forme de front, de nez ou de menton. Mais il ne s'est agit que de caractères considérés à part.

Les caractères se dissocient dans un type de race comme dans un type de famille. De part et d'autre les caractères que le hasard des unions a réunis sont séparés par le même hasard. On sait que chez les plantes et les animaux, les croisements multiples affolent les caractères, c'est-à-dire les rendent désordonnés; les types qui se forment n'ont qu'une durée éphémère. Il en est de même chez les hommes, que leur engénésie rend féconds entre eux quelque soit le croisement. L'hérédité concentre ou disperse les caractères suivant la nature des unions. Dans l'état actuel des choses, elle détruit les types plus qu'elle ne les maintient. Les caractères qui ont prédominé dans un pays, y prédominent encore, mais à chaque génération ils tendent à se combiner autrement. Ces combinaisons peuvent se ressembler, certaines sont plus faciles, ce que le hasard a fait il y a 50, 500 ou 5000 ans peut se répéter exactement, mais de là à une continuité ininterrompue d'un type donné il y a loin. Or c'est dans cette continuité ininterrompue que réside la race.

On cite le type Neanderthaloïde reparaissant sporadiquement de nos jours. En réalité ce n'est qu'une ressemblance, rare du reste, la réunion de deux caractères s'exagérant l'un l'autre: le front fuyant et les sourcils saillants. L'addition de la dolichocéphalie et de la platycéphalie n'est guère notée. On rencontre de temps à

autre des orbites microsèmes unies ou non à de la dolichocéphalie
ou à une certaine courbe crânienne, et l'on y voit une réapparition du type de la caverne de l'Homme Mort. Est-il certain que
ce ne soit pas une pure coïncidence? Le type le mieux accusé que
je connaisse dans le passé est celui des *Reihengräber*. Où le retrouvons nous aujourd'hui? Le fameux type de Cra-Magnon caractérisé par la dolichocéphalie, les orbites microsèmes, un beau développement du front et la chamœprosopie ne se retrouve pas davantage. Chacun de ces caractères se rencontrent, mais non associés de même. Ce qu'il ne faut pas oublier non plus, c'est que certains caractères en entraînent d'autres par harmonie ou solidarité,
et que ces cas ne doivent pas être confondus avec le type.

Le dernier argument sur lequel je veuille insister est tiré de
l'engénésie humaine et de la définition de la race donnée par
les zootechniciens et les horticulteurs.

Chose qu'on ne remarque pas! Le mot de race est à peine
employé par les naturalistes lorsqu'ils parlent des animaux et des
plantes sauvages. Ils préfèrent celui de variété qui laisse en sus-
pens la question de permanance, la condition *sine qua non* de la
race. Dès qu'ils constatent que les caractères ne sont pas passagers, ou accidentellement dûs aux milieux, ils en font une espèce.
En revanche, ils se servent du mot avec une prodigalité excessive
lorsqu'il s'agit d'animaux ou de plantes domestiques, comme le
cheval, le chien, le pigeon et tous les innombrables produits de
nos horticulteurs, c'est-à-dire dans les cas où, au sein de l'espèce,
l'engénésie n'est pas abandonnée à elle même. Il semble en
résulter que l'une des conditions de production de la race,
c'est qu'une direction soit donnée aux unions et que par conséquent l'absence de cette direction aboutit à l'anéantissement de
la race.

Les zootechniciens présentent ainsi la race. Une race, disent-
ils, soit une race de chiens, est la suite ininterrompue des individus issus d'une souche connue et dont les unions ont été surveil-
lées avec soin, sinon généalogiquement enrégistrées. Losque la surveillance cesse, que l'engénésie est abandonnée à elle-même, il n'y
a plus de races. Si les types genéraux que l'on constate parmi les
chiens persistent, c'est que les circonstances, ou l'homme, incons-
ciemment, les favorisent. Chez les chiens des rues, les chiens mar-

rons, le hasard seul préside à l'association des caractères, on n'y voit ni type permanent, ni race. Les horticulteurs sont plus abso·lus encore. Les types que nous créons, disent-ils, en pratiquant la fécondation et veillant aux conditions des milieux, dégénèrent et disparaissent dès que nous ne nous en occupons plus. Ils ont une durée proportionnelle au nombre de générations pendant les·quelles nous les avons surveillés.

Or l'homme, tel que nous le voyons, est exactement dans les mêmes conditions que les animaux et les plantes domestiques. L'engénésie, chez lui comme chez les chiens de rue, a son libre cours, les unions ont lieu en tous sens et sont toujours fécondes. Les dispositions héréditaires accumulées dans les éléments mâle et femelle sont plus souvent contradictoires que conformes. L'état de mélange excessif des peuples rend les desagrégations de types plus faciles que leur concentration et leur fixation. Donc pas de races. Qu'il en ait été autrement jadis, que dans quelques îles il y ait encore une isolation relative, c'est possible. Mais la règle aujourd'hui c'est que des types nouveaux ne se forment plus et que les types anciens se désorganisent.

Quant aux types généraux, les uns dominant en Asie ou en Amérique, les autres dans une autre partie du globe, nous les acceptons comme chez les chiens, mais diffus, dispersés à l'état de témoignage d'un ancien état de choses, n'ayant pas trait à la question des races spéciales adultes. C'est à propos de ces types que, chez l'homme comme chez les chiens, les naturalistes se par·tagent en polygénistes et monogénistes, les uns voulant qu'ils répondent à des espèces primitives, les autres qu'ils répondent à des races primitives.

Je me résume. Il y a deux façons de comprendre les races humaines. Dans l'une, on ne considère que les types généraux communs à des fractions étendues de l'humanité et qu'on regarde, à tort ou à raison, comme les expressions de races disparues plus ou moins primitives. Dans l'autre, on envisage les races comme les éléments constituants des peuples, on en cherche les types qu'on multiplie et que l'on admet comme s'étant perpétués sans changement à| travers les bouleversements et les mélanges de l'histoire et de la préhistoire. Dans le premier cas, les races ne sont que les divisions de l'espèce humaine, primitives ou se rapprochant plus ou moins de nous. Dans le second, les races sont de pures conceptions particulières de notre esprit, dans lesquelles le premier élément de la notion de race, le type, dépend de la sagacité personnelle de l'observateur et le second, la filiation, n'est qu'une hypothèse, commode pour l'étude, mais impossible à démontrer. Dans les deux cas, mais surtout dans le second, la race n'est qu'une notion subjective; la seule réalité objective, c'est ce que nous avons sous les yeux: les peuples et les tribus.

Dans ces conditions on se demande s'il ne serait pas préférable d'être moins facile dans l'emploi du mot race, de le réserver aux types généraux que l'analyse nous fait voir dans les principales branches de l'humanité et d'y renoncer pour tous ces types de troisième et de quatrième ordre que nous créons et regardons comme les éléments constituants des peuples.

On se débarasserait ainsi des malentendus perpétuels qui se produisent, lorsque, cherchant à retracer les origines de ces peuples, on mêle ce qui est du ressort de l'ethnographe et ce qui est du ressort de l'anthropologiste. On n'aurait plus de ces conflits entre les historiens et hommes de lettres, d'une part, employant le mot dans les acceptions les plus arbitaires et les naturalistes et anthropologistes, de l'autre, en restreignant le sens à la continuité dans le temps d'un type physique défini. Les ethnographes n'auraient plus ainsi à s'occuper, ainsi que le veut l'étymologie de leur nom, que de ce qui fait l'objet direct de leurs études: les peuples, la façon dont ils se sont formés historiquement, les langues qu'ils parlent, les caractères physiologiques sociaux qu'ils présentent, leur moeurs et coutumes, leurs croyances, leurs civilisations et les divers courants distincts d'évolution que celles-ci comportent.

L'une des conséquences les plus heureures de cette délimitation de terrain serait d'écarter de l'Anthropologie une fois pour toutes, cette question des nationalités qui ne la regarde pas. Pour montrer combien en Europe, par exemple, la question des nationalités est étrangère à celle des races, ou même des éléments constituants des peuples, il n'y a qu'à se rappeler, (en acceptant ici le mot de race d'une facon relative ou conditionnelle) que trois ou quatre races seulement concourent fondamentalement à la formation des nombreux peuples qu'on y rencontre aujourd'hui du nord au Sud et de l'Est à l'Ouest. Les races se résument ainsi:

les blonds, les brachycéphales et les bruns. Elles se trouvent partout, avec quelques additions secondaires seulement çà et là. Leurs proportions seules varient. Au nord, il y a plus de blonds; au centre, de l'Oural au Portugal, les brachycéphales dominent; au midi autour de la Méditerranée, les bruns sont en majorité. Alors même que deux peuples se trouveraient par hasard avoir les mêmes proportions de blonds, de brachycéphales, de bruns, les mêmes proportions de tailles hautes ou petites, de nez droits, aquilins ou concaves, de visages chamoeprosopes ou leptoprosopes, il n'en résulterait pas qu'ils sont ou doivent être de même nationalité.

La nationalité n'a de rapport ni avec l'anthropologie, ni avec la race. Elle ne relève que de l'histoire, c'est un produit de l'histoire. Elle se lie à celle de gouvernement, quelqu' en soit la forme. Toute nationalité a commencé modestement, a grandi et s'est confirmée par sa sagesse, son esprit de suite, ses succès de toutes sortes: sur les champs de bataille, dans la diplomatie, dans les sciences, dans les lettres. Le genre propre d'un peuple, son esprit d'unité, son drapeau tenu haut et ferme, voilà ce qui la caractérise. La nationalité est un fait qui ne se s'exprime pas, qui ne se discute pas; c'est une foi qui engendre des héros, des martyrs, qui crée des amis, des admirateurs, mais aussi des ennemis, des envieux! C'est un dogme!

Projet de réforme dans la nomenclature des peuples de l'Asie.

par

Ernest Chantre.

«Toute science exige une nomenclature», a dit notre illustre et regretté maître Quatrefages, dans l'Introduction de son Histoire générale des races humaines. Depuis Buffon, Blumenbach, Schlegel, Prichard, Max Muller, d'Omalius d'Halloy, etc., nombre de classifications et de nomenclatures ethnologiques ont été proposées, et tantôt les caractères morphologiques, tantôt les caractères sociologiques ou linguistiques ont eu la prépondérance. Mais depuis que les sciences antropologiques ont pris le développement considérable qu'ont su leur donner les Broca, les Baer, les Retzius, les Milne-Edwards, les de Quatrefages, et bien d'autres pour ne parler que des morts, on s'est aperçu que, pris isolément, ces caractères ne présentent pas les qualités et surtout la précision que réclament les sciences naturelles.

On a reconnu aussi que tout classement de peuples basé sur des documents historiques était sujet à de grandes variations, parce que leur dénomination tenait à une foule de circonstances particulières. En présence de ces résultats on a voulu trouver dans les caractères linguistiques, des bases de nomenclature plus solides, partant de ce principe qu'un peuple doit moins facilement pouvoir changer de langue que de nom.

Les naturalistes, de leur côté, n'ont pas tardé à montrer la mobilité de ce caractère, qui a pourtant une valeur considérable, mais qui ne peut avoir la stabilité des caractères morphologiques. Il est facile d'admettre, en effet, que plusieurs groupes de populations connus sous des dénominations différentes devront être réunis du jour où des observations anthropométriques viendront prouver que des affinités morphologiques les rapprochent. La démonstration de ce fait sera encore plus complète si des caractères linguistiques viennent à l'appui des caractères morphologiques, mais la réciproque ne peut exister. Plusieurs peuples parlant la même langue ne pourraient, en aucun cas, être réunis en un même groupe et porter le même nom, si les caractères morphologiques ne viennent démontrer leur parenté.

Une langue peut se propager d'une race à une autre, tel, par exemple, le turc de l'Aderbeïdjan qui tend à se répandre de plus en plus dans toute l'Asie occidentale, et spécialement en Arménie; mais la brachycéphalie des Arméniens ne pourra sans doute jamais envahir le peuple, d'origine turque, qui leur apporte cette langue. Il en sera de même des caractères ethniques basés sur les religions et les états sociologiques, lesquels sont soumis, comme les langues, à des variations sans nombre pouvant dépendre des vicissitudes politiques.

Malgré ces désiderata, les voyageurs, et d'après eux les ethnographes, ont établi des nomenclatures trop souvent basées sur des renseignements erronés, bien que fournis par les populations elles mêmes qui ont parfois intérêt à se donner des origines autres que celles que leur impose une étude raisonnée de leur ethnogénie. Un grand nombre de dénominations ethniques ont été ainsi répandues et adoptées par la force de l'usage.

Le fait est surtout manifeste pour les races nombreuses et intéressantes de l'Asie, dont la connaissance a une si haute importance pour l'étude des peuples de l'Europe.

Réunissant mes efforts à ceux des antropologistes russes, je me suis livré depuis plus de douze ans à l'étude détaillée d'une partie des peuples de l'Asie Russe, notamment de ceux des régions pontocaspiennes, tandis que je travaillais sans relâche sous la bienveillante et précieuse direction de mes regrettés et illustres maîtres Broca et de Quatrefages, j'ai eu maintes fois à constater les lacunes que je viens de signaler.

J'ai eu déjà l'occasion de discuter les divisions et les dénominations ethniques de quelques peuples du Caucase, et je me proposais de revenir sur cette question dans une nouvelle publication, quand le Congrès de Moscou a été annoncé. Comme une semblable révision ne peut que gagner à être faite par une réunion d'hommes compétents, il m'a semblé que je ne pourrais mieux faire que d'appeler l'attention du Congrès sur la nécessité des réformes que je propose.

Je ne doute pas que le savant initiateur de l'anthropologie en Russie, M. le professeur Anatole Bogdanov, dont la sympathie et le bienveillant appui m'ont toujours si puissamment aidé dans mes travaux, ne partage ma manière de voir dans ses grandes lignes, et qu'il accepte de constituer une Commission qui serait chargée d'élaborer une nouvelle nomenclature des peuples de l'Asie.

Il sera facile de trouver dans le sein du Congrès des archéologues, des historiens et des philologues qui voudront bien aider les anthropologistes dans la tâche ingrate mais fort utile que je propose d'entreprendre.

Au reste, nombre de savants russes ont eu l'occasion déjà d'étudier la plupart des peuples sur la dénomination ethnique desquels il importe de s'entendre.

Je n'ai nullement la prétention de dresser ici un programme de la tâche de cette commission; je désire rappeler seulement quelques faits que j'ai eu à discuter récemment, et qui serviront d'exemple pour montrer la nécessité de la révision que je réclame.

Parmi les peuples sur lesquels je puis attirer l'attention, je citerai en première ligne les Caucasiens, les Tatars, les Turkomans, les Tats, les Tadjiks et quelques autres moins importants.

L e s   C a u c a s i e n s.—Cette dénomination est celle assurément sur laquelle il importe le plus de s'arrêter. En effet, elle a été donnée par beaucoup de naturalistes, de géographes et d'historiens, soit au groupe des peuples qui habitent le Caucase, soit à l'ensemble des peuples appelés égalemnt *aryens*. Cette dernière acception, avec la variante de race *caucasienne* ou *caucasique* employée comme synonyme de *race blanche*, ne porte en elle qu'une source de confusion. Cette confusion remonte loin, car en 1828 Klaproth proteste déjà contre cette appellation, qui n'est en somme basée que sur la ressemblance que l'on a cru trouver entre les traits des habitants du Caucase et ceux de la plupart des peuples aryens. De cette ressemblance on a conclu à l'origine caucasienne de toutes les races, aussi diverses par leurs origines que par leurs caractères les plus essentiels, qui constituent la famille aryenne.

J'ai indiqué autrefois les raisons pour lesquelles on doit renoncer au nom de race caucasique ou caucasienne, et à quel groupe ethnique il fallait à l'avenir réserver le nom de *Caucasien*. Je résumerai brièvement ici quelques-unes de ces raisons qui me paraissent indiscutables.

Il paraît démontré en premier lieu qu'aucune des races dites *caucasiques*, habitant les diverses contrées du globe, n'ait jamais descendu des montagnes ponto-caspiennes. L'histoire ne fournit aucun exemple d'une nation qui ait quitté le Caucase pour se répandre dans les plaines qui l'avoisinent ou dans des régions plus éloignées. La mythologie ne présente aucun indice d'émigrations de ce genre. Les récits des chroniqueurs montrent, au contraire, que nombre de populations étrangères au Caucase sont venues s'y fixer à plusieurs époques.

Tout tend à prouver que les peuples qui habitent actuellement cette belle contrée doivent être considérés comme les faibles débris de peuples préhistoriques appartenant à une même race, et qui sembleraient avoir disparu partout ailleurs qu'au Caucase. Ce pays n'a jamais été non plus un lieu de passage d'un peuple en migration, mais plutôt un lieu de refuge de populations opprimées dans les plaines voisines. J'ajoute que par suite de leur hétérogénéité morphologique et linguistique, ces peuples ne peuvent, en aucun cas, être rattachés à aucune grande famille ethnique, et qu'ils doivent former un groupe à part dans le grand rameau des peuples allophyles, auquel il convient de donner le nom de *Caucasien*. A l'exclusion de toute autre population doivent donc être appelées ainsi seulement celles qui habitent plus spécialement la grande chaîne du Caucase, et qui ne se rencontrent nulle part ailleurs groupées en nation. Les caucasiens enfin diffèrent de leurs voisins que j'ai appelés *sporadiques*, comme par exemple, certaines familles turques ou mongoles, sémitiques ou aryennes, en ce qu'ils n'ont pas comme ces derniers (qu'ils considèrent comme étrangers au Caucase), des origines définies. En résumé, il me semble que le nom de *race* ou de *rameau caucasien* ou *caucasique* doit être rayé du langage ethnographique, en dehors des limites que je viens de tracer.

Dans la nomenclature ethnologique générale, cette dénomination doit être remplacée par celle de *race blanche*. La plus grande partie des familles du rameau Caucasien doivent entrer dans la branche allophyle du tronc blanc des auteurs.

T a t s.—Ce nom a été donné improprement à une famille qui en Perse et en Asie centrale est appelée *Tadjik*, et qui en Transcaucasie habite les côtes occidentales de la mer Caspienne entre Derbent et les bouches de la Koura. Ils remontent à l'ouest jusqu'à Djetat, au confluent de l'Araxe et de la Koura, et dans une partie des steppes du Moughan et du Karabagh; puis au nord, jusqu'au pied du Caucase, notamment dans la région de Kouba.

A Bakou et sur plusieurs points de la basse Koura, cette population est connue sous le nom de Tatars avec lesquels on la confond, sans doute à cause de leur religion qui est la même. Les Tats sont, en effet, pour la plupart schiites, comme les Persans et les Tatars de l'Aderbeïdjan, mais leur langue est un dialecte éranien et non turc. Au reste, les caractères morphologiques et anthropométriques viennent ici corroborer les caractères linguistiques. Comme les Hadjemis leurs voisins, les Tats ont les yeux et les cheveux très foncés, leurs yeux, jamais bridés, ont un éclat des plus vifs. Le nez et la face sont allongés ainsi que chez les Hadjémis, enfin, comme ces deriers, ils sont leptorhiniens, dolichofaciaux et dolichocéphales. L'histoire apprend que cette population représente les descendants des émigrés perses qui vers

le V-e siecle de notre ère étaient devenus les maîtres du pays.
Ce serait sous Schapour II, le premier roi sassanide qui sut agrandir du côté du nord le territoire persan, que se serait opérée
cette émigration. Dès lors, pourquoi appeler Tats et confondre avec
les Tatars un peuple qui est manifestement éranien, et qui est le
même qu'on appele Tadjik en Perse et en Asie centrale.

T a d j i k s.—Cette appellation aussi bien définie que possible
par tous les auteurs qui se sont occupés de l'anthropologie de
l'Asie centrale a été étendue à tort à un peuple qui est généralement connu sous le nom de *Galtchas* ou *Tadjiks de montagnes*.
Cette famille habite les montagnes du Kohistan; elle est brachycéphale et blonde; elle diffère donc considérablement des Tadjiks qui
sont dolychocéphales et bruns. Il en est de même des Sartes de
Khiva, de Bokhara et de Samarkand, qui ne peuvent être confondus avec de vrais Tadjiks. Les Sartes préfèrent s'appeler Tadjiks,
mais ils se rapprochent davantage des Usbegs et souvent aussi
des Kirghiz.

T a t a r s.—Cette dénomination a été donnée à plusieurs peuples
qui ont peu ou point de rapport entre eux, et qui ont une origine
turque: tels sont les Tatars de l'Aderbeïdjan, les Tatars de Kazan
et les Tatars de Crimée. Tous ont été rangés parmi les Mongols
par les anciens auteurs, et, bien qu'aucune raison ethnogénique ou
ethnographique n'ait autorisé cette confusion, personne jusqu'à ce
jour n'a protesté. On a même refoulé encore dans cette catégorie
d'autres peuples tels que les Tadjiks, sous prétexte qu'ils sont
musulmans comme les Turcs.

Les Tatars, originaires de la H-te Asie, sont plus connus sous
le nom vulgaire de *Tartars*. Cette dénomination qui appartient en
particulier à une tribu, s'est étendue peu à peu à toutes les tribus orientales qui vers le XII-e siècle menacèrent l'Asie occidentale et l'Europe. Sous ce nom, les chroniqueurs ont confondu toutes
les tribus turques et mongoles qui furent mises en mouvement par
Gengis-khan. Mais, ainsi que l'a fait remarquer depuis longtemps
l'illustre Klaproth dans son tableau historique des peuples de l'Asie,
c'est une très grande erreur de confondre les Tatars et les Turcs,
et d'appliquer la dénomination des premiers à la plus grande
partie des peuplades qui composent la dernière nation et qui
parlent une langue turque. Cette erreur n'est pas très ancienne, car
à l'époque de la puissance des Mongols, les véritables Tatars, ce
nom ne fut donné qu'à eux; il n'y a que quelques siècles que son
usage est devenu si vague qu'on l'applique à présent, non seulement à toutes les tribus des Turcs dits *orientaux*, mais encore à
des peuples qui ne sont ni Turcs, ni Mongols. C'est ainsi qu'au
Caucase on a donné le nom de *Tatars* à la plupart des familles

musulmanes qui y sont établies. Suivant Klaproth, l'origine de cette confusion remonterait à l'époque de la conquête d'une partie du N. O. de l'Asie et de l'orient de l'Europe par Djoudgi-khan, fils de Tchingiz. Toutes ces régions qui étaient habitées par des peuplades turques, tombèrent alors sous la domination des khans tatars. Vers le quinzième siècle l'empire des Tchingiskhanides fut divisé en plusieurs khanats, parmi lesquels ceux de Kazan, d'Astrakan et de Crimée étaient les plus considérables. Cependant les armées mongoles n'existaient plus et les khans étaient entourés de soldats et de sujets turcs, issus des anciens habitants du pays. Malgré cela ces khanats furent toujours appelés tatars, parce que les chefs étaient d'origine mongole. On disait le royaume des Tatars d'Astrakan, de Kazan et de Crimée. Même après la soumission du pays au sceptre des tzars, le nom de Tatars resta aux habitants turcs, et leur langue fut appelée *tatar*. D'ailleurs, si on demande à un habitant de Kazan, par exemple, s'il est Tatar, il répondra que non et appellera son idiome *turki* et non *tatari*.

Je n'ai pas encore étudié les Tatars de Kazan ni ceux de la Crimée, et je ne puis, par conséquent, en parler ici; mais en ce qui concerne ceux de l'Aderbeïdjan qui sont répandus en Transcaucasie, je crois pouvoir affirmer qu'ils ne sont pas mongols. Tout porte à croire qu'ils sont des Turkomans d'origine, émigrés dans l'Aderbeïdjan à l'époque d'Argourn khan. C'est de cette région qu'ils sont venus plus tard en Arménie où ils se sont partagés en diverses tribus qui furent mêlées à toutes les guerres du siècle des Timourides. Leur histoire a été recueillie avec le même soin que celle des peuples dominant durant la même période. On sait qu'à la mort de Nadir-Schah, les Tatars ayant à la tête un Turkoman du nom de Pana-khan, vinrent du Khorassan et s'emparèrent du Karabagh et du pays avoisinant. Pana-khan exerça pendant longtemps un pouvoir absolu dans toute la région. C'est lui qui établit la forteresse de Panabad, la ville actuelle de Choucha.

Les Turkomans, disent les anciens auteurs, entre autres Thomas Medzoph, étaient les seuls adversaires redoutables des Mongols: aussi verra-t-on Timour et ses descendants diriger sans relâche leurs efforts contre ces bandes indomptables qui leur échappaient après des défaites, et qui portaient sans cesse un défi à leur puissance. D'après le tableau de ce même Medzoph, on voit que les chefs turkomans étaient les maîtres de la plus grande partie du pays par la force de leurs armes et la rapidité de leur action.

Quoi qu'il en soit, les Tatars de la Transcaucasie, que nous appelons plus justement *Aderbeïdjanis*, du nom de la région d'où ils sont venus en Arménie, diffèrent considérablement des Tatars de Kazan et de la Crimée. Ils ne présentent même aucune ressemblance, et ce serait perpétuer une cause d'erreur que de conserver pour ces peuples si dissemblants ce nom de Tatars. Il importe donc de le faire disparaître du langage ethnologique, car il ne porte en lui que confusion.

D'une façon générale on peut dire que les Aderbeïdjianis se sont fortement aryanisés ou plutôt éranisés. Dans certaines villes comme Erivan, Nakhitchevan, par exemple, les Arméniens les confondent avec les Persans, parce que pour eux ce sont des émigrés de la Perse. On trouve quelquefois aussi, parmi les Tatars, des traces d'un type mongoloïde, mais ce sont des exceptions. On constate facilement ces différents types dans les grands centres tatars de la Transcaucasie, tels que Choucha, Ordoubat, Nakhitchevan et Erivan.

Je pourrais encore attirer l'attention du Congrès sur les dénominations de plusieurs autres peuples de l'Asie occidentale, mais je crois que les exemples que je viens de donner sont suffisants pour montrer l'urgence de la révision que je demande.

Je me permettrai pourtant de poser quelques questions, auxquelles il sera peut être permis de répondre dès à présent.

1° Faut-il continuer d'appeler *Turkomans* les familles turco-tatares qui ont reçu ce nom, et qui sont répandues depuis les steppes de la Transcaspienne jusqu'en Asie Mineure? Dans l'affirmative, à quels groupes doit-on plutôt appliquer cette dénomination? Doit-on exclure ou conserver le nom de Turkmènes souvent employé comme synonyme de Turkomans, et dans quelles circonstances?

2° Est-ce que les tribus des Zeibek et des Yaruk de l'Asie Mineure forment des familles turkomanes et doivent-elles conserver leur nom qui est tout à fait local?

3° Ne doit-on pas renoncer définitivement au nom de *Circassiens* donné indistinctement en Europe à tous les Tcherkesses et même aux Tchetchènes, appelés aussi Tchetchenz, et aux Lesghiens?

4° Le nom de *Tchetchenz* ne doit-il pas être remplacé par celui de *Tchetchènes*?

5° Est-ce que les Karatchaï du Caucase et leurs voisins les Kabardiens de la montagne doivent être rattachés aux Turcs Nogaï plutôt qu'aux Tcherkesses?

6° Les *Chaldéens* appelés également *Aïssores* peuvent-ils être considérés comme formant une tribu Kurde et dans tous les cas ne doit-on pas leur conserver leur ancien nom d'Assori?

7° Les Kurdes *Yézidis* et les Kurdes *Kizilbach* constituent-ils des familles de sang différent de celui de la grande masse des Kurdes, ou bien ces tribus ne doivent-elles être distinguées des autres que par leur religion spéciale?

8° Doit-on conserver dans le groupe Karthevélien ou Géorgien, les Adjares et les Lazes, et dans l'affirmative, ne doivent·ils pas former un groupe à part, portant un nom spécial?

9° Est-ce que l'on ne doit pas plutôt rapprocher les Oudines des Arméniens que des Lesghiens?

10° Est-ce que les Ossèthes ne doivent pas être définitivement rangés parmi les Caucasiens et garder le nom d'Ossèthes à l'exclusion de toute autre dénomination?

C o n c l u s i o n s:

Considérant que malgré l'activité et la sagacité des savants qui se sont occupés jusqu'à ce jour de l'ethnologie des peuples de l'Asie, il existe encore de trop nombreuses confusions dans leur nomenclature, je propose au Congrès d'anthropologie d'inscrire, dès à présent, parmi les questions les plus urgentes à étudier, *une révision complète de la nomenclature de ces peuples, basée sur des données scientifiques.*

Dès à présent et à cet effet, une Commission internationale composée d'anthropologues, de philologues, d'archéologues et d'historiens, pourrait être instituée près le comité permanant des Congrès. Cette Commission pourrait préparer pour la prochaine session un premier rapport sur lequel il serait définitivement statué. L'ethnologie posséderait alors une nomenclature internationale, comme la paléonthologie possède maintenant une légende internationale pour ses cartes d'archéologie préhistorique.

En attendant qu'il plaise au Congrès de donner suite à cette proposition, j'appellerai l'attention des anthropologues sur la nécessité d'exclure, dès à présent, de la nomenclature ethnologique, toute dénomination vague ou trop locale, ou donnant lieu à des confusions. J'émettrai enfin le voeu qu'il soit conservé à chaque peuple, et cela jusqu'à ce qu'une entente internationale ait pu avoir lieu, l'orthographe nationale du nom sous lequel il est actuellement connu. Il est essentiel d'éviter ces transformations multiples que les traducteurs font subir, suivant les exigences de leur langue, aux noms d'origine turque ou arabe par exemple. On pourrait en cette matière s'inspirer de ce qui a été demandé, en maintes circonstances, pour les noms géographiques.

Quelques données sur les questions: 1) de l'existence simultanée de l'usage de la sépulture et de l'incinération, et b) des statues en pierre, nommées ,,kamennya baby",

par

A. Ivanovsky.

L'Ethnographie dans son état actuel, avec ses progrès rapides et la masse de faits rassemblés dans son domaine, commence à rendre des services de plus en plus importants à l'archéologie. Cette dernière, à son tour, montre de plus en plus la tendance de relier les études archéologiques aux données de l'ethnographie actuelle, tendance qui s'exprime par l'application plus large de la méthode comparative et qui a eu déjà pour résultat l'explication très instructive de différents détails d'archéologie à l'aide de l'ethnographie. Le résumé de tout ce qui a été acquis par l'archéologie, grâce à l'invasion dans son domaine de l'élément ethnographique, pourrait avoir une grande importance et être l'objet d'une étude très utile et très instructive. Mais nous ne pouvons pas entreprendre ce travail et nous nous bornerons dans la communication suivante à un thème beaucoup plus modeste — celui de présenter quelques données ethnographiques, rassemblées par nous pendant notre voyage en Mongolie (en 1889), parmi les Mongols-Torgooutes. Ces données peuvent servir à jeter quelque lumière sur deux questions archéologiques: 1) celle de l'existence simultanée du rituel de la sépulture et de l'incinération et 2) celle des statues connues sous le nom de «femmes de pierre», «kamennya baby».

12*

On sait qu'assez souvent chez le même peuple et à la même époque, des morts sont tantôt ensevelis, tantôt incinérés (brulés). Nous
nous demandons: quels sont les morts qui ont été ensevelis, et ceux
qui ont été incinérés? On trouve quelques indications sous ce rapport
dans les usages sépulcraux des Torgooutes [1], chez lesquels s'est conservé jusqu'à présent l'usage d'enterrer les morts à côté de celui
de l'incinération des corps. L'un et l'autre usage dépendent chez
eux de la position sociale de défunt pendant sa vie. Sont toujours
incinérés les membres du clergé, comme *gheghen, lama, ghelun,
ghecil et manji.* Les exceptions sont très rares, seulement dans le
cas, où un ecclésiastique, obligé d'après la loi de mener une vie
de célibataire, a enfreint son voeu, et a vécu avec une femme.
Comme preuve de cette faute, il faut la déposition de trois témoins
au moins. Alors l'infracteur est privé de sa dignité et il n'est pas
incinéré après sa mort. Sont soumis aussi à l'incinération tous
les princes qui gouvernent les «soumyns». Il y a cinq de ces princes
chez les Torgooutes de l'Altaï, et trois chez ceux de Tarbagataï.
Les Torgooutes nomment ces princes *van* et *ban*, les kirguises — *on*.
Enfin sont incinérées les personnes qui ont rempli pendant leur
vie quelque fonction importante et ont acquis le respect, l'amour
et l'estime de la tribu. Les cas de l'incinération des femmes
sont extraordinairement rares. Chez les Torgooutes de Tarbagataï,
il s'est conservé le souvenir d'un seul cas pareil, qui se produisit
il y a une vingtaine d'années. Une femme a été honorée de l'incinération de son corps, parce que, dit-on, étant mariée, elle a donné
le jour à 28 enfants et les a élevés tous. Tous les autres Torgooutes,
qui ne se rattachent pas aux catégories énumérées, ne sont pas
incinérés; on les jette simplement sur la surface du sol, et les
parents du défunt surveillent pendant une semaine le cadavre,
pour voir s'il sera dévoré par les chiens. D'après les croyances
des Torgooutes, le mort est regardé comme saint, si son corps est

---

[1] Les Torgooutes forment l'une de 4 tribus de Mongols-Oeluts qui formaient
autrefois, à leur tour, une des 3 subdivisions des hordes des Mongols-occidentaux.
Une partie d'entre eux mène la vie nomade dans la région des sources du Boul-
goun, sur le versant sud de l'Altaï, l'autre sur le versant sud du Tarbagataï. J'ai
visité ces derniers.

dévoré dans le courant d'une semaine par les chiens, et au contraire, comme pécheur, si les chiens ne le touchent pas. «C'est un si grand pécheur», disent-ils dans ce dernier cas, «que les chiens-mêmes ne veulent pas manger de sa chair». En l'honneur de celui qui est mangé par les chiens, on fait une fête (un repas commémoratif), mais on n'honore pas dutout le pécheur. Les cadavres ne sont pas ensevelis dans la terre, à l'exception des cas ou les parents du défunt se trouvent obligés de rester près de son corps plus d'une semaine. (Le cadavre est jeté non loin de la «kibitka» (tente); au bout d'une semaine, quand la question de sa sainteté ou de sa méchanceté doit être éclaircie, les parents changent de lieu de campement) [2].

La cérémonie de l'incinération des cadavres est étroitement liée chez les Torgooutes avec la cérémonie de l'érection des «babas», qui se conserve aussi jusqu'à présent. Pour l'incinération d'un «gheghen» et des «lamas», on construit ce qu'on nomme un *kur*,—c'est une construction de briques non cuites de 2 m. cubes. Au dessus de ce *kur*, on met du bois et on l'arrose de graisse, pour qu'il brûle mieux. Sur un *kur* sont incinérés seulement le «gheghen», le représentant supérieur du pouvoir spirituel, et les lamas. Pour d'autres personnes, qui n'ont pas droit à cet honneur après leur mort, le bûcher est disposé plus simplement sur le sol. Après l'incinération, le lama présent à la cérémonie recueille les cendres du défunt dans un petit vase de cuivre et les emporte avec lui au monastère. Là il mêle ces cendres avec de d'argile et modèle lui-même, ou fait modeler par quelqu'un d'autre, mais toujours par une personne du clergé, la figure du défunt, nommée par les Torgooutes le *kochà-tchouloù*. Cette dénomination de *kochà-tchouloù* est donnée aux «babas» en argile faites maintenant, comme à celles en pierre qui ont été faites autrefois. Les «babas» en pierre sont regardées aussi par les Torgooutes comme des images de leurs ancêtres. Chaque Torgooute, en passant devant une de ces «babas», descend invariablement de cheval et fait une prière. Sur

---

[2] Cf. pour les détails mon „Aperçu d'anthropologie des Torgooutes du Tarbagataï". Supplément au V fasc. du „Journal de la Section d'Anthropologie de la Soc. des A. d. Sc. nat. etc." 1891, p. 23.

le remplacement des «babas» en pierre par des statues en argile,
les Torgooutes racontent la légende suivante. Il vivait autrefois dans
les temps immémoriaux homme nommé Merkyt. (Ce nom est
porté à présent par une des tribus; ou «os» des Torgooutes du
Tarbagataï). Dieu l'avait doué d'une force extraordinaire et d'un
esprit étendu; c'était le plus beau des hommes, adroit comme personne; le diable lui-même (choulmà), avec lequel Merkyt a lutté,
a été vaincu par lui et a dû demander grâce et faire le ser-
ment de ne pas tuer par le tonnerre l'homme qui prononcerait le
nom de son vainqueur, c. à d.—Merkyt. (Le tonnerre et la foudre
sont l'affaire du diable, d'après les Torgooutes). Avant Merkyt, les
hommes ne savaient rien sur la création de l'homme. Merkyt fut
le premier qui la leur raconta: c'est de lui qu'ils ont appris que les
hommes ont été faits d'argile. Merkyt a donné le conseil de faire
les images des ancêtres aussi avec l'argile, dont Dieu lui même
s'est servi pour la création du premier homme. Mais ses concitoyens
ne voulurent pas suivre immédiatement son conseil. Alors le grand
bœuf gris (*kök-bouzoù*), qui soutient la terre sur ses cornes, fit
un mouvement, sur l'ordre de Dieu, — la terre trembla et plusieurs des «babas» en pierre tombèrent en pièces. Les Torgooutes
comprirent alors que c'est Dieu lui-même qui parlait par la bouche
de Merkyt, et dorénavant ils lui obéirent et suivirent toutes ses
conseils. Voilà pourquoi, d'après la tradition des Torgooutes, les
«babas» en pierre ont été remplacées par celles faites en argile.

Passons aux divers attributs des «babas» en pierre, tels que les
coupes, les poignards, les ornements de ceinturons etc. On peut
voir tous ces détails sur les «babas» actuelles en argile. La coupe,
tenue dans la main droite des «babas» en pierre et en argile,
doit être, à ce que disent les Torgooutes, un attribut invariable de
chaque «baba»; il ne doit par y avoir d'exceptions. Dans cette
coupe, la figure qui représente le défunt tient les cendres, restées
de l'incinération. Maintenant les cendres, comme il est dit plus
haut, sont mêlées d'argile. Auparavant quand on faisait des «babas» en pierre, on mettait ces cendres, d'après la tradition des
Torgooutes, sous la «baba» et une petite partie sur la coupe. On
met une pincée de cendres sur la coupe même des «babas»
en argile. Les Torgooutes croient à la vie d'outre-tombe et à la

résurrection générale des morts. Mais Dieu, pour ressusciter le mort, doit avoir au moins une petite partie de ses restes. C'est pourquoi, après la mort de quelqu'un, il envoie sur la terre le *oueltchi-dedyn* (l'ambassadeur), qui prend aux morts qui ne sont pas incinérés, une mèche de cheveux, et de ceux qui ont été soumis à l'incinération—une pincée de cendres. Telle est la destination de la coupe, d'après l'explication des Torgooutes. Les questions soulevées par les autres attributs des «babas» en pierre, sont résolues très simplement par les Torgooutes. Pourquoi p. ex. quelques «babas» tiennent-elles dans la main gauche un poignard, tandis que d'autres ne l'ont pas. C'est parce que la «baba» doit être l'image du défunt, doit le représenter de la manière la plus exacte possible, avec toutes les particularités de son costume pendant la vie. Les membres du clergé p. ex., ne portent pas de poignards; leurs «babas» ne doivent pas en porter non plus; les autres les portent, et les poignards sont représentés sur leurs «babas» en pierre et en argile. Sur les «babas» en pierre qui ont une ceinture, le poignard est suspendu au-dessus de la ceinture, mais dans les monts Our-Kochar, près des sources de la rivière Artchaly-Moïnak, j'ai rencontré une «baba», avec un poignard passé sous le ceinturon. C'est à peine s'il eût été possible de donner une explication satisfaisante de ce détail, sans le secours des Torgooutes. La «baba» avec le poignard, caché dans le ceinturon, devait, à ce qu'ils disaient, représenter un prince qui a été obligé ou par une viellesse avancée, ou par d'autres causes, à se démettre de son pouvoir, de son vivant, en faveur de son fils ainé. Quand il s'est démis de son pouvoir (cela est arrivé une fois chez les Torgooutes actuels), il porte pendant le reste de sa vie le poignard non au-dehors de la ceinture, mais en dedans. Des faits pareils de la transmission du pouvoir par le père au fils sont très rares, c'est pourquoi les «babas» avec le poignard en dedans de la ceinture sont rares aussi. On rencontre enfin des «babas» en pierre avec des rondelles convexes, de 4—6 cent. de diamètre, suspendues à la ceinture de l'un ou de l'autre côté. Quelle est leur usage et leur signification? Probablement les mêmes dans les temps anciens que maintenant chez les Torgooutes, qui portent à leurs ceinturons de petits sacs ronds, avec des chiffons, imprégnés de beurre ou de graisse. Ils enduisent à l'aide de ces chiffons la corde de leur arc et parfois l'arc lui-même.

Voilà quelques données ethnographiques qui peuvent avoir quelqu'importance pour la solution des questions posées en tête de cette note.

Le poids du cerveau chez quelques peuples du Caucase [1],

p a r

le Dr. N. Giltchenko.

Dans la littérature anthropologique il n'y presque pas de données concernant le poids du cerveau chez les peuples qui habitent le Caucase. Quelques données éparses sur cette question ont été rassemblées seulement au moyen du calcul, d'après les mensurations de la capacité des crânes secs, et personne, que je sache, n'a pesé le cerveau lui-même, immédiatement après son extraction de la cavité cranienne. Ce fait s'explique par la rareté des matériaux; les habitants du Caucase, tant musulmans que chrétiens, sont également hostiles à des recherches de ce genre. Par conséquent, il me semble que même quelques chiffres sur le poids du cerveau chez les Ingouches, les Tchetchénes, les Ossètes, les Géorgiens, les Arméniens etc., que je suis parvenu à ressembler en quelques années, ne manqueront pas d'intérêt pour les anthropologues.

Avant de présenter ces chiffres, je crois nécessaire de décrire la voie par laquelle ils ont été obtenus et d'expliquer la méthode dont je me suis servie pour la pesée du cerveau.

---

[1] La présente note forme une petite partie de mon travail sur la pesée du cerveau. Pendant les années 1887, 1888, 1890, 1891 et le commencement de 1892, j'ai fait plus de 450 pesées du cerveau, dans l'Hôpital militaire de Wladicaucase. Les habitants des gouvernements de la Russie d'Europe (surtout des gouv. de Viatka, de Kharkov, des gouvernements polonais, de Stavropol etc.), ont donné la majeure partie des matériaux, puis venaient les cosaques du Terck et du Kouban, enfin il y a eu quelques Tatars, Bachkirs, Perses, Grecs, Juifs, Lithuaniens etc.

Après la dissection du crâne et de la dure-mère, je séparais du doigt les attaches et j'interceptais la médulle oblongue le plus bas possible, puis le cerveau entier était retiré et déposé sur une planche. La pesée se faisait 15—20 minutes après, avec la pie mère, sur une balance plate, vérifiée par moi [2]. Après cela je séparais le cervelet avec la médulle oblongue du grand cerveau et je les pesais séparément. Je procédais de même avec les hémisphères cérébrales, et les moitiés droite et gauche du grand cerveau étaient pesées à part. Il faut remarquer que la somme des poids de deux hemisphères prise avec le poids du cervelet et de la médulle oblongue était toujours plus petite que le poids du cerveau tout entier pris auparavant, avant sa dissection dans les parties indiquées. La différence, variant de 10 à 20 grammes, s'explique par ce qu'en disséquant le cerveau, on ouvre les ventricules cérébraux, le liquide cérébral s'écoule et le poids total diminue. J'indique toujours ce poids net sans le liquide cérébral. Outre le poids des différentes parties du cerveau, je mesurais aussi: la taille du sujet, le diamètre longitudinal et transversal du cerveau entier, aussitôt après l'avoir retiré, et les diamètres de la longueur et de la largeur du cervelet (après sa séparation du grand cerveau). Malheureusement les chiffres des diamètres du cerveau total n'ont pas de signification; souvent ces diamètres présentaient des valeurs plus grandes que les diamètres correspondants du crâne. Le cerveau gonflé (oedémateux) et fluide d'un sujet mort d'une inflamation des reins ou d'une hydropisie ventrale, donne des chiffres tout différents de celui du cerveau solide et compacte d'un sujet mort d'une inflammation croupeuse des poumons ou du typhus. Les diamètres du cervelet, toujours plus compact que les hémisphères du grand cerveau, présentent une valeur bien plus grande.

Je faisais toujours moi-même tant la pesée du cerveau que l'enrégistrement des chiffres.

I. Les Ossètes. La pesée du cerveau a été faite sur 11 sujets du sexe masculin, âgés de 12 à 60 ans, notamment: 12 ans— 1 sujet; 21—1; 22—2; 24—1; 26—1; 27—1; 28—2; 36- 1; 60—1. Le poids miximum était de 1306 gr. (chez un sujet de 26 ans), le poids minimum—de 1541 gr., (chez un sujet de 26 ans.).

Comme on a indiqué la corrélation entre la haute taille et le poids plus lourd du cerveau, je présente les chiffres du poids du cerveau à coté des chiffres de la taille.

---

[2] La vérification répétée a montré que la différence de ces indications, lors de la pesée des cerveaux, variait pour le poids de 1300—1500 gr. de 0 - 3 grammes.

№	Nom.	Taille.	Cerveau entier.	Cervelet et médulle oblongue.	Age.
1.	Const. Douriev........	168 cm.	1306 gr.	172 gr.	27 »
2.	Hadji-Oumar Aïlarov..	117 »	1362 »	168 »	12 »
3.	Kaspoulate Bakaëv ...	164 »	1463 »	194 »	22 »
4.	Tsoutsa Sozinov.......	172 »	1448 »	179 »	36 »
5.	Nafi Botsïev..........	171 »	1486 »	187	24 »
6.	Khotchass Tomaëv....	168 »	1489 »	205 »	22 »
7.	Egor Ourtaev.........	169 »	1493 »	194 »	28 »
8.	Mourzabek Kokkov....	172 »	1493 »	179 »	28 »
9.	Afaco Tsalikov.......	172 »	1515 »	201 »	21 »
10.	Narsaou Dzampov.....	165 »	1523 »	179 »	60 »
11.	Berezev.............	166 »	1541 »	198 »	26 »

Il suffit de jeter un coup d'oeil sur ce tableau pour voir l'absence de la corrélation indiquée entre une haute taille et un cerveau lourd.

Le poids moyen du cerveau chez les Ossètes—d'après ces 11 pesées,—est de 1465,3 gr., pour la taille moyenne de 168,7 (après avoir exclu Hadji-Oumar Aïlarov, agé de 12 ans, dont la taille de 117 cent. abaisse sensiblement la valeur moyenne).

En comparant le chiffre obtenu pour le cerveau «moyen» des Ossètes avec la moyenne de 1473 gr., notée dans mon travail de 1890 [3], nous voyons que la différence n'est pas grande, quoiqu'en ce temps là j'avais à ma dispositon 3 cerveaux seulement.

Le cervelet se pesait avec la médulle oblongue, vu la difficulté extrême de leur séparation dans une direction déterminée et arbitraire, parcequ' une limite anatomique précise entre eux, reconnue par tous, est difficile à fixer.

Les variations dans le poids du cervelet étaient assez grandes. Le poids minimum de 168 gr. a été trouvé chez Aïlarov, agé de 12 ans, et le maximum de 205 gr., chez Tomaëv, agé de 22 ans [4].

---

[3] „Matériaux pour l'anthropologie du Caucase. I. Les Ossètes", p. 178.

[4] Pour ne pas répéter le tableau précédent, où sont indiqués les chiffres du poids du cervelet et de la médulle oblongue, je renvois à la note marginale ces chiffres, arrangés dans l'ordre certain des poids croissants: (voir la page suivante):

Le poids moyen—186,9 gr. Le rapport du cervelet au cerveau total — 1 : 12,75; du cervelet au grand cerveau — 1 : 14,6.

Le *grand cerveau*. Après la séparation du cervelet et de la médulle oblongue, je divisais le reste, c. à d. le grand cerveau, soigneusement en deux moitiés égales, en disséquant le corps calleux par les mouvements scieformes du couteau et en ne retirant pas le dernier jusqu'à la disjonction complète. Ainsi les fautes individuelles de la disjonction du cerveau en deux parties descendent à un minimum presque imperceptible. La pesée a montré que chez 7 sujets, les deux moitiés du grand cerveau étaient d'un poids tout-à-fait égal; chez 2—la moitié droite était plus lourde, chez 2 autres — la moitié gauche. En moyenne, cependant, les deux moitiés ont un poids identique, notamment—639,2 gr. Voici les chiffres isolés:

Moitié droite.	Moitié gauche.
567 gr.	567 gr.
597 »	597 »
627 »	642 »
642 »	642 »
634 »	634 »
642 »	657 »
657 »	642 »
657 »	657 »
672 »	672 »
679 »	664 »

2. L e s I n g o u c h e s.—Les Ingouches forment l'une des tribus tchetchènes. Il m'a été possible de peser 15 cerveaux provenant de sujets morts à l'Hôpital militaire de Vladicaucase.

Le poids du cervelet.	Le poids du cerveau.	L'Age.	Les diamètres du cervelet longueur.	de largeur.
168 gr.	1362 gr.	12 a.	8,2 c.	13,0 c.
172 „	1306 „	27 „	8,8 „	12,0 „
179 „	1448 „	36 „	8,0 „	11,5 „
179 „	1439 „	28 „	8,9 „	11.0 „
179 „	1523 „	60 „	8,0 „	10,9 „
187 „	1486 „	24 „	8,2 „	11,3 „
194 „	1493 „	28 „	8,0 „	13,0 „
194 „	1463 „	22 „	8,1 „	11,0 „
198 „	1541 „	26 „	9,1 „	12,2 „
201 „	1515 „	21 „	9,0 „	11,2 „
205 „	1489 „	22 „	9,0 „	12,8 „

№	Nom.	Taille.	Cerveau.	Cervelet et medaille.	Agr.
1.	Aïtougaï Aïtougaïev...	172 ct.	1276 gr.	172 gr.	26 a.
2.	Khasaou Toïmazov....	170 ›	1299 ›	176 ›	30 ›
3.	Tossa Kouzgov	181 ›	1321 ›	179 ›	22 ›
4.	Djerah Kakhröev	163 ›	1325 ›	176 ›	18 ›
5.	Elbert Velkhiev.......	164 ›	1351 ›	157 ›	20 ›
6.	Djaoutkhan Mousïév...	174 ›	1388 ›	194 ›	30 ›
7.	Dzalboukhour Mouses-tov.................	166 ›	1433 ›	179 ›	28 ›
8.	Chaoukhoul Ekajev...	164 ›	1433 ›	194 ›	23 ›
9.	Madok Khopïev......	168 ›	1523 ›		23 › [5]
10.	Ghasi-Magoma-Kagher-manov..............	168 ›	1422 ›	179 ›	28 ›
11.	Amazan Daourbekov..	168 ›	1530 ›	186 ›	27 ›
12.	Zaourbek Tasiev......	186 ›	1575 ›	186 ›	24 ›
13.	Souleïman Tsegiev....	174 ›	1594 ›	190 ›	27 ›
14.	Bersa Dzartov........	168 ›	1639 ›	175 ›	30 ›
15.	Anta Dzoourov... ...	175 ›	1695 ›	209 ›	30 ›

Comme dans la série précédente des cerveaux des Ossètes, on ne peut pas remarquer ici non plus une corrélation déterminée, bien marquée entre la haute taille et le lourd cerveau. Ainsi, pour le cerveau moindre de 1300 gr. nous avons la taille moyenne de 171 cent., pour le cerveau de 1300 à 1400 gr. — 170,5 c.; pour le cerveau 1400—1500 gr.—166 c.; de 1500—1600 gr. 174 c.; de 1600—1700 gr. 171,5 c. D'après l'âge, les cerveaux se distribuaient ainsi: 18 ans — 1 sujet; 20 — 1; 22 — 2; 23 — 2; 24—1; 26—1; 27—1; 28—1; 30—4 sujets.

Le poids moyen du cerveau des Ingouches—1453,6 gr.; la taille moyenne des sujets—170,4 c.

Ainsi le poids moyen du cerveau des Ossètes est plus grand que celui du cerveau des Ingouches. La seconde particularité digne à noter est que, chez les Ossètes, il n'y a pas d'oscillations aussi grandes du poids du cerveau que chez les Ingouches, chez lesquels ces variations atteignent un degré considérable, notamment le chiffre de 419 gr. entre le minimum et le maximum du poids, tandis que chez les Ossètes—seulement 235 gr.

---

[5] La pesée du cervelet et du grand cerveau n'a pas été faite, parce que le cervelet n'était pas séparé, et le cerveau entier se conserve dans de l'esprit de vin.

Le *cervelet* a été pesé chez 14 sujets. Son poids moyen est aussi moindre que chez les Ossètes et égal à 182,3 gr. [6]. Le rapport au cerveau total=12,54, au grand cerveau—14,33.

Le *grand cerveau* des Ingouches pèse en moyenne 1271,6 gr. Sur 14 sujets, les deux moitiés du cerveau étaient égales chez 6; la moitié droite—plus lourde chez 2 et la moitié gauche—chez 6. En moyenne, la moitié droite du grand cerveau avait le poids de 631,3 gr., la moitié gauche—635 gr.

	Grand cerveau.	Moitié droite.	Moitié gauche.
1. Aitougaï Aitougaïev, 26 ans.. .	1104 gr.	537 gr.	567 gr.
2. Khasaou Toïmazov, 30 ans....	1123 ›	556 ›	567 ›
3. Djerab Kakhroëv, 18 ans......	1149 ›	567 ›	582 ›
4. Tossa Kouzgov, 22 ans........	1142 ›	575 ›	567 ›
5. Elbert Velkhiev, 20 ans.......	1194 ›	597 ›	597 ›
6. Djautchan Mousïev, 30 ans....	1194 ›	612 ›	582 ›
7. Chaoukhoul Ekajev, 23 ans....	1239 ›	612 ›	627 ›
8. Ghasi - Mahoma - Kaghermanov, 28 ans..	1243 ›	620 ›	623 ›
9. Dzalbokhour Mousestov, 22 ans.	1254 ›	627 ›	627 ›
10. Amazan Daourbekov, 27 ans...	1344 ›	672 ›	672 ›
11. Zaouerbek Tasïev, 24 ans. ...	1389 ›	687 ›	702 ›
12. Souleïman Tsegiev, 27 ans.....	1404 ›	702 ›	702 ›
13. Bersa Dzortov, 30 ans........	1464 ›	732 ›	732 ›
14. Anta Dzoourov, 30 ans........	1486 ›	743 ›	743 ›

---

[6] Voici les chiffres du poids du cervelet, arrangés dans l'ordre successif des poids croissants:

	Poids du cervelet.	Les diamètres du cervelet: longueur.	largeur.	Poids du cerveau.	Age
Les Ingouches.	157 gr.	8,0 c.	11,0 c.	1351 gr.	20 a.
	172 „	8,0 „	11,7 „	1276 „	26 „
	175 „	9,1 „	12.2 „	1639 „	30 „
	176 „	7,2 „	10,2 „	1299 „	30 „
	176 „	7,8 „	11,6 „	1325 „	18 „
	179 „	9,0 „	11,3 „	1321 „	22 „
	179 „	8,0 „	11,7 „	1422 „	28 „
	179 „	8,3 „	11,0 „	1433 „	22 „
	186 „	9,0 „	12,0 „	1530 „	27 „
	186 „	8,8 „	11,6 „	1575 „	24 „
	190 „	8,6 „	12,2 „	1594 „	27 „
	194 „	8,3 „	11,8 „	1388 „	30 „
	194 „	9,0 „	13,3 „	1433 „	23 „
	209 „	9,5 „	12,0 „	1695 „	30 „
Les Tché-	201 „	8,8 „	12,8 „	1575 „	26 „
tchènes.	205 „	8,8 „	12,6 „	1489 „	34 „

Les Tchetchènes (montagnards). Les diverses communes des Tchetchènes montagnards appartiennent, comme les Ingouches, à la même tribu tchetchène. Descendant rarement de leurs montagnes les Tchetchènes-montagnards sont des rares visiteurs de nos hôpitaux. Il m'est arrivé de peser seulement deux cerveaux de cette tribu.

A la taille moyenne de 169,5 c., le poids du cerveau de ces Tchetchènes était de 1532 gr. L'un (Debi Oustarkhanov) présentait la taille de 167 c. et le cerveau — de 1575 gr.; l'autre (Dourdy Sadykov)—la taille de 172 c. et le cerveau—de 1489 gr. Le poids moyen du cervelet=203 gr. (l'un—201 gr., l'autre—205 gr.), le poids moyen du grand cerveau — 1329 gr.; la moitié droite, en moyenne, était égale à la gauche,=664,5 gr.

3. Les montagnards du Daghestan, 3 sujets. Le poids moyen du cerveau—1340 gr., la taille moyenne—165 c.

	Taille.	Cerveau.	Cervelet.	Age.
1. Isa - Mahomed - Ogly, aoul Kazi-Koumoukh	162 c.	1273 gr.	176 gr.	40 c.
2. Hadji - Soultan - Ogly, aoul Zoukra................	169 ›	1314 ›	180 ›	30 ›
3. Ghasan-Ali-Ogly, aoul Kazi-Koumoukh...............	164 ›	1433 ›	194 ›	24 ›

Le cervelet. Poids moyen—183,3 gr.

Le grand cerveau. Poids moyen—1156,6 gr.; l'hémisphère droite 577, l'hémisphère gauche — 579,6 gr., c. à d. un peu plus lourde que la droite, ce que nous avons dejà vu chez les Ingouches.

	Grand cerveau.	La moitié droite.	gauche.
1. Jsa-Mahomed-Ogly	1094 gr.	552 gr.	542 gr.
2. Hadji-Soultan-Ogly	1134 ›	567 ›	567 ›
3. Ghasan-Ali-Ogly.	1239 ›	612 ›	627 ›

4. Le Tcherkesse — 1 sujet seulement, un représentant pur de la tribu d'Adighé, de Tcherkesses dits «de Mozdok», qui se sont convertis au christianisme au siècle passé et ont été établis près de Mozdok — avait été longtemps malade d'une inflammation chronique des poumons.

Savva Derbetov—22 ans. La taille — 171 c., le poids du cerveau—1579 gr., le cervelet—220 gr., le grand cerveau—1359 gr., la moitié droite – 687 gr., la gauche—672 gr.

5. Le s G é o r g i e n s.—13 sujets, pour la plupart nés dans le gouv. de Tiflis, et tous de la Transcaucasie. La ville de Vladicaucase était pour eux un lieu d'habitation temporaire. Le poids moyen du cerveau—1350,4 gr., la taille moyenne—166,9 c.

	Taille.	Cerveau.	Cervelet.	Age.
1. Elias Natadze (du gouv. de Tiflis)	164 . c.	1183 gr.	160 gr.	27 ans.
2. George Roustevanov (du gouv. de Tiflis)........	164 ›	1224 ›	127 ›	65 ›
3. George Gheliodze (du gouv. de Tiflis)........	165 ›	1269 ›	172 ›	24 ›
4. Jsaï Biberidze (de la ville de Tiflis).........	176 ›	1314 ›	164 ›	62 ›
5. Laghi Zourabiani (du gouv. de Koutaïs)	161 ›	1329 ›	165 ›	40 ›
6. Joseph Ramazov (de la ville de Tiflis).........	156 ›	1362 ›	190 ›	19 ›
7. Jacob Mtsaraoulov (de la ville d'Akhaltsikh) .	169 ›	1366 ›	202 ›	48 ›
8. Gourdja Kvirkvili (du gouv. de Tiflis)........	178 ›	1366 ›	179 ›	30 ›
9. Pirouze Latevadze (de l'arr. de Telav, gouv. de Tiflis)	160 ›	1456 ›	194 ›	20 ›
10. Zakharias Goudjeradze (de l'arr. de Douchète, gouv. de Tiflis)........	171,5 ›	1456 ›	194 ›	24 ›
11. Ghorghi-Chvili (de l'arr. de Douchète, gouv. de Tifllis)	171,5 ›	1530 ›	198 ›	40 ›

Le poids moyen du cerveau de la Géorgienne (2 pesées)= 1207,5 gr., à la taille moyenne de 159 c.

	Taille.	Cerveau.	Cervelet.	Age.
12. Mélanie Gheorghieva (née de la ville de Tiflis)....	160 c.	1172 gr.	156 gr.	28 ans.
13. Tchila Goudouchaouri (du gouv. de Tiflis).........	158 ›	1243 ›	175 ›	25 ›

Le cervelet. Poids — 176,8 gr., avec les oscillations de 75 gr. de deux côtés; le poids minimum—127 gr. (chez Roustevanov, agé de 65 ans), le poids maximum—202 gr. (chez Mtsaraoulov, agé de 48 ans.). Le rapport du cervelet au cerveau total$=$13,0 le rapport au grand cerveau —15,4.

	Age.	Cerveau.	Cervelet.	Diamètres du cervelet.	
				longueur.	largeur.
1. George Roustevanov	65 a.	1224 gr.	127 gr.	7,5 c.	10,5 c.
2. Elias Natadze	27 »	1183 »	160 »	7,8 »	11,2 »
3. Jsaï Biberidze	62 »	1314 »	164 »	7,5 »	11,7 »
4. Laghi Zourabiani .	40 »	1329 »	165 »	9,2 »	13,0 »
5. George Gheliodze.	24 »	1269 »	172 »	7,8 »	11,0 »
6. Gourdja Kvirkhili.	30 »	1366 »	179 »	7,8 »	11,2 »
7. Joseph Ramazov..	19 »	1362 »	190 »	8,0 »	12,0 »
8. Pirouze Latevadze	20 »	1456 »	194 »	8,5 »	12,5 »
9. Zakharias Goudjeradze	24 »	1456 »	194 »	—	11,5 »
10. Gorghi-Chvili.....	40 »	1530 »	198 »	8,9 »	11,8 »
11. Jacob Mtsaraoulov	48 »	1366 »	202 »	9,0 »	11,2 »

Le poids moyen du cerveau de la Géorgienne — 165,5 gr., le rapport au cerveau—12,8.

	Age.	Cerveau.	Cervelet.	Dirmètres du cervelet.	
				De longeur.	De largeur.
Mélanie Gheorghieva...	28	1172 gr.	156 gr.	8,4 c.	11, c.
Tchila Goudouchaouri..	25	1243 »	175 »	—	—

Le grand cerveau a été pesé seulement en 8 cas. Son poids moyen chez les Géorgiens — 1164,1 gr.; la moitié droite — 582,7, la gauche—581,4. Dans deux cas seulement les deux moitiés étaient égales entre elles; en 3 cas la moitié droite pesait plus que la gauche, en 3 autres—au contraire—la moitié gauche était la plus lourde.

1. George Roustavanov.........	1097 gr.	537 gr.	560 gr.
2. George Gheliodze	1097 »	545 »	552
3. Elias Biberidze.............	1150 »	582 »	568 »
4. Laghi Zourabïani	1164 »	582 »	582 »

5. Jacob Mtsaraoulov........... 1164 gr. 582 gr. 582 gr.
6. Joseph Ramazov............. 1172 »   575 »   597 »
7. Goudja Kvirkvili............. 1187 »   597 »   590 »
8. Pirouze Latevadze .... 1262 »   642 »   620 »

Le poids moyen du grand cerveau de la Géorgienne=1042 gr.
La moitié gauche est égale à la droite.

6. Les Arméniens, 12 sujets, pour la plupart nés dans
la province de Tersk, quelqu'uns venus de la Transcaucasie.

	Taille.	Cerveau.	Cervelet.	Age.
1. Nikita Simonov (de Mozdok)	168 c.	1232 gr.	142 gr.	58 c.
2. Jacob Simonov (de Mozdok)	170 »	1269 »	172 »	30 »
3. Roman Bodlajaev (de Kizlar)	165 »	1276 »	164 »	21 »
4. Pierre Chochine (de distr. de Piatigorsk)...........	161 »	1299 »	172 »	32 »
5. Akope Alekov (de Vladicaucase)	171 »	1321 »	172 »	60 »
6. Ovaness Kazarov (de Choucha)	179 »	1351 »	179 »	32 »
7. Karapète Chakhnasarov (de vil. de Karnan, près de Etehmiadzine)	151 »	1359 »	172 »	48 »
8. Abram Ovanessov (de Choucha)	169 »	1377 »	160 »	26 »
9. Bogdan Zaloukov (de la prov. de Tersk)	161 »	1407 »	183 »	23 »
10. Arakel Aslaniants........	164 »	1471 »	160 »	30 »
11. Jacob Verkalov (elève du progymnase de Vladicaucase)..................	158 »	1530 »	179 »	18 »
12. Glakha Narimanov (de Tiflis)	144 »	1545 »	186 »	35 »

Le poids maximum du cerveau—1545 gr.—a été trouvé chez
Narimanov, agè de 35 a. et de très petite taille; le cerveau du
reste était normal, et ses enveloppes n'étaient pas épaissies.

Le poids moyen du cerveau chez les Arméniens=1369,7 gr.,
à la taille moyenne de 163,4 c.

Le cervelet. — Poids moyen — 170 gr.; le rapport au cerveau total—12,4.

	Age.	Cerveau.	Cervelet.	Diamètres du cervelet.	
				De lan-geur.	De lar-geur.
1. Nikita Simonov ..	58 a.	1232 gr.	142 gr.	7,2 c.	11,0 c.
2. Abram Ovanessov.	26 »	1377 »	160 »	8,5 »	11,0 »
3. Arakel Aslaniats..	30 »	1471 »	160 »	8,4 »	10,8 »
4. Roman Bodlajaev.	21 »	1276 »	164 »	8,0 »	11,0 »
5. Jacob Simonov ...	30 »	1269 »	172 »	8,2 »	11,2 »
6. Pierre Chochine ..	32 »	1299 »	172 »	8,0 »	12,0 »
7. Akope Alekov....	60 »	1321 »	172 »	8,5 »	11,8 »
8. Karapete Chakna-sarov	48 »	1359 »	172 »	9,0 »	11,1 »
9. Ovaness Kazarov.	32 »	1351 »	179 »	8,6 »	12,8 »
10. Jacob Vercalov...	18 »	1530 »	179 »	8,7 »	12,0 »
11. Bogdan Zaloukov.	23 »	1407 »	183 »	8,8 »	11,9 »
12. Glakha Narimanov	35 »	1545 »	186 »	9,0 »	11,0 »

Le grand cerveau. Je n'ai pu peser que 10 cerveaux. Le poids moyen—1193,6 gr.; la moitié droite, plus lourde, — 600,2 gr., la moitié gauche —593,4 gr. Les deux moitiés étaient égales dans 2 cas, la moitié droite était plus lourde dans 7 cas, et la moitié gauche dans 1.

	Le grand cerveau.	La moitié droite.	La moitié gauche.
1. Nikita Simonov, 58 a......	1090 gr.	545 gr.	545 gr.
2. Jacob Simonov, 30 a.	1097 »	552 »	545 »
3. Roman Bodlajaev, 21 a.. ..	1112 »	560 »	552 »
4. Pierre Chochine, 32 a.....	1127 »	560 »	567 »
5. Ovaness Kazarov, 32 a....	1172 »	590 »	582 »
6. Karapète Chakhnasarov, 48 a.	1187 »	597 »	590 »
7. Abram Ovanessov, 26 a....	1217 »	620 »	597 »
8. Bogdan Zaloukov, 23 a....	1224 »	612 »	612
9. Jacob Verkalov, 18 a.	1351 »	679 »	672 »
10. Glakha Narimanov, 35 a...	1359 »	687 »	672 »

Pour conclure, nous donnons, dansc le tableau de la page suivante, le résumé des chiffres obtenus.

	La taille.	Le poids du cerveau.	Le poids du cervelet et de la méd. oblong.	Le poids du grand cervean:		
				Total.	Moitié droite.	Moitié gau-che.
	c.	gr.	gr.	gr.	gr.	gr.
1. *Les Ossètes* (11 s.)	168,7	1465,3	186,9	1278,4	639,2	639,2
2. *Les Tchetchènes* — a) Les Ingouches (15 s.)	170,4	1453,6	182,3	1271,6	631,3	635,0
2. *Les Tchetchènes* — b) Les Tchetchènes monta-gnards (2 s.)	169,5	1532,0	203,0	1329,0	664,5	664,5
3. *Les montagnards du Daghestan* (3 s.)	165,0	1340,0	183,3	1156,6	577,0	579,6
4. *Le Tcherkesse* (1 s.)	171,0	1579,3	220,0	1359,0	687,0	672,0
5. *Les Géorgiens* — hommes (11 s.)	166,9	1350,0	176,8	1164,0	582,7	581,2
5. *Les Géorgiens* — femmes (2 s.)	159,0	1207,5	166,5	1042,0	521,0	521,0
6. *Les Arméniens* (12 s.)	163,4	1369,7	170,0	1193,0	600,2	593,4

Les steppes russes autrefois et aujourd'hui,

par

M - r. le professeur W. W. Dokoutchaïev.

Si même au temps présent, malgré tout le progrès de la science et de la technique, les hommes et les peuples restent sous l'influence irrésistible et variée de la nature environnante, — on comprend qu'aux temps préhistoriques presque toute la vie et toute l'activité de l'homme ont été soumises aux puissantes conditions physico-géographiques, sous l'influence desquelles l'homme a été obligé de faire ses premiers pas. Mais, s'il est ainsi, il est très difficile et presque impossible de comprendre la vie et l'activité de l'homme préhistorique, représentées principalement par les restes diverss des périodes paléolithique et néolithique, sans une connaissance plus approfondie de cette nature au milieu de laquelle cet homme existait.

Par conséquent, il nous a paru utile et intéressant d'essayer la restauration des steppes de la Russie méridionale d'autrefois. L'article présent renferme cet essai, publié premièrement en russe sous la forme d'une brochure un peu plus détaillée. En voulant le compléter, surtout le chapitre qui traite de la distribution des forêts anciennes dans la zone russe de transition entre les forêts et les steppes, j'ai inséré à la fin un tableau comparatif, composé, selon mon idée, par Mr. Ototsky, et indiquant l'aréal des forêts anciennes et actuelles du gouv. de Poltava, qu'on peut regarder comme la contrée typique et centrale de toute la Petite Russie, en même temps que deux petites cartes représentant la distribution des forêts d'autrefois et du temps présent dans le même gouvernement.

I.

La dernière page de la géologie de la Russie en général et des steppes russes méridionales en particulier.

Par le caractère du climat, le relief et la flore et, probablement aussi, par la faune et en partie par les terrains et le sol, nos steppes russes de terre noire forment la suite ininterrompue de cette grande ceinture de plaines qui fait le tour de l'hémisphère septentrional et dans la composition de laquelle entrent les *desiertos* espagnols, les *poucsty* de la Hongrie et de la région Danubienne, les *steppes* de la Russie d'Europe et de la Sibérie et enfin les *prairies* des Etats-Unis de l'Amérique du Nord.

Jusqu'à présent, les savants, aussi bien russes qu'étrangers, ont divisé nos steppes en trois types: la région de *l'absynthe et des salines*, occupant le sud-est de la Russie; celle de la *stipe plumeuse et des terres noires*, s'étendant sur une longueur de 300 à 400 verstes, au nord de la mer Noire et de la mer d'Asov et enfin la *steppe des forêts* ou *avant-steppe*, située principalement le long de la limite septentrionale des terres noires. Ses éléments les plus importants et les traits caractéristiques de ces trois types de steppes peuvent parfois se confondre sur un espace relativement peu considérable, sans sortir des limites d'un seul et même gouvernement. Tel est, par exemple, le gouvernement de Poltava, dont la géologie, le sol, la configuration superficielle, les eaux et la flore ont été, pendant ces dernières années, l'objet d'études relativement très détaillées. Aussi, c'est surtout sur cette région que nous avons l'intention de porter notre attention dans la caractéristique de nos steppes.

Comme partout, durant la période géologique la plus récente ou époque *posttertiaire*, le territoire de l'Europe orientale a été occupé soit par la terre ferme, soit par la mer. Mais cette période, époque du *mammouth*, du *rhinocéros* et de *l'homme préhistorique*, se fait remarquer par une particularité très caractéristique, du développement extraordinaire des *glaces continentales*, ce qui lui a valu le nom de période *glaciaire*.

Il s'ensuit donc que tous les sédiments post-tertiaires de la Russie, tant par leur caractère général que par leur origine et par les restes organiques qu'ils contiennent, peuvent et doivent être divisés en trois types, adaptés à trois régions de la Russie presque égales et unies entre elles étroitement au point de vue génétique. Ces régions sont: a) celles des sédiments déposés soit par la mer seule, soit, à la fois, par la mer et les eaux douces; b) celles des formations glaciaires; c) celles des sédiments terrestres et des eaux douces. Chacune de ces régions, à son tour, se subdivise en rayons, à savoir.

A) *Rayons des sédiments marins: rayon septentrional,*—bassin du cours inférieur de la Petchora, de la Dvina septentrionale etc.; *rayon Aralo-Caspien,* dont les sédiments, formant une bande ininterrompue se rétrécissant vers sa partie centrale et vers le nord, s'allongent vers l'est depuis les collines d'Ergeni et le Volga jusqu'à la Kama et peut être encore plus au nord; *rayon de la mer Noire* (cette mer peut aussi s'appeler mer de Scythie), dont les formations, en partie dues aux eaux douces et en partie à l'eau de mer, sont disposées le long du rivage septentrional de la mer d'Asov (et vraisemblablement le long de son littoral oriental), du Sivache, du golfe de Pérekop et, plus loin, le long de la mer Noire s'étendent en un ruban, très étroit à l'est, et probablement plus large à l'ouest. Au nord, la mer de Scythie était bornée en partie par des roches cristallines (la dite chaîne du Dnièpre) et en partie par des formations houillères et tertiaires plus récentes.

B) *Rayons des formations glaciaires: rayon de la chaîne du Timan,* occupant presque tout le bassin de la Petchora, principalement son cours supérieur et son cours moyen; *rayon de l'Oural,* étudié jusqu'à présent seulement dans les bassins de la Kosva, de la Tchoussovaïa etc.; *rayon du Caucase,*—glaciers actuels, d'ailleurs beaucoup plus élargis à cette époque; *rayon scandinavo-russe,* le plus étendu et le mieux étudié.

C) *Rayons des formations continentales* [1], c'est à dire, portions de *terre ferme les plus anciennes* de la Russie (au point de vue du sol et de la phytozoologie): *rayon Ouralien,*—versant occidental de l'Oural [2] et plaines adjacentes jusqu'à la limite (à l'ouest) des sédiments glaciaires et Aralo-Caspiens voisins; *rayon du Volga,*—rive droite du Volga (gouvernements de Pensa, portions de ceux de Kasan, de Simbirsk et de Saratov et collines d'Ergeni); *rayon du Donetz et du Dnièpre,*—bandes de terre entre les limites méridionales du glacier scandinavo-russe et les limites septentrionales de l'ancien bassin de la mer de Scythie; *rayon de la Crimée et du nord du Caucase,* non occupé par les glaciers.

---

[1] Il va sans dire qu'il n'est pas question des couches glaciaires.
[2] A l'exception de l'îlot glaciaire cité plus haut.

Pour se faire une idée plus nette de tous les types de formations post-tertiaires de la Russie que nous avons mentionnés, il est indispensable d'étudier avec plus d'attention quelques uns des divers rayons de chaque région.

Types de formations glaciaires.

Le glacier scandinavo-russe recouvrait d'une masse de glace ininterrompue, et dont l'épaisseur variait probablement de 300 à 1000 mètres, presque toute la partie septentrionale de la Russie, les trois quarts de sa partie centrale (à l'ouest) et environ la moitié de la steppe russe proprement dite. A en juger par la distribution de blocs erratiques et de galets du nord, les limites méridionales extrèmes de son expansion auraient atteint (approximativement du moins) la rivière Styr dans le gouvernement de Volynie, la partie septentrionale des gouvernements de Kherson et d'Ekatérinoslav et le sud-est de celui de Poltava. De là cette frontière se serait dirigée, en franchissant l'angle nord-ouest du gouvernement de Kharkov, (un peu à l'est de Briansk), vers Pavlovsk dans le gouvernement de Voronèje et vers le confluent du Bouzoulouk et du Khoper. A partir de ce poiut, la limite orientale des blocs erratiques s'élève presqu'en ligne droite vers le nord, le long de la rive droite de la Medvéditza, puis se dirige vers Serdobsk et Saransk, et de là, vers le Volga qu'elle franchit un peu à l'ouest de Vassilsoursk.

Si l'on réunit par une ligne brisée imaginaire tous les points que nous venons de désigner, on voit que dans les bassins du Dnièpre et du Don, principalement dans leurs affluents de gauche, c'est à dire à l'endroit où nos steppes méridionales s'abaissent plus ou moins sensiblement (à moins de 100 sagènes au dessus du niveau de la mer), le glacier scandinavo-russe s'étendait fort loin vers le sud, sous la forme de deux larges *langues*. Dans le présent article nous donnerons à celle de l'ouest, qui atteignait presque le 48°,5′ de latitude nord, le nom de *langue du Dnièpre*, et à celle de l'est qui allait presque jusqu'au 50° de latitude nord, celui de *langue du Don*.

Ainsi donc la langue du Dnièpre, grâce à une altitude absolue moindre, dépassait de 150 verstes vers le sud celle du Don.

Entre ces langues du glacier s'étendait le haut plateau qui forme aujourd'hui la ligne de partage des eaux, d'une part, entre la Desna et le Dnièpre et de l'autre, entre l'Oka et le Don proprement dit; et ce plateau qui s'étend sur une grande partie des gouvernements d'Orel et de Kharkov, sur tout celui de Koursk

et sur la moitié occidentale de celui de Voronèje, *n'a jamais été
recouvert par les glaces*. La région élevée (plus de 100 sag.) qui
forme le rivage actuel du Volga, autrefois bras de mer, et qui
comprend la partie sud-ouest du gouvernement de Kasan. la partie
est de celui de Saratov, ceux de Pensa et de Simbirsk presque
entiers etc., constituait une autre bande de terre ferme, étroite et
longue, s'étendant du nord au sud et bornée à l'est par la mer
Aralo-Caspienne et à l'ouest par le glacier.

Voyons maintenant quelles sont les traces qu'a laissées ou pu
laisser le grand glacier scandinavo-russe.

Ce glacier qui s'étendait sur une longueur de plus de mille
verstes, du nord-ouest au sud-est, c'est à dire de la Scandinavie,
de la Finlande et du gouvernement d'Olonetz jusqu'à ses limites,
dans les steppes du sud et du sud-est, que nous avons désignées
plus haut, *a détruit, broyé, morcellé, poli* et même *strié* au moyen
de ses eaux des centaines de roches variées (massives, sédimentaires ou autres, — granits, calcaires, marnes, grès, argiles
etc.) gisant sur son passage et a entraîné leurs débris vers des
latitudes plus méridionales. Grâce à ce mouvement qui dura certainement des milliers d'années, grâce aussi à l'action physique
et chimique de l'air sur ces espèces minérales, l'activité glaciaire
a produit les spécimens les plus variés. Nous les diviserons en cinq
types: a) débris pierreux des diverses roches, quelquefois arrondis, parfois même polis; on les désigne sous les noms de *blocs erratiques, cailloux, graviers, sables à gros grains* etc.; b) argiles
grossières non striées, non zonées, ordinairement d'un rouge-brun,
employées presque partout (au nord et au centre de la Russie)
pour la fabrication des briques; c) sables bien striés, souvent finement granulés, la plupart du temps quartzeux, toujours irrégu-
lièrement zonés, de couleur variée, le plus souvent blancs ou
rougeâtres; d) limon en suspension mécanique, tout-à-fait analogue
à celui que transporte maintenant n'importe quel glacier et composé d'un mélange assez égal de menus grains de quartz, de filons
d'argile, de parties marneuses etc; e) enfin, *substances décomposées
chimiquement dans les eaux des glaciers*, telles que sels divers,
carbonates, sulfates, chlorates etc.

On peut affirmer d'une manière positive que tous ces types de
formations glaciaires existent dans n'importe lequel des glaciers
actuels. Ils ont certainement dû exister aussi dans le grand glacier scandinavo-russe, et cela en quantité d'autant plus grande
que ses dimensions étaient plus considérables.

A en juger par le caractère général de l'activité de tout glacier, on doit nécessairement admettre que tous les types de formations glaciaires que nous avons indiqués, ont du se répartir d'une

façon fort inégale sur la superfice du glacier scandinavo-russe. Les plus grossiers de ces matériaux, offrant plus de résistance aux efforts des eaux, se sont accumulés d'une façon naturelle principalement dans les régions du nord et du nord-ouest, tandis que les plus fins, que l'eau pouvait plus facilement laver et dissoudre, ont été entrainés au loin vers le sud et vers l'est et souvent même au-delà des limites de la couche de glace. Si l'on admettait les hypothèses suivantes: que la marche du glacier s'est constamment accomplie sur une seule et même espèce minérale, et dans des conditions climatériques et orographiques invariables, qu'une partie des sédiments glaciaires, principalement les sédiments chimiques, n'a pas été emportée à la mer, et enfin que les agents glaciaires (glace, eau etc.) étaient moins variés, on pourrait et on devrait même admettre que les produits du glacier scandinavo-russe se sont répartis à travers la Russie, du nord-ouest au sud-est, suivant la distribution idéale suivante:

I-re zone: cailloux des glaciers, gravier et sables grossiers; abondance de stries produites par le glacier, de surfaces polies, de sillons sur le sol du continent etc.

II. Sables les plus variés.

III. Argiles à briques grossières et non striées.

IV. Dépôts de boue glaciaire.

V. Sédiments chimiques.

Le nombre des blocs erratiques et leurs dimensions doivent en général diminuer au fur et à mesure du mouvement du glacier du nord-ouest au sud-est.

Mais comme la nature est beaucoup plus compliquée et qu'aucune des hypothèses citées plus haut n'a existé dans son ensemble; comme, en outre, dans l'existence et l'activité de notre glacier, il est indispensable de distinguer au moins deux stades (sans compter les mouvements temporaires, peut être périodiques d'un coté ou de l'autre, en avant ou en arrière), celui de *l'avancement* et celui du *recul* du glacier, stades distants l'un de l'autre de plusieurs milliers d'années, au moins pour les régions les plus septentrionales, et qui ont dû être suivis par des procès et des produits différents, il est tout naturel que le schéma tracé plus haut doit être rompu, pour ainsi dire, par des milliers d'exceptions les plus variées.

Néanmoins le grand nombre des données, d'ailleurs les plus sérieuses, que nous possédons, nous obligent à affirmer que comme *règle*, comme expression de l'immense majorité des faits, se schéma est entièrement applicable à la Russie et probablement à tous les autres pays à glaciers.

Et effectivement, l'immense rayon du glacier scandinavo-russe se subdivise tout naturellement en zones. Ces zones sont les suivantes:

a) *Zone du nord-ouest* de la Russie, comprenant: toute la Finlande et les parties voisines des gouvernements d'Arkhangel, d'Olonetz, de Vologda, de Saint-Pétersbourg, de Novgorod, d'Esthonie et de Pskof, avec la mer Blanche, le golfe de Finlande etc. Toute cette immense étendue, principalement la Finlande et le gouvernement d'Olonetz, présente une suite ininterrompue de *champs à blocs erratiques*, de chaînes de hauteurs désignées sous le nom *oesars, selghes*, etc. (formées ordinairement de sables grossiers, de gravier, de cailloux etc.), de sillons glaciaires, de stries, de surfaces polies, de fronts de bélier, d'excavations et d'une foule de lacs et de marais.

b) *Zone* (non composée de terre noire) *du centre* de la Russie. Cette zone comprend les autres parties des gouvernements cités plus haut, la moitié nord-ouest de celui de Nijni-Novgorod, tout ceux de Kostroma, d'Yaroslav, de Vladimir, de Moscou, de Vitebsk, de Mohilev, de Smolensk et certaines parties des gouvernements limitrophes au sud et à l'ouest etc., où sont représentées d'une façon plus ou moins spéciale les formations glaciaires suivantes: 1. sables roulés de la surface, peu consistants, non zonés, se rencontrant sporadiquement, 2. argiles à briques d'un rouge-brun grossières, non striées et fortement mélées de sable, et contenant très souvent une foule de blocs erratiques septentrionaux; 3. sables erratiques inférieurs, disposés par couches, souvent finement granulés, reposant par places sur un lit de galets et de cailloux.

3) *Zone de la terre argileuse loessiforme*, à cailloux d'un grain plus ou moins grossier et du *loess* typique des glaciers à grains fins et complètement homogène [1]; la première de ces espèces minérales occupe en général (avec quelques solutions de contimité) les régions les plus septentrionales, situées sur la frontière dite de terre noire septentrionale, et correspondant à certaines portions des gouvernements de Nijni-Novgorod, Vladimir, Tambov, Riazan, Kalouga, Toula, Orel, Tchernigov etc. vers l'ouest. La seconde occupe les frontières plus méridionales de cette zone, et même, en certains endroits, dépasse les limites de l'ancien glacier.

Il va sans dire que toutes ces zones de formations glaciaires se mélangent l'une à l'autre, se fondent, pour ainsi dire, presque insensiblement et d'une manière toute progressive. Ainsi, on sait déjà depuis longtemps que, à mesure qu'on s'avance du nord au

---

[1] Plus tard, quand les limites du loess seront mieux connues, il formera certainement une zone distincte, quoique fortement déchiquetée et intermittente.

sud, le diluvium glaciaire typique (argiles rouge-brun, grossières, etc.) devient de plus en plus souvent *loessiforme*, la quantité
des blocs erratiques et leurs dimensions diminuent, les argiles deviennent plus friables et plus poreuses, les carbonates plus abondants, la couleur rouge s'affaiblit et la terre argileusse loessiforme se transforme peu-à-peu et par places en *loess* typique
poreux de couleur jaune-clair.

Tel est le caractère général des formations glaciaires en Russie.

Pour mieux étudier leurs particularités, précisément dans les
steppes russes, on peut s'arrêter spécialement au gouvernement de
Poltava et au district de Balachov, du gouvernement de Saratov,
qui sont justement situés sur les limites extrèmes du glacier scandinavo-russe, le gouvernement de Poltava à l'ouest, sur la *saillie
du Dnièpre*, et le district de Balachov à l'est, sur celle du *Don*.

La petite Russie, en général, et le gouvernement de Poltava
en parcticulier, sont recouverts de ce même loess fertile qui nourrit toute la Chine et le Turkestan russe et forme un des sous-sol
les meilleurs et les plus caractéristiques de la terre noire russe.
Le loess typique, autrement dit *terre jaune*, est un terre argileuse,
marneuse, rarement zonée, de couleur jaune-clair, quelquefois
jaune-pâle, de structure tendre, farineuse même, fortement, mais
peu profondément poreuso, avec une foule de veines calcaires très
fines et ramifiant dans tous les sens, de petits tubes et quelquefois de concrétions en forme de noix (*chatons* blancs) formés de
la même substance. Cependant en général, il présente une masse
assez compacte se divisant, dans les coupes naturelles (sur les
berges en pente des rivières, les ravins etc.), en piliers, tours, pi-
ques et autres formes parfois très bizarres. Les parties principales
qui entrent dans sa composition sont, dans le gouvernement de
Poltava, de menus grains de quartz (environ 40%), de l'argile
(environ 23%) et des carbonates (environ 11%, au maximum
$13,5\%$).

Ce loess recouvre complétement tous les plateaux formant la
ligne de partage des eaux du gouvernement de Poltava, d'une
couche qui n'a pas moins de 3 sagènes d'épaisseur; cependant dans
la partie orientale du district de Constantinograd, dans une partie
de ceux de Zienkov et de Krementchoug etc., il devient plus grossier, s'enrichit de grains de sable et perd se porosité. Les couches
loessiformes, argileuses et sablonneuses, qui recouvrent presque toutes les berges en pente douce des ravins et des rivières, ont un
caractère sablonneux encore plus prononcé.

Outre les restes carbonisés de la végétation herbacée, on
ne rencontre ici, parmi les formes organiques fossiles, que des
coquilles de mollusques terrestres ou marécageux, des os de ron-

geurs des steppes, et parfois des fragments de squelettes de castor,
de mammouth et de quelques contemporains de ce dernier.

Ce n'est que tout récemment que l'on a constaté un fait d'une
grande importance, l'existence (districts de Kobéliaki et de Prilonki)
dans les couches inférieures du loess typique de blocs et de
galets auxquels on ne peut attribuer qu'une origine erratique.
En outre, on rencontre assez souvent, dans cette terre jaune, des
couches gris-foncé, d'une espèce plus grossière que le loess, riches
en grains de quartz et dont l'épaisseur varie de 1 à 7 pieds. Ces
couches contiennent de 1 à 3% de humus; çà et là elles sont
fendillées, et sur les parois de ces fentes se remarquent les dépôts blanchâtres des carbonates; en certains endroits on y aperçoit
un grand nombre de taches couleur soit de rouille, soit d'un
roux ardent, soit d'un gris-bleuâtre, entièrement semblables à celles
qui caractérisent quelques formations des marais. A Khmélovo,
dans le district de Romny, on y a trouvé un dent de mammouth.

Cette roche originale, que l'on considérait autrefois soit comme
du loess de humus, soit comme de la terre noire ancienne, a été
récemment découverte parmi les formations erratiques typiques.
Elle doit donc leur être rapportée, car elle a été sans aucun doute
formée par des dépôts de boue glaciaire riche en substances organiques.

Un fait curieux, c'est que cette espèce fait complètement défaut dans le district de Constantinograd et que, dans ceux de Poltava et de Zienkov, elle ne se rencontre que dans les régions à
blocs erratiques ou près de leurs limites. Il est donc évident que
le *loess* de Poltava, comme tous les loess typiques de la Russie,
doit être rapporté aux formations glaciaires.

S'il en est ainsi, si le glacier a reculé, en général, du sud au
nord (et cela ne fait aucun doute), on pourra infailliblement en
conclure que les districts du sud et du sud-est du gouvernement de
Poltava sont beaucoup plus anciens que ses autres régions, plus
anciens au point de vue du sol et de la phytozoologie.

Dans presque tout le gouvernement de Poltava (en particulier
sur les lignes de partage des eaux), immédiatement au dessous du
loess, s'étend un couche d'argile brune, assez grossière, du reste
plus ou moins loessiforme. C'est à sa surface que, en beaucoup
d'endroits, se trouvent les eaux de source. Sauf les exceptions très
caractéristiques des districts de Constantinograd et de Zienkov, et
de la partie orientale de celui de Poltava, dans tout le reste du
gouvernement cette couche d'argile renferme toujours des blocs
erratiques et son épaisseur moyenne est d'environ une sagène et
demie. Dans certains endroits, les districts de Kobéliaki, de Kho-

rol etc. par exemple, elle est visiblement mélée de sable, et dans les districts de Gadiatch et de Prilouki, elle contient une expèce qu'il est difficile de distinguer du loess. Ici nous devons ajouter que, çà et là, tant parmi l'argile typique à blocs erratiques (district de Gadiatch) qu'entre cet argile et la marne à eaux douces (district de Zolotonocha), on retrouve la même espèce (boue glaciaire) que dans la partie inférieure du loess, quelquefois même avec des blocs erratiques.

L'étage inférieur des dépôts posttertiaires du gouvernement de Poltava se compose d'une marne à grains fins, ordinairement schisteuse, de couleur gris-bleuâtre avec taches d'ocre et d'une épaisseur de six sagènes et plus. Si l'on en juge par la faune, c'est bien là la marne typique à eaux douces remplie par places des mêmes blocs erratiques, et remplacée parfois par des sables à menus grains, marneux et formant quelquefois des couches très fines.

Tel est le schéma des formations posttertiaires de la Petite Russie centrale. On a observé d'ailleurs, dans beaucoup de cas, le passage de ces espèces l'une dans l'autre, soit que les marnes à eaux douces se trouvent au même étage que les argiles d'un rouge-brun, soit que le loess se soit déposé sous des formations à blocs erratiques typiques. L'union stratigraphique et pétrographique, pour ainsi dire des plus étroites, entre le loess proprement dit, l'argile à blocs erratiques et la marne à eaux douces, aussi bien que la nature des blocs et de la faune, obligent à rapporter toutes ces formations à une seule et même suite de dépots erratiques quaternaires. Ces formations, déposées sur les limites du grand glacier scandinavo-russe, se trouvent partie en avant, partie au dessous de lui, partie aussi en arrière de la ligne de recul de la nappe de glace.

La seule différence qu'il soit possible, pour le moment, d'établir entre eux, consiste en ce que la marne est d'une nature schisteuse plus prononcée et presque constante, et que sa faune a un caractère plus aquatique, tandis que le loess se distingue par sa porosité, sa structure non schisteuse et par sa faune, qui est plutôt terrestre. On doit donc en conclure que la première s'est formée principalement dans certains bassins à eaux probablement stagnantes, tandis que le second s'est formé sur la terre ferme recouverte de la végétation de la steppe et, çà et là, de celle des marais; ce qui a dû avoir lieu surtout pendant les débordements glaciaires qui, semblables à nos inondations printanières dans la steppe, se répandaient sur d'immenses étendues et y déposaient leur limon, comme cela a lieu aujourd'hui sur les terrains et les prairies qui avoisinent nos rivières. Il est fort possible que les dépôts de loess se rattachent principalement à la période du recul décisif et définitif du glacier, période qui a sans doute été suivie d'une certaine élévation de la température et d'une recrudescence de végétation.

Du reste, les bassins où se déposait la *marne à eaux douces* étaient sans doute aussi peu profonds et remplis d'eau stagnante ou à demi-marécageuse; parfois ils n'étaient que temporaires. Quelques uns de ces lacs recevaient d'une façon, intermittente, principalemet au printemps et en été, les eaux des ruisseaux et des petits rivières glaciaires à courant tranquille, qui charriaient exclusivement de la boue très fine; tandis que les autres recevaient les eaux de torrents rapides du glacier, qui apportaient, outre la fine boue glaciaire, de petits blocs erratiques et des galets.

Les argiles d'un rouge-brun sont probablement des dépôts du glacier lui-même et, par leur composition comme par leur origine, présentent un caractère pour ainsi dire intermédiaire entre le loess et les marnes à eaux douces.

Ceci admis, si l'on considère la masse de poussière demi-organique et de limon que se forment jusqu'à présent sur les plaines de neige (firn) et de glace des Alpes, de la Sibérie etc., il est facile de comprendre la provenance des dépôts de loess d'humus et leur existence non seulement dans toutes les formations quaternaires du gouvernement de Poltava, mais encore probablement (quoique d'une façon sporadique) dans les couches à blocs erratiques de toute la Russie.

Malheureusement les alluvions à blocs erratiques de l'*aile du Don* à l'est sont loin de présenter une semblable précision. Ici, comme on le sait, cette alluvion est formée principalement d'argiles sablonneuses d'un gris foncé et d'un rouge brun qui, vu leur habitus général, parfois leur porosité et la grande quantité des carbonates qu'ils contiennent, et la rareté des blocs erratiques que l'on y trouve, peuvent prendre le nom d'*argile loessiforme à blocs erratiques*.

En terminant notre description des dépôts du grand glacier scandinavo-russe, il est nécessaire de constater que, à en juger par le caractère et les conditions de la formation des sédiments glaciaires supérieurs, principalement sur les limites méridionales du glacier, et par les steppes encore vierges çà et là des gouvernements de Saratov, de Voronèje et de Poltava, la surface primitive des régions à loess et des régions analogues se distinguait par une remarquable uniformité, comme une immense plaine.

Types de sédiments maritimes.

Les dépôts désignés sous le nom de *dépôts aralo-caspiens* s'étendaient autrefois principalement le long de la rive gauche du Volga tusqu'à la Kama et peut-être encore plus au nord. Ces dépôts conjenant une faune qui vit jusqu'à présent dans la mer Caspienne, composés de sables, d'argiles, de marnes etc., souvent salés ou salés-amères et renfermant souvent du gypse, forment un des sous-sol les plus fréquents des terres noires et de couleur de châtaigne du sud-est de la Russie. Tels sont les dépôts des environs de Samara, où ils sont représentés par des marnes brunes et gris-bleuâtre (contenant Cardium edule) etc., qui par leur habitus général diffèrent très peu de quelques marnes à eaux douces de Poltava et supportent une excellente terre noire (jusqu'à $11,5^{0}/_{0}$ d'humus), bien supérieure certainement à celle qui s'étend au dessus des couches voisines, beaucoup plus anciennes. Un fait non moins caractéristique, c'est que dans cette région du gouvernement de Samara, de même probablement que dans toute la région européenne Aralo-Caspienne, *il n'y a aucune trace de loess plus ou moins typique.*

Les sédiments qui se sont déposés dans l'antique bassin Scythe, c'est à dire dans la zone plus ou moins étroite qui touche la mer d'Azov actuelle, le Sivache, le golfe de Pérékop et plus loin le nord de la mer Noire, sont incomparablement plus intéressants pour nous.

D'après les recherches de M. Socolof, à la surface, immédiatement au dessous de la terre noire, s'étend ici une *terre argileuse d'un jaune-brun*, ressemblant beaucoup (par son aspect général) au loess, et douée d'une structure poreuse. La seule différence essentielle qui existe entre elle et le loess, c'est quelle contient en *abondance du sel et du gypse* qui, sous forme de menus cristaux, la pénètrent complètement par endroits.

Plus bas et presque partout, on rencontre des *argiles rougebrun et gris verdâtre* non schisteuses, se divisant comme le loess en sections verticales, et plus ou moins riches en sel et en plâtre. Dans ces couches, outre de rares ossements de petits mammifères terrestres, on ne rencontre pas d'autres restes organiques.

A l'est de Nogaïsk, entre cette ville et Berdiansk, près de Marioupol et de Taganrog, sous les argiles citées plus haut, M. Socolof a réussi à constater l'existence de couches de sables ordinaires à gros grains, gris, brunâtres et schisteux (jusqu'à 15 mètres d'épaisseur), avec filons de graviers, de cailloux et plus rarement d'argile plastique vert-bleu. On y trouve, quoi-

que rarement, des coquilles de mollusques d'eaux douces actuellement vivants (*Unio*, *Cyclas*, *Bythinia*, *Paludina*) et des os de
mammifères tels que *Erinaceus europaeus L.*, *Spermophilus aff.*
mugosaricus Br, *Myodes lagurus* (?), *Arvicola amphibus Blas..*
Mammouth et *Elephas sp*.

Outre ces sédiments apportés certainement par des eaux courantes. M. Socolof a observé dans la partie septentrionale du gouvernement de la Tauride et à l'est de celui de Kherson, de même
que dans le district de Novo - Moskva, des dépôts à grains très
fins et marneux provenant d'eaux stagnantes de lacs et quelquefois de marais avec restes de *Planorbis, Limnea, Succinea, Vallonia.*
Pupa, Buliminus etc. Mais quelquefois, parmi ces formations, on
rencontre aussi le loess typique avec *coquilles* exclusivement
terrestres.

Comparant la situation géographique des sédiments sablonneux
mentionnés près de Taganrog etc. avec les *langues glaciaires du*
Dnièpre et du Don que nous connaissons déjà, M. Socolof arrive
à la conlusion suivante, qui nous parait très plansible: «Il est très
probable, dit-il, que dans le prolongement direct des ces caps de
glace s'avançant vers le sud, s'établissaient des cours d'eau provenant de la fonte des masses de glaces et que c'est à ses cours
d'eau douce que doivent leur formation les couches épaisses
de dépôts de sables et de cailloux d'eau douce, que l'on rencontre sur le littoral septentrional des mers Noire et d'Asov». A
cela, ce savant ajoute: «du cap de glace de l'ouest (*du Dniè-*
pre), le courant d'eau douce se dirigeait en partie presque directement au sud, vers les limans du Dnièpre, du Boug et de la Bé-
rezane, tandis que le reste de cette eau s'écoulait, selon toute
probabilité, par la vallée du Dnièpre. Quant aux courants formés
par la fonte de la glace du cap oriental (*Don*), il devaient con-
tourner à l'est les hauteurs de la chaine du Donetz.

Types de dépôts terrestres anciens.

Que se passait-il à cette époque sur ces étendues de terre ferme
qui n'étaient recouvertes ni par la mer, ni par les glaciers?

Toutes les formations superficielles (terrains argileux, argiles,
sables etc. les plus variés) qui recouvrent ces rayons, se rapportent
exclusivement aux dépôts *elluviaux* en particulier, et aux produits des
agents atmosphériques en général, de *diluvium* (alluvions pluviales),
d'*alluvium* (de rivières et de lacs) et de *produits éoliens* (principalement dunes). Des formations de ce genre se rencontrent d'une manière sporadique partout, sur toutes les roches originaires possibles.

14

Les *alluvions pluviales,* presque toujours irrégulières, mais par contre souvent lamelleuses, recouvrent d'une couche souvent fort épaisse (jusqu'à sept sagènes et plus) les pentes et les bas fonds les plus divers où n'existe et où n'a existé aucun bassin constant; leur habitus permet difficilement de les distinguer du loess typique. On peut considérer comme emplacements classiques des *alluvions de ravins* les environs de Saratov, de Nijni-Novgorod et de Novo-Sendjar, situé sur la Vorskla, hors du rayon des formations à blocs erratiques typiques.

Les *alluvions fluviales et lacustres,* anciennes et nouvelles, ordinairement lamelleuses, ainsi que l'indique leur nom, recouvrent les bas fonds le long des rivières et des lacs et contiennent parfois des ossements de mammouth, de rhinocéros et souvent une masse de débris végétaux provenant de formes qui depuis longtemps ont disparu des contrées où on les trouve.

Enfin les *dépôts éoliens* forment principalement diverses collines ou *dunes* situées le long des bassins soit actuels, soit disparus depuis longtemps et *où l'homme préhistorique se plaisait à habiter.*

Tels sont les sols habituels et uniques de tous les principaux rayons de l'ancienne terre ferme de la Russie.

On a remarqué plus haut que les trois grandes régions de la Russie, celles qui ont constitué ces divisions dès le commencement de la période quaternaire, sont reliées entre elles d'une façon génétique; voici les principaux motifs de cette affirmation.

M. l'académicien Karpinsky, dans son article «Esquisse des conditions physico-géographiques de la Russie pendant les périodes géologiques écoulées» fait, entre autres, la remarque suivante: «Il peut se faire que le maintien du haut niveau de la Caspienne et que l'énorme expansion du bassin Aralo-Caspien, qui en dépend, aient pour motif l'humidité ou l'abondance de sédiments, sans lesquels le développement des glaciers ne pourrait avoir lieu. La plus grande partie des eaux s'écoulant de ce glacier par suite de la fonte devait se porter sur le bassin en question». Tout en partageant l'idée de l'existence à une même époque en Russie du glacier Scandinavo-russe et de la mer Aralo-Caspienne, et du lien étroit qui existent entre ces événements si importants pour la vie de notre pays, nous croyons pourtant nécessaire de faire nos réserves, et d'émettre l'opinion que la plus grande partie des eaux du glacier ne pouvait s'écouler dans le bassin mentionné. En effet, il suffit de se rappeler quelles sont les frontières méridionales du glacier, en particulier l'aile du Don et du Dnièpre, pour voir que la plus grande partie de ses eaux devait se diriger non pas vers l'est, mais vers le sud, non pas dans la mer Aralo-Caspienne, mais dans la mer Noire, où se déversaient vraisemblablement, non seulement les courants glaciaires du Don et du Dnièpre, mais peut être aussi ceux du Dniestre, du Boug etc. S'il en a été ainsi, du moins à l'époque de la plus grande activité glaciaire en Russie, il est naturel que la mer Noire, deux fois moins grande (même alors) que la mer Aralo-Caspienne, à l'exemple de celle ci, n'a pu s'empêcher d'accroître son niveau, d'autant plus qu'au début de l'époque quaternaire elle devait être une mer fermée, comme la Caspienne actuelle. Ce trop-plein de notre bassin Scythique, produit par les eaux du glacier, devait avoir pour conséquences, d'abord le percement du Bosphore et le réunion de la mer Noire avec la Méditerranée, puis la fusion immédiate, peut-être même par un canal assez étroit, des mers Noire et Caspienne, enfin le dépôt des argiles gris-verdâtre, rouge brun loessiformes, jaune-brun et salées, qui sur les bords de la mer d'Azov, du Sivache etc., recouvrent jusqu'à présent des sédiments sablonneux ayant certainement un lien avec les fleuves glaciaires. Au moment de cette réunion, qui peut être n'a été que temporaire, des mers Mediterranée, Noire et Caspienne, certaines formes animales ont pu émigrer de l'une dans l'autre, ce qui a eu lieu en effet.

Il est d'autant plus permis d'émettre une semblable hypothèse sur l'existence simultanée de tous les dépôts marins quaternaires de la Russie et du grand glacier Scandinavo-russe, que tous les rayons séparés avec sédiments marins occupent en Russie les régions les plus basses, dont la hauteur absolue atteint rarement 60 sagènes et, le plus souvent, descend beaucoup plus bas. En conséquence, si le continent de la Russie descendait à la hauteur indiquée, les rayons mentionnés se trouveraient de nouveau sous l'eau.

En outre, ceci admis, on s'explique facilement cette «humidité de l'air et cette abondance de sédiments, sans lesquelles le développement des glaciers ne saurait avoir lieu». Enfin le soulèvement du continent Russe qui eut lieu plus tard (il coïncida probablement avec le commencement du mouvement de recul du glacier), prouvé effectivement pour quelques régions du littoral du golfe de Finlande, nos frontières maritimes septentrionales et peut être méridionales, explique d'une façon tout à fait naturelle la disposition actuelle des dépôts marins quaternaires, — assèchement indubitable des bassins du sud et peut-être du sud-est de la Russie et recul définitif et fonte du glacier, ce qui, avec la formation ultérieure du réseau de vallées fluviales et de ravins, entraîna l'appauvrissement en eau, non seulement du sud, mais encore du nord de la Russie.

14*

Le relief actuel de la Russie et le peu de différence qui existe maintenant entre la hauteur absolue de la Scandinavie septentrionale et de la Finlande d'un côté, et de l'autre, de la plaine de l'est européen, permet, difficilement il est vrai, de comprendre comment a pu se produire le mouvement du glacier et cela sur une étendue de plus de 1000 verstes du nord-ouest au sud-est, d'autant plus qu'il avait à traverser des dépressions aussi considérables que les golfes de Bothnie et de Finlande, les lacs d'Onéga et de Ladoga, etc.

Mais cette objection est facile à réfuter. Si l'on admet une dépression générale de la Russie, de 30 à 60 sagènes, il est évident que les altitudes *relatives* de ses parties séparées ne changeront pas; et c'est précisément ces altitudes qui, comme on le sait, influent le plus sur l'existence et le mouvement du glacier. En outre, en supposant que les dépôts glaciaires de la Russie, situés au sud et au sud-est de la ligne formée par le golfe de Finlande, la mer Blanche et les lacs Ladoga et Onéga, eussent une épaisseur moyenne de 10 sagènes et recouvrissent d'une manière égale la Finlande et la partie voisine du gouvernement d'Olonetz, ces deux dernières régions s'élèveraient, selon M. Ototsky, de 33 sagènes environ. Sans doute, la moitié environ de la masse totale de nos dépôts posttertiaires ont une origine locale; mais, par contre, antérieurement au dépôt des formations glaciaires, la plupart, pour ne pas dire tous les points de la Russie moyenne étaient beaucoup plus bas que maintenant et les formations glaciaires les ont exhaussés sans contredit.

De tout ce qui précède on peut conclure que, avant l'apparition de la période glaciaire, la différence entre les altitudes relatives du nord-ouest et du centre de la Russie étaient, dans tous les cas, beaucoup plus considérables que maintenant. On peut admettre également que l'érosion énergique, bien que graduelle, produite par le glacier sur les roches originaires superficielles, principalement au nord-ouest de la Russie, a eu pour résultat la diminution de la puissance d'avancement du glacier. En outre, le glacier, en accumulant sur la route ses propres sédiments, formant une barrière dont la masse allait en s'épaississant ça et là vers le sud, a fini naturellement par s'affaiblir, au point de ne plus même pouvoir transporter les marnes meubles à eaux douces, parfois composées de lamelles extrèmement ténues.

II.

Relief du sol des steppes et distribution des eaux.

A en juger par les conditions de formation du læss de la
Russie méridionale et des sédiments maritimes post-tertiaires, nos
steppes ont dû présenter à l'origine l'aspect de plaines sans limites, creusées çà et là par des cavités informes (*lojbiny*), des dépressions fermées, etc.; la plupart des rivières et des ravins (*balki*)
actuels n'existaient pas encore; par contre les steppes renfermaient,
selon toute probabilité, une foule de marais et de lacs temporaires différant essentiellement par le type de ceux du nord, qui,
pour la plupart, se rattachent à notre région glaciaire du nord-
ouest. Nous en trouvons un exemple frappant dans le gouvernement de Poltava.

On sait que le gouvernement de Poltava s'étend du nord-
ouest au sud-est, sur une longueur de 300 à 350 verstes et une
largeur de 150 à 200 verstes, le long de la rive gauche du Dnièpre en formant une bande allongée. En examinant la direction
de ses principales rivières, la Vorskla, la Soula et le Psiol, et
surtout en consultant la carte hypsométrique de A. A. Tillo, on
remarque que l'altitude de cette région décroît avec une progression remarquable de l'est à l'ouest, c'est-à-dire du gouvernement
de Kharkov en se dirigeant vers le Dnièpre. Ainsi, dans les districts de Romny, de Gadiatch, de Zenkov et de Constantinograd,
les points culminants ont une altitude de 160—180 m. (80—89 sagènes) au-dessus du niveau de la mer; quelques îlôts détachés atteignent seuls une altitude de 90 à 99 sagènes; au sud ouest s'étendent les districts de Prilouki, de Lokhvitz, de Mirgorod et de
Poltava, dont les points culminants ont de 70—79 sagènes d'altitude, puis le district de Péréiaslav et de Khorol (60 à 69 sag.),
de Piratine et de Loubna (50 à 59 s.); enfin, plus près encore du
Dnièpre (qui les arrose) les districts de Zolotonocha, de Krementchoug et de Kobéliaki, à l'altitude générale de 40 — 52 s.; les
plaines (poïma) basses sur les rives du Dnièpre ne doivent pas être
à plus 30 à 40 sagènes d'altitude.

Il est instructif que le dégré du *développement des plaines* est
en proportion inverse avec *l'altitude absolue*: les districts les plus
élevés (celui de Romny, la plus grande partie de celui de Gadiatch et de Zenkov, presque tout le district de Lochwitz, la partie
orientale du dist. de Prilouki, de Loubny et des localités isolées
des districts de Constantinograd et de Mirgorod) sont coupés par

de vallées assez profondes de rivières et couverts d'un grand nombre de ravins (balki) parfois très complexes et ramifiés. Des localités plus ou moins accidentées sont quelquefois plus nombreuses que les plaines. En revanche, la partie occidentale des districts de Prilouki, de Loubny et de Constantinograd, quelques endroits de celui de Mirgorod et la plus grande partie du dist. de Poltava présentent l'aspect de *steppes sans bornes*, dont les plaines, qui semblent tout à fait horizontales à l'oeil, s'étendent jusqu'à l'horizon. Ce caractère distinctif est encore plus prononcé à mesure qu'on approche de la vallée d'inondation du Dnièpre: la plus grande partie des districts de Péréiaslav et de Krementchoug, celui de Zolotonocha, la partie méridionale de celui de Khorol et une grande partie de celui de Kobéliaki, peuvent être regardés comme *l'idéal de la steppe*.

Les *mêmes formes de la surface* se répétent avec une uniformité et une constance étonnantes, et se succèdent dans le même ordre dans l'une et l'autre moitié du gouv. de Poltava, dans les districts les *plus élevés* et les plus *bas*; toute la différence consiste dans l'étendue de ces *formes*.

Le fait est que le cours septentrional du Dnièpre (relativement au gouv. de Poltava) et les rivières le Soupoï (affluent du Dnièpre) l'Oudaï, la Soula, le Khorol (affluent du Psiol), le Psiol, la Vorskla, l'Ortchic et la Béréstovaïa (affluent de l'Orel) partagent tout le •gouvernement en 9 bassins fluviatils, de la composition suivante: a) la *rive droite élevée* de la rivière (du Psiol, de la Soula, etc.); b) le *plateau interfluvial de steppes*; c) une *pente douce* vers la rivière voisine, qui se termine ordinairement par un ou deux terrasses et plus rarement par des sables de dune; d) la plaine d'inondations, la *poïma*, dont quelques ilôts isolés ne sont pas couverts parfois par les débacles printannières; e) la *rivière* avec ses lacs (restes de lits anciens). La rive gauche du Dnièpre a la même constitution, avec cette différence qu'ici les pentes douces vers la rivière voisine et la «poïma» ont des dimensions beaucoup plus grandes.

Si nous ajoutons encore que dans la constitution de tous les seuils de partage des eaux, entrent partout les mêmes roches (le loess, l'argile à blocaux, la marne de l'eau douce etc.), il nous sera facile de comprendre qu'immédiatement après la formation du loess etc., tout le gouv. de Poltava a du avoir l'aspect d'une *plaine de steppe unie* qui descendait doucement à la *dépression du Dnièpre*, sans doute beaucoup plus ancienne que les autres vallées fluviales de la contrée en question. Il y a des raisons d'admettre que la dépression du Dnièpre avait existé avant l'approche du glacier, qui pour cette cause précisement s'est étendu ici plus au sud; mais, ensuite, il a contribué probablement lui-même à l'approfondissement ultérieur de son lit, en détruisant des *argiles bigarrées* et une *partie des sables blancs* qu'il rencontrait sur son chemin.

Des *bandes larges de steppes basses* à pentes douces s'étendaient *alors* probablement dans la même direction du N. E. au S. O., à la place des vallées actuelles de la Vorskla, de la Soula, du Psiol etc., servant au découlement des eaux du glacier d'abord et plus tard—des torrents de printemps et des pluies.

Ces *dépressions inclinées primitives*, pour ainsi dire — sans rives déterminées, dues exclusivement par leur formation à la structure géologique de la contrée en question, peuvent être comparées aux parties basses des steppes actuelles qui servent, dans l'absence complète de ravins et de vallées fluviales, à l'écoulement des eaux de la surface, dans plusieurs localités des districts de Péréiaslav, de Khorol, de Loubny, de Prilouky, de Piriatine et de Zolotonocha. Une de ces plaines basses de steppes, dans les districts de Piriatine, a jusqu'à 55 verstes de longueur, et 25 ver. de largeur. Il n'y a pas de doute que des *plaines basses semblables* existent, et ont existé autrefois, sur toutes les steppes vierges de la Russie, comme dans d'autres contrées. Parmi ces *dépressions primitives* les, uness ont *fermées* de tous côtes et présentent des conditions favorables pour la formation des *lacs temporaux* et des *salines;* les autres s'unissent, par une rangée de dépressions en forme de chaîne, avec les vallées fluviales, en leur servant parfois de commencement ou de source. Quelques unes de ces dépressions, grâce à une altitude absolue plus considérable et aussi à l'âge plus ancien de la localité correspondante, se sont couvertes depuis longtemps d'un réseau de ravins qui se transforment à la suite des siècles en ravins larges et secs (balki) et mêmes en vallées fluviales, s'enfonçant parfois à la profondeur de 30 sagènes et plus dans la terre ferme du gouv. de Poltava.

La manière de la *formation de ces éboulements*, ravins etc., de leur *croissance* et de leur *transformation en balki et en rivières*— a été étudiée par nous dans un travail spécial: «Sur les modes de la formation des vallées fluviales de la Russie d'Europe». Pour le moment, nous nous permettons de nous arrêter exclusivement sur le fait que les *vallées fluviales, ayant des dizaines de sagènes de profondeur et quelques verstes de largeur, n'ont pu se former tout d'un coup*, qu'il devait y avoir un temps où le lit de la rivière a *commencé* à se former, quand il a été constitué d'abord par le *loess*, puis — par *l'argile rouge à blocaux*, par des *marnes d'eau douce*, par des *argiles bigarrées* et enfin par des *sables blancs* des argiles glauconites.

Pour le géologue-spécialiste, il suffit de jeter un coup d'oeil sur la *forme* des vallées fluviales de la plaine russe, et surtout sur les *terrasses de leurs rives*, pour se convaincre de la nécessité de l'ordre cité de leur développemeut. Ces terrasses (ordinairement trois, quelquefois plus) sont disposées par degrés sur les rives gauches à pentes douces de nos rivières. Donc il devait y y avoir une époque où le niveau du Dnièpre, de la Vorskla, de la Soula etc. était plus haut que le niveau actuel, de quelques dizaines de sagènes,—quand tout leur lit se trouvait dans le loess, atteignant seulement les argiles à blocaux, mais non pas les sables et les marnes à eau douce, d'autant moins encore les argiles bigarrées. La conséquence naturelle d'un tel fait devait être le *niveau plus haut des eaux du soul-sol dans le gouv. de Poltava et l'abondance des eaux en général.*

Cependant l'abaissement successif des eaux souterraines n'a pas été dû seulement à l'approfondissement du lit des vallées fluviales; il a été produit aussi par *l'élargissement des vallées* sans proportion avec la quantité des eaux actuelles, de sorte qu'une rivière, large d'une ou de quelques dizaines de sagènes, a quelquefois une vallée large de plusieurs verstes et même de dizaines de verstes. Un tel développement en profondeur et en largeur a dû être suivi souvent par *l'encombrement* du lit, surtout dans le cours bas, par différentes alluvions, par la *diminution de la vitesse du courant* qui changeait le cours direct en *zigzags, se divisait* en bras et puis en lacs et marais isolés, se réunissant seulement pendant les courtes débacles. Comme conséquence de ce qui vient d'être dit, *l'aire de la vaporisation et de la filtration* doit augmenter, et la vie de la rivière s'éteint peu à peu, même si la quantité annuelle des précipités atmosphériques reste la même.

Il faut remarquer cependant que *les rivières de la Petite Russie ne peuvent pas toutes se vanter d'un passé florissant, de la force et de l'énergie de leur jeunesse.* Plusieurs n'ont eu probablement rien de pareil, n'ont eu ni la période de l'enfance, ni celle de la jeunesse ou de l'adolescence; elles sont *nées vieilles*, n'ont jamais eu la force de creuser leur lit, même dans le loess. Des pareilles rivières n'ont pas, à proprement dire, leur lit propre et des rives déterminées; elles profitaient, et profitent encore des dépressions et des gouttières naturelles faites par le glacier, en les remplissant seulement de plus en plus par les alluvions. On rencontre en Petite-Russie beaucoup de petites rivières avec des noms tels que: Vallée *sèche* (Soukhaïa dolina), Orjitsa *sèche*, Lipianka *sèche*, Goltva *sèche, Sans-eau* (Bezvodovka), «*Celle qui ne coule pas*» (Netetcha); «*Celle qui ne bouge pas*»; *Rouillée* (Rjavets); *Pourrie* (Gnilitsa), *Née-aveugle* (Slieporod), *Salée, Demi-lac*, *Marais à cochons* (Svinotope); *Les Gués* (Brody); *Sans queue* etc.

Les rives de ces petites rivières formées de loess sont quelquefois des rives élevées et même abruptes, ce qui témoigne de la force temporaire du courant pendant les débacles printannières et à la suite de fortes pluies de l'été, répétées pendant des siècles et des millénaires.

En décrivant quelques restes de la steppe vierge dans la partie méridionale du gouv. de Tambov, Mr. Ignatiev fait l'observation suivante. «La surface de la steppe est toujours horizontale et parsemée d'une multitude de dépressions peu profondes et arrondies, de différentes dimensions, séparées par de petites élévations peu sensibles. Toute l'eau des pluies et de neigee se ressemble dans ces dépressions, les comble et les transforme en une multitude de petits marais ou de mares, qui durent ordinairement très peu de temps. Quand la neige fond et que le sol devient mou, ces mares disparaissent; quelques unes restent jusqu'au commencement de mai, mais il y en a peu qui durent jusqu'à la moitié ou la fin de l'été». La végétation se développe en rapport avec ces mares; «les places qui sèchent vite sont couvertes d'herbe, celles qui restent un peu plus sous l'eau — de saules nains et celles qui ne sèchent pas pendant longtemps ou ne tarissent jamais sont entourées parfois d'arbres, surtout de trembles».

Des dépressions analogues ont été constatées par divers observateurs dans les districts de Rylsk et de Soumy, sur les Erghenis et dans le gouv. de Riazan, dans les steppes des districts de Kirsanov et de Kozlov etc. Enfin, on les a constatées, lors de la dernière expédition pour l'étude du sol du gouv. de Poltava, dans les districts de Poltava, de Gadiatch, de Romny, de Mirgorod, de Loubny, de Khorol etc. On ne les trouve pas partout, et elles sont beaucoup plus fréquentes et plus profondes sur les sols vierges, non-labourés, que sur les vieux champs. La flore de ces dépressions diffère de celle des steppes environanntes, et se rpproche même parfois de la flore des marais. Mais l'influence la plus évidente est exercée par ces dépressions sur les eaux du sol et du sous-sol. «Pendant les hivers neigeux, dit Mr. Ignatiev,— la neige s'entasse dans les dépressions entourées d'arbres ou d'arbustes. Au printemps, quand la neige commence à fondre, l'eau ne se montre pas pendant longtemps sur la surface, parce qu'elle est imbibée de neige. Par conséquent, une partie considérable de la steppe se débarasse de la neige, avant que l'eau remplissant les dépressions, les déborde. En cherchant passage dans les ravins, l'eau rencontre à chaque pas de nouvelles dépressions, et, en les comblant, perd le temps et la force, de manière qu'elle est engloutie par le sol avant d'atteindre le plus proche ravin. En résultat, la steppe vierge ne présente pas au printemps de courants et de ruisseaux, tandis que sur les vieux champs labourés, ces ruisseaux courent dans toutes les directions, tapagent, écument et emportent de le terre. Une quantité considérable de l'humus fécond du tchernozème est emportée de cette manière des champs, et il se forme un *commencement de réseaux de ravins*. En revanche, la steppe vierge utilise presque toute l'humidité atmosphérique, le niveau de ses eaux du sol est plus haut, les sources sont plus nombreuses et plus constantes, par conséquent la végétation est içi de beaucoup plus fournie, même dans les années exclusivement sèches, quand tout à l'entour est brulé par le soleil.

Mais le tableau change bien vite si la steppe ou la forêt vierge est convertie en champ labouré. Grâce aux instruments d'agriculture d'une part et à l'activité érosive des eaux atmosphériques d'autre part, les dépressions se comblent peu-à-peu, leurs seuils de séparation s'abaissent et la surface du sol s'égalise. La capacité des dépressions devient moindre, de sorte qu'elles ne peuvent plus contenir la même quantité d'eau qu'auparavant. Le surplus de l'eau, en passant par des sillons (qui se forment facilement partout, pendant les fortes gelées et les chaleurs) se transvase dans les dépressions voisines, les comble, se transvase de nouveau etc., jusqu'à ce qu'elle atteigne la pente d'un ravin. Le commencement d'une ravine est fait; avec le temps cette ravine s'agrandit, s'élargit, la dépression formée disparaît, la localité devient accidentée, ravineuse, la neige commence à s'entasser non dans la steppe, mais dans les ravins, le niveau des eaux du sous-sol s'abaisse, et le tout est suivi par les conséquences fâcheuses connues...

III.

Le sol des steppes; le tchernozème, les sols de forêts, solifères etc.

Les sols qui couvrent la surface de la terre d'une couche plus ou moins mince peuvent être divisés en *normaux*, ceux qui gisent sur le lieu de leur formation et conservent, à peu près, leurs qualités primitives, et *anormaux*, plus ou moins remaniés ou transportés sur d'autres places. Les premiers se forment sous l'action réciproque des facteurs suivants: du *sous-sol*, du *climat*, des *organismes végétaux et animaux*, de *l'âge du pays* et du *relief de la localité*. Là, où ces conditions variées restent les mêmes, les *sols sont aussi identiques*; là où elles sont différentes, les résultats de leur activité ne peuvent pas être les mêmes.

En nous guidant par ces considérations et en nous arrêtant exclusivement aux types les plus importants des sols normaux, nous voyons que dans nos steppes, les types les plus répandus sont les suivants: les *tchernozèmes* (terres noires: d'argile, sub-argile, de marne etc.); les *sols de forêts* (plusieurs types aussi), les *terres solifères* et les *sables*. La constitution, la physique et la géologie de ces sols sont différents, ainsi que leur importance économique-rurale.

Le relief, la végétation et l'âge du pays ont une influence capitale sous ce rapport dans la Petite-Russie; c'est pourquoi il faut porter surtout notre attention sur ce côté de la question.

On distingue au centre de la Petite-Russie trois types principaux du relief: a) las *plateaux plains*, servant de seuils du partage des eaux; b) les *pentes douces* vers les rivières et les ravins (balki) et enfin—c) les *plaines basses le long des rivières*. Par conséquent on rencontre içi trois espèces de sols prédominants, les *tchernozèmes* plus ou moins argileux *des plateaux*,—les *tchernozèmes* plus ou moins sableux *des valleés* et les *sables* des plaines basses alluviales des rivières.

Mais, pendant les que sables et les sols des plaines basses des rivières en général, présentent une uniformité remarquable, de même que leur végétation, dans tout le gouv. de Poltava, comme dans les gouvernement voisins,—les sols de tchernozème diffèrent sensiblement dans diverses régions. Ayant comparé plus de 500 analyses chimiques, concernant la quantité de la matière organique dans les sols de Poltava, j'ai trouvé que les *tchernozèmes les plus gras et les plus riches en humus* se *trouvent* dans les districts de Constantinograd, de Zenkov, de Poltava etc., où prédominent les *altitudes de 70—90 sagènes*; les sols de terre noire les *plus pauvres* en matières organiques ont été trouvés dans les *districts à bas niveau, le long du Dnièpre*, ceux de Kobeliaki, de Krementchoug, de Zolotonocha et de Peréiaslav, avec des altitudes de 40 à 60 sagènes; enfin, les districts *moyens* par leurs altitudes sont couverts par des *sols moyens par rapport à la qualité de leur tchernozème*. Si nous ajoutons encore que *l'âge* de la moitié orientale du gouvernement de Poltava est plus ancien que celui de la partie occidentale ou du Dniépre, il nous sera évident qu'entre les *qualités du tchernozème* et les *altitudes, le relief et l'âge* de différentes régions du territoire en question, il existe un *rapport génétique* intime. ·

On constate aussi des *rapports constants*, encore plus évidents, entre les *qualités des sols* et leur *végétation*, surtout celle d'autrefois. Si une forêt d'arbres à feuilles croît sur un sol d'argile, de marne etc., p. ex. sur le loess, l'argile à blocaux etc., et si cette végétation de forêt reste içi un temps assez prolongé, elle agit sur

la roche du sol et la change, de manière qu'en définitive il
se forme un sol spécial, aussi constant et caractéristique pour
la forêt, que le tchernozème pour la végétation hérbacée des steppes. En comparant ces *sols de forêt* avec les *tchernozèmes* de cette
région, nous ne trouvons entre eux aucune différence constante,
déterminée et essentielle, ni par rapport à la constitution chimique
et minérale, ni au point de vue de leur qualités physico-mécaniques. Il y a encore moins de différence entre les sols de forêts et
les tchernozèmes d'après les qualités de leurs sous-sols, ce qui se
comprend aisément, vu que les uns et les autres sont déposés parfois dans un voisinage immédiat, sur le même loess typique ou sur
l'argile à blocaux.

En revanche, chacun peut discerner d'un coup d'oeil les
sols de forêts et les tchernozèmes d'après leur structure extérieure.
La différence se voit surtout dans les sections verticales des
sols et principalement dans la couche dite de *transition*, qui commence à la profondeur de $^1/_2$ — 1 pied (ordinairement elle n'est
pas labourée) et consiste, pour les sols de forêts, en *globules irrégulières grises*, de la *grosseur d'une noix*, remplies et couvertes par
une substance spéciale, fine, *cendrée*, dont on ne trouve aucune
trace dans le tchernozème de steppe. Si ces sols commencent à
être labourés, la couleur des *terres de forêts* est toujours deux ou
trois fois *plus claire* que celle des terres voisines de tchernozème.

En outre, on ne rencontre jamais sous les sols typiques des
forêts, dans leurs sous-sols, des *taupinières* (des trous de taupes,
de marmottes et d'autres rongeurs des steppes), et sur leur superficie—des *kourganes de steppes*, qui entourent ordinairement les portions anciennes des forêts.

Grâce à cette *méthode de l'investigation des sols* qui permet
de résoudre la question des forêts d'autrefois, non seulement par
rapport à leur *existence*, mais aussi à leur aréal, il nous a été
possible, à Mr. Gheorgievsky et à moi, de montrer qu'à une époque
ancienne, évidement *préhistorique*, les forêts avaient occupé dans
le district de Poltava, sur la rive droite, toute de steppes, de la
Vorskla, un aréal très considérable, de 40 à 43 verstes en longueur et à peu près de 15—17 verstes dans la plus grande largeur.
Ces forêts confinaient au nord avec le gouv. de Kharkov, à l'ouest
et au sud—avec les steppes de tchernozème et à l'est elles avoisinaient la rive haute, abrupte de la Vorskla et leur poïma (plaine
basse), couverte par places encore maintenant de forêts. En un
mot, les anciennes forêts de la Vorskla ont occupé, autrefois, un
aréal de 60—70 mille de dessiatines au moins, tandis que leurs
restes actuels (près de la Dikanka et la Matcheha) couvrent tout-
au plus une aire de 12—14 mille dessiatines.

Grâce à ces investigations, nous savons maintenant que les sols des forêts ont occupé dans le district de Poltava jusqu'à 34°⁄₀ de l'aréal total (à présent elles occupent seulement 7%), dans le district de Romny—28% (maintenant—9%), dans celui de Loubny—30% (maintenant—4%) etc.

Il est instructif que nous ne trouvons aucunes traces de sols *typiques* des forêts (avec la couche des globules grises), et même de sols de transition, de la steppe-forêt,—dans les districts de Krementchoug, de Kobeliaki et de Zolotonocha, nonobstant que ces districts avoisinent la plaine basse du Dnièpre, qui a été couverte de forêts depuis des siècles; en revanche ces districts sont au niveau le plus bas (40—60 sagènes) et ceux de Krementchoug et de Kobeliaki sont encore riches en salines. En général, on peut affirmer que dans le gouv. de Poltava les *sols de forêts ne descendent pas moins de 65 sagènes à peu près au-dessus du niveau de la mer*. Cette altitude avait été une limite fatale pour les forêts anciennes, qu'elles n'ont pas osé dépasser, quoique tout près, sur les plaines basses de rivières (poïmas) et sur les sables voisins, les forêts épaisses croissaient très bien. Ainsi, entre les qualités des sols d'une part et l'altitude et l'âge de la localité d'autre part, il existe aussi un rapport constant, de sorte que la distribution de ces sols est aussi sujette à des loix strictes.

La *géographie des plaines salines* (solifères) présente une toute autre distribution, dépendant de conditions essentiellement différentes. Les *sols solifères* occupent un aréal très considérable dans le gouv. de Poltava, principalement dans les districts de Kobeliaki, de Krementchoug, de la moitié sud-ouest de ceux de Khorol, de Peréiaslav, et dans les parties voisines de ceux de Prilouky, de Piriatine et de Loubny,—en général dans toute la *bande large de steppes du Dnièpre qui ne descend pas à moins de 65 sagènes au dessus de la mer*, et n'a pas moins de 40—50 verstes de largeur, sans compter la poïma du Dnièpre. Ici les sols solifères, intercalés avec les sols d'eau douce et avec les marais demi-salés, occupent par places des aires très grandes, une superficie d'une dizaines de verstes. En revanche, l'aréal des salines diminue avec l'élevaton du pays, surtout dans les districts voisins du gouv. Kharkov.

Une saline typique du gouv. de Poltava présente la constitution suivante. Sur la surface est déposé une *croute blanche*, mince, très sableuse, et au-dessous une *masse-visqueuse* en temps humide et presque *pierreuse* en temps sec, se divisant parfois en deux horizons,—celui de dessus—d'une structure colomnaire, moins colorié de humus, et celui de dessous presque totalement noir. Une couche de *marne* à grains fins (jusqu'à 17% de chaux), d'une grosseur de 5 pieds, d'une formation évidemment récente, très visqueuse à l'état humide et presque pierreuse après le dessèchement — forme ordinairement le sous-sol. Encore plus bas gît, dans la majorité des cas, le *sable blanc quartzeux*, parfois plus ou moins calcareux. Les *eaux du sous-sol*, quelquefois très *minérales*, se tiennent sur les salines presque toujours dans le sable mentionné, ordinairement à la profondeur d'une sagène, ce qui dépend de l'existence dans le sous-sol profond sableux d'une couche intercalée, assez compacte, *cimentée* par l'oxyde de fer.

Pour en finir avec les sols, il suffit d'ajouter que dans le gouv. de Poltava, comme partout, sur les *pentes abruptes* des *rives* droites *hautes* de rivières (de la Vorskla, de la Soula etc.), et en partie le long de leur pied s'étendent des bandes plus ou moins étroites et interrompues, de sols anormaux, envoyant des embranchements nombreux dans la *plaine basse (poïma) et dans la steppe*. Içi, parfois sur une dessiatine de surface on peut rencontrer du *tchernozème des plateaux* (ordinairement remanié), du *tchernozème sableux*, du *sol solifère*, du *sable des rivières*, et même les sorties du *loess*, de *l'argile à blocaux*, des *marnes d'eau douce*, des *argiles bigarrées*, et des *sables blancs quartzeux*, mais plus souvent des *mélanges* variées de toutes ces formations. Si nous ajoutons encore les variations innombrables du *relief*, de *l'insolation* etc., il est facile de se former une idée suffisante de la *diversité infinie des conditions naturelles*, propres aux pentes des rives hautes de nos rivières.

Enfin, pour ce qui concerne les *poïmas* (plaines basses) de rivières, elles sont occupées par les *sols alluviaux*, les plus divers, avec des dépôts de *marais* et de *sables* intercalés. Ces derniers, représentant, dans la majorité des cas, les restes des sables blancs tertiaires, passent parfois sur la seconde terrasse et, remaniés par le vent, forment içi des dunes. En plusieurs places, sur les rives du Dnièpre, de la Vorskla etc., on peut voir que ces sables, maintenant nus et mouvants, ont été recouverts autrefois d'une végétation continue, tantôt herbacée, tantôt même de forêts. Ainsi, il y avait un temps, quand on pouvait passer de Poltava à Krementchoug non par la même steppe aride que maintenant, qui rappelle en quelques endroits le désert de Sahara.

IV.

La végétation des steppes.

La végétation sauvage du gouv. de Poltava se distribue conformément à la hauteur absolue et à l'âge géologique des localités, au caractère du relief et à la qualité du sol. Elle peut être divisée, d'après les nouvelles recherches de Mr. le prof. Krassnov, en *deux régions: celle de l'ouest, des plaines basses*, et *celle de l'est, de la partie la plus élevée*. Les formations végétales sont caractérisées d'une manière plus tranchée dans cette dernière, tandis que dans la région basse du Dnièpre, elles sont plus mêlées. Les parties *les plus élevées* ont une flore plus *riche* et présentent des espèces plus *rares;* comme centres de la dispersion de ces formes rares, on peut indiquer le district de Constantinograd, la partie-nord du district de Poltava, et des districts de Zenkov et de Kobéliaki; plus à l'ouest, les formes rares se rencontrent seulement à l'état sporadique et toujours sur les points les plus élevés des districts de Mirgorod, de Romny et de Loubny.

Indiquons les traits principaux des différentes formations végétales du territoire en question.

Les steppes (prairies). Les restes insignifiants de la flore typique de steppes, qui couvrait autrefois les plaines de la terre noire du gouv. de Poltava se sont conservés jusqu'à présent. Dans les localités les plus typiques du développement de cette flore, les formes les plus caractéristiques de steppes (Stipa peunata, St. capillata, Campanula sibirica, Falcaria Rivini, Gypsophila paniculata etc.) sont devenués beaucoup plus rares, même que dans les points habités du gouv. de Nijni. Des bandes étroites entre les anciens champs abandonnés, des kourganes, épargnés encore par la charrue du laboureur, des pentes abruptes de ravins et de vallées fluviales, dans les districts du Dnièpre, et quelques arpents de la *steppe vierge*, conservés par hasard et qui attendent chaque année leur disparition définitive,—voilà ce qui est resté de la flore riche et bien caractérisée qui attirait autrefois des hordes de nomades. Les steppes décrites si poétiquement par Gogol seront bientôt aussi éloignées de la réalité contemporaine, que la Setche cosaque, en aval des rapides du Dnièpre.

La seule localité, où se sont conservées par places les steppes vierges, se trouve dans la partie la plus orientale du district de Constaninograd, dans les propriétés de M-r. Stroukov et Bezak. Ici, jusqu'à présent, au milieu de la steppe sèche, vaste, infinie — croit la Stipa peunata, haute jusqu'à la ceinture de l'homme, et la Caragàna frutescens, l'Amygdalus nana et le Prunus chamaecerasus forment de vastes buissons très épais, qui résistent avec succès au bétail et à l'homme; ici on voit encore une multitude de marmottes, on rencontre l'Otis tarda et le boback préhistorique. A l'exception de deux ou trois chaumières de bergers, qu'on apperçoit à l'horizon, et de quelques rares kourganes de steppes, sur les points les plus élevés, l'oeil ne voit ici rien qui puisse fixer l'attention. Il n'y a ni

rivières, ni lacs, ni villages, ni collines, ni même de ravins, —
sur des dizaines de kilomètres, et quelquefois jusqu'à l'horizon.

. En décrivant les steppes-vierges (semblables) du gouv. de Tambov, Mr. Ignatiev fut frappé par la *multitude* d'exemplaires d'une
même espèce végétale. Parfois, la steppe apparaît de loin recouverte d'un tapis si épais de certaine plante qu'elle semble exclure
tout autre vegétation, tantôt elle est couverte de taches lilas,—ce
sont les fleurs des Anémones; tantôt on voit des grandes taches
azur — ce sont les Myosotis etc. Il est remarquable que dans
ces steppes vierges, même dans les années particulièrement sèches, la récolte du foin ne donne pas moins de 80 pouds par
arpent.

Une végétation herbacée encore plus puissante revêt, d'après
les descriptions de M-rs. Middendorf et Krassnov, les steppes
vierges de la Baraba et de l'Altaï. Sur les limites nord et est de
la Baraba, Middendorf a vu des steppes, où on pourrait se
plonger dans une mer d'herbes... Le Sedum, le Mélampyre, le Mil-
lefeuilles, la rose (1, 5 m. de hauteur) et plusieures autres plantes
sont tellement entrelacées par le Latyrus et d'autres plantes grim-
pantes, que c'est avec peine que vous pouvez faire cent pas à
travers cette épaisse verdure. Au dessus de ce feutre d'herbes se
font voir les têtes rouges de la Sanguisorba, — les têtes rouges et
jaunes des hautes Syngenesiae, l'ortie, dont les pointes sont plus
hautes que la taille d'un homme les bras levés — le Heracleum
qui a jusqu'à 2, 2 m. de hauteur etc.

Il n'y a pas de doute qu'un épais tapis végétal semblable
couvrait autrefois toute la superficie du gouv. de Poltava. Les vieux
paysans racontent que les herbes étaient alors comme des arbres,
que la stipe plumeuse et autres plantes atteignaient à la hauteur
de la poitrine et même de la tête d'un homme debout, et que la
rosée était alors si abondante qu'elle coulait comme de l'eau...

«Au commencement de l'automne, cette *mer végétale* dépérit
peu à peu, les herbes s'inclinent et s'entrelacent. Pendant l'hiver,
la neige les presse définitivement contre le sol, seulement quelques
tiges les plus vigoureuses s'élèvent encore au dessus de ce *feutre*.
L'année suivante pousse une nouvelle génération, qui a le même
sort, et ainsi de suite. Au bout de quelques années la steppe vierge
prend l'aspect suivant: toute la surface est couverte par les tiges
mortes à différents degrés de décomposition, la couche inférieure,
la plus vieille, presque décomposée, repose sur le sol, ou plutôt
sur l'humus formé par l'herbe entièrement décomposée; la couche
des tiges des générations postérieures, qui ne se sont pas encore
arrachées de leurs racines, recouvre les couches plus vieilles et les
empêche d'être emportées par le vent. L'immobilité de tout ce tapis

mort est garantie encore plus par la végétation nouvelle qui pousse partout à travers, pendant l'été».

Cette description caractéristique de l'observateur compétent des steppes de Tambov rend compte de la formation de notre terre noire; elle est confirmée par les observations que nous avons faites postérieurement sur les steppes du gouv. de Poltava.

Le fait de l'existence sur les steppes vierges *du même feutre végétal* que dans les *forêts vierges* change essentiellement la question du procès de l'accumulation de l'humus dans la terre noire et éclaircit en même temps l'économie des eaux d'autrefois dans les régions des steppes de la Russie. Il paraît d'après les observations de Mr. Ignatiev, que pendant l'hiver le sol de la steppe vierge gèle probablement à une moindre profondeur et que pendant le printemps il dégèle beaucoup plus tard que dans la steppe fauchée ou mise à nu d'une autre manière. Secondement, sur les steppes vierges, grâce à l'existence d'un feutre végétal friable et d'une végétation abondante pendant l'été d'une part, et au relief caractéristique des steppes d'autre part, l'eau de printemps et des pluies est retenue beaucoup plus que sur les champs. Tertio, il est évident, d'après les expériences de l'agronome Izmaïlsky, que les différents sols absorbent l'eau du printemps et des pluies d'autant plus et la font évaporer d'autant moins que la structure de ces sols se rapproche de la *grenue* des sols vierges du tchernozème des steppes. De là résultent plusieurs faits importants, dont nous n'indiquerons que deux.

Sur la steppe vierge on n'apercevoit pas de grands courants d'eau ni au printemps ni après les pluies, tandis que sur les champs labourés les grandes torrents se précipitent et coulent dans toutes les directions. Sur les steppes à stipe plumeuse qui n'ont jamais été labourées, *les ravins* et les fondrières se forment *très lentemnt*. En un mot, la végétation vierge des steppes a dû avoir la même influence que les forêts sur l'économie des eaux. Mais s'il en est ainsi,—remarque justement Mr. Izmailsky,—il n'est pas nécessaire d'admettre le changement du climat dans la région des steppes, pour expliquer: a) la moindre quantité d'eau dans le sol cette région et b) les mauvaises récoltes produites si souvent par la sécheresse, parce que le changement seul de la qualité de la surface des steppes d'autrefois, grâce à leur défrichement et à leur condensement à cause du pâturage des troupeaux de brebis et d'autre bétail, a pu changer complètement le dégré d'humidité de ce sol. «Je crois,— conclut l'auteur cité,—que la *steppe d'autrefois avec sa végétation* gigantesque a dû avoir pour la contrée la *même influence* que celle qu'on attribue aux forêts».

15

Les forêts des steppes et des rivières. Les forêts constituent dans le gouv. de Poltava une formation végétale fondamentale et probablement, aussi ancienne que les steppes à stipe plumeuse. Cependant, avant d'essayer la *restauration* de l'aire des forêts, il faut dire quelques mots sur l'état actuel de la question des forêts en général, d'autant plus que cette question est posée souvent d'une manière peu précise et peu scientifique. Premièrement, il faut distinguer *deux types* de la végétation de forêts: *les forêts des vallées de rivières* et *les forêts des plaines sèches de steppes*. Les premières, celles des vallées, croissent dans les conditions exceptionnelles quoique partout uniformes et tout autres que celles des steppes voisines, de sorte que ces portions de forêts n'ont aucun rapport avec la question des forêts dans la région des steppes.

Déjà Mr Schrenk et dernièrement Mr. Kilman ont constaté que les forêts s'étendent par les vallées de *rivières* jusqu'à la région de la *toundra* du nord. On sait depuis longtemps que, même au milieu du Sahara, on rencontre des arbres partout où il y a de l'eau. On sait aussi que les fleuves tels que le Dniestre, le Dnièpre, le Don, le Volga inférieur, l'Oural, puis le Salado dans la Plata, le Nil blanc et la Khora en Afrique etc. sont couverts d'arbres sur leurs rives, même là, où tout autour à des dizaines de kilomètres s'étendent les steppes et même les déserts. On peut citer, comme l'exemple le plus frappant sous ce rapport, la célèbre *Hylée* d'Hérodote (bande de forêts le long du Dnièpre) qui a porté plusieurs savants à supposer que nos steppes du sud étaient autrefois couvertes partout de forêts jusqu'aux rivages de la mer Noire et de la mer d'Azov.

Ainsi, on comprend *qu'expliquer l'existence des forêts dans les vallées de rivières n'est pas la même chose qu'expliquer leur absence ou leur apparition sur les steppes sèches voisines*; ce sont deux phénomènes tout différents, qui peuvent exister l'un sans l'autre,— en tout cas les *forêts de rivières* sans les *forêts de steppes*. Ce qui arrive souvent dans le gouv. de Poltava.

La *flore des forêts de rivières* présente partout un caractère très *mêlé*; c'est un mélange très varié de formes locales et venues d'autre part,—de la végétation des marais, de la steppe, des prés,— de représentants des espèces à feuilles et de conifères, d'arbres très hauts et d'arbustes de petite taille, même de plantes solifères, tous dans les *groupes les plus bizarres et les plus inconstants*. Cette particularité se comprend aisément; ici, sur les bords des rivières, presque toutes les conditions physiques de la vie des plantes, p. ex. le sol, l'humidité, l'insolation etc. changent rapidement, même à petites distances... En revanche, après avoir étudié ces changements sur un point quelconque de la vallée, on peut être sur qu'en somme les mêmes conditions se répètent dans toute la vallée, souvent sur une étendue d'une dizaine de dégrés de latidude.

Grâce à ces conditions particulières et à l'abondance des sols riverains (principalement — sables et alluvions marécageuses), de l'eau, surtout au printemps, les *forêts de rivières* ne sont guère sous la *dépendance* des *conditions climatériques* locales et se distinguent d'une manière frappante des forêts de la steppe sèche voisine. C'est ce qui a été prouvé par le prof. Krassnov pour le gouv. de Poltava.

D'après les raisons mentionnées et en considérant la distribution contemporaine de la végétation de forêts dans les vallées de rivières, on peut affirmer positivement, surtout en vue de plusieurs données historiques indubitables, que *dans les temps préhistoriques* toutes les *vallées de rivières* de nos steppes, au moins toutes celles dont les commencements se trouvent dans la région des forêts de la Russie, ont été *révêtues par une végétation* de forêts mêlées, jusqu'à la mer Noire et la mer d'Asov. Il suffit de rappeler l'existence indubitable autrefois de la Hyléc d'Hérodote, à l'embouchure du Dnièpre et des forêts de l'isthme de Pérékop.

Mais ces forêts, nous le répétons, peuvent n'avoir aucun rapport à la flore des steppes et déserts voisins, qui pouvait être *la même* depuis des *temps immémoriaux*...

Pour comprendre le caractère de la *forêt-steppe*, ou de la zone du passage entre la région des forêts et celle des steppes, il faut porter son attention sur les *forêts de steppes* qui croissent au milieu de *plaines sèches*, sans eau,—il faut y étudier les conditions de la vie végétale et puis tacher de reconstruire la région ancienne, — on pourrait dire naturelle — de la distribution de ces forêts, et c'est ce que nous essayerons de faire par le suite pour le gouv. de Poltava. Un exemple *classique* de forêts semblables qui existent encore, ce sont les forêts de la *Dikańka* (à peu près 2000 dessiatines) qui appartiennent au prince de Kotchoubey et se trouvent dans le district de Poltava, limitées de trois cotés par la steppe de terre noire et du quatrième par la rive droite et élevée de la rivière Vorskla. Les conditions orographiques et géologiques de la localité en question sont *typiques* pour la steppe; la même *plaine* remarquable, le même *loess* caractéristique du sous-sol, la même profondeur des puits; ce n'est qu'à la distance de 1—2—3 verstes de la rive escarpée de la Vorskla, que recommencent les collines, les éboulements, les ravins. et sur leurs fentes les argiles rouge-brunes (sans blocs erratiques), les marnes d'eau douce, puis les argiles bigarrées de différentes couleurs et enfin les sables blancs quartzeux.

15*

D'après le caractère général de la flore, le forêt de la Dikańka peut être divisée en deux moitiés: la partie occidentale, nommée *forêt de Nicolaïev*, voisine des steppes de terre noire et située sur la plaine tout à fait unie, et la moitié *orientale*, voisine de la *Vorskla*, plus élevée et plus accidentée. Les espèces dominantes de la forêt de Nicolaïev sont: le chêne (Quercus pedunculata et— sessiliflora), l'érable (Acer platanoides, effusa, suberosa), Acer tataricum, le frêne, Salix caprea, Tilia europaea et—très rarement— le peuplier, Populus tremula; le bouleau est tout à fait absent et on rencontre rarement un pommier ou un poirier sauvage; enfin, comme rareté extrème, on peut voir quelques exemplaires du charme (Carpinus Betulus).

Toutes ces espèces, à l'exception de l'Acer tataricum, se présentent comme des arbres aux tiges *très hautes*, avec des couronnes de feuillage admirablement développé, qui forment pendant l'été des *tentes épaisses* de verdure, où chante et gazouille toute la journée un essaim d'oiseaux innombrables.

Jusqu'en 1888, on pouvait y voir des souches de chênes, ayant plus de 2 mètres de circonférence. Mentionnons ici que, dans ces dernier temps, Mr. Evarnitsky a rencontré beaucoup plus au sud, sur l'île célèbre de Khortitsa (la Sètche des Cosaques, en aval des rapides du Dnièpre) une souche de chêne, ayant jusqu'à 3 mètres de circonférence. Le même auteur raconte que, dans le forêts de la Samara, affluent du Dnièpre, se sont encore conservés «des pins ayant 4 mètres de circonférence et des chênes—jusqu'à 6 mètres». Ces forêts s'étendent sur les deux rives de la rivière à la distance de 100 verstes et consistent en chênes, pins, érables, frênes, tilleuils etc. Dans les forêts de la Samara, que connaissait dejà Bauplan, on a trouvé une corne du Bos primigenius.

Des arbustes à hauteur d'homme et parfois tout-à-fait impénétrables se développent à l'ombre des grands arbres de la forêt de Nicolaïev, et sont un autre trait caractéristique de la formation des forêts à larges feuilles. On recontre parmi ces arbustes les espèces suivantes: le noisetier (Corylus Avellana), le bonnet de prêtre (Evonimus europaeus, Ev. verrucosus), le Cornus sanguinea, et sur les lisières: des Crataegus oxyacantha, le prunellier (Prunus spinosa), l'églantier (Rosa canina) et la Rhamnus cathartica. Tous ces arbustes forment plutôt la lisière de la forêt, le *bas étage* qui se conserve ordinairement après l'abatage des bois et qui renforce encore plus l'ombre produite par les abres, de sorte que sur le sol ainsi ombragé ne peuvent croître que quelques rares espèces d'herbes qui ne peuvent pas supporter l'action immédiate des rayons solaires.

«En passant à la partie *riveraine* de la forêt,—dit Mr. Krassnov, nous rencontrons un changement considérable dans le caractère de la végétation. Le charme, qui ne se rencontre guère plus à l'ouest, commence ici peu-à-peu à être l'espèce dominante dans la forêt et même déplace tous les autres arbes. Les tiges, grises et droites, atteignent jusqu'à 1,5 mètre de circonférence. Sur la rive escarpée de la Vorskla, la végétation de la forêt devient plus *complète*: içi on rencontre Dentaria, Vinca minor, Allium ursinum, Trifolium procumbens, rares dans d'autres localités du gouvernement; plus bas, sur les pentes sableuses, croissent: Pulmonaria azurea et Stachis germanica, et dans les ravins — les fougères: Pteris aquilina, Cystopteris fragilis et Polypodium. Les arbustes et la végétation herbacée sont ici moins épais que dans la partie occidentale des forêts de la Dikanka».

D'après les observations du même savant, le type décrit des forêts de steppes se retrouve dans toutes les parties centrales du gouvernement, dans les districts de Poltava, de Mirgorod, de Lochvitsy, de Khorol et de Loubny. Partout, la forêt s'appauvrit en formes dans la direction de la steppe; au contraire, elle atteint la majeure abondance de formes en approchant de la *rive haute* de la rivière, et parmi ces formes se rencontrent les espèces *rares*, qu'on ne trouve pas dans les autres districts. En considérant tout celà, Mr. le prof. Krassnov conclue que dans les parties E. et N. E. du gouv. de Poltava, qui sont plus *élevées* et plus *anciennes* dans le sens géologique, la végétation d'arbres prospère surtout sur les rives hautes des rivières et des ravins, où l'humidité s'imbibe des couches sous-jacentes. Ici, nous rencontrons la *plus grande quantité de formes* végétales de la forêt; ce sont, paraît-il, les centres de la distribution de la forêt, d'où elle se propageait vers les seuils du partage des eaux, en emeublissant le sol par ses racines et en formant la couche caractéristique de la couleur des noix.

Les forêts de steppes se trouvent de nos jours exclussivement dans les districts dont la hauteur absolue ne s'abaisse pas au dessous de 130 mètres. Dans le district de Poltava, leur aréal occupe $3^0/_0$, dans celui de Romny—$7^0/_0$, dans celui de Loubny—$2,7^0/_0$ de la surface totale. Au contraire, dans les districts de Kobeliaki, de Krementchoug, de Zolotonocha etc., en général dans les steppes dont la hauteur absolue est moindre que 130 mètres, nous ne rencontrons aucune trace de forêts contemporaines des steppes. C'est d'autant plus instructif qu'à coté, le long des rives du Dnièpre, de la Vorskla, de la Soula, du Psiol et d'autres rivières, les forêts épaisses florissaient depuis des temps immémoriaux, et par places se sont conservées même à présent, en formant quelquefois, sur la corniche des hauts rivages escarpés, des murs de forêts, tranchés comme avec le couteau et qui se voient au loin de la steppe. Mais ordinairement, derrière ce mur commencent les *kourganes*, les *trous de taupes* et la *terre noire* typique, — les *indices* les plus sûrs des *steppes anciennes*. Ce mur pousse des rejetons, ou des langues dans la direction de la steppe, seulement le long des ravins et à de petites distances.

Un fait encore plus instructif pour nous, c'est, comme nous l'avons dit plus haut, *qu'il n'y avait pas de forêts anciennes, dans ces temps préhistoriques aussi bien qu'à l'époque historique*, dans plusieurs districts le long du Dnièpre (de Kobeliaki, de Krementchoug, de Zolotonocha, de Piriatine etc.), en somme, *dans toutes les steppes* du gouv. de Poltava, *pas plus hautes que 130 mètres* au dessus du niveau de la mer, malgré le voisinage immédiat de quelque'unes d'entre elles avec les forêts riveraines du Dnièpre et d'autres rivières. Les *forêts anciennes*, comme on peut le voir sur la carte du gouv. de Poltava, *ne formaient jamais une bande continue* ou un vaste territoire, mais étaient *dispersées*, comme maintenant, par *petites bandes* et par *ilôts isolés*, sur les rives *hautes* de la Vorskla, de la Soula, du Psiol, du Khorol, de l'Oudaï et d'autres rivières, où, d'une coté, elles rejoignent les *forêts riveraines*, et de l'autre, à la distance de 1 — 10 verstes, sont remplacées par les steppes infinies de terre noire. Comme lieu classique pour l'étude des conditions orographiques et géologiques des lieux des forêts anciennes, peuvent servir les environs immédiats de la ville du Poltava (à 5 —10 verstes de tous les cotés), sur l'emplacement de laquelle s'élevaient autrefois d'épaisses forêts, qui ont laissé des traces indubitables de leur existence sous la forme des sols typiques de forêts, qu'on peut constater dans chaque fossé de la ville.

Ainsi le *caractère d'îles*, que présentent les forêts de la Petite-Russie dans la zone de la transition ou de *l'avant-steppe*, est un phénomène tout-à-fait *naturel* et non pas accidentel ou temporel; on doit en chercher les causes uniquement dans les *particularités physiques* de la contrée, agissant *constamment,* et dans son passé géologique, mais non dans l'influence présumée des nomades, qui brûlaient, dit-on, les forêts, et encore moins dans leur abatage contemporain.

Ce phénomène,—le caractère d'îles des forêts de l'avant-steppe de la Petite-Russie,—est aussi *ancien* et aussi *conforme aux loix de la nature* qu'un autre fait très instructif, consistant en ce que, dans le gouv. de Poltava, à coté de la flore typique de la steppe à Stipa pennata et de la flore non moins typique des forêts, on rencontre parfois sur une étendue considérable — la *végétation solifère des absinthes*, appropriée aux *steppes salines* mentionnées plus haut. Ce voisinage est d'autant plus curieux, qu'on a constaté récemment dans la même avant-steppe, près de Kharkov, de Voronège, de Bobrov, etc. l'existence de *marais à mousses*, avec la flore qui se rapproche de celle des *toundras du nord...*

La flore des salines du gouv. de Poltava n'est pas encore étudiée en détail comme elle le mérite. On sait seulement qu'elle est *très typique* et rappelle la végétation des *salines humides* du gouv. d'Asrakhan. Les salines se rencontrent seulement dans les steppes *basses* du Dnièpre; *dans les localités hautes de plus de 150 mètres, on ne les trouve jamais.* La même observation a été faite par d'autres investigateurs dans les gouvernements d'Orenbourg, de Tchernigov, dans la contreé de l'Oural et en Sibérie, de sorte que ce phenomène doit être regardé comme général, et sous la dépendance des conditions de leur formation et de leur existence.

Quatre grandes *formations végétales existent* ainsi *l'une à coté de l'autre, dans notre avant-steppe:* la formation des *forêts,* celle des *steppes,—*des *salines* et des *marais-toundras.* Nous sommes accoutumés de rencontrer l'une de ces formations dans le nord froid et humide, sur les bords de l'océan glacial; l'autre—dans l'intérieur de l'Asie, privé de précipités presque pendant des années entières. En même temps, nous avons vu que toutes ces formations végétales occupent dans notre région de l'avant-steppe des lieux déterminés, auxquels s'applique *une somme entière de particularités physiques et géologiques,* comme: *l'âge* de la contrée, son *relief,* ses *sols,* ses *eaux souterraines* etc.

Comment pouvons nous expliquer ce voisinnage original de la saline, de la forêt, de la steppe et même de la toundra? Le *climat* n'a-t-il aucune signification dans la distribution de la végétation? La brillante hypothèse de Nehring sur le *changement successif de la toundra en steppe et en forêt,* n'est elle pas fondée, ou ne peut-elle pas être appliquée à la Russie? En un mot, *comment pouvons nous comprendre et expliquer l'existence de la zone de l'avant-steppe?*

En laissant à une autre fois l'examen de ce problème intéressant et de la question générale qui s'y relie, sur la signification du climat pour la végétation et vice-versa, je me bornerai ici à indiquer seulement l'influence puissante que devaient avoir les forêts des steppes sur l'économie des eaux dans la région en question. Les faits suivants méritent surtout notre attention sous ce rapport.

Les *forêts,* même les *petits bocages* ont de *l'influence* sur la quantité et sur la *hauteur des eaux du sous-sol.* Cette augmentation de l'humidité dans le sous-sol, dépendant de ce que les arbres retiennent plus de neige et de l'eau qui en provient, produit une abondance de sources, nourrit les marais, les lacs, les rivières, et préserve les champs de la mauvaise influence de la sécheresse de longue durée. En même temps, les forêts *défendent* la localité pendant l'été du *vent chaud* desséchant de l'est et *arrêtent le mouvement des sables et l'érosion du sol*. Le *blé et l'herbe prospèrent mieux*, même dans les années sèches, *sous la protection des haies vives et des plantations de bois*. L'aréal des forêts dans le gouv de Poltava étant autrefois beaucoup plus vaste qu'à présent, il n'est pas difficile de se figurer quelle différence profonde a du exister entre l'état des eaux souterraines et des rivières *alors* et *maintenant*.

V.

La faune des steppes.

Les formes animales des steppes les plus typiques sont, d'après les données de Mr. le prof. Nicolsky, les suivantes [1]. Parmi les *mammifères*, habitent *exclusivement* dans les *steppes:* le hérisson Erinaceus auritus, Pall., le Corsak, Canis corsac. L. (entre le Volga et le Don); la marte sarmatique—Foetorius sarmaticus, Pall.; le bobak—Arctomys bobac, Pall; les marmottes—Spermophilus guttatus, Temm., Sp. musicus, Men., Sp. rufescens, Wagn.; le criquet—Cricetus frumentarius, Pall., Cr. accedula Pall. (entre le Volga et l'Oural), le terrassier—Fillobius talpinus, Pall., le rat-taupe—Spalax typhlus, Pall.; la gerboise—Alactaga (Dipus) jaculus, Pall., Al. acontion, Pall. (entre le Volga et le Don), le Myodes lagurus Pall.; le lièvre nain—Lagomys pusillus (maintenant seulement sur le parcours de d'Oural); la saïga—Antilope saïga (entre le Volga et le Don, dans la steppe des Calmouks).

Dans la classe des *oiseaux* sont caractéristiques pour les *steppes*[2]· Saxicola isabellina, Rüpp. (le bas-Volga), Anthus campestris, L., Melanocorypha sibirica, Gm.; Mel. tatarica, Pall.; Calandrella brachydactyla, Leisl., Cal. pispoletta, Mel. Aquila mogilnik, Gm., Hierofalco sacer, Gm., Perdrix cinerea, Lath., Grus Virgo, L., Otis tarda, L, Ot. tetrax, L., Glareola melanoptera, Nordm., Chettusia gregaria, Pall.; de *reptiles*: Eremias arguta, Pall., Elaphis sauromates, et El. dione, Pall.

Mais nous avons vu que dans l'avant-steppe, les forêts occupent une place importante à côté de la steppe à la Stipe plumeuse. Dans

---

[1] Ici nous ne parlons que de la Russie d'Europe seulement jusqu'au fleuve de l'Oural. Les montagnes de la Crimée ne sont pas prises en considération.

[2] Les oiseaux aquatiques sont exclus.

ces îles de forêts se tiennent [3]: le lynx, Felis lynx L. [4], la marte des forêts—Mustela martes, Briss., la marte à gorge blanche, Mustela foina, Briss., le castor—Castor fiber, L. (presque extirpé), le Loir, Myoxus glis, L., Myoxus nitela, Wagn., M. avellanarius, Gm., l'écureuil—Sciurus vulgaris, L., le chevreuil — Capreolus capreolus, L., le cerf — Cervus elaphus, L. (dans les forêts de la Crimée habite l'espèce sibérienne: C. maral, Ogilby.) et l'élan—Cervus alces, L. (rarement dans les gouv. de Kiev, de la Volhynie et de Tchernigov).

Du reste, il faut ajouter que la *plupart* des espèces de la Russie méridionale habitent dans les *steppes*, aussi bien que dans les *forêts;* telles sont parmi les *mammifères*: le hérisson — Erinaceus éuropaeus. L., la musaraigne—Crossopus fodiens, Pall., Crocidura araneus, Schreb., Cr. leucodons Herm., le desman—Myogale moschata- L., (bassin du Don et du Volga), le talpe-Talpa éuropaea, L., (hormis la Crimée), le blaireau—Meles taxus, Schreb., le putois—Foetorius putorius, L., l'hermine—Foet. erminea, L., la belette—Foet. vulgaris, Briss., la petite loutre-Foet. lutreola, L., la loutre—Lutra vulgaris, Erxl., le loup — Canis lupus, L., le renard — C. vulpes, L., le lièvre blanc—Lepus timidus, L., le lièvre gris — L. europeus, Pall., le Sminthus vagus, Pall., les criquets—Cricetus phaeus et Cr. arenarius, Pall., le rat—Mus decumanus, Pall. et. M. rattus, L., les souris—Mus musculus, L., M. hortulanus, Nordm., M. sylvaticus, L. (habite aussi dans les forêts), M. minutus et M. agrarius, Pall.; les campagnols —Hypudaeus amphibius, L., Arvicola arvalis et socialis, Pall., A. glareola, Schreb.; le sanglier—Sus scrofa, L. (dans les forêts et les roseaux des embouchures de rivières). De *reptiles;* les lézards—Lacerta stirpium, L., L. viridis, L. (hormis la Crimée), L. vivipara, Jacq.; Anguis fragilis, L., Pseudopus apus, Pall., Coronella laevis, Laur., la couleuvre—Tropidonotus natrix, L., T. hydrus, Pall.;—Lamenis trabalis, Pall., Coluber quadrilineatus, Pall., C. Aesculapii, Host., la vipère—Vipera berus, L., la tortue—Cistudo lutaria, Mars.; la grenouille—Rana esculenta, L., R. muta, Laur.; Alites obstetricans, L. (dans la Podolie, mais pas plus à l'est); Pelobates fuscus, L., Bombinator igneus, Laur., Hyla arborea, L., le crapaud — Bufo vulgaris, Laur., B. viridis. L.; le triton-Triton cristatus, Laur.,

---

[3] Les chauves-souris sont exclues.

[4] L'ours, Ursus arctos se rencontre rarement dans les districts septentrionaux des gouv. de Kiev, de Tchernigov et de la Volhynie, mais c'est déjà la région des forêts et non pas l'avant steppe.

Tr. taeniatus, L. Pour ce qui concerne les *formes exclusives de steppes*, il faut noter que *maintenant* elles ne se rencontrent, pour la plupart, que *sporadiquement*, en 2—3 espèces ensemble seulement, mais il y a des *localités retirées* où vivent encore plusieurs de ces représentants de la faune de steppes. Ainsi, dans les steppes sur le parcours du Khopère, dans le district de Balachov, on rencontre simultanément: Otis tarda, Ot. tetrax, le busard des steppes, le rat-taupe, la gerboise, la marmotte bigarrée et la marmotte ordinaire, celle-ci en si grand nombre (par milliers d'exemplaires) qu'elle a fait naître une branche d'industrie spéciale—celle des *marmottiers*.

Ces localités retirées disparaissent cependant rapidement de la surface de la Russie méridionale et plusieurs des formes sus-mentionnées *dépérissent* évidemment, du moins dans les *steppes de l'ouest* de la Russie d'Europe. Ainsi, la *saiga,* qui habitait encore la Petite-Russie du temps de Bauplan et même de Pallas ne se rencontre plus maintenant que dans les steppes entre le Volga et le Don; dans la première moitié du XVII siècle, Bauplan a vu une multidude de *bobaks* entre les rivières de la Soula et du Soupoï (dans le disctricts de Zolotonocha et de Piriatine), maintenant il en reste plus qu'une dizaine de familles de ces rongeurs près des sources de la rivière Orèle; le *petit lièvre* a passé définitivement de l'autre côté du Volga; le *Bos primigenius* a disparu; le *cerf-élaphe* est extirpé etc. Les autres formes ont sans doute changé les régions de leur distribution géographique, en reculant plus à l'est et au sud dans les lieux moins habités et plus déserts.

VI.

Le climat des steppes.

D'après les nouvelles recherches de Mr. Baranovsky, le climat de la région centrale des steppes de la terre noire est caractérisé par les traits suivants. La température l'humidité et la quantité des précipités tant de l'été que de lapériode végetale sont, en moyenne presque partout les mêmes, ou à peu près. Les pluies de l'été prédominent et le nombre des jours pluvieux est: dans les bassins du Dniestre et du Dnièpre—88, dans les bassins du Don et de l'Oka—112, et de l'autre côté du Volga—108. Malheuresement, l'auteur a laissé de côté l'importante *question des changements du climat,*

du reste difficile à élucider, vu le petit nombre d'observations faites.
On peut *faire quelques* pas vers la solution du ce problème seulement par l'étude des changements du climat sur la surface du globe en général et par la combinaison de diverses données de l'histoire naturelle, de l'économie rurale et surtout de la géologie. La première voie a été essayée dans le travail si connu de Mr. le prof. Brückner—‹Klimaschwankungen seit 1700›, où l'auteur a pris en considération, non seulement les données de la météorologie (témperature, précipités, pression atmosphérique), mais aussi les *mouvements du progrès et du regrès* des glaciers actuels. les oscillations du niveau des lacs, les termes de la débâcle et de la congélation des rivières, même l'époque des vendanges etc. Il résulte de ce travail que le climat du globe est soumés à des *oscillations périodiques*: pendant plusieurs années de suite, la température moyenne de l'année de la surface de la terre est au dessus de la normale; puis commencent les sécheresses dans les pays du climat continental (il tombe seulement les ³⁄₄ de précipités en comparaison avec les périodes humides); enfin suivent les années, dont la température est au dessous de la normale, et alors le climat des pays continentaux devient plus semblable au climat maritime. La durée de ces périodes est en moyenne de 35¹⁄₂ années. Il résulte des mêmes données que la Russie du S. E. et la Sibérie sont entrées maintenant dans la période chaude et sèche.

Mais cette *périodicité* ne peut être admise qu' avec des réserves et des exceptions nombreuses. Brückner lui-même témoigne que les oscillations sus-dites se justifient seulement pour les 80°/₀ de la superficie totale du globe. D'autre part, Mr. Wrangel a fait la remarque que les conclusions de Brückner n'approchent qu'approximativement de la verité; ainsi l'hiver de 1879 dans l'Europe centrale est regardé comme l'un des plus froids, tandis que l'hiver suivant, de 1880, était extraordinairement doux. Enfin (et c'est la remarque la plus importante), si même la périodicité des oscillations, admise par Brückner, et la *courte durée* de ses périodes pouvaient être expliquées, d'une manière conjecturale par les *causes cosmiques*,—par les changements correlatifs dans la source même de la chaleur, dans la radiation du soleil, alors même on ne pourrait pas les comprendre sous le point de vue tellurique, parce qu'elles sont en contradiction avec le caractère et la marche des phénomènes les plus variés, tant dans la vie de notre planète (phenomènes géologiques) que, paraît-il, de celle de ses habitants, des plantes et des animaux. On sait que la durée ordinaire de la plupart de ces phenomènes est comptée par siècles et par millénaires; d'autre part, le caractére de ces phenomènes présente une *constance* et une *succession remarquables* (pas d'oscillations), la tendance vers un but unique,—dans le cas en question (malheureusement) vers le desséchement séculaire de la plaine de l'Europe orientale, comme aussi celle d'autres nombreuses contrées...

Pour donner une idée approximative de la durée de la période, pendant laquelle pouvaient avoir lieu les changements principaux de la nature de nos steppes, mentionés plus haut, rappelons les faits suivants:

Dès le temps d'Ascold et de Dir (865), d'Oleg et de Constantin Porphyrogenète, ainsi que plus tard, pendant la période de la Sètche des Cosaques, les navires des Russes, monoxylles à fond plat qui contenaient tout au plus de 300 à 500 pouds, étaient obligés de se décharger pour passer les rapides du Dnièpre, ou étaient traînés simplement le long de la rive.

D'après le témoignage de nos annales, c. à d. il y a plus de 1000 ans, la limite entre la région des forêts et des steppes passait approximativement là où elle passe encore maintenant.

Dejà au XI-me siècle, la'Russie a souffert de mauvaises récoltes (et de famines) produites par les sècheresses.

Le peuple même a donné, sans doute longtemps avant le commencement des levées géodésiques du siècle actuel, des noms significatifs à plusieures rivières du gouv. de Poltava, comme: *la sèche* (soukhaïa), *la putride* (gnilaïa), *celle qui ne coule pas* (nététcha), *née aveugle* (sleporod) etc.

Du temps d'Hérodote, c. à. d. cinq siècles avant J. Ch., les steppes tout à fait privées de forêts s'étendaient au nord de la mer d'Azov, à la distance de 400—500 verstes.

On a constaté pendant les dernières recherches agronomiques dans le gouv. de Poltava, que dans la région des *sols de forêts*, par conséquent dans la *région des forêts anciennes* aussi, on *ne trouve aucun kourgane*, aucune tombe ancienne, tandis qu'elles sont dispersées par centaines dans la steppe de la terre noire voisine. Il est évident que *du temps de la construction des kourganes, les forêts existaient déjà*, et cependant les kourganes eux-mêmes, au moins en majeure partie, se rapportent à la période préhistorique, et quelques uns même à l'âge de la pierre. Le fait suivant indique peut-être, un âge plus ancien encore pour les forêts en question. On a constaté, même dans le gouv. de Nijni-Novgorod, que les *trous de taupes ne se trouvent jamais sous les sols typiques des forêts*, quoique les herbes de steppes et la terre noire passent ici par places beaucoup plus au nord que les sols des forêts. A quelques exceptions près, on n'a pas rencontré ces passages caractéristiques des animaux fouisseurs sous les sols des forêts du gouv. de Poltava. Ce fait se comprend aisément: les marmottes, les bobaks et autres rongeurs sont les habitants des steppes et pas des forêts; ils l'étaient auparavant comme ils le sont aujourd'hui. Et vraiment, il suffit de visiter la steppe de la terre noire ou la steppe *des kourganes* du gouv. de Poltava, pour voir des centaines de taupinières dans le premier ravin venu, si ses parois sont mises à nu du gazon.

Cependant on a constaté des localités dans la steppe où on peut observer successivement: *dans le sous-sol—les trous de taupes, au dessus—la terre noire typique, et sur la surface—les forêts.* Pourquoi alors ne trouve-t-on rien de pareil sous les sols des forêts de notre pays de Poltava, lorsque tout autour s'étendent encore les steppes infinies de terre noire avec une quantité considérable de rongeurs? Pourquoi ne retrouvons-nous pas ici ni taupinières, ni terre noire?

On ne peut donner qu'une seule réponse: c'est que dans la région des sols de forêts de Poltava, les *forêts* ont apparu au moins *simultanément* (si ce n'est avant) que la végétation de *steppes*; autrement dit, *les sols des forêts ne sont pas plus jeunes que le tchernozème voisin.* Et quant à l'âge respectable de ce dernier, il résulte du fait bien connu que presque *tous les kourganes* de nos steppes avec les restes *grecs, scythiques* et même de *l'âge de la pierre,* sont construits de la même *terre noire!* Voilà pourquoi on ne peut regarder comme trop hardis des investigateurs qui donnent à notre tchernozème une antiquité de 4—7 mille ans minimum.

Mais on peut jeter un regard encore plus loin dans la profondeur des siècles. Notre géologue vénéré, Mr. le prof. Féofilaktov, a découvert pendant les années soixante-dix, dans la vallée de la rivière Oudaï, distr. de Loubny, gouv. de Poltava, à la base d'un rivage ancien, des dépôts (probablement—l'alluvion des ravins), contenant des ossements du renne et de six individus (au moins) du mammouth, avec de nombreux outils en pierre, très grossièrement taillés. Ce fait, de même que la conservation remarquable de quelques os de mammouth et la carbonisation des autres ne permettent pas de douter que l'homme a habité dans la Petite-Russie en même temps que le mammouth et le renne, ces deux réprésentants typiques de la période glaciaire. Une trouvaille semblable a été faite par Mr. le prof. Antonovitch dans les environs du Kamenetz-Podolsk, et par le feu comte Ouvarov, près du v. Karatcharov, à 2 verstes de Mourom; dans cette dernière localité, plusieurs os de rhinocéros et de mammouth ont été *brisés* par l'homme de l'âge de la pierre, qui a laissé ici, sur la place de la station la plus ancienne de la Russie, une multitude d'outils en silex de l'époque *paléolithique*, des restes de foyers etc.

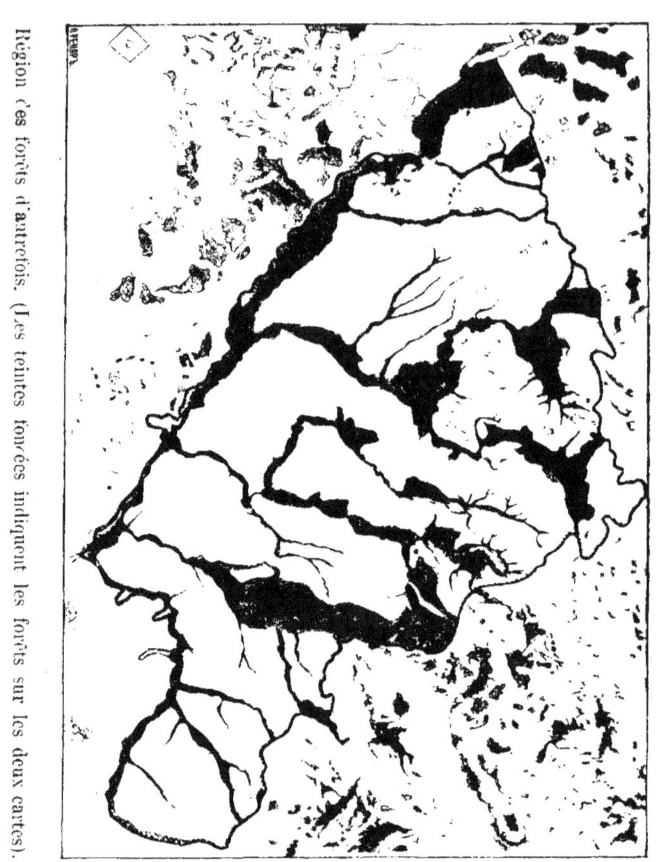

Ainsi, il est évident que *l'homme a été le témoin de l'existence du grand glacier scandinavo-russe* près de la ville de Poltava, et aussi à la distance de quelques 100—180 verstes de Zaritzine et de la *mer Aralo-Caspienne*, qui s'étendait presqu'aux portes de Saratov, de Samara et, peut être de Kazan. Il a été le *témoin im-médiat de la formation de nos rivières* et du peuplement de la terre ferme, délivrée peu-à-peu des glaciers et de la mer, par les organismes du monde végetal et animal...

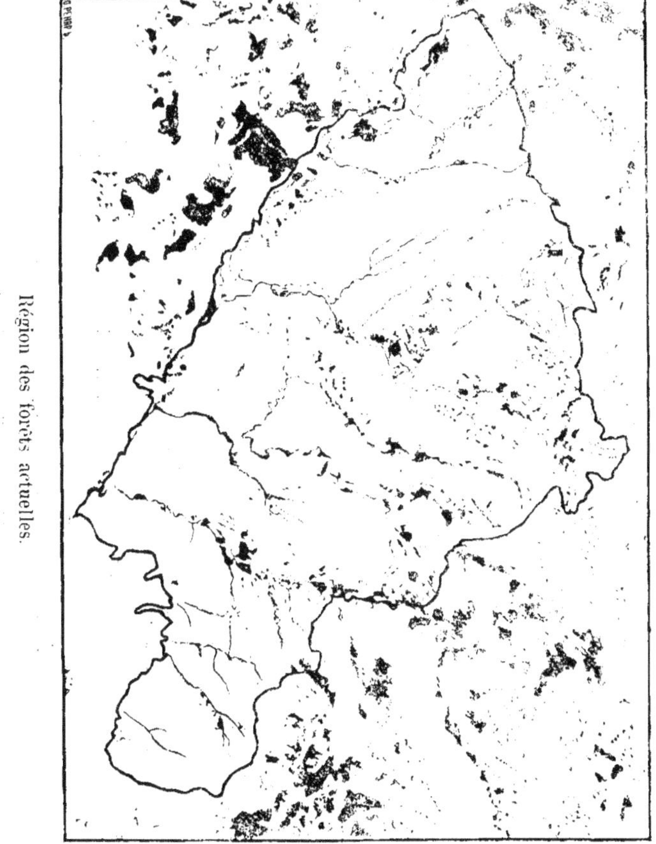

Combien de choses instructives et grandioses pourrait nous raconter l'homme de l'âge de la pierre, ce contemporain du mammouth et de l'époque glaciaire, *s'il eut commencé plutôt à aimer et à étudier la nature de sa patrie!*

GOUVERNEMENT DE POLTAVA.

SUPERFICIE DES FORÊTS ACTUELLES ET ANCIENNES.

№	DISTRICTS.	Total des désiatines dans le district [1].	I. SUPERFICIE DES FORÊTS ACTUELLES [2].			II. SUPERFICIE DES ANCIENNES FORÊTS [1].					I:II.
			Forêts de steppes [3].	Forêts des foïmas de riviéres.	Total [4].	Sols des forêts.	Sols des forêts steppes [6].	Poïmas (plaines basses de rivières).	Sables.	Total [5].	
1	De Constantinograd	544.828	—	12.200	12.200 (2,2%)	887 (0,16%)	—	53.249	5.318	59.454 (10,9%)	1: 4,95
2	De Romny	243,229	17.561(7, 2%)	3.839	21.400 (8,3%)	44.961 (18, 5%)	6.469	16.353	2.166	67.949 (27,9%)	1: 3,17
3	De Zenkov	206,000	9.440 (4, 6%)	12.460	21.900 (10,1%)	46.654 (22, 1%)	22.875	22.777	3.351	95.657 (46,2%)	1: 4,38
4	De Gadiatch	200,000	2.633(1, 3%)	15.167	17.800 (8,9%)	3.123 (1, 6%)	3.286	32.604	2.032	42.045 (21,0%)	1: 2,36
5	De Lokhwitz	244,060	13.000(5, 3%)	7.400	20.400 (8,3%)	23.085 (9, 4%)	—	24.555	2.747	50.387 (20,6%)	1: 2,47
6	De Prilouki	287,222	5.080(1, 8%)	15.820	20.400 (7,1%)	14.605 (5, 1%)	7.620	31.496	16.002	69.723 (24,1%)	1: 3,40
7	De Poltava	306,709	9.198(3, 2%)	12.802	22.000 (7,1%)	47.350 (15, 2%)	8.866	42.066	5.654	103.936 (33,9%)	1: 4,77
8	De Mirgorod	253,563	6.753(2, 7%)	7.747	14.500 (5,7%)	11.303 (4, 2%)	—	18 224	17.145	35.369 (14,4%)	1: 2,53
9	De Khorol	294,043	—	5.200	5.200 (1,9%)	2.058 (0,69%)	6.527	48.347	13.440	70.372 (23,9%)	1:12,58 [7]
10	De Péréiaslav	374,344	9.588(2, 6%)	27.112	36.700 (9,1%)	1.143 (0,30%)	22.638	58.420	29.464	111.665 (29,6%)	1: 3,04
11	De Piriatine	296,123	1.079(0,17%)	7.321	8.400 (2,1%)	—	—	34.099 (7)	—	34.099 (11,6%)	1: 4,15
12	De Loubny	220.555	5.956(2, 7%)	3.944	9.900 (4,1%)	22.241 (10, 1%)	4.657	33.527	4.778	65.213 (29,5%)	1: 7.21
13	De Kobéliaki	329,017	—	12.100	12.100 (3,7%)	—	—	40.957	23.050	64.007 (20,3%)	1: .5,40
14	De Zolotonocha	394,027	—	15.400	15.400 (3,1%)	—	—	132.435 (7)	—	132.435 (33,6%)	1: 8,60
15	De Krementchoug	310,572	—	10.000	10.000 (3,2%)	—	—	45.910	6.413	52.323 (16,9)	1: 5,21

[1] Compte-rendu d'arpentage du gouv. de Poltava.
[2] Le calcul des superficies a été fait d'après le système de Volkmann (pesage).
[3] Carte spéciale de l'Etat-major général, ff 31, 32, 46 et 47 (Pour les années 1868—1884).
[4] Prof. *Benko* „Statistique des forêts de la Russie d'Europe" (2-me suppl. au *Journal forestier*, 1888).
[5] Carte (manuscrite) des sols du gouv. de Poltava, par le prof. Dokoutchaev.
[6] Avec les sables qui étaient certainement recouverts de forêts autrefois.
[7] Ce chiffre, évidemment trop élevé, a été donné par le développement considérable des poïmas (paines basses de rivières) dans ce district.

Sur les restes de l'Ursus spelaeus et de l'Ovibos fossilis trouvés en Russie,

p a r

D. Anoutchine.

Les restes de l'ours des cavernes (Ursus spelaeus), si communs dans les depôts postpliocènes, surtout dans les cavernes de la France, de l'Allemagne méridionale, de l'Autriche et d'autres pays de l'Europe occidentale, sont relativement très rares dans les limites de l'Empire russe. Cela peut provenir d'une part de l'insuffisance des recherches et d'autre part de la rareté des cavernes en Russie; on sait que la majeure partie des restes de cette espèce a été trouvée dans les cavernes et les grottes dont l'Ursus spelaeus se .servait comme de lieux de refuge. Mais on a découvert un assez grand nombre de cavernes en Sibérie, tant occidentale qu'orientale, où on a trouvé, quelquefois aussi, des restes d'un grand ours, sans pouvoir cependant identifier ces restes avec ceux de l'Ursus spelaeus. C'est toujours l'ours commun (l'Ursus arctos), parfois de très grande taille, mais sans les signes caractéristiques (dans la forme du crâne et dans la dentition) de l'ours des cavernes [1]. Evidemment, cette dernière espèce n'a pas pu se propager dans l'Asie du nord et diffère sous ce rapport de la Hyaena spelaea, dont les restes ont été constatés depuis longtemps, au moins dans la Sibérie occidentale (dans les cavernes de l'Altai), par M-rs Pander et Zembnitsky. Pour ce qui concerne le Felis spe-

---

[1] Quoique M-r. Eichwald décrive quelques restes de l'ours provenant des cavernes de l'Altaï (dans les vallées des rivières Tcharouche et Khanhar, qui appartiennent au bassin de l'Obi), comme appartenant à l'Ursus spelaeus, l'étude plus détaillée et plus approfondie, faite par M-r. le prof. Brandt et par Czerski, a constaté l'absence de l'ours des cavernes parmi les espèces de la faune postpliocène de la Sibérie.

laea, nous disposons encore de très peu de données sur ses restes trouvés en Russie. Il est probable que quelques os, attribués à cette espèce éteinte et trouvés en Sibérie, appartiennent au tigre actuel (Felis tigris). Une trouvaille très intéressante a été faite par la dernière expédition de M-rs. Bunge et Toll vers l'embouchure de la Léna et sur les îles de la Nouvelle-Sibérie. On a rapporté, parmi les ossements rassemblés dans cette région de l'extrême Nord, quelques restes qui ont été identifiés par Czersky (Tchersky) comme appartenant au Felis tigris. Un fémur provient de la rivière Iana et plusieurs os du pied de l'île de Liakhov. Le degré de la conservation de ces restes et la condition de la trouvaille dans le bassin de l'Iana ne permettent pas de supposer qu'ils ont été apportés de loin, du sud, d'autant moins, qu'on a trouvé en même temps des restes de la Saïga (Colus Saïga), du cerf (Cervus canadensis, var. maral) du Bison priscus, du cheval sauvage et d'autres animaux, indiquant aussi des conditions climatériques autres que maintenant et une végétation beaucoup plus riche et plus variée des forêts et des steppes. On sait que le tigre habite encore à présent la Sibérie, mais beaucoup plus au sud (de 18—20 dégrés de latitude), notamment dans le bassin de l'Amour, d'où il fait parfois des migrations jusqu'au versant sud de la chaîne de Stanovoï (55° l. n.). On l'a rencontré aussi près de l'usine de Nertchinsk, mais les récits d'autrefois (cités par Brandt et Humboldt) qu'on a obtenu des peaux de cet animal provenant des bords du lac Baïcal, de l'Angara supérieure, des sources de la Léna et même des environs de Balagansk. plus au nord qu'Irkoutsk, c. à d. sous la parallèle 53° 43′ N., doivent être regardés comme des fables ou les produits de quelque malentendu, vu que les expéditions de M-rs Radde, Poliakov et Czersky n'ont pas pu confirmer ces faits, et Mr. Czersky, spécialement, après avoir étudié les archives du Musée d'Irkoutsk, n'a trouvé aucun indice de la provenance des exemplaires du tigre d'autre part que de la contrée de l'Amour [2]. Une autre région de la distribution actuelle du tigre dans la Sibérie se trouve à l'Ouest, dans la contrée de l'Altai, jusqu'à Boukhtarma à l'est (102° long. E.) et jusqu'à Barnaoul au nord (53° par. N.), où il pénètre du Sud, du côté du Turkestan. Cette région est séparée de celle de l'Est (de l'Amour) par un intervalle de 35° de longitude, dans lequel le tigre ne se trouve

---

[2] Cf. *Czersky*, Description de restes des mammifères posttertiaires, rassemblés par l'Expédition de la Nouvelle-Sibérie. 1885—86. Spt. 1891. En russe. Supplémént au LXV vol. des Mém. de l'Ac. Imp. des Sciences.

pas dutout sous les mêmes latitudes. Mais à l'époque postpliocène, ce carnivore occupait évidemment un aréal beaucoup plus vaste et sa rencontrait avec quelques autres formes de la zône des forêts et avec les espèces polaires de l'Ovibos moschatus, Gulo luscus, Lemmus obensis etc.

On a indiqué les restes de l'Ursus spelaeus parmi les ossements provenant de quelques cavernes de l'Oural; ainsi, Mr. Malakhov les a indiqués parmi les restes trouvés dans la caverne de Mïass (avec les restes d'Alces, d'Equus et de Castor) et Mr. Ghebauer— dans la caverne de Soukholoje. Mais ces auteurs n'ont pas donné les raisons sur lesquelles ils ont fondé l'identification de restes fragmentaires, et il est peu probable que cette identification ait été basée sur des indices certains. Les restes que jai pu voir moi-même, (tant au musée d'Ekaterinbourg, que parmi ceux qui ont été apportés à Moscou) appartiennent tous à l'ours commun. Il n'y a pas de preuves non plus pour l'identification, comme appartenant à l'Ursus spelaeus, des restes d'ours mentionnés par le prof. Rogovitch, parmi ceux qui ont été trouvés dans le gouv. de Kiev et près de Novgorod-Séversk (gouv. de Tchernigov). J'ai entendu parler aussi d'un squelette d'ours, identifié avec l'Ursus spelaeus, trouvé dans la région de la chaîne du Donetz, mais les détails de cette trouvaille ne me sont pas connus.

Les restes indubitables de l'ours des cavernes, trouvés jusqu'à présent en Russie, proviennent, que je sache, seulement de trois localités de la Russie méridionale. L'une de ces localités a été décrite depuis longtemps: ce sont les mines de Neroubaï, à 12—13 kilomètres d'Odessa, où Mr. le prof. Nordmann a trouvé, dans les dépôts postpliocènes, plusieurs représentants de la faune des forêts. sur le lieu où, pendant les temps historiques, il n'y avait que des steppes [3]. L'autre trouvaille a été faite plus à l'Ouest, dans les cavernes du gouv. de Kielz, où Mr. le comte Zavisza (et aussi Mrs. Roemer et Grube) ont trouvé des os de cette espèce avec les restes du mammouth, du renne, du bison, du cheval, de la hyène et du grand chat des cavernes, ainsi que de quelques restes des espèces boréales, comme le glouton, le lemming etc. et des traces de l'homme de l'époque paléolithique (outils en pierre et en os) [4]. Comme il a été demontré

---

[3] *Nordmann*. Palaeontologie Südrusslands. 1858.
[4] *Comte J. Zavisza*. Recherches archéologiques en Pologne, 1878—79 (en polonais). Wars. 1879, et dans les „Mém. de la Soc. d'Anthr. de Paris.“ T. IV.

par les recherches postérieures de Mr. Ossovsky, dans les cavernes de la même contrée, situées de l'autre côté de la frontière russe, en Autriche (Galicie), ces restes de l'époque paléolithique présentent une assez grande similitude avec ceux trouvés dans plusieurs cavernes de la France, par exemple dans la forme de flèches façonnées de bois de renne, de quelques objets de parure en os etc., quoique on n'ait pas trouvé ici de dessins gravés (représentations du renne, du cheval etc.), dont on a tant d'exemples sur les bois de renne travaillés, trouvés en France.

La troisième localité, où on a pu constater l'Ursus spelaeus, se trouve dans la Transcaucasie de l'ouest, dans le gouv. de Koutaïss, district de Charopan. Ici, dans le bassin de la rivière Kvirila, les chercheurs du minerai noir de mangan (pirolusit) ont découvert une caverne (caverne de Rgani), dans laquelle Mr. l'ingénieur des mines Bernatsky a fait des fouilles et a trouvé beaucoup d'ossements, dont une grande partie a été envoyée par lui à la Société Impériale Archéologique de Moscou. La caverne se trouve dans le calcaire de la formation crétacée supérieure, qui est recouverte par les couches du grès tertiaire, intercalées de petites veines du minerai noir de mangan. Parmi les ossements qui m'ont été envoyés pour les déterminer, j'ai trouvé beaucoup d'os d'ours, dont plusieurs n'ont pu être distingués de ceux de l'ours ordinaire, mais il y en avait d'autres d'une grosseur beaucoup plus grande qui ont dû appartenir évidemment à l'Ursus spelaeus. Malheureusement, il n'y avait parmi ces os aucun crâne; mais en revanche, il y avait plusieurs dents canines, la dernière molaire inférieure et deux fragments des mandibules qui avaient tous les caractères de celles de l'ours des cavernes, et les mandibules surtout ne présentaient aucune trace des premières praemolaires. Outre les ossements de l'ours, j'ai pu identifier plusieurs os (molaires, vertèbres, humerus, metacarpus, astragalus, calcaneus, phalangues) comme appartenant au cerf (Cervus elaphus), qui habite, comme on sait, le Caucase jusqu'à présent; un fragment d'une mâchoire du renard et—ce qui mérite surtout l'attention,—deux fragments d'une mandibule de l'homme, appartenant à la partie antérieure de cet os avec les alvéoles pour les incisives, les canines, les prémolaires et avec la première molaire gauche, qui est assez usée et indique un âge avancé du sujet. L'aspect de cet os est aussi ancien que celui des autres, mais il ne présente aucun indice d'organisation inférieure. Le menton est développé, l'épine mentale interne bien accusée, et la forme de l'arc dentaire, ainsi que les alvéoles ne présentent rien d'anormal, aucun de ces indices qu'on a constaté, par exemple, sur les mandibules célèbres de la Nolette (en Belgique) et de la caverne de la Chipka (en Moravie).

Plusieurs ossements de la caverne de Rgani sont fendus et brisés, mais il n'y a pas d'indices qu'ils aient été fendus par l'homme. Les os sont si friables, ont tant de fentes qu'ils tombent en pièces sous une pression modérée. Mr. Bernatsky crut y avoir trouvé des traces du feu, mais les taches noires qui s'y trouvent doivent être expliquées tout autrement et proviennent évidemment du minerai noir de mangan des couches tertiaires au dessus, dont de petites particules pouvaient être entraînées par l'eau et déposées ensuite sur les os dispersés dans la caverne. Mr. Bernatsky a envoyé aussi quelques fragments d'ossements provenant de couches tertiaires avec les veines du minerai de mangan, (ces fragments se rattachent, selon moi, aux côtes de quelque espèce de Cétacées), et aussi un grand fragment de silex (73 mm. de longueur, 62 mm. de largeur et 39 mm. de grosseur) de forme triangulaire tout couvert d'une croûte de pirolusit. La présence de ce fragment de silex dans les couches à minerai prouve, d'après Mr. Bernatsky, qu'il a été apporté, parce que les silex ne se trouvent pas naturellement dans ces couches, mais sont communs dans le calcaire de la formation crétacée. Mais ce morceau de silex ne présente pas de traces du travail humain; c'est simplement un rognon de silex, de forme triangulaire avec les angles arrondis, dont on trouve souvent des échantillons dans les couches de craie [5].

En tout cas, la trouvaille des restes de l'Ursus spelaeus dans la caverne de la Transcaucasie occidentale avec les traces de l'homme est un fait assez intéressant. Combinée avec les faits déjà connus antérieurement sur la présence de cette espèce dans les cavernes de la Pologne et dans les couches de Neroubaï, près d'Odessa, il indique que l'Ursus spelaeus a été un des membres de la faune postpliocène du Caucase et de la Russie méridionale et que, dans deux localités au moins, dans la Pologne occidentale et la Transcaucasie orientale, il a été le contemporain de l'homme.

Le boeuf musqué, relégué à présent dans la région de l'Amérique boréale, a été répandu autrefois, comme on le sait, beau-

---

[5] Les restes de l'Ursus spelaeus dans la Transcaucasie ont été décrits par moi dans le „Bulletin des Naturalistes de Moscou", 1867 p. 216 et 374, dans deux articles rédigés en allemand.

coup plus au sud et habitait non seulement dans l'Amérique du nord, mais aussi en Europe et en Sibérie. Dans un travail que j'ai publié il y a quelques années, dans le «Journal de la section de Zoologie de la Société Impériale des Amis des sciences naturelles [6], j'ai indiqué tous les points, tant en Europe, que dans l'Empire russe, où on a trouvé les restes de l'Ovibos fossilis [7], en même temps que j'ai décrit un nouveau crâne, trouvé, il y a une dizaine d'années, sur les bords de la Léna, en amont de la ville de Kirensk, c. à d. près de la 57° 47′ par. N. et conservé maintenant dans le Musée Zoologique de l'Université de Moscou. Ce crâne est remarquable par sa conservation; outre la plus grande partie du crâne facial, il a conservé ses cornes en entier, tandis qu' ordinairement on trouve seulement les tronçons osseux des cornes. Cela prouve que le crâne a été trouvé dans le sol gelé, où peuvent se conserver non seulement les cornes, mais aussi les parties molles (la peau et les chairs), comme cela est prouvé par les trouvailles en Sibérie des cadavres de mammouths et de rhinocéros. Les points les plus méridionaux des trouvailles de restes de l'Ovibos fossilis, sont situés dans le district d'Ovroutch, gouv. de la Volhynie, à peu près sous la 51-me parallèle. C'est beacoup plus au nord que les points les plus méridionaux de la distribution géographique de cette espèce dans l'Europe occidentale, où on a trouvé ses traces jusqu'à la 47-me parallèle N. (Langenbrunn) et même jusqu'à la 45-me (Gorge d'Enfer, en Périgord).

On peut admettre comme certain que l'homme a été le contemporain du boeuf musqué fossile en Europe, vu que les restes de cette espèce se trouvent dans les mêmes alluvions et dans les mêmes conditions que les restes du mammouth, du rhinocéros etc. et de l'homme postpliocène. On peut même donner quelques preuves plus directes de la contemporanéité de cette espèce avec l'homme. Ainsi Mr. le prof. Schafhausen a pu constater quelques égratignures produites, paraît-il, intentionellement sur le fragment d'un crâne trouvé près de Coblenz, dans les argiles de Moselweiss, mais ces traces d'un prétendu travail intentionné sont assez problématiques. Une preuve plus concluante est donnée par la trouvaille des os brisés du boeuf musqué dans quelques cavernes (Gorge d'Enfer etc.), en même temps que des outils en pierre et en os de l'époque paléolithique. On peut mentionner aussi un fragment

---

[6] Vol. VI, livre 3. 1890, avec une planche (phototypie) et 2 dessins dans le texte.
[7] On a décrit, dans ces dernières années, les restes de l'Ovibos fossilis, trouvés à Vitebsk.

d'os, trouvé dans la caverne de Thayngen, prés de Schafhouse et sur lequel est représentée en relief une tête qui paraît être celle d'un boeuf musqué[8]; cependant ce dessin dans l'absence d'autres preuves, ne peut pas être concluant, d'autant moins que, dans cette caverne, on n'a pu trouver d'os de l'Ovibos, mais bien ceux du mammouth du rhinocéros, du felis spelaea, du renne, du glouton, du lagomys etc., ainsi que des restes de l'homme paléolithique.

Quoique les restes de l'Ovibos fossilis se trouvent assez souvent en Sibérie, jamais jusqu'à présent on n'a pu découvrir quelque partie du cadavre de cet animal avec la peau et le poil. Il est possible cependant que l'on découvre de ces restes avec le temps, vu qu'on a découvert déjà des parties de cadavres des trois espèces postpliocènes en Sibérie.

L'une de ces trois espèces est le mammouth, dont un cadavre entier a été découvert près de l'embouchure de la Léna, d'où Mr. Adams, envoyé (au commencement de ce siècle) par l'Académie Impériale de St.-Pétersbourg, a rapporté le squelette et des parties de la peau, du poil et même de chairs desséchées. On a fait des découvertes pareilles aussi dans les vingt dernières années, mais comme entre la découverte du cadavre et l'arrivée des personnes envoyées, il se passait ordinairement un laps de temps assez considérable (une année et même plus), pendant lequel l'air, l'eau et quelquefois aussi les animaux et l'homme (les tribus de chasseurs du Nord) continuaient leur oeuvre de destruction, on n'a pu sauver pour la science que quelques restes isolés.—L'autre espèce, qui a été sous ce rapport privilégiée par la nature, est le Rhinoceros tichorhinus, dont deux têtes et quelques parties des pieds sont maintenant conservées au Musée de l'Académie de St.-Pétersbourg. L'une de ces têtes a été apportée au siècle dernier par Pallas, l'autre a été trouvée il y a une quinzaine d'années et décrite premièrement par Czersky. Une description plus détaillée a été donnée ensuite par l'académicien Schrenk, qui a décrit cette tête comme appartenant à une autre espèce des Rhinoceros fossiles, notamment au Rh. Merkii. Cette assertion cependant n'a pas été admise par tous les paléontologues, et d'après les nouvelles observations de Mr. Czersky, qui a pu disséquer en partie la

---

[8] *Merk*, Der Höhlenfund im Kesslerloche bei Thayngen. Zür. 1875. T. VII *Rütimeyer*, Die Knochenhöhle von Thayngen, dans l'Archiv für Anthropologie, VIII, 1876.

peau sur le devant de la mandibule et étudier le symphyse du menton, cette affirmation ne peut pas être soutenue, de sorte que l'opinion la plus probable est toujours celle qui reconnait cette tête comme ayant appartenu à un Rhinoceros tichorhinus. Dans ces derniers temps, on a découvert aussi quelques restes du cadavre de la troisième aspèce fossile, du Bison priscus, notamment une jambe (avec le pied) couverte de peau et de poil. Ce fragment a été découvert sur les rives de la Iana et se trouve maintenant aussi au Musée de l'Académie de St.-Pétersbourg. Le poil, conservé par places, est épais et ressemble au poil d'hiver, il est long de 50 mm. et rappelle par sa couleur le poil du zoubre (Bison europaeus), tandis que les proportions des os des extrémités sont, d'après Czersky, plus semblables à celles du Bison americanus.

Les races humaines de l'Europe et la question arienne,

p a r

M. S. Kollmann.

La question de l'origine des races européennes est entrée dans une nouvelle phase de son existence, depuis que l'étude des langues, de l'histoire et de l'anatomie des races ont simultanément cherché à approfondir ce grand problème. Les opinions sont, à vrai dire, très divergentes, comme une petite vue d'ensemble le prouve au premier coup d'oeil:

Blumenbach et *Cuvier* ont, comme on le sait, transporté le berceau des *européens* des hauteurs de l'Ararat dans les vallées du Caucase; ils ont voulu chercher la patrie des races *asiatiques* dans l'Himmalaya. Ce fut certes le résultat d'une haute érudition géographique et ethnographique, qui permit à *Peschel* [1] de faire descendre des hauts plateaux du Caucase, non seulement les Européens, mais encore une partie de la race asiatique.

L'idée d'une origine commune des Indo-Germains s'accrédita bientôt, mais la patrie qu'on leur avait assignée leur fut contestée dès l'origine.

C'est alors que sous les auspices de l'illustre savant d'Oxford, l'on émit à ce sujet une toute nouvelle théorie; *Max. Müller* croyait en effet avoir trouvé la patrie primitive des Ariens sur les rives naissantes de l'Oxus et de l'Iaxartes [2].

---

[1] *Peschel O.* Völkerkunde, 3-te Aufl. Leipzig. 1876.

[2] Plusieurs savants illustres, s'occupant spécialement de l'étude des langues et de l'histoire des peuples, se rangèrent à l'opinion de *Max. Müller*, ainsi: *Lassen. Bopp, Pott, Jacob Grimm, Prichard, V. Hehn* et d'autres encore.

Mais, se basant sur de nouvelles études, d'autres savants voulurent transporter la patrie des Ariens, de l'Asie centrale en Europe et spécialement dans l'Europe centrale. (*Cuno* et *Posche*).

Enfin, depuis 1883, c'est à la Scandinavie du Sud que semble revenir l'honneur d'avoir été le point de départ de la race arienne. *Penka* [3] va même jusqu'à dire que le type blond dolichocéphale des habitants de l'Europe pourrait suffire, lui seul, à le désigner comme arien, et qu'il faut, d'après les témoignages multiples de la linguistique et de l'histoire, placer son berceau dans le Nord de notre continent.

D'autre part, le même auteur fait remonter en Asie l'origine des populations brachycéphales et brunes si répandues en Europe.

De cette manière d'envisager les choses, surgit pour la première fois, me semble-t-il, la pensée que la population d'Europe possède une double origine: les blonds sont autochthones, les bruns, des émigrés d'Asie.

Avec cette théorie recommence une période de vives discussions, dont la fin n'est point encore à prévoir. Les débats ont été amenés en effet sur le terrain si difficile de la valeur spécifique des races humaines européennes. *Penka, Lapouge* et d'autres veulent dénoncer les dolichocéphales d'Europe comme une race plus élevée, ayant fait dans les temps préhistoriques déjà de notables progrès. On leur attribue une capacité de culture et une force d'expansion sans bornes.

Toutes ces idées ont été combattues; *C. Taylor* [4], *Mortillet, Ujfalvy* [5] et d'autres prennent en effet partie pour les brachycéphales bruns. D'après leur opinion, ce serait à ces derniers seulement qu'il faudrait attribuer la haute culture intellectuelle, en particulier la conception artistique incarnée dans les Grecs et les Romains.

Les dolichocéphales blonds devraient, d'après ces derniers auteurs être placés à un rang bien inférieur.

---

[3] *Penka*. Die Herkunft der Arier. Wien, 1886, in 8°, und Globus. Bd. 61. N-os 4—5. 1891.
[4] *Taylor Can. I.* The origin and primive Seat of the Aryans. Journ. Anthr, Jorat. London, 1888. Vol. XVII, p. 238.
[5] *Ujfalvy, E.* Aus dem westlichen Himalaja. Leipzig, Brokhaus. 1883, und Revue d'Anthr. 1879. p. 5 u. 489.

Ce coup d'oeil, bien qu'imparfait, prouve cependant suffisamment, combien sont divergentes les opinions que les savants ont sur l'origine et sur la valeur de différentes races de notre vieille Europe.

Il faut attendre d'études plus approfondies encore la solution de ce problème, dont les données sont si contradictoires. Nous trouvons en effet dans le domaine de l'anatomie des races quelques nouveaux faits, qui ont une importance capitale pour l'Anthropologie en générale.

Il vaut la peine de s'arrêter tout d'abord aux observations statistiques, qui ont été faites sur la taille ou sur la couleur des yeux, des cheveux, de la peau [6]. Des études dans ce sens ont été faites dans la plupart des pays d'Europe et, comme elles se sont étendues sur 15 millions d'individus environ, elles forment déjà une base solide et respectable pour toutes les questions qui se rattachent à l'anatomie des races.

Le résultat de ces observations a été de prouver qu'il se trouve dans le Nord de l'Europe, une population d'hommes *blonds*, qui sont descendus dès longtemps dans les pays méridionaux du continent. Cette race blonde a une taille remarquablement élevée.

La population *brune* de l'Europe se rencontre de préférence dans le Sud, de là, s'avançant vers le Nord, elle s'est répandue dans tout le continent. Ainsi les deux races ont pénétré partout. Tous les peuples sont tellement pénétrés de bruns et de blonds, que leurs représentants se trouvent dans chaque village.

La combinaison des deux différents types est du reste très avancée puisque nous trouvons:

en Allemagne les 54% des mélanges.
 » Autriche » 57% » »
 » Suisse » 63% » »

Les représentants des deux types vivent donc depuis longtemps côte à côte, et se sont mélangés depuis des siècles. Il me semble un peu difficile de dire laquelle de ces races a le plus d'importance dans la marche de la civilisation.

---

[6] *Broca*. Recherches et Mém. Soc. d'Anthrop. T. I, p. 1, 1859. — T. III, p. 147, 1866. *Virchow, R.* Arch. für Anthrop. 1885, in 4°. Mit. 5 Karten. *Virchow, R.* Sitzunsgb. d. Berliner Acad. 1885.

Par l'examen raisonné des formes de la face et du crâne tout entier, l'on a pu arriver à déterminer exactement la durée de cette union étroite et du mélange des deux races.

Nous rencontrons en effet sur notre continent:
1. Les Dolichocéphales.
2. Les Mésaticéphales.
3. Les Brachycéphales.

Laissons de côté les Mésaticéphales et regardons seulement les types № 1 et № 3. Il est vrai, que dans la population actuelle le nombre des Brachycéphales est en excès, mais il est au moins vraisemblable qu'il le soit déjà depuis des milliers d'années, sans doute pas au même point que maintenant.

Une recherche approfondie pour le 4^0, 5^0, 6e et 7e siècles après J.—C. a donné à ce sujet de précieux résultats.

Dolichocéphales .... 21,9 %

Brachycéphales .... 42,7 %

(Mésaticéphales.................... 35,4 %).

Ce petit tableau me semble avoir une valeur incontestable, puisqu'il nous enseigne que l'on n'a jamais trouvé, même dans l'époque néolithique, un seul type isolé: les deux races sont *toujours ensemble* et les Brachycéphales sont en excès.

D'après les régistres de l'éminent savant *Broca* [7], on a trouvé dans les grottes de Baye en France les crânes de trois différentes races d'Europe, soit:

Les Dolichocéphales .... 22,7 %

Les Brachycéphales................ 27,2 %

Les Mésaticéphales .... 50,0 %

Les 3 types ont donc, dès l'époque néolithique, vécu côte à côte, et l'Europe semble ainsi avoir été habitée depuis des milliers d'années par ces types.

Dans de telles circonstances, il me parait bien difficile de résoudre la question sur l'importance d'une de ces races dans le domaine de la culture intellectuelle, d'autant plus que l'époque

---

[7] *Broca* (voyez *Topinard*. Revue d'Anthropologie de Paris. 1886, p. 1 à 193.

de laquelle nous parlons est l'âge de la pierre polie. Dès lors les races ne se sont plus jamais séparées, elles ont *toujours vécu ensemble,* comme les tombeaux de tous les âges nous le prouvent.

Il est impossible, même avec une assurance approximative, de pouvoir préciser lequel était, à cette époque, le plus ou le moins doué.

Cette difficulté s'accroit encore considérablement quand on songe que nous avons à faire en Europe à 4 types différents au moins. Ni les Dolichocéphales, ni les Brachycéphales ne représentent en effet un type homogène. Il faut compter en tous cas *deux types différents* de *dolichocéphales* et *deux types différents* de *Brachycéphales*[8]. Il se distinguent par cela, que les uns ont la face haute allongée (Fig. 1, 3, 5), tandis que les autres l'ont large et basse (Fig. 2, 4, 6).

Les premiers, les Leptoprosopes, ont un indice facial de plus de 90° et un indice maxillaire de plus de 50°; le nez leptorrhinien, les orbites hypsiconches (mégasèmes), le palais leptostaphylin, les pommettes et les arcs zygomatiques serrés et cryptozygeres

chez les types à face large, Chamaeprosopes, l'indice facial est de moins de 90°, l'indice maxillaire de moins de 50", le nez platyrrhinien, les orbites chamaechonches (microsèmes), le palais brachystaphylin), les pommettes et l'arc zygomatique saillants phénozygues.

Beaucoup de savants ont déjà nettement distingué ces types différents de la partie faciale du crâne, mais dans chaque pays ils leur donnèrent des noms différents basés sur l'ethnologie. Par là même, leurs remarques devenaient difficiles à comprendre, et furent dès lors à peine relevées.

Grâce à l'introduction de noms purement anatomiques, l'on a écarté des malentendus, et beaucoup des craniologues reconnaissent aujourd'hui que nous nous trouvons en présence de 4 types au moins, qui ont vécu et vivent encore ensemble en Europe:

---

[8] *Kollmann.* *I.* Beiträge zu einer Kraniologie der europäischen Völker. Arch. f. Anthr. Bd. XIII. u. Bd. XIV.

1) les Dolichocéphales leptoprosopes,
2) › Dolichocéphales chamaeprosopes,
3) › Brachycéphales leptoprosopes,
4) les Brachycéphales chamaeprosopes.

Et maintenant, s'il y a des savants qui veulent que ce soient les Dolichocéphales, qui nous aient transmis leur culture intellec-

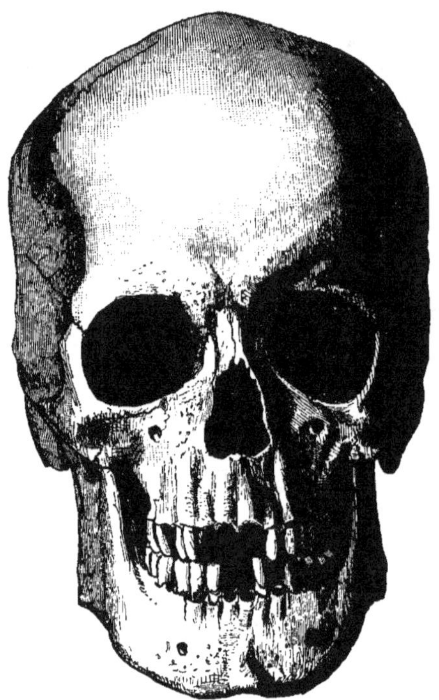

Fig. 1. Européen leptoprosope vu de face.]

tuelle, il y en a d'autres qui prétendent au contraire, que ce sont les Brachycéphales. Il est donc très incertain encore, si c'est aux ancêtres de types leptoprosopes ou aux ancêtres de types chamaeprosopes, que revient cet honneur insigne. Depuis la période néolithique, tous ces types habitent l'Europe et c'est à tous les quatre qu'il revient probablement. Tous les types sont donc, autant au moins que nous avons pu sonder leur nature intellectuelle, égale-

ment bien doués. Ce serait hazardé, certes, que de vouloir assigner à l'un ou à l'autre une prééminence intellectuelle. La capacité cranienne des européens et le volume de leur cerveau ne
donnent pas le plus léger point de repère pour un tel triage, il
n'en donneront pas davantage pour l'âge de fer, celui du bronze
ou celui de la pierre.

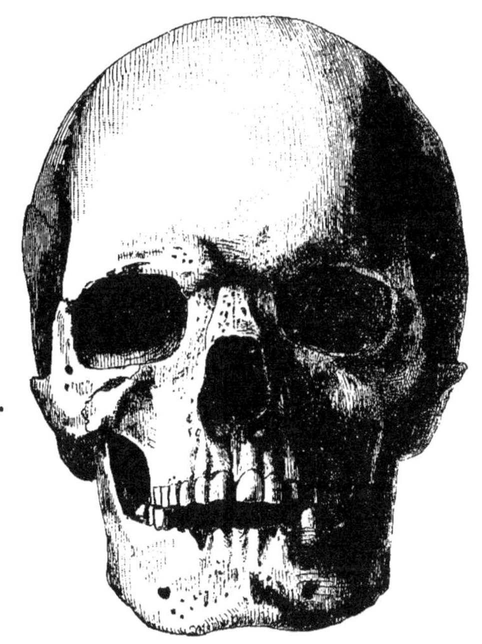

Fig. 2. Eropéen chamaeprosope vu de face.

Il en est à très peu près de même pour la valeur des renseignements, que l'on donne au sujet de l'émigration des races européennes hors de l'Asie.

Il a paru dernièrement un ouvrage sur l'Ethnologie des Indes
britanniques, ouvrage qui a une grande valeur scientifique. L'on
a fait des mesures anthropomètriques sur plus de 6000 individus,
et ces recherches, opérées sur une si grande échelle, ont donné
le résultat suivant.

La population des Indes se compose, d'après *Risley* [8], de 3 types différents:

1) D'un type platyrrhinien, dolichocéphale, d'une taille peu élevée, à la peau couleur café-noir, à la face large et au profil prognathe.—Personne ne voudra prétendre que ces Hindous, dont

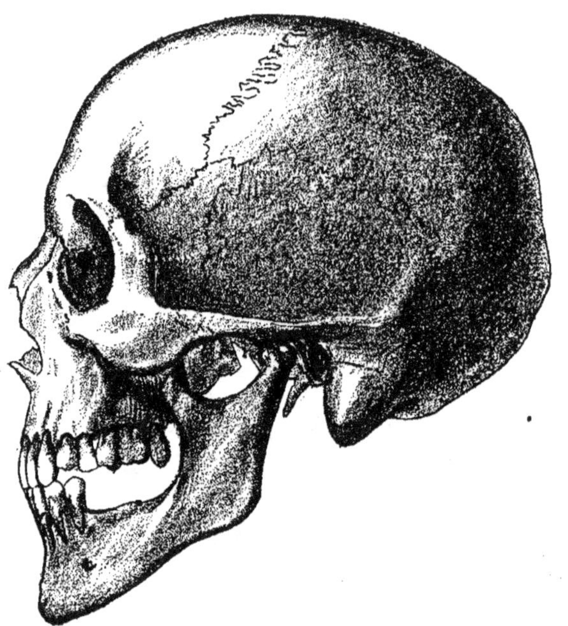

Fig. 3. Européen leptoprosope vu du profil.

la peau est semblable à celle des nègres, doivent entrer en ligne lorsque l'on s'occupe de l'immigration européenne.

2) Il en est de même du type mésorrhinien, brachycéphale, de taille moyenne et à la face largement prognathe. Il faudrait ad-

[8] *Risley H.*—The etudy op Ethnologie in Indiatourn. Anthr. Imt. London. pebr. 1891. p. 235.

H. Risley H. II.—The tribes and castes op Bengal. Vol. I. p. XXXI.

Les observations de *Mr. Risley* ont été comtirmées par *M. Schmidt E.* Globus. Bd. 61. M. 2 n. 3. 1892.

mettre sans cela, qu' une partie de ce type se fût transformée en
Brachycéphales leptoprosopes, et que l'autre partie fût restée la
même quant à la forme de la tête et de la face, mais que la
couleur de sa peau eût changé.

Il est très improbable que de pareilles transformations se soient
opérées chez les races humaines depuis la période néolithique. Les

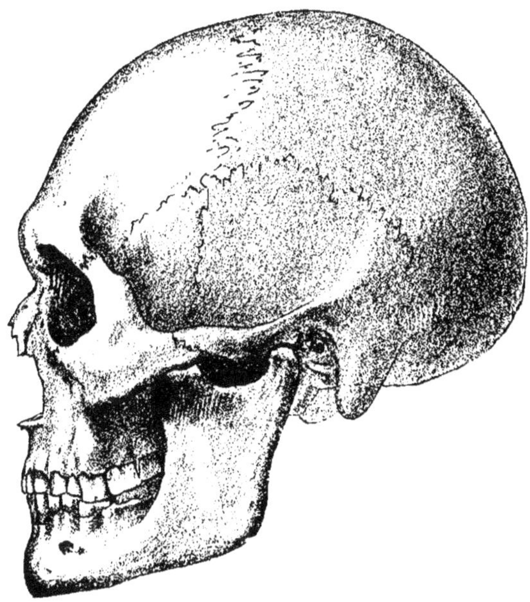

Fig. 4. Européen chamaeprosope vu de profil.

recherches faites de nos jours sur l'influence des milieux ne permettent pas de conclure à une transformation complète de la
partie faciale du crâne, comme cela aurait dû être le cas ici, si
les Brachycéphales, dont la figure est allongée, devaient descendre
des Hindous à face large.

Mais pendant que l'on rencontre ces deux types au centre et
au Nord des Indes, nous en trouvons un tout différent dans le
Pendjab et dans les pays qui le touchent au Nord-Ouest:

17

C'est le type dolichocéphale leptorrhinien, orthognathe; la taille est haute, la figure étroite et allongée.

Seuls, les représentants de ce type là, dont la ressemblance est si parfaite avec celui des européens méridionaux, pourraient être représentés comme des parents de la population de notre con-

Fig. 5. Européen leptoprosope.

tinent. Seulement ce n'est pas un type blond ni brachycéphale, il est brun et dolichocéphale. On peut donc le prendre en considération dans l'immigration des dolichocéphales leptoprosopes, mais non pas dans celle des dolichocéphales chamaeprosopes.

C'est ainsi que l'espoir de trouver en Asie les ancêtres des types européens s'est évanoui de nouveau.

Quoiqu'il en soit, il serait faux, me semble-t-il, de mettre en doute les résultats si caractéristiques des linguistes, qui sont arrivés à prouver les liens unissant les langues indo-européennes.

La communauté de moeurs et de pensées profondes, comme on les rencontre dans les traditions, dans les mythes et dans le langage des peuples, conduisent évidemment à un lien intellectuel commun.

Il y a une ressemblance frappante entre les traditions et les contes de la Scandinavie à la Grèce, de la Perse et de l'Hindoustan. Les fables que les mères françaises, grecques, persanes ou

Fig. 6. Européen chamaeprosope.

indoues racontent à leurs petits enfants, sont, dans leurs traits généraux les mêmes; et dans ces premiers essais de poésie nationale l'on retrouve partout le même sentiment et l'on ressent la même impression.

Il n'y a personne qui mette en doute la vérité de ces découvertes linguistiques, personne, qui nie l'existence de rapports étroits entre les langues indo-européennes, rapports, qui se perdent hélas, dans la nuit des temps.

Néanmoins toutes les tentatives de découvrir une parenté directe entre les races ont échoué jusqu'ici, et l'on n'est point encore parvenu à élucider cette question, que la science n'abandonnera certes pas avant d'avoir trouvé la solution définitive.

Pour le moment, nous ne pouvons, je crois, qu' enregister les résultats suivants:

Grâce aux études asiatiques et éclairés par elle, les historiens parviennent à fixer le berceau de la culture intellectuelle, et recherchent, grâce à la langue et aux coutumes communes, les tribus jadis proches parentes; mais avec celà l'on n'arrive qu'à la preuve d'une parenté *intellectuelle*, mais non à une origine ou à une descendance physique communes.

C'est bien d'Asie que partit la renaissance intellectuelle des différents peuples européens, mais d'après les connaissances anthropologiques que nous avons de ce continent, ce n'est pas dans son sein que nous devons chercher le berceau de nos races.

Jadis, lorsque les mythes, les contes et les fables commencèrent à faire le tour du monde, le mouvent intellectuel les porta d'Asie en Europe; de nos jours le char a été retourné: une foule d'idées et de théories nouvelles, émises par nos savants et par nos grands hommes d'Etat, se frayent un chemin du coté de l'Orient.

Ce que nous avons reçu jadis, nous le rendons maintenant avec les intérêts: culture intellectuelle, éducation, arts, métiers, tout, jusqu'aux nouvelles formes de la société humaine, jusqu'aux nouvelles conditions sociales.

Et cette grande oeuvre, c'est une poignée d'hommes résolus qui l'accomplisant vis-à-vis de 600 millions d'hommes.

Cette pièce imposante, qui se déroule depuis 300 ans sous les yeux de nos ancêtres et sous les nôtres encore, doit être, d'après mon opinion, la reproduction fidèle de celle qui a commencé sous la période néolithique.

A cette époque reculée, comme maintenant encore, ce n'était pas, je présume, la population toute entière d'un continent qui se

mettait en route, mais de petits groupes d'individus intrépides,
d'audacieuses expéditions lointaines, dont les membres disparais-
saient sans laisser de traces, d'un continent où le flot humain se
renouvelle sans cesse. Mais ce sont leurs pensées, leur savoir, leur
science, leurs métiers, leurs principes qui sont restés immortels.

Il y a encore une raison qui nous défend de faire descendre
nos types européens des races de l'Inde orientale; c'est l'insensibilité
de nos races humaines vis-à-vis des influences extérieures.

Les signes particuliers à telle et telle tribu restent ineffaça-
bles, malgré les changements de milieux.

Les qualités physiologiques peuvent changer peu à peu pendant
le cours des siècles, mais le caractère propre à une race ne peut
être modifié ni par les vallées, ni par les montagnes, pas plus par
les chaleurs du sud, que par les frimas des pays septentrionaux;
en tout cas, pas au point où il faudrait en arriver ici: c'est à dire
que nous soyons les descendants des peuples de l'Inde.

C'est pourquoi j'ai exprimé depuis quelques années déjà, l'o-
pinion que plusieurs types émigrèrent du pays d'où sortit l'humanité primitive, pour aller peupler les différents continents.

Dans cette première période de voyage, commença l'acclima-
tion des races à leurs continents respectifs, et c'est alors que se
développèrent les marques distinctive sdes Européens, des Asiatiques
et des Africains [9].

Depuis cette différenciation, les races sont restées dans un état
d'invariabilité physique absolue; on peut donc les appeler des
types définitifs.

C'est ainsi seulement, que nous pouvons expliquer comment il
se fait que nous rencontrions dans tous les continents les Dolichocéphales avec les Brachycéphales et les Leptoprosopes, quand
bien même chaque type porte toujours sur lui la marque distinctive d'un autre continent que celui où il se trouve.

Espérons donc que, quant à l'origine des peuples de l'Europe,
le congrès international de Moscou va nous ouvrir de ce côté là
aussi, de nouveaux horizons.

---

[9] *Komllann*. Zeitschr. p. Ethnol. Berlin, 1889. s. 40.

R é s u m é.

1) Il est nécessaire de distinguer en Europe au moins quatre types différents.

2) Les types subsistent tous, sans aucun doute, depuis. la période néolithique.

3) Ils ont (la preuve en est dans les cavernes et dans les sépultures) toujours vécu les uns avec les autres et se sont mélangés.

4) Dès lors la culture intellectuelle européenne est un produit commun de ces types.

5) Il n'y a qu'un seul type d'Asie que nous puissions considérer comme parent direct des types curopéens, a savoir le type dolichocéphale leptoproposn.

Ceci n'est qu'une simple supposition, basée sur quelques données insuffisantes.

Ce fut probablement d'Asie que partit la Renaissance intellectuelle de l'Europe, de même que le contraire se passe de nos jours; mais il n'est pas encore admissible que le berceau, d'où sortit l'humanité européenne, se soit trouvé sur ce continent.

Depuis la période néolithique, les types européens sont des types définitifs·

Sur les crânes anciens, artificiellement déformés, trouvés en Russie,

par

D. Anoutchine.

La Russie méridionale, surtout la Crimée est, comme on sait, un pays privilégié en Europe pour les trouvailles de crânes artificiellement déformés. Nous devons aux savants étrangers, Mrs. Dubois de Montpéreux, Rathke et Meyer, la première description (dans les années 1833—1850) de crânes de ce genre, trouvés près de Kertch. Mr. Rathke surtout a reconnu la similitude de ces crânes avec quelques autres, également déformés, provenant de l'Amérique et a ressemblé les passages des auteurs anciens (Hippocrate, Pomponius Méla, Pline etc.), qui ont parlé des Macrocéphales, comme d'un peuple qui habitait quelque part à l'est de la Grèce et avait l'habitude de déformer les têtes des enfants. Mais jusqu'à l'apparition du mémoire de K. E. von-Baer (1860), ces crânes macrocéphales ont été peu connus des savants; la preuve en est que Gosse p. ex. n'en parle pas dans son savant traité sur les déformations artificielles du crâne, paru en 1855. Von Baer a décrit trois crânes de ce type, les a comparés avec quelques crânes semblables, trouvés en Autriche (décrits par Retzius et par Fitzinger), et en Savoie, et a émis l'opinion que tous ces crânes avaient dû appartenir aux Avares, comme l'avait affirmé avant lui Fitzinger pour ceux trouvés en Autriche. Mais depuis 1860, on a fait tant de trouvailles de crânes pareils, en Russie comme dans l'Europe occidentale, et parfois dans les pays où les Avares n'ont jamais pénétré, qu'il a fallu renoncer tout-à-fait à la supposition gratuite de Mr. Baer.

En 1887, j'ai publié un mémoire [1], dans lequel j'ai décrit et mentionné tous les anciens crânes artificiellement déformés trouvés (jusqu'en 1887) tant dans l'Europe occidentale, que dans différentes parties de l'Empire Russe. Pour ce qui concerne les crânes provenant de la Russie, j'ai donné les mensurations de 7 crânes de Kertch (macrocéphales), d'un crâne d'Inkerman, d'un crâne provenant d'un kourgane à l'embouchure du Don, d'un autre provenant d'un kourgane sur les bords de la Sal, dans la province du Don; d'un 3-ème trouvé près de la ville de Rostov, d'un 4-ème de l'autre côté du Volga, non loin de la ville de Samara; de 4 crânes trouvés dans les tombes près de l'Elborous, dans le pays des Tatars-Karatchaï, dans le Caucase central, et de 5 crânes de la nécropole de Samtavro, près de Mtskhet, dans la Transcaucasie. En somme—20 crânes anciens déformés, provenant de différentes parties de la Russie méridionale, de la Crimée et du Caucase et conservés au Musée Anthropologique de l'Université de Moscou.

J'ai comparé tous ces crânes par rapport à leurs formes et aux conditions de leurs trouvailles et, en prenant aussi en considération quelques autres crânes semblables, conservés dans d'autres musées russes ou décrits par d'autres savants, j'ai discuté la question de l'antiquité de ces crânes et de leurs relations aux «Macrocéphales» d'Hippocrate et d'autres auteurs classiques d'une part, et aux divers peuples du commencement du Moyen-âge d'autre part. La conclusion à laquelle je suis arrivé était que l'usage de la déformation artificielle du crâne a dû être répandue depuis les temps très anciens (temps d'Hippocrate au moins), surtout dans la Transcaucasie (quelques crânes de Samtavro) et peut-être aussi en Crimée (quelques crânes de Kertch), mais que la majeure partie des crânes anciens déformés trouvés tant en Russie que dans l'Europe occidentale se rapporte aux siècles de beaucoup moins reculés, notamment aux II—VIII après J. Ch. et peut-être même aux X—XIII siècles. Quelque part au Caucase, en Crimée, en Asie Mineure et en France — cet usage se pratiquait encore au siècle passé et s'est conservé, à un degré plus faible, même jusqu'à présent. Pour ce qui concerne la question des nationalités, je suis arrivé à la conclusion que c'étaient des peuples barbares qui pratiquaient cet usage, mais non des Scythes (encore moins les anciens Hellènes), et que partout probablement cet usage, adopté

---

[1] *D. Anoutchine.* „Sur les crânes anciens, artificiellement déformés, trouvés dans les confins de l'Empire Russe" dans les „Comptes rendus" de la Section d'Anthropologie de la Soc. des Amis des Sc. natur. etc. 1887. Avec 19 dessins dans le texte.

par divers peuples indo-européens et turcs, n'a pas été l'apanage de tous les membres des tribus, mais seulement de quelques familles ou de quelques individus privilégiés des deux sexes. Enfin, j'ai comparé les crânes macrocéphales de Kertch avec les têtes de quelques statuettes grotesques et phalliques, d'un style grossier, façonnées en argile et trouvées dans les catacombes de Kertch des premièrs siècles de notre ère. Quoique les conditions détaillées de leurs trouvailles soient restées le plus souvent inconnues, on pouvait présumer que ces statuettes grotesques étaient dues au travail de quelque peuple barbare qui était venu en Crimée au commencement de notre ère et avait subi quelqu'influence de l'art et de la civilisation hellèniques Les têtes de ces statuettes sont remar-

Fig. 1. Crâne marcocéphale de Kertch

quables par la grandeur de leurs nez et de leurs oreilles et par leur front fuyant, rappelant celui des macrocéphales.

Dans les cinq dernières années, le nombre des crânes artificiellement déformés s'est considérablement accru dans nos musées. J'ai pu acquérir pour le musée anthropologique plusieurs crânes macrocéphales de Kertch et j'ai reçu pour le même musée, de la part de M-me la comtesse Ouvarova, une série de crânes du même type, provenant des fouilles de nécropoles dans le pays des Ossètes au Caucase. Cette série a montré la grande propagation de l'usage de la déformation du crâne dans le Caucase central. dans les temps anciens, notamment dans des premiers siècles du Moyen-âge, probablement jusqu'au VII-e ou VIII-me. En même temps, quelques fouilles, faites par Mr. Kosciuczko sur l'emplacement de l'ancienne ville de Chersonèse (près de Sévastopol), ont donné

Fig. 2. Crâne macrocéphale trouvé à 7 v. de Samara.

aussi des crânes déformés, dans des conditions qui jettent quelque lumière sur leur date. De ces crânes (au nombre de 6, dont 1

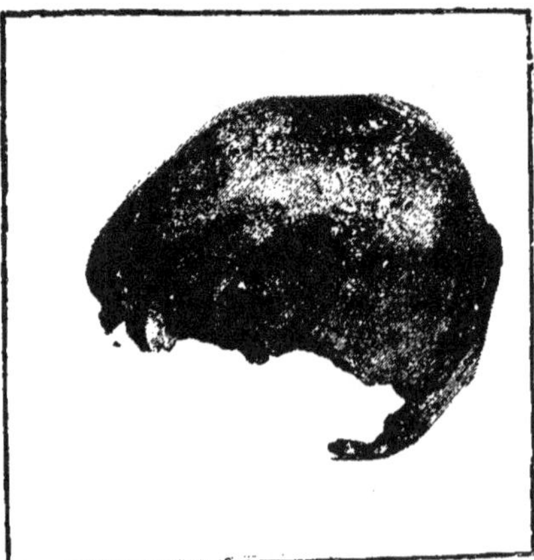

Fig. 3. Crâne trouvé près de Rostov, sous le lit du Dnièpre.

s'est brisé aussitô), trois ont été trouvés dans une catacombe grossièrement construite et bouchée par du limon visqueux, et trois dans des tombes situées l'une près de l'autre, en une rangée avec des tombes grecques de l'époque romaine, qui se rapportent aux II—III siècles après J. Ch. Parmi les objets trouvés près de crânes déformés,—il n'y avait que trois paires de boucles d'oreilles en argent, en forme d'anneaux ornés de pandeloques à 14 facettes. Une boucle a été dorée et ses facettes sont incrustées de quatre grenats coniques orientaux.

Le point le plus à l'est, où on a trouvé en Russie des crânes artificiellement déformés, est la station Kriaje, sur la ligne du chemin de fer d'Orenbourg, à la distance de 7 verstes de la ville de Samara, dans la direction de Syzrane. Ce crâne, d'une déformation très accusée et rappelant tout-à-fait les macrocéphales de Kertch, a été trouvé accidentellement par les ouvriers qui creusaient du sable pour le chemin de fer, et en même temps que

Fig. 4. Figures grotesques en argile, avec la tête déformée, trouvées à Kertch.

d'autres squelettes, dont les crânes cependant sont tombés en pièces, Non loin du crâne déformé gisait le squelette d'un cheval, un sabre en fer et une boucle d'oreille, en forme d'anneau auquel pendait un petit cube en or.

Pour la question de l'ancienneté des crânes déformés, la trouvaille d'un crâne de ce type, faite près de la ville de Rostov, lors des travaux pour la construction d'un pont de chemin de fer sur le Don, présente beaucoup d'intérêt. Le crâne (sans partie faciale) a été trouvé à la profondeur de 3 sagènes (6 mètres) au dessous du niveau du fond de la rivière, dont la profondeur atteint ici jusqu'à 5 sagènes (10 mètres); il est tout-à-fait noir et présente la déformation du même type que les crânes de Kertch, quoique un peu moins accusée. L'épaisseur de la couche de 6 mètres qui couvrait le crâne peut donner quelque idée de son ancienneté. Si nous admettons que le fond de la rivière s'exhausse annuellement de 0,5 cent., nous aurons 1200 ans, passés depuis l'immersion de ce crâne. Mais il est probable que l'accumulation des dépôts au fond des rivières ne se fait pas d'une manière aussi rapide. Le crâne est remarquable par la largeur de l'apochyse nasal de l'os frontal (30 mm.) qui indique la largeur correspondante de la racine du nez et du nez lui-même.

Quelle est la race la plus ancienne de la Russie centrale?

Par *Anatole Bogdanov*,

professeur de l'Université de Moscou.

Il y a juste 25 ans que j'ai publié dans les Bulletins *) de notre Société des Amis des Sciences naturelles mes premières recherches sur la craniologie de la population préhistorique de la Russie centrale, ou plus exactement — du gouvernement de Moscou. Mon matériel se composait de 140 crânes et de 15 squelettes, trouvés par moi ou par mes élèves et amìs, surtout Fedschenko et Saenger, que la science russe a eu le malheur de perdre sitôt. Deux ans de travaux et de fouilles des tumuli ont été consacrés à la restauration, si non du tableau, au moins de l'esquisse, surtout des caractères physiques de la population du gouvernement de Moscou, mais aussi un peu et de son entourage paléoethnographique, d'après les objets trouvés dans les tumuli. Les conclusions auquelles je suis arrivé à l'époque de l'apparition de mes „Matériaux sur la population du période des tumuli dans le gouvernement de Moscou" sont les suivantes:

1) A l'époque des Kourganes, nous trouvons dans le gouvernement de Moscou au moins deux races, dont le croisement est évident, mais dont parfois on trouve des types primitifs assez purs. L'une de ses races était robustes, avait une large et longue tête, un visage allongé et, d'après quelques échantillons, — les cheveux blond-foncé. L'autre, plus petite est plus grèle, appartenait à un peuple brachycéphalique, ayant le visage plus court, la tète plus large et plus courte, le cheveux châtain. Des les tumuli du gouvernement de Moscou, j'avais réuni dans ma collection 56,4%, crânes dolichocéphales ou plutôt subdolichocéphales et 22,7%, subbrachicéphales, la brachycéphalie vraie et prononcée étant rare (5.6%).

2) La distribution des dolichocéphales et des brachycéphales n'était pas la même dans toute l'étendue du gouvernement: les localités placées au soud-ouest de Moscou présentaient plus de crânes dolichcéphaliques du plus pure type, plus de vrais dolichocéphales que celles de l'est et du sud-est. Prés de Moscou même on été trouvés les crânes de deux types.

---

*) Извѣстія Обш. Люб. Ест. т. 4-й. Матеріалы для Антропологіи курганнаго періода въ Московской губерніи. 1867 г.

3) Les crânes du type dolichocéphale, ayant les os plus épais, se conservaient en général mieux, que les crânes brachycéphaliques.

4) En mettant de coté l'hypothèse de M. Tscherkov, le quel considérait les tumuli de Moscou comme des restes des Variago-Russes, nous avons sur leur origine deux théories: 1) finnoise, de historiens Karamsine, Soloviev, Béliaev et Hatzouk, admettant que le territoire de la Russie centrale était occupé autrefois par des peuplades finnoises; 2) de Baer, qui, ayant etudié quelque crânes des tumuli de Moscou et n'en trouvant pas de ressemblants aux crânes finnois, regardait les ossements trouvés dans le gouvernement de Moscou comme appartenant à une race ancienne, disparue. Baer a remarqué aussi que les crânes des tumuli de Moscou sont du même type que ceux qu'on trouve dans la Russie méridionace, mais qui n'y sont pas trés répandus. M. M. Soloviev et Béliaev, d'après des donnés historiques, acceptent les Slaves comme un peuple habitant des temps prehistoriques l'arrondissement de Moscou à coté des Finnois primitifs, mais n'ayant aucun rapport avec les restes trouvés dans les tumuli de Moscou. A la fin de mon travail, j'ai exposé les motifs qui m'ont amené presque au même point de vue que celui de Baer, et je l'ai exprimé nettement appelant la population ancienne de Moscou—la race des Kourganes (ou des tumuli) et en présentant quelques considérations qui prouvent que le crâne des Kourganes n'est par un crâne finnois.

L'exposition etnographique de Moscou, d'après mon premier projet, accepté par les fondateurs de la Sociètè des Amis des Scientes naturelles, devait être anthropologique, mais en commençant à réaliser le projet nous dûmes ceder la plâce principale à l'Ethnographie, pour des raisons très pratiques et très dignes d'attention, que nous presenta le professeur N. Popov. Si l'Anthropologie en Russie, après 25 anneès écoulés, peut à present sons crainte de manque de matériel organiser une exposition anthropologique, il n'en était pas de même en 1867, et nous devons, beaucoup de reconnaissance au regretté Nil Popov pour avoir demis l'exécution de cette exposition à une époque plus rapprochée de nous, en 1879. Notre Société, en acceptant en 1867 comme drapeau principal et officiel l'Ethnographie, n'a pas négligé tout à fait l'Anthropologie et a travaillé à la réalisation d'une sérieuse section d'Anthropologie à l'exposition de 1867. Je crois, qu' après la section anthropologique de l'exposition universelle de 1867 à Paris, notre section craniologique a étè la première à figurer en public en qualité de musèc anthropologique spécial. L'exposition de 1867 jeta les fondements sérieux d'un musée anthropologique à l'Université de Moscou et d'une chaire d'Anthropologie: c'était un travail préparatoire au proget qui amena la chaire d'Anthropologie en 1872 et le musée anthropologique en 1879. Si les collections craniologiques de l'exposition ethnographique de 1867 n'étaient pas très grandes, au moins elles donnèrent un intéressant matériel pour la craniologie des tumuli des gouvernements de Moscou, de Kalouga, d'Jarosslav, de

Minsk, de Sibérie. L'étude comparative de ces collections craniologiques m'a conduit à la conclusion suivante: les crânes des tumuli de Sibérie diffèrent du type du crâne tumulaire de Moscou,
ainsi que des crânes trouvés dans le gouvernement de Jaroslav et
de Minsk. La même race dolichocéphalique habitait de Moscou
à Minsk et à l'époque des kourganes elle y était préponderante.
Pour résoudre la question de la distribution de cette race kourganienne dans les localités plus éloignées de Moscou et de la relation
de cette race avec la race brachycéphalique, il fallait de nouveaux
matériaux, qui se sont fait attendre assez longtemps, jusqu'en
1877—1878, jusqu' à l'époque de l'exposition anthropologique de 1879.
   Cette exposition avait un but special: celui de réaliser par rapport à l'Anthropologie ce qui n'avait été qu' ébauché en 1867, à
l'exposition Ethnographique de la Société, c'est à dire la fondation
d'un Musée anthropologique à l'Université de Moscou et la continua-
tion des travaux sur la craniologie de la période des kourganes
en Russie. Le plan des fouilles des kourganes m'a été confié et
plusieurs autorités scientifiques dans les recherches préhistoriques
ont donné au Comité de l'exposition leur temps et leur expérience.
Ce qui nous occupait le plus en ce temps—était de nous procurer
des materiaux pour la distribution géographique en Russie, au periode des kourganes, de cette race dolychocéphalique predominant
dans les tumuli de la Russie centrale, et pour prouver son existence dans la Russie méridionale comme l'avait prèvu et indiqué
de Baer. La question a été resolue premièrement par les fouilles
de M. Samokvassov, auquel je dois une reconnaissance cordiale
et chaleureuse. Il fut un temps où mes efforts pour faire quelque
chose pour la craniologie de la population préhistorique de la Russie étaient regardés par les uns avec indifférence et par les plus
généreux — avec un sourire bienveillant et une conviction intime
que ces études n'auraient aucun résultut sérieux, car, pour eux la
craniologie, avec ses moyennes et ses mensurations, n'était pas
quelque chose de sérieux et de vraiment scientifique. Si la statistique dans les questions sociales est sujette en genéral à des objections sérieuses, que pouvait donner la statistique craniologique,
quand les savants n'etaient pas encore d'accord sur la valeur des
mensurations et les manières de les faire? Est ce que le croisement des races, commencé depuis les temps prehistoriques, n'a pas
confondu les caractères anthropologiques? Les personnes plus iras-
cibles et d'un tempérament cholérique appelaient dédaigneusement
les études craniologiques—„folies", „schwindlerei", et lui donnaient
d'autres qualifications tout aussi peu aimables pour le craniologue.
Dans ce temps, j'ai eu la bonne chance de rencontrer dans deux personnes un appui amical et energique: c'étaient le professeur Béliaev,
s'intéressant specialement à la question des populations de la Russie, en sa qualité d'historien, et M. le professeur Samokvassov commençant alors ses fouilles des kourganes, dont les résultats fructueux
pour la science sont à présent bien connus de tous les spécialistes et
dont la collection constitue un des ornements du Musée historique

*1

de Moscou. M. Samokvassov a fait don à notre Société d'une belle collection de crânes provenant de ses fouilles dans differentes localités de la Russie, que j'avais le droit de décrire. Deux de ces collections surtout m'ont été d'une grande utilité pour l'éclairssissement de quelques questions, très importantes pour le but que je poursuivais: c'est la collection des crânes des tumuli du gouvernement de Poltava, contenant des restes de la population nommée „Scythes", et celle des kourganes de Soudja, du gouvernement de Koursk. J'ai décrit ces collections en deux articles publiés dans les travaux de l'exposition anthropologique de 1879 *). Voici les conclusions auquelles je suis arrivé en étudiant les collections de Samokvassov, et plus tard celles de quelques autres personnes s'occupant de l'étude des kourganes de la Russie méridionale:

1) Les crânes des tumuli de Soudja presentent une très rare et remarquable exception parmi les collections provenant de la fouille des kourganes de Russie, parce qu'ils forment une sèrie homogène, ce qui permet d'admettre avec beaucoup de raison que ce sont les restes d'une seule râce, trés pure au point de vue anthropologique.

2) Tous les 23 crânes appartiennent à la râce dolichocéphale, vu que 19 d'entre-eux sont de vrais dolichocéphales et 4 sousdolichocéphales, et ces 4 crânes n'appartenaient qu'a 3 femmes et à un enfant.

3) La dolichocephalie est occipitale, mais la conformation de la région frontale est très gracieuse et ne presente pas les indices de difformités ou de sauvagerie.

4) Les crânes ne presentent aucun caractère caracteristique pour la race mongolique. Je crois que j'étais dans l'erreur en trouvant alors des ressemblances entre ces crânes et les crânes des peuplades ouralo-altaïens, comme je le montrerai ensuite. Pous moi, cette trouvaille de Samokvassov était vraiement un appui moral dans mes doutes: elle montrait qu'en Russie on pouvait trouver des localités contenant des restes de population très pure, tres homogène dans ses caractères anthropologiques. J'ai fait faire des copies de ces moulages, ainsi que des autres crânes de la race dolichocéphalique de Russie et je les ai donné au Museum d'Histoire naturelle de Paris, á la Societé anthropologique de la Grande-Bretagne, au Musèe anthropologique de Berlin et à quelques autres. Parmi les crânes trouvés dans le gouvernement de Moscou (les crânes de Podolsk donnés par Gatzouk) et dans celui de Jaroslav, j'en ai rencontré plusieurs qui ressemblaient par l' habitus et tous les détails aux crânes de Soudja trouvés par M Samokvassov.

Une autre collection du professeur Samokvassov a été décrite par

---

*) Курганные черепа области древнихъ ¡Съверянъ. Суджанское длинноголовое население на рѣкѣ Пслѣ. Антроп. выставка 1879, т. II. стр. 181—194. (Извѣст. Общ. Люб. Естеств. т. XXXI 1879 г.).

moi dans le même recueil de l' „Exposition Anthropologique“ de 1879*), ainsique les crânes de la même province et de la même époque, offerts a notre Sociétè par le prof. Antonovitsch, de l'Université de Kiev, et par M. Kibaltschtisch. En tout j'avais 41 crânes, dont 29 avec le type masculin trés evident. La grande majorité de ces crânes présentait la plus grande ressemblance avec ceux de la Russie centrale: 34 crânes, c'est á dire 79.31°/₀, étaient dolichocéphales et, pour la plupart, de vrais dolichocéphales. Les brachyocéphales n'étaient représentés que par 4 crânes (13,79%), et il n'y avait que trois mésocéphales (6.83%). D'aprés les donnés archeologiques, M. Samokvassov divise les tombeaux ou se trouvaient ces crânes en trois grouppes: les tombeaux Scythes, les tombeaux des Slaves et les tombeaux n'appartenant ni a l'une, ni a l'autre catégorie. Au point de vue craniologique le même type prédominait dans tous ces tombeaux de toutes categories, et la plupart des crânes était de dimensions assez considérables. Ces faits m'ont conduit aux conclusions suivantes:

1) Dans le gouvernement de Poltava, dans tous les tombeaux dont j'avais eu des crânes à ma dispotition, le même type dolichocéphale prédomine. La différènce consiste en ce que dans quelques localités, la population était moins homogéne et comptait un peu plus de brachycéphales.

2) Dans les kourganes dits „Scythes“, la proportion des brachycéphales était plus grande que dans les autres, mais en général dans une faible proportion. Les crânes brachycéphales de ces kourganes ne présentaient pas des caractéres spéciaux de la race mongolique, mais dans quelques crânes dolichocéphales, la largueur plus grande de la face et la largeur du nez accusaient un mélange avec la race mongolique.

3) Les kourganes des Scythes ne présentent pas, par leurs caractéres craniologiques, de differences avec le type genéralement répandu dans les kourganes de la Russie centrale. L'illustre Baer l'avait déjà remarqué et il a indiqué dans sa collection des crânes dits „Scythes“, un melange des dolichocéphales avec les brachycéphales.

4) Ces donnés mènent à la conclusion que le terme „Scythe“ n'exprime pas une unité anthropologique, mais seulement géographique et ethnographique.

Depuis, j'ai eu l'occasion d'avoir sous la main une autre collection de crânes des tumulis, provenant du même gouvernement de Poltava, qu'a etudié craniologiquement un de mes collégues du Musée Zoologique de l'Université de Moscou. Il a trouvé le même type preponderant et est arrivé aux mêmes conclusions que moi.

La prépondérance dans les tumulis de ce type dolichocéphalique de la Russie préhistorique que j'ai decrits dans mes „Matériaux pour

*) О могилахъ Скиѳо-сарматской эпохи въ Полтавской губерніи и о краніологіи Скиѳовъ. Антрополог. выставка т. III, стр. 263—279. (Изв. Общ. Люб. Естеств. т. XXXV. 1880).

la période kourganienne du gouvernement de Moscou", et sa grande distribution géographique en Russie, a été confirmée par les études des collections de différentes localités de la Russie centrale et occidentale, entre autres—par les études sur les habitants prehistoriques du gouvernement de Tver *). C'est surtout à notre éminent archèologue, le créateur du Musée de Tver, M. Jisnevsky, que je dois la prémiere belle collection de crânes des tumuli de ce gouvernement, provenant des fouilles de M. Stscheglov, Stscherbakov et Grosdov. Cette collection a été augmentée plus tard par les crânes provenant des fouilles de M. Tschahine et de Kelsiev. Toute la collection se composait de 41 crânes, dont 30 présentaient le type dolichocéphalique ($73^0/_0$; $56^0/_0$ de vrais dolichocephales); il n' y avait que $17^0/_0$ de brachycéphales et 9. $75^0/_0$ des mésocéphales. Les dolichocéphales ont une grande ressemblance avec les crânes de la population préhistorique de Moscou. Dans les kourganes plus rapprochés des frontières du gouvernement de Smolensk, on trouve une population plus mélée, semblable à celle qui habitait au période des kourganes le territoire de ce dernier, ou j'ai trouvé **) dans une série de dix crânes: 3 dolichocéphales, 3 mésaticéphales et 4 brachycéphales.

Nous voyons aussi une préponderance évidente des dolichocephales dans les populations kourganiennes des gouvernements de Tschernigov et de Jarosslav. Les kourganes du gouvernement de Tschernigov ***) sont d'autant plus intéressants que d'après l'opinion de quelques archéologues: 1) ils appartiennent à une seule râce; 2) qu'on les tient pour les kourganes Slaves et, notamment, appartennant aux Sévérianés; 3) qu' ils se trouvent dans une contrée très tranquille, qui n'a pas été une arène des changements ethnologiques à l'èpoque des kourganes, plusieurs des quels y ont été trouvés dans des localitès situées loin des routes suivies pendant les migrations de differents peuplades. Vu ces conditions, je tenais beaucoup à connaitre si la population des kourganes Tschernigoviens présentait un type bien défini et homogène et s'il présentet la brachycéphalie qu'on regarde comme un trait caractéristique du crâne slave. Outre les crânes kourganiens de ce gouvernement, j'avais quelques crânes des tombeaux des anciennes églises. L'étude de ces crânes (30 crânes des tombeaux et 43 des kourganes) a montré que dans la population kourganienne nous avons $81^0/_0$ de dolichocéphales, $14^0/_0$, de brachyocéphales et $5^0/_0$ de mèsocéphales. Les crânes des anciens tombeaux n'ont donné que $23^0/_0$ de dolicocéphales, mais $53^0/_0$ des brachycéphales et $23^0/_0$ des

---

*) Доисторическіе Тверитяне по раскопкамъ кургановъ. Антропологическая выставка, т. III, стр. 382—392. (Извѣст. Общ. Люб. Естеств. т. XXXV, 1882).

**) Описаніе курганныхъ череповъ Смоленской губерніи, находящихся въ краніолог. собраніи Общ. Люб. Ест. Антрополог. выставка, т. 2-й, стр. 38—50. (Изв. Общ. Люб. Ест. т. XXXI, 1878).

***) Курганные жители Сѣверянской земли по раскопкамъ въ Черниговской губерніи. Антропол. выставка т. III, стр. 350—361. (Извѣстія Общ. Люб. Естеств. т. XXXV, 1882 г.).

mésaticéphales. Les détails de l'étude des collections de M. M. Samokvassov et Kibaltchitch m'ont amené aux conclusions suivantes:

1) Les kourganes du gouvernement de Tschernigov, étudié par M. Samokvassov, appartiennent à une race dolichocéphalique et étaient en majorité caractérisés par des caractères différents de ceux de la population dont les restes ont été trouvés dans les cimmetières des anciennes églises du XII-e et XIII-e siècles et chez la quelle la brachycéphalie prédominait. Mais cette race primitive n'était par éteinte, car parmi les crânes des tombeaux plus modernes on trouve aussi des dolichocéphales.

2) Les crânes de la race dolichocéphalique présentaient plus d'homogenité que ceux de la population brachycéphale. Plus près de Tschernigov, la brachycéphalie est plus prononcée que dans les localités lointaines où la proportion des dolichocéphales est plus grande.

3) Les crânes dolichocéphales du gouvernement de Tschernigov ressemblent à ceux qui ont été trouvés dans les kourganes des gouvernements de Kiev, de Poltava et de Moscou.

Une célébrité mérité ont acquis les recherches classiques sur les Meriens de M. le comte Ouvarov, qu'on peut appeler de droit, avec M. von Baer, l'un des premiers fondateurs de l'Anthropologie des populations kourganiennes. En faisant des fouilles considérables dans le gouvernement de Jaroslav, il collectionnait aussi les crânes des tumuli, surtout ceux du gouvernement de Jaroslav. N'etant pas spécialiste dans les questions de l'histoire naturelle de l'homme, M. le comte Ouvarov ne voulait pas entreprendre lui même les recherches craniologiques et anthropométriques et il a donné sa collection, d'après son dire plus d'une centaine de crânes tumulaires, à quelques specialistes et il n'a put après retrouver ces crânes. Il ne lui en restait que quelques-uns etudiés par le professeur Landzert de S.-Pétersbourg. La description de ces cinq crânes a été publiée dans l'ouvrage sur les „Mériens" du comte Ouvarov. Parmi ces cinq crânes le prof. Landzert a trouvé 3 dolychocéphales, 1 subdolicocéphale et 1 subbrachycéphale. Le terrain des kourganes de Jaroslav, devenu classique aprés „Les Mériens" du comte Ouvarov, a surtout excité ma curiosité et, grâce à la Section d'Anthropologie de notre Société des Amis des Sciences naturelles, ainsi qu' au Comité de l'exposition anthropologique de Moscou de 1879, j'ai pu étudier 15 crânes du district de Mologa et de Pereiaslav du gouvernement de Jaroslav (fouilles de M. Sabanéev et Kelziev), 58 crânes du district d'Ouglitsch (fouilles de Mm. Kelziev, Ouschakov et Kerzelli), 9 crânes des kourganes du district de Rybinsk et 3 de Rostov. J'avais en somme 70 crâne tumulaire du gouvernement de Jaroslav, qui ont donné $66^0/_0$ des dolichocéphales, $18^0/_0$ de mesaticéphales et $16^0/_0$ des brachycéphales (des vrais brachycéphales $3.57^0/_0$). Si nous prenons, non pas la somme de tous les crânes des tumulis du gouvernement entier, mais la population des differentes localités kourganiennes de celui ci, nous verrons que la dolychocephalie, dans la plupart de cas, va jusqu'à 70% et plus; dans ce dernier cas il y avait trop peu des crânes pris dans la même localité pour avoir le droit de s'appuyer beaucoup sur ces chiffres. Ayant etudié en détail les mensurations, nous avons fait les conclusions suivantes:

1) Dans les kourganes Mériens et autres du gouvernement de Jaroslav, nous voyons prédominer le même type que nous avons rencontré à Moscou, à Poltava, à Tschernigov, à Tver. Dans les differentes localités citées nous rencontrons ce type quelquefois trés prédominant et trés pur et dans d'autres localités—plus ou moins mélé, mais comparativement bien peu, et surtout, paraît-il, parmi les crânes féminins.

2) Vu que le même type préponderant se trouve dans la Russie méridionale, dans les tumulis de Kiev et Poltava, dans la Russie occidentale, à Minsk et Vitebsk, et au Nord—dans les gouvernements de Tver et Novgorod; vu que dans les kourganes de la Russie méridionale, il se retrouve quelquefois dans les tumulis, regardés comme les plus anciens et ne conservant que des objets en pierre; vu que dans la Russie orientale, à l'Ost de Moscou, le type brachycéphale paraissait alors jouer un grand rôle, il est naturel d'admetre que le type dolichocéphale du territoire du pays des Mériens provenait du SO. de la Russie et non du NE. Cette conclusion a été confirmée par la remarque du comte Ouvarov, que la limite SO. du territoire des Mériens est difficile à tracer d'après les faits archeologiques.

3) Comme les faits historiques le montrent, le pays des Mériens etait principalement sous l'influence des Bolgares de Kazan et de la population de Novgorod, il était désirable d'avoir des faits craniologiques des kourganes de ces provinces.

Pour étudier ces questions, notre collection craniologique de l'exposition anthropologique donnait, comparativement, d'assez bons materiaux. Pour l'étude de crânes de la population des anciens Bolgares, j'avais une collection provenant des fouilles de M. Pelzam, faites dans les différentes localités des anciens „Bolgari", que j'ai décrite dans une étude spéciale *). En tout, j'avais de M. Pelzam 36 crânes propre a être étudier. Vu que plusieurs anciens historiens, comme Jakout et Ibn-Fozlan régardent les anciens „Bulgari" pour la capitale des Slaves au pays de Nord lointain et que M. Ilovaisky, un de nos éminents historiens russes, pense que „les Bolgares de la Kama etaient des Slaves (une branche des Slaves de Bolgarie, laquelle a perdu sa nationalité au milieu des peuplades finno-tatares)", les aborigênes du pays, j'ai taché d'avoir les crânes vrais de Bolgares slaves contemporaints et des peuplades dites „finno-tatares" comme les Tschouvasch, intéressants pour moi sous d'autres points de vue. La collection des crânes Bolgares, provenant des fouilles des anciens cimetiéres en Bolgarie et

____

*) Жители древнихъ Болгаръ по краніологическимъ признакамъ. Антроп. выставка т. III, стр. 365—377. (Извѣст. Общ. Люб. Ест. т. XXXV, 1882).

Roumelie (21 crânes) a été offerte au Comité de l'exposition anthropologique par un éminent médecin et ornithologue russe M. Radakov, habitant les pays des Balkans pendant la dernière guerre d'Orient. M. le professeur A. Korotnev a fait don au Comité d'une autre belle collection (10 crânes) de Bolgares la quele complétait la première, parce qu'elle a été faite par lui à Bucharest, sur des individues connus comme de vrais Bolgares et qu'elle a été préparée au laboratoire anatomique de Bucharest, avec l'aide de M. le professeur d'anatomie pathologique, le Dr. Schraber. Les crânes des Tschouvaches ont été reçus de M. Pelzam, alors conservateur du Musée zoologique de l'Université de Kazan, qui les à trouvés dans un ancien cimetiére Tschouvaschien (45 crânes) et de M. de M. Aboutkov de Simbirsk (5 crànes), aussi d'un ancien cimetière Tschouvaschien.

Par rapport à l'ancienne population des Bolgares de Kazan, nous avons 19 dolichocéphales (dont 13 de vrais dolichocéphales) 5 mésaticéphales et 8 brachycéphales (dont 2 de vrais brachycéphales). Vu que mes mensurations sur les crànes provenant du Tourkestan *) et décrits dans le voyage de Fedschenko ont monré qu'ils sont brachycéphales, j'en conclus que l'influence des peuple sde l'Asie, surtout du Tourkestan, avait peu d'effet sur la population des anciens „Bolgari“, même s'il est prouvé que cette brachycéphalie des Tourkestaniens provenait souvent de la déformation ethnographique: en ce cas l'influence des coutumes devait aussi régner à „Bolgari“ avec l'influence de la râce. Les crânes de Bolgares contemporains ont donné le même résultat: la prepondèrance de crànes dolychocéphales. Comme ils proviennent de localités très éloignées l'une de l'autre (les Bolgares de Roumélie et ceux du Danube), il est intéressant que le résultat est le même: chez les Bolgares de Roumélie, il y a 60°/₀ de dolichocéphales (10°/₀ de brachycéphales et 30°/₀ de mésaticéphales) et chez les Bolgares du Danube—65°/₀ de dolichocéphales (25°/₀ de brachycéphales et 10°/₀ de mésaticéphales). J'ai eu en ma possession un crâne du XI—éme siècle provenant de Serbie et donné par M. le professeur Beliaew: il avait une grande ressemblance avec le plus purs dolichocéphales des tumulis de Soudja (g. de Koursk, fouilles de Samokvassov), de Moscou (quelques crânes de Podolsk, gouv. de Moscou, fouilles de M. Gatzouk), de l'âge de pierre du gouvernement de Novgorod (fouilles du professeur Inostranzev). Ces crânes avaient une homogénité évidente, ce qu'on ne peut pas dire des crânes des Bolgares, qui ont souvent des difformités, le front fuyant et une conformation grossière en comparaison des crànes typiques dolichocéphales et subdolichocéphales trouvés dans les kourganes de la Russie centrale et méridionale. En même temps les crànes de Bolgares ne se distinguent des crànes de Turques

---

*) Антропометрическія замѣтки относптельно туркестанскихъ инородцевъ. ст. 11. Путешествіе въ Туркестанъ А. П. Федченко. (Извѣст. Общ. Люб. Естеств. т. XXXIV, 1888).

et même de ceux des Juifs, que j'ai eu grâce à l'obligeance de M. Radakov. Les crânes des cimetières Tschouvasches sont aussi dolychocéphales (54⁰/₀ des dolychocéphales dont 22⁰/₀ des vrais dolychocéphales), et 10⁰/₀ des brachycéphales, dont 2⁰/₀ sont de vrais brachycéphales. Les conclusions génerales auxquelles je suis arrivé en étudiant les sus-dites collections, sont:

1) La population des anciens „Bolgari“ de Kazan était dolychocéphalique (dolychocéphale et sous-dolychocéphale). Il est intéressant que, d'après nos mensurations, ainsi que d'après celles d'autres anthropologues qui ont étudié les Bolgares des Balkans, ces derniers sont le plus dolychocephales de toutes les populations dites Slaves et étudiées au point de vue crâniologique.

2) Si l'on prétend que la brachycéphalie est un caractère prédominant des crânes Slaves, la population de la Bolgarie et de la Roumélie ne peut pas être prise pour des Slaves, ce qui serait inadmissible. Ainsi, la brachycéphalie des Slaves pour la période préhistorique n'est pas prouvée et les Slaves en réalité provenaient de souches dolichocéphaliques.

3) Les crânes des anciens „Bolgari“ de Kazan présentent un plus grand nombre de faces larges, mongoloïdes, que les crânes des Bolgares du Danube et de la Roumélie, et sous ce rapport avaient plus de ressemblance avec les crânes Tschouvasches.

4) Si les données craniométrique ne présentent aucune objection serieuse à l'hypothèse de la parenté ethnologique de la population de „Bolgari“ de Kazan et de celle du Danube et de la Roumélie, d'autre part ils ne sont pas assez caractéristiques et définitifs pour l'affirmer avec certitude.

Comme complément de ces investigations, j'ai étudié les crânes des kourganes pré-ouraliens, que notre exposition de 1879 a reçu de Mm. Zograf et Nephédov *). M. Zograf a fait des fouilles dans le gouvernement de Perm, district de Schadrinsk, sur le fleuve Issète, et a collectionné 22 crânes pouvant être mesurés. Comme point de comparaison, j'ai pris les crânes provenant des cimetières Baschkires du gouvernement d'Oufa, reçu de M. Nephédov par le comité de l'exposition, 17 crânes. Ces crânes Baschkirs étaient d'autant plus intéressants que les kourganes préouraliens se trouvent dans le pays des Baschkirs. Enfin la collection se complétait par 8 crânes provenant du cimetière qu'on prend pour un lieu de repos des Khans de Nogaït et des personnes de leur suite. Les kourganes permiens ont donné 25⁰/₀ dolichocéphales, 50⁰/₀ des brachycéphales et 25⁰/₀ de mesaticéphales, c'est-à-dire qu'ils montrent la prédominance d'une population toute autre que dans les tumulis de la Russie centrale et méridionale. Les crânes permiens presentaient pour la plupart une face large, mongolique, pareille à celle qui a été trouvée dans les kourganes de Tobolsk par M. Malakhov, que j'ai décrit aussi dans une étude spé-

---

*) Курганные пріуральцы по раскопкамъ гг. Зографа и Нефедова. Антроп. выставка, т. III, стр. 279—300. (Извѣстія Общ. Люб. Естеств , т. XXXV, 1880).

ciale *). Ces crânes avaient l'aspect tout-à-fait mongolique, très large de face, avec les pommettes proeminentes et une nez large, mais d'après les mensurations ont donné 2 dolichocéphales, 2 mésaticéphales et un brachycéphale. Celà provenait d'un très grand développement des crânes en longueur. Les Baschkirs ont été étudiés par Mm. Maliev et Ujfalvy. Ce dernier a trouvé chez les crânes des Baschkirs d'Orenburg et d'Oufa 65,38% de brachycéphales, M. Maliev—71,43%, et moi 65% de brachycéphales et 33°33 des mesaticéphales. Ainsi de toutes les mensurations craniologiques il résulte: que la majorité de la population Baschkire appartient aux brachycéphales. D'après les traditions historiques, le pays des Baschkirs était habité auparavant par les Tschoudes, auxquels ont succédé plus tard les Baschkirs. Un archéologue et historien très compétant a fait des recherches dans le gouvernement d'Olonetz au pays de l'ancienne Tschoude (Е. В. Барсовъ, о раскопкахъ въ Пріоятской Чуди. Антрополог. выставка, т. II, стр. 117—122, 1871 г.), et en a rapporté des crânes. Ces crânes, dit il ressemblent aux crânes Mériens (c'est à dire dolichocéphaliens) à tel point qu'on les prendrait pour ces derniers. Ainsi, si les Tschoudes étaint les aborigènes du pays des Baschkirs, la présense des crânes dolichocéphales parmi les brachycéphales des kourganes du pays préouraliens s'explique facilement.

Après m'être formé une ideé de la distribution du type dolichocéphalique des kourganes de Moscou, j'ai commencé la deuxième série de mes études, dans le but de comparer craniologiquement les populations des kourganes de différentes localités de la Russie avec celle qui lui a succédée dans les périodes suivantes. J'ai fait ces études sur les crânes de Moscou, Novgorod et Kiev, comme localités où il y a eu le plus de perturbations ethnologiques et d'où je pouvais me procurer un matériel systématique pour mes travaux.

La collection des crânes provenant des anciennes cimetières de Moscou **) du XVI-ème jusqu'au XVIII-ème siècle, quand la sépulture dans la ville près des églises a été défendue, se composait de 120 crânes, trouvés dans les terrains des anciennes cimetières de la ville. Je dois ici exprimer encore une fois ma plus vive reconnaissance au clergé de Moscou, qui depuis les chefs supérieurs jusqu'aux simples prêtres, m'aidaient sympatiquement dans mes tentatives, me donnaient des indications historiques et me fournissaient des crânes intéressants pour l'étude s'ils s'en trouvaient dans leur diocèse. C'était dans le commencement des mes études, quand, même parmi les personnes civilisées, mes tentatives rencontraient tout autre chose que de la sympathie et des encouragements. Dans la collection de 120 crânes, il n'y avait que

---

*) Курганные черепа Тарскаго округа Тобольской губерніи. Антрополог. выставка, т. II, стр. 263—273. (Извѣст. Общ. Люб. Естеств. т. 2. 1878 г.).

**) Черепа изъ старыхъ московскихъ кладбищъ. Антроп. выставка т. II. стр. 330—333. (Извѣст. Общ. Люб. Естеств. т. XXXI, 1879).

19.65% de dolichocéphales et 52.99% des brachyocéphales. Quelques années plus tard, une autre collection de crânes a été formée et étudiée, et elle donna les mêmes résultats.

Dans un article sur les anciens habitants de Kiev **) j'ai étudié une série de crânes, peu nombreuse, mais qui présentait un intérêt tout spécial, vu qu'elle provenait de fouilles d'archéologues très connus, de M-m Samokvassov, de professeur Antonovitsch et de Kibaltschitsch. Parmi les crânes, donnés par M-rs Samokvassov et Antonovitsch, il y en avait de provenant des sépultures de l'âge de la pierre, car dans les tombeaux de ces crânes on n'a trouvé que des outils en os et en pierre; ce sont: les crâne de Gamarnia sur le Dnièpre (dolichocéphalique) et ceux de Wischgorod (2 crânes) près de Kiev, appartenant, d'après M. Antonovitsch, au plus anciens kourganes de la contrée. Un de ces derniers crânes était dolichocéphalique, l'autre mésaticéphale. De la periode du bronze j'avais un crâne de Korsava, subdolichocéphalique. De la période dite de transition, ont put être etudiés: 1) des crânes du village de Gatnoë, dont l'un présentait le type dolichocéphalique et l'autre subdolichocéphalique, et 2) 2 crânes dont 1 des tumulis de Selitschevo (Kibaltschitch) et 1 de la Kitaevskaia poustine (Antonovitch). Le dernier était subdolichocéphalique et le premier un vrai brachycéphale. Les crânes, appartenant, d'après la classification de M. Samokvassov, à l'époque „Slave“, ont eté trouvés dans les tumulis de Rossava, du district Kanevsky (19 crânes), dont 9 dolichocéphales (6 vrais), 2 mésaticéphales et 7 brachycéphales (parmi eux 2 du type féminin et 2 crânes d'enfants).

Les crânes des anciens cimetières de Kiev du IX-ème au XIII-ème siècle ont donné 1 dolichocéphale, 1 mésocéphale et 3 brachycéphales. Ceux de XII et XIII siècles (collections d'Antonovitsch et de Kibaltschitch)—7 dolichocéphales, 4 mésocéphales et 3 brachycéphales. Les crânes du XVII—XVIII siècles, provenant des mêmes collections,—2 dolichocéphales, 1 mésocéphales et 2 brachycéphales. En somme, nous avons dans la collection entière du gouvernement de Kiev (51 crânes)—49% dolichocéphales, 17,65% mésaticéphales et 33,33% brachycéphales. D'après les periodes chronologiques, nous avons des dolichocéphales: 75% à l'epoque de l'âge de pierre et des plus anciens kourganes (12,50% des brachycéphales); à l'époque dite „Slave“ — 50% des dolichocéphales (38,88% brachycéphales); des cimetières—40% des dolichocéphales, 36% de brachycéphales et 24% de mésaticéphales. Depuis le temps les plus anciens, le nombre des dolichocéphales diminue et la fréquence des types brachycéphales et mésaticéphales augmente.

Du gouvernement de Novgorod, j'avais pour l'étude *) de la population de cette province plus de 100 crânes, donnés au Co-

---

*) Древніе Кіевляне по ихъ черепамъ и могиламъ, стр. 305 — 319. Антр. выставка т. III. (Извѣст. Общ. Люб. Ест. т. XXXV, 1880).

**) Древніе Новгородцы въ ихъ черепахъ. Антропол. выставка, т. III, стр. 462—475. (Извѣстія Общества Люб. Естеств. т. XXXV, 1882 г.).

mité de exposition Anthropologique de 1879 par Mm. Wolkenstein fils, le R. P. Bogoslovsky et Madame A. M. Raievsky. Cette collection se composait de 12 crânes trouvés dans le village „d'Ouschersky" près de Novgorod; R. P. Bogoslovsky pense que ce kourgane est le tombeau d'un chef de la période païenne. Les 17 crânes ont été trouvés dans un kourgane avec les objets du XII-ème siècle. Le groupe de kourganes Klimentovsky a donné 5 crânes, que M. Bogoslovsky regarde comme ayant appartenu à des guerriers, morts pendant les guerres avec Livoniens du XIII-ème au XIV-ème siècle. Le kourgane de Gorzi, du district Staraïa-Roussa, a donné 33 crânes, probablement aussi des guerriers. La collection de 8 crânes de M. Wolkenstein provient de l'ancien cimetière nommeé „Jalniki", et la collection de 41 crânes—d'un cimetière plus moderne de Volotovo, près du Novgorod.

L'étude m'a donné les résultats suivants: 1) le point central, local, des dolichocéphales vrais—sont les kourganes des environs de Novgorod, ainsi que ceux du district de Louga; dans les autres localités on ne trouve que des subdolichocéphales. 2) La population kourganniene brachycéphale se rencontre, comme groupe prédominant à Valdaï et à Staraïa Roussa, ainsi que dans les anciens cimetières de Novgorod. 3) Les dolichocéphales sont les représentants de la plus anciennes population, mais dans la collection entière des crânes de Novgorod ils ne formênt que 30%, tandis que les brachycéphales, nouveau-venus dans le pays, atteignent 49%. 4) Si la plus ancienne population de Novgorod se composait des Slaves, leur crâne devait être dolichocéphalique et avoir les mêmes traits caractéristiques que les crânes des tumulis de la Russie centrale et méridionale, se qui confirme l'opinion de Poesch qui dit que le vrai type des Slaves primordiaux était representée, sous le rapport craniologique, par la dolychocéphalie et non par la brachycéphalie, comme on le pense ordinairement.

Dans les groupes des crânes kourganiens que nous avons passé en revue jusqu'à présent, nous avons partout trouvé que le type dolichocéphalique prédominait d'autant plus que l'époque de la construction des kourganes était plus ancienne, et que dans les plus anciens kourganes on ne trouve assez souvent que les dolichocéphales. Au contraire, dans la Russie orientale, dans le pays des Baschkyrs, la brachycéphalie a prédominé depuis la periode kourganienne. Mais voilà que nous rencontrons deux gouvernements dans les quels les kourganes présentent un tel melange de dolichocéphales, mésaticéphales et de brachycéphales, dans chaque localité étudiée craniologiquement, qu'on ne peut arriver à aucune autre conclusion que celle que ces contrées ont été habités depuis longtemps par une population très mélangée. Une des ces contrées est le gouvernement de Pétersbourg, exploré par Mm. Ivanovsky et Brandenbourg: j'ai eu près de 100 crânes provenant de leurs fouilles, tellement mélangés que je ne pouvais arriver à aucune conclusion précise, peu-être vu le petit nombe des crânes. L'autre est le gouvernement de Smolensk, dont les kourganes m'ont fourni 11 crânes des kourganes de Youkhnov et 4 crânes de Dorogobouj (collection de M. Kerzelli et de Madame Tschebyschova). Les fouilles des kourganes de Dorogobouj ont donne 4 crânes de dolychocéphales, dont trois de vrais et 1 brachycéphales avec une physionomie mongoloïde, à pommettes saillantes. De 11 crânes de Youkhnov, il y a 4 dolychocéphales, 4 brachycéphales et 3 mésaticéphales *).

J'avais à ma disposition quelques crânes de l'âge de pierre, que j'ai décrit dans deux articles: 1) „Sur les crânes de l'âge de la pierre trouvés jusqu'à présent en Russie" и 2) „L'homme de l'âge de la pierre". Le premier de ces deux articles a été publié dans le Bulletin de la Société des Amis des Sciences naturelles de Moscou **), et le second dans la Monographie de M. Inostranzev „L'homme préhistorique de l'âge de la pierre sur les rivages du Lac de Ladoga" ***). La collection du prof. Inostrantzev m'avait donné dix crânes propres à être étudiés en détails et elle présente un vif intérêt pour la science, vu que grâce aux travaux de M. Inostranzev, l'homme préhistorique de Ladoga peut-être étudié avec tout son entourage ethnographique et faunistique. Dans chacun des trois groupes de crânes qui ont été trouvés à différents niveaux, nous voyons la dolichocéphalie (6 crânes de dolichocéphales vrais et 4 de subdolichocéphales); mais ces séries des crânes ne présentent pas une homogénité des autres caractères, pareille à ce que nous avons trouvé dans les crânes kourganiens de Soudja, de Podolsk et de quelques autres localités de la Russie centrale et méridionale. C'est surtout dans les caractères de la face, et principalement dans les crânes du type féminin, que règne la variabilité. La grandeur et la capacité des crânes de l'âge de pierre de Ladoga étaient moindre que celle de crânes kourganiens; la conformation de la partie frontale était aussi à un degré moins élevé: les fronts etaint fuants et peu développés. Les conclusions auxquelles je suis arrivés par rapport aux crânes de Ladoga sont les suivantes: 1) le plus anciens type craniologique du territoire de Petersbourg était dolichocéphalie, et il présentait des traits évidents de parenté avec le crânes kourganiens de la Russie centrale et méridionale.

2) Depuis les plus anciens temps connus, nous voyons les dolichocéphales prédominer dans la population de la grande et de la petite Russie, et ces dolichocéphales doivent être reconnus aborigènes de ces localités.

*) 1. Курганные черепа Смоленской губерніи. Антр. выставка, т. 2, стр. 38—50. (Извѣстія Общ. Люб. Естеств. т. т. XXXI, 1878 г.).

2) Къ краніологіи Смоленскихъ курганныхъ череповъ. Антроп. выставка, т. IV, стр. 71—74. (Извѣст. Общ. Люб. Естеств. т. XLIX, 1886).

**) О черепахъ каменнаго вѣка, найденныхъ въ Россіи. Антроп. выставка т. IV, стр. 102—108. (Извѣст. Общ. Люб. Естеств. т. XLIX), 1886.

***) Человѣкъ каменнаго вѣка. См. А. А. Иностранцева „Доисторическій человѣкъ каменнаго вѣка побережья Ладожскаго озера", Петерб. 1882 г. Кромѣ того, моя замѣтка о человѣкѣ каменнаго вѣка помѣщена была въ „Трудахъ Петербургскаго Съѣзда Естествоиспытателей" 1879 г.

3) Si c'est vrai, les grands russes sont les descendants de ces aborigènes; de même, les bolgares slaves dolichocéphales sont les descendants de leurs ancêtres du même type craniologique.

Une autre collection de crânes de l'âge de la pierre m'a été donnée à étudier par M. le comte Ouvarov, qui les a trouvés dans le gouvernement de Jaroslav, au pays des „Mériens“, près du village Outkino. Tous les crânes étaient dolichocéphaliques et ne différaient par aucun caractère important des crânes tumulaires des mêmes localités. Le crâne de l'âge de la pierre trouvé par M. Samokvassow à Gamarnia, gouvernement de Poltava, présentait aussi la dolichocéphalie et la ressemblance avec les crânes des kourganes. De 16 crânes de l'âge de pierre, nous avons 11 dolichocéphales et 4 brachycéphales, trouvés dans la collection de M. Inostranzev. Ce fait a un intérêt spécial, vu que, comme je l'ai remarqué plus haut, dans les anciens kourganes et cimetières des environs du gouvernement de Petersbourg et sur les frontières du gouvernement de Novgorod, nous voyons, comme le montrent les collections de Mm. Ivanovsky et de Brandenbourg, une population melée depuis une époque très reculée. C'est près du Ladoga que l'homme le plus ancien de la Russie centrale a été trouvé parmi la population brachycéphalique. La brachycéphalie se rencontre dans les temps anciens plus souvent parmi les crânes du type féminin, ce qui permet de supposér que ce par les mariages que la population dolichocéphalique primordiale a perdu sa pureté anthropologique.

Enfin j'ai taché de me procurer des crânes du Nord de la Russie, de la Crimée et du Caucase et de autres localités, provenant des tumulis et des anciens cimetières. La collection de M. Saenger, contenant une série de 8 crânes, a été trouvé dans un „Gorodische“ de Schenkoursk du XII—XIV-ème s., et une autre, de 11 crânes, sur la rive de la Mer Blanche (Зимнiй берегъ) à Solotniza, localité où Saenger a trouvé aussi une fabrique d'instruments de pierre taillée, et qui a été décrite dans les procès verbaux du congrès des anthropologues à Moscou, en 1879 *).

Une troisième collection de 8 crânes a été formée à Solotniza supérieure, dans le même gouvernement, par M. Saenger et provenait des cimetières chrétiens. Eh bien, toutes les trois séries ont donné le même résultat: la prepondérance des brachycéphales, une population très hétérogène, rappelant la population des kourganes étudiès par Mm. Ivanovsky et Brandenbourg.

Les kourganes du pays Mordovien, **) c'est à dire des gouvernement de Nijni-Novgorod (6 crânes des fouilles de M. Gazisky et Droujkine) et de Kassimov (fouilles de M. Nephedov, 39 crânes) ont donné: dans la première série (Nijni-Novgorod) une gran-

---

*) О черепахъ изъ кладбищъ Сѣверной Россіи. Антроп. выставка т. IV, часть первая. стр. 90—92. Извѣстія Общ. Любит. Естеств. т. XLIX 1882.
**) О курганныхъ обитателяхъ Мордовской земли и Касимова. Антроп. выставка, т. III, стр. 382—387. Изв. Общ. Люб. Естеств , т. XXXV, 1882.

de préponderance des dolichocéphales et dans la deuxième (Kassimov, gouv. Riazan) deux groupes tout-à-fait différents. L'un est en tout ressemblant aux kourganes de Nijni-Novgorod, c'est à dire qu'il contient la même race typiques kourganienne, et l'autre contient les brachycéphales (subbrachycéphales). Nous n'avions à notre disposition que 5 crânes des kourganes du pays des cosaques du Don, donnés au Comité de l'exposition anthropologique par M. Krilov *); deux de ces crânes étaient dolichocéphaliques et 3 brachycéphaliques, c'est à dire appartenaient à une population très mixte, cet à quoi on devait s'attedre, d'après les notions historiques que nous avons sur la population et la marche de sa formation dans ce pays. Nous trouvons aussi le même mélange des deux types de la collection provenant des cimetières de l'ancienne Chersonèse, en Crimée: sur 24 crânes il y en a 7 dolichocéphales et 12 brachycéphales. Les crânes d'Inkermann (6 crânes) sont tous brachycéphales. Nous avons eu 3 crânes de Kertch — tous dolichocéphales, dont 2 dolichocéphales vrais.

Enfin j'ai etudié **) une collection des crânes du Caucase, trouvès par Mm. Kerzelli, Philimonov et Felitzine. Ce dernier a donné un crâne de dolmen, présentant le caracterè mésocephale. Un crâne d'un tombeau de l'âge du bronze est subdolichocéphale. La collection des kourganes de la province Terski (19 crânes), fouillés par M. Kerzelli, ont donné 75% de dolichocéphales, et seulement 25% de brachycéphales. Au contraire, les kourganes de Vladicaucase ont donné 50% de brachycéphales et seulement 25% de dolichocéphales, mais la collection était peu nombreuse (4 crânes). Parmi les peuplades actuelles du Caucase, nous trouvons des râces brachycéphaliques (les Abkhasiens) et les populations dolichocéphaliques (les Natoukhaizi).

II.

En présentant dans ce rapport une liste si detaillée de mes études sur les crânes préhistoriques de la Russie, j'ai eu pour but:

1) De montrer que la question soulevée dans ce rapport a été étudiée sérieusement, avec l'aide d'un assez riche matériel rassemblé pendant plus de 15 années sur un plan assez vaste, avec beaucoup de sacrifices de temps et de bonne-volonté. Des circonstances tout exceptionnelles (les expositions ethnographique et anthropologique) m'ont permis, non seulement d'obtenir les fonds nécessaires pour les fouilles, mais aussi le concours des tels autorités scientifiques dans les questions du prehistorique de la Russie comme Mm. le comte Ouvarov, Philimonov, Samokvasov, Antonovitsch, Ivanovsky, Brandenbourg et autres cités plus hauts.

---

*) Черепа изъ Крымскихъ могилъ, Херсонеса п Инкермана и изъ кургановъ войска Донского. Антропол. выставка, т. 4, стр. 123 — 146. Извѣст. Общ. Люб. Естеств. т. XLIX, 1886.

*) О черепахъ изъ Кавказскихъ дольменовъ и о черепахъ изъ Кавказскихъ кургановъ и могилъ. Антроп. выставка, т. III, стр. 419—434. Извѣст. Общ. Любит. Естеств.. т. XXXV, 1882.

2) De demontrer que mes études préliminaires ont été faites sur les matériaux provenant des localites les plus intéressantes de la Russie, au point de vue de la paléoethnologie. On peut juger comme on veut les resultats auxquels je suis arrivé dans mes conclusions, mais, j'espère qu'on reconnaîtra qu'un matériel, comme celui qui se trouve à présent au Musée anthropologique de Moscou et qui etait l'objet de mes etudes, est quelque chose de solide.

Les conclusions générales auxquelles je suis arrivé ont été donnés dans un de mes derniers articles craniologique: „sur la craniologie des kourganes russes“, dans la note „sur les kourganes de la province des Casaques du Don et des cimetières anciens de la Crimé“. Voilà ce que je disais en 1886:

1) Est ce un pur hasard que, depuis la partie occidentale du gouvernement de Moscou jusqu'au gouv. de Novgorod et d'Olonetz au Nord, de Tschernigov, Moguilev, la Galicie et l'Allemagne a l'Est et jusqu'à Poltava et Kiev au Sud, on trouve partout la prépondérance du type dolichocéphalique, variant bien peu, bien conformé, ayant une imposante capacité, et la partie frontale bien modelée?

2) Est-ce hasard seul qui a fait qu'en groupant les crânes par périodes successives, depuis les plus anciens temps jusqu'à l'époque contemporaine, j'ai trouvé partout, à Novgorod, à Kiev et à Moscou etc., les crânes les plus anciens dolichocéphales, quelquefois exclusivement et le plus souvent prépondérants? Est ce par hasard, qu'en passant aux tombeaux plus modernes. depuis le XV siècle, nous voyons la diminuation de la quantité des dolichocéphales et la prépondérance des brachycéphales?

3) Est-ce par hasard aussi que dans les tombeaux anciens du gouvernement de Pétersbourg. ainsi que dans quelques districts du gouvernement de Novgorod, nous rencontrons depuis le temps le plus ancien, depuis l'âge de la pierre, des crânes d'un type tout à fait autre que les crânes caractéristiques pour les kourganes de la Russie centrale? Est ce hasard que, de Moscou en Orient et jusqu'à l'Oural et la Siberie (Tobolsk), nous trouvons les kourganes des brachycéphales?

4) Est-ce hasard que dans les gouvernements de Moscou. de Smolensk, de Riasan. du Don, nous n'avons dans quelques localités que les séries des dolichocéphales et dans d'autres un tel mélange de caractères, que la caractèristique craniologique de ces contrés devient impossible? N'avons-nous pas les notions historiques que dans ces localités, plus que dans d'autres, le mélange était possible, vu qu'elles se trouvaient ou sur les grandes routes des migrations, ou sur la limite de la distribution des races différentes?

5) Est-ce hasard qui montre dans les tombeaux. appelés „Scythes“, la plupart des crânes ressemblant tout à fait au dolichocéphales de la population kourganienne de la Russie centrale? Est-ce par hasard qu'on ne trouve dans les kourganes de la Russie centrale.

et dans les tombeaux de la Russie méridionale, les crânes mongoloïdes qu'accidentellement, tandisque que dans les kourganes de Tobolsk et des pays préouraliens—ils abondent et souvent prédominent?

6) Est-ce que les donnés archéologiques sur les circonstances de ensevelissement, sur la forme des tombeaux, sur le type des objets trouvés etc., ont plus de stabilité que les donnés anthropologiques? Les objets et les ornements, les ustensiles et les armes etc., peuvent être achetés par un peuple à un autre et nous savons par les faits précis qu'ils ont été apportés par les marchands préhistoriques de contrées lointaines. Est ce que nous ne trouvons pas même dans la description des peuples de la Russie, publiée au XVIII siècle, plusieurs exemples de ce que la construction des tombeaux et les rites funéraires variaient chez les mêmes peuples suivant la position sociale du défunt, sa richesse et, quelquefois, suivant les conditions locales du séjour temporaire du tribu? Pourquoi regarda-t-on ces indices comme plus concluants, plus scientifiques, plus appropriés aux considerations dites scientifiques, que la forme du crâne qu'on ne peut faire venir dans un pays, comme on importe les ustensiles et les objets d'ornements, à volonté, qu'on ne peut pas même changer d'après la mode et l'arrivée des marchands ambulants? Ces faits ne jouissent-ils pas d'une plus grande sympathie uniquement parce qu'ils sont plus faciles à grouper, parce qu'ils sautent aux yeux, parce qu'ils sont plus intéressants pour la masse, et non parce qu'ils sont plus scientifiques?

Ce qui a été dit alors, en 1886, je le pense aujourd'hui, mais je dois ajouter, pour etre juste, que la cause de cet état de choses ne se trouve pas exclusivement dans les tendanetes des archéologues, qui naturellement préférent leur science dans les questions historiques ou préhistoriques. Les craniologues doivent convenir qu'ils sont pour beaucoup en ce que les données de leur science n'ont pas acquis une importance scientifique qu'ils méritent. Est-ce qu'ils ne cherchaient pas quelquefois ce qui n'existe pas, comme par exemple le type general des crânes slaves? Il n'y a ni crânes slaves, ni allemands, ni français, car ces notions, comme le demontre dans son rapport M. Topinard, sont des notions d'un tout autre ordre: la race n'est pas la nationalité. Est-ce que les craniologues sont d'accord sur leurs méthodes de mensuration et ne sont ils pas les premiers à nier les résultats des mensurations, si elles ne sont pas faites d'après leurs principes? Est-ce qu'on travaille sur des crânes bien déterminés par rapport à la race? Ainsi, je crois de mon devoir d'exprimer franchement ma conviction, que dans les questions concernant les populations préhistoriques l'Anthropologie doit servir comme fondement principal, et si ce n'est pas le cas, cela ne dépend que des anthropologues mèmes.

La Russie présente sous ce rapport un pays très favorable aux recherches craniologiques, concernant les périodes préhistoriques. Sa population peu dense, même aujourd'hui, etait encore plus clairsemée dans les temps préhistoriques. Excepté les grandes routes, qui étaient en ces temps représentées par les grandes fleuves, les populations vivaient tranquilles et sans grands changements au milieu de leurs vastes forêts et de territoires peu habités. Il y a quelques années, comme l'ont annoncé les journaux, on a découvert en Sibérie quelques villages que personne ne connaissait jusque là et dont les habitants ne connaisaient personne non plus. Les cloîtres de Roskolniki (Skity), nous donnaient encore, il y a quelques années, un exemple de cette vie préhistorique, tranquille, primitive. Voilà, pourqu'oi nous pensons que les nombreux matériaux fournis par les kourganes de la Russie présentent un intérêt non seulement local, mais général au point de vue de l'anthropologie: nous y trouvons des populations très pures dans quelques localités, ayant bien conservé leurs traits primitifs. Ayant consacré plus de 15 années à une idée fixe—l'étude des dolichocéphales préhistoriques de la Russie, j'ai fini ma tâche et j'attends le jugement des spécialistes sur les résultats obtenus. Ce que j'ai entendu dire d'eux jusqu'a ce moment sur ce sujet n'etait pas très encouragent. On me disait que la dolichocéphalie n'est pas un caractère vraiment fondamental et n'est qu'un accessoire de second ordre. On m'a objecté que j'ai mis dans un même groupe tous les dolichocéphales et qu'il y a dolichocéphalie des différents types. En indiquant dans mes tableaax la variété des indices nasaux, orbitaires et autres, on voulait me prouver que les dolichocéphales de différents pays peuvent avoir eu des origines différentes. Je pense avec M. Kollmann que les brachycéphales et les dolichocéphales ne présentent que deux sections principales: les longues faces (Leptoprosopes) et les larges faces (Chamaeprosopes), existant depuis un temps immémorial en Europe. Mais je trouve encore, qu'en Russie: 1) il existait des localités dans lesquelles, à l'epoque des kourganes du IX—XV siecles, vivaient exclusivement de purs dolichocéphales à longues faces et 2) que ces longues faces, d'après les documents que nous avons, appartenaient à la population primitive, représentant les aborigénes de la plus grande partie de la Russie.

Plusieurs anthropologues étrangers se sont intéressés à ma collection et ont voulu avoir des moules de mes dolichocéphales. Je leur ai présentés les séries de crânes tumulaires de la Russie, et ce series se trouvent à present au Musée de Berlin, de Paris, de Londres etc. Un des anthropologues éminent de l'Allemagne, en voyant mes crânes m'a écrit qu'ils ressemblent excessivement aux crânes trouvés dans les tombeaux anciens de l'Allemagne méridionale (Reihengräber). Un anthropologue distingué de Suède a trouvé qu'ils ressemblent aux anciens crânes suédois. En parcourant plusieurs fois les musées de l'Europe, j'etais frappé par la ressemblance des crânes, trouvés en Allemagne et appartenant aux préhistoriques de ce pays, avec les nôtres kourganiens, et cela a été un peu la cause de ce que dans les dernierès années je me suis abstenu d'études craniologiques: j'étais sous l'influence de ce fâcheux raisonnement, que si l'histoire nous montre tant de peuples divers en Russie et dans l'Europe occidentale et que si la craniologie ne reconnait qu'un très petit nombre de types, c'est que les études craniologiques ne suffisent pas pour la solution des problèmes ethnogénétiques. Ce n'est qu'après la publication des travaux les plus récents sur l'origine des peuples en Europe et surtout après les généralisations de M. Kollmann qui me paraissent les plus justes, que je suis arrivé, aux conclusions que j'ai l'honneur de soumettre à la bienveillance du Congrès d'Anthropologie et d'Archéologie préhistorique de Moscou:

1) Nous voyons dans la Russie centrale et meridionale de nombreux tumulis, restes d'une population pacifique (on a peu trouvé d'armes de guerre dans les kourganes, et c'est principalement sur des territoires situés aux frontières de l'habitat des dolichocéphales), plus homogène que dans les autres pays européens explorés. Cette population est plus favorable à la solution des origines de la population actuelle au point de vue anthropologique, que les peuplades habitant les autres territoires européens qui ont subi plus de péripéties sociales, même dans les temps prèhistoriques. C'est en Russie qu'on peut trouver, et qu'on a trouvé, les plus nombreux restes des races primitives pures ou très peu melangées (Soudja, Podolsk, Minsk, Poltava, Jarosslav).

2) Ces localités kourganienes, présentant l'homogénité de la population dolichocéphalique, si on les étudie au point de vue de la stratification chronologique, prouvent: que ce n'est que dans les périodes plus rapprochés de nous que la brachycéphalie commença à jouer un rôle important, et d'autant plus que nous approchons de notre époque (Moscou, Novgorod, Kiev, Poltava).

3) Le territoire de ce peuple dolichocéphale primitif est très distinctement limitée au Nord, en Orient et au Sud par les kourganes avec une population tout a fait brachycéphalique, ou présentant ce type en prépondérance. La limite du S. O. n'existe pas: en Galicie, dans l'Allemagne du Sud et du Nord, en Suède, nous rencontrons le même type dans les anciens tombeaux, que dans ceux de la Russie centrale et méridionale.

4) Si les historiens et les archéologues distinguent plusieurs peuples differents, habitants les differentes localités de la Russie, Scythes, Polianes, Drevlianes, Mériens etc., ils ont parfaitement raison à leurs point de vue de l'ethnographie préhistorique et de la linguistique, mais ils ont tort s'ils tendent à démembrer le peuple primitif, anthropologiquement un, en peuplades d'origine différente depuis les temps préhistorique, car, avec leurs multiplicité de peuples, ils rendent incompréhensible le sens de la marche de la formation de la Russie des „Grands-russes“, et attribuent à des causes accidentelles ce que provient de la nature anthropologique des éléments primitifs de la population de la Russie. Je ne trouve que chez notre doyen des historiens et des archéologues, M. Jean Żabeline, quelques pensées qui s'accordent avec mon point de vue. Dans un de ses travaux classiques M. Zabeline dit, que l'histoire russe préhistorique serait plus compréhensible si les historiens pouvaient

oublier les differents noms qu'ils trouvent dans les chroniques et ne pas leur donner une importance qu'ils n'ont jamais eu en reálité.

5) Ce peuple aborigène de la Russie était dolichocéphale, avait la tête bien conformée, le front bien dessiné, pas fuyant, la face longue; très probablement, ce peuple ressemblait aux types des Scythes que M. Zabeline a décrits dans son ouvrage et qu'il m'a permis de reproduire dans mon article sur les crânes des Scythes. Dans les kourganes ou tombeaux plus anciens, on trouve la vraie dolichocéphalie plus prononcée que dans les kourganes plus modernes, ou à la vraie dolichocéphalie se mele la soubdolichocéphalie. Je regarde les dolichocéphales et les soubdolichocéphales comme appartenant à la même race primitive. Si on compare les crânes bien conformés des dolichocéphales kourganiens de la Russie centrale et méridionale aux crânes des kourganes situès sur les frontières du territoire des dolichocéphales, c'est à dire aux brachycéphales de Petersbourg, de P rm, du Don etc. on comprend que ces dolichocéphales pouvaint s'assimiler les brachycéphales environnents et former une race centrale, une race dominante.

6) Vu que ces dolichocéphales, en Occident et au Nord, se rencontrent dans les autres états Europeens, l'Autriche, l'Allemagne, la Suède, probablement le Danemark, j'ai pensé que le nom qui convenait la mieux à leur histoire est celui d'européens primitifs dolichocéphales et leptoprosopes. Quelques soient les différences des peuples européens de l'Europe centrale et orientale, ils ont plus de ressemblance entre eux dans les tempéraments, les traits du visage et autres caracterès anthropologiques, qu'avec les peuples du Sud, qui proviennent d'une toute autre race préhistorique. On comprend ces ressemblances, quand on pense à l'unité de la population primordiale dolichocephale qui se répandait depuis la Suisse jusqu'en Suède, depuis la Baltique jusqu'à la Russie orientale, jusqu'à Oural. Si on revise de nouveau a ce point de vue la question des „Urfinnen", „Urdeutschen", „Urslaven", „Urdänen", „Urschweizer" etc. on trouvera toujours que dans les temps les plus anciens ces „Urvölker" aux dernières limites préhistoriques se confondraient en un „Ureuropaer", dolichocéphale kourganien, longueface.

7) D'après les impressions que j'ai eu de l'etude des crânes de nos kourganes, je crois que les dolichocéphales leptoprosopes et les dolichocéphales chamaeprosopes de M. Kollmann n'ont pas eu en realité la même signification paléogénétique. Il y a de vrais dolichocéphales chamaeprosopes primordiaux, mais en Asie, chez les mongoliens et non pas en Europe. En Asie nous voyons la dolichocéphalie avec un type de la face tout à fait caractéristique par ses traits mongoliques. Les dolichocéphales chamaeprosopes européens de M. Kollmann me paraissent être le résultat du melange avec les brachycéphales ou des variations produites par les moeurs et les conditions d'existence, variations. que j'appelerai. en me servant de l'expression de M. le professeur Virchov „races pathologiques".

Les dolichocéphales leptoprosopes sont pour moi une race primitive, une race ancienne, stable, et les dolichocéphales chamaeprosopes ne sont que les derivés de cette race, que les variations physiologiques ou même pathologiques dans le sens de M. Virhov.

8. Cette race primitive des dolichocéphales leptoprosopes de la Russie se subdivisa avec le temps en peuplades differentes et acquit des traits mixtes et differents, en habitant différentes localités, en subissant différentes influences. La localisation plus ou moins grande des formes organiques amène toujours la création de variétés stables et caracteristiques. La meme race, vivant au centre du pays, dans des localités peu accessibles aux invasions, et sur les frontières, côte à côte avec les races d'une autre origine ou sur les grandes routes des invasions, présentera après quelques générations des variations assez tranchées même dans la structure du corps. Les habitants des plaines, des forêts, des bords des grandes rivières, des pays situés près de la mer ou pleins de montagnes etc. produiront avec le temps des variations très saillantes, surtout si à ces différences des conditions physiques s'ajoutent encore les différences d'idiomes, de rites, de coutumes, de civilisation. Voilà pourquoi d'une même race dolichocéphale primordiale se sont formées avec les temps les différentes peuplades que les historiens ont en le droit dénumérer, les Polianes, les Drevlianes, les Krivitschi, les Sévérianes etc. Si nous prenons en considération l'origine de ces noms mêmes, nous voyons qu'ils designent des variétés d'existence (champs, forêts, les gens du Nord). Le peuple dolichocéphale primitif appelait les peuples parlant une langue étrangère en occident „niemetz" le muet, et ceux qui ont eu une origine différente: „Tschouds"—étranger ou étrange. Je pense même que le nom de „Variagues" appartenait à la même categorie de la nomenclature etnographique populaire et signifiait simplement „le Vauriens" „воришки", parce que leur métier était de guerroyer et de piller. Le nom de Scythe était un désignation géographique et pas un nom de race. Les „Mériens" présentent un type d'une culture spéciale et d'une culture très remarquable, mais pas une race, pas un peuple, comme le prouvent les crânes kourganiens. Les grands russes ont si bien assimilé les races dites finnoises, non pas parce qu'ils étaient eux mêmes des finnois, mais parce que les peuplades finnoises et le habitants de la Russie centrale provenaient d'une même race primitive dolichocéphale.

9. La préponderance de la brachycéphalie, qu'on remarque en Russie depuis les temps historiques et qui s'imprime de plus en plus avec le temps n'est, pas, d'après moi, un résultat exclusive du melange avec les peuples brachycéphales. Cela avait lieu dans les premiers temps de l'histoire, quand régnaient en dictateurs les influences organiques des races; mais avec les progrès de la civilisation commence une autre série d'influences, qui a joué un grand rôle dans l'histoire des peuples et pourra en avoir encore un plus grand dans l'avenir, parceque les conditions de civilisation amènent nécessairement avec le temps l'augmentation du brachycéphalisme.

Chez les sauvages, nous voyons un front fuyant, l'occiput saillant, les points de l'attache des muscles très grossiers, les arcs orbitaires très développés. Ces caractères s'effacent avec la civilisation, avec une vie plus reglée, plus assurée: le front augmente en hauteur et en largeur, la partie occipitale de la tête prend une meilleure conformation, le diamètre transversal s'accroit, la longueur de la tête diminue, ou plutôt la proportion de ce diamètre diminue par rapport à la largeur du crâne. Le dolichocéphalisme s'éteint de plus en plus en Europe et les têtes deviennent plus grandes, plus belles. Est ce que les plus grands chapeaux des classes civilisées doivent être attribués seulement aux mélanges, et ne voyons nous par d'autres facteurs plus évidents qui amènent ce résultat?

10. Enfin d'où sont venus ces dolicocéphales de la Russie centrale? Du Caucase—non, car il ne faut pas oublier que la mer Caspienne, la Mer Noire et le Baïkal ne faisaient qu'un dans les temps pas trop lointains par rapport aux conditions qui ont rendu possible l'habitation de la Russie centrale. Dans les kourganes de la Sibérie et surtout dans ceux des pays préouraliens, nous trouvons les brachycéphales depuis les temps anciens. D'après les données actuelles, il est peu d'accord avec les faits acquis que les dolichocéphales soient venus de l'Ourale et d'Asie. Il est plus probable que les dolichocéphales sont venus en Russie du Danube, ou nous trouvons, même à présent, la dolichocéphalie prépondérante dans les populations actuelles. Ils ont passé premièrement en suivant le Dniepre dans la Russie Blanche, puis ils ont pénétré jusqu'à Novgorod, et jusqu'en Suède. C'était le courant du Nord. En même temps il y avait probablement un courant oriental, par Minsk, Jarosslav, Moscou, et occidental, par la Galicie, la Visla et le Danube.

Messieurs, ces conclusions vous paraitront peut-être très hardies, très prématoires; mais ce n'est pas le désir de dire quelque chose de paradoxal et sautant aux yeux qui me guide sous ce rapport. Peut-être suis-je un peu trop épris de ces dolichocéphales que j'ai trouvés il y a plus de 25 ans à Moscou et que j'ai retrouvés depuis dans des limites géographiques si vastes. Quand on travaille des années sur la solution d'un problème, il est naturel de désirer se rendre compte à la fin des résultats obtenus, de vouloir les systématiser sous un point de vue général. J'ai longtemps attendu de tirer des conclusions générales de mes etudes, recueillant simplement et modestement les faits, pour avoir quelques droits à votre bienveillante attention. Je ne parle que des faits que, bien ou mal, j'ai etudiés moi même. Voilà pourquoi je ne me permets de rien dire sur un autre grand peuple primitife de l'Europe—sur les brachycéphales, venus du Sud de l'Europe. Voilà pourquoi, je ne parle pas aussi de la population préhistorique de la France, où ces brachycéphales ont joué un si grand rôle, avant de le jouer dans l'Europe entière. Pour moi, il y a deux courants distincts des influences brachycéphaliques sur la population dolichocéphalique primordiale de l'Europe centrale et de la Russie: celui de la race touranienne et mongolienne dans la Russie orientale, et celui de la race des brachycéphales du Sud, originaire des pays méditerranéens. Mon but n'était que l'éclaircissement des questions concernant la population kourganienne de la Russie, son influence et ses relations avec la population actuelle. Si j'ai touchés des questions générales, ce n'est que dans des limites très restreintes et à propos de détails qui ne permettaient pas de laisser de coté ces généralités.